ŒUVRES COMPLÈTES DE J. MICHELET

HISTOIRE

DE LA

RÉVOLUTION FRANÇAISE

TOME QUATRIÈME

ÉDITION DÉFINITIVE, REVUE ET CORRIGÉE

PARIS
ERNEST FLAMMARION, ÉDITEUR
26, RUE RACINE, PRÈS L'ODÉON

Tous droits réservés.

HISTOIRE
DE LA RÉVOLUTION
FRANÇAISE

IV

IMPRIMERIE E. FLAMMARION, 26, RUE RACINE, PARIS.

ŒUVRES COMPLÈTES DE J. MICHELET

HISTOIRE

DE LA

RÉVOLUTION

FRANÇAISE

ÉDITION DÉFINITIVE, REVUE ET CORRIGÉE

TOME QUATRIÈME

PARIS
ERNEST FLAMMARION, ÉDITEUR
26, RUE RACINE, PRÈS L'ODÉON

Tous droits réservés.

HISTOIRE
DE LA RÉVOLUTION
FRANÇAISE

LIVRE VII

CHAPITRE PREMIER

LE 10 AOUT.

La pensée du 10 août. — Les vainqueurs du 10 août. — Les sections nomment des commissaires et les envoient à l'Hôtel de Ville. — Précautions militaires de la cour, qui retient Pétion aux Tuileries. — Pétion délivré. — La nouvelle Commune prépare la voie à l'insurrection. — État intérieur du château. — Les nobles, les Suisses, la garde nationale. — Défiance témoignée à la garde nationale. — Le roi essaye de passer la revue. — Le roi universellement abandonné. — La Commune arrête le commandant de la garde nationale. — Mandat est tué. — Le roi quitte le château avec la reine. — L'avant-garde de l'insurrection se présente aux Tuileries; elle est surprise, égorgée, dispersée. — La cour espérait-elle frapper un coup sur l'Assemblée? — L'insurrection attaque les Tuileries. — Le roi fait dire de cesser le feu lorsqu'il n'a plus d'espoir. — Défense obstinée des Suisses, leur belle retraite. — La garde nationale tout entière se déclare pour l'insurrection. — Massacre des Suisses. — Clémence et modération de plusieurs des vainqueurs du 10 août.

La nuit du 10 août fut très belle, doucement éclairée de la lune, paisible jusqu'à minuit et même un peu au delà. A cette heure, il n'y avait encore personne ou presque personne dans les rues. Le faubourg Saint-Antoine, en particulier, était silencieux. La population dormait, en attendant le combat.

Et pourtant le bruit avait couru dans la soirée qu'une colonne envoyée des Tuileries allait marcher vers l'Hôtel de Ville. On craignait une surprise. De fortes patrouilles de garde nationale allaient et venaient dans le faubourg. Toutes les fenêtres étaient illuminées. Tant de lumières pour une si belle nuit, ces lumières solitaires pour n'éclairer personne, c'était d'un effet étrange et sinistre. On sentait assez que ce n'était pas là l'illumination d'une fête.

Quelle était la pensée forte et calme sur laquelle dormait le peuple et qui servit d'oreiller à tant d'hommes dont cette nuit fut la dernière? Un des combattants du 10 août, qui vit encore, me l'a expliquée nettement : « On voulait en finir avec les ennemis publics; on ne parlait ni de république ni de royauté; *on parlait de l'étranger*, du comité autrichien qui allait nous l'amener. Un riche boulanger du Marais, qui était mon voisin, met dit sous le feu le plus vif, dans la cour des Tuileries : « C'est grand « péché pourtant de tuer ainsi des chrétiens; mais, « enfin, c'est autant de moins pour ouvrir la porte « à l'Autriche! »

Le 10 août, répétons-le, fut un grand acte de la France. Elle périssait, sans nul doute, si elle n'eût pris les Tuileries.

La chose était fort difficile. Elle ne fut nullement exécutée, comme on l'a dit, *par un ramas de popu-*

lace, mais véritablement par le peuple, je veux dire par une masse mêlée d'hommes de toute classe ; militaires et non militaires, ouvriers et bourgeois, Parisiens et provinciaux. Plusieurs quartiers de Paris envoyèrent, sans exception, tout ce qu'ils avaient d'hommes qui pussent combattre; dans la section des Minimes, par exemple, sur mille hommes inscrits, six cents se présentèrent, proportion considérable, lorsqu'on savait très bien qu'il s'agissait non de parade, mais d'une affaire sérieuse. Les hommes à piques composaient à peu près seuls les premières bandes qui parurent de bonne heure devant le château; mais l'armée réelle de l'insurrection, qui s'en empara, en avait peu en comparaison : elle était surtout armée de fusils. Sa colonne principale, qui, entre sept ou huit heures, se rassembla, s'échelonna de la Bastille à la Grève, comptait quatre-vingts ou cent compagnies, chacune de cent hommes armés régulièrement; c'étaient environ huit ou dix mille gardes nationaux. Il y avait deux ou trois mille hommes armés de piques, alignés entre les bataillons de ces dix mille baïonnettes. C'est ce que nous ont affirmé les témoins et acteurs encore vivants du 10 août. Pour l'avant-garde qui affronta le premier péril, força l'entrée du château, fit enfin la très rude et périlleuse exécution, elle se composait, on le sait, de cinq cents fédérés marseillais, levés et choisis avec soin parmi d'anciens militaires, de trois cents fédérés bretons, l'honneur et la bravoure même, dont beaucoup avaient servi. Et ce qu'on n'a dit nulle part, mais qui est plus que vraisemblable, ces braves durent être appuyés d'autres braves, bien plus animés encore, de la masse des Gardes-françaises, devenus sous La Fayette garde nationale soldée, puis licenciés récemment avec autant d'imprudence que d'ingratitude. Nous y reviendrons.

Tout cela fut enlevé d'un même mouvement d'indignation, de patriotisme. Il n'y eut aucun préparatif, aucun chef, quoi qu'on ait dit[1]. Bien loin qu'aucun individu eût assez d'influence en ce moment pour soulever le peuple, les clubs mêmes y firent très peu. Ils étaient moins fréquentés au mois d'août qu'à une autre époque de l'année. On se lassait aussi de leur parlage éternel; on sentait qu'il fallait des actes. Leurs plus grands orateurs parlaient dans le désert.

Ce qui brusqua l'insurrection et la fit éclater à un jour peu ordinaire, un vendredi, c'est que les Marseillais, sans ressource à Paris, voulaient combattre ou partir. Le tocsin paraît avoir sonné d'abord aux Cordeliers, où ils logeaient. Le fau-

---

1. Il faut le répéter. Il n'y eut aucun auteur du 10 août, nul que l'indignation publique, l'irritation d'une longue misère, le sentiment que l'étranger approchait et que la France était trahie. Nul homme alors, ni Danton, ni Santerre, ni personne, n'avait assez d'ascendant pour décider un tel mouvement. Il n'y eut aucun général de l'insurrection.

Les seuls qui aient vu le Prussien Westermann en tête de la colonne, ce sont ceux qui n'y étaient pas. Il n'y eut rien de préparé. Excepté les cinq cents fédérés marseillais qui se firent livrer des cartouches, les assaillants n'avaient presque aucune munition; ils furent tout d'abord réduits à celles qu'ils trouvèrent dans le Carrousel sur les cadavres des Suisses. Quelques gardes nationaux avaient par bonheur gardé celles que La Fayette fit distribuer un an auparavant au Champ de Mars, le 17 juillet 1791.

bourg Saint-Antoine répondit, et tout le reste de la ville. Les sections, on l'a vu, étaient d'accord; quarante-sept sur quarante-huit avaient voté la déchéance du roi. Le 9 août, avant minuit, elles avaient fait l'acte décisif de nommer chacune trois commissaires, *pour se réunir à la Commune, sauver la Patrie.* Tel fut le pouvoir général et vague qui leur fut donné. Ces commissaires furent pour la plupart des hommes obscurs, inconnus ou du moins fort secondaires. Ni Marat ni Robespierre ne fut nommé, ni aucun des grands chefs d'opinion. Pour Danton, il était déjà, ainsi que Manuel, dans l'ancienne municipalité. Ces commissaires s'en allèrent un à un à l'Hôtel de Ville, sans armes; on les laissa entrer. Ils trouvèrent l'ancien conseil de la Commune en permanence, mais fort peu nombreux, toujours décroissant de nombre. Sous l'Hôtel de Ville, à l'arcade Saint-Jean, principale issue de la rue Saint-Antoine qui débouchait dans la Grève, une force considérable avait été postée par le commandant général de la garde nationale, Mandat, zélé fayettiste, royaliste constitutionnel. Cette force lui répondait de l'Hôtel de Ville, gardait le passage; elle avait pour instruction, si le faubourg descendait, de le laisser passer et le prendre en queue. Mandat avait de plus mis de l'artillerie au Pont-Neuf, de sorte que si le faubourg poussait jusque-là, il y était foudroyé et ne pouvait opérer sa jonction avec les Cordeliers et le faubourg Saint-Marceau.

Tout ceci n'était pas fort encourageant pour les commissaires des sections envoyés à l'Hôtel de Ville. Comment remplaceraient-ils l'ancienne Commune royaliste et se constitueraient-ils souveraine autorité de Paris? C'était toute la question. Le tocsin sonnait de tous côtés sans produire de grands résultats. L'armée de la cour était debout dès longtemps et l'arme au bras; l'armée de l'insurrection était dans son lit; il n'y avait pas quinze cents personnes rassemblées autour des Quinze-Vingts. Seulement, en regardant dans les longues et profondes impasses qui s'ouvrent sur les rues du faubourg Saint-Antoine, on commençait à voir s'agiter les lumières, les hommes aller et venir. Quelques-uns des plus diligents étaient sur leurs portes, tout prêts, armés, et attendaient les autres. Beaucoup étaient paresseux; ils entendaient bien sonner, mais ce n'était pas l'usage de commencer l'émeute en pleine nuit; il y avait là-dessus une tradition établie.

Ce retard était effrayant. Plusieurs des commissaires de sections, réunis à l'Hôtel de Ville, en étaient à regretter qu'on eût fait sonner le tocsin. L'ancienne Commune s'était écoulée ou à peu près. Mais, pour constituer la nouvelle, les commissaires ne se voyaient pas suffisamment appuyés. Ce qui ajoutait à leur embarras, c'est que la cour avait en ce moment un grand otage dans les mains, le maire populaire de Paris, Pétion. Elle avait aussi Rœderer, procureur-syndic du département. Elle pouvait, au besoin, faire parler les deux premières autorités de la ville, le département, la mairie. Pétion, mandé vers onze heures au château, n'avait osé refuser de s'y rendre. Sa première conduite dans les jours précédents avait été fort étrange. Le 4, on l'a vu, il avait dénoncé la guerre à la royauté. Le 8, il avait paru s'intéresser encore à cette royauté, avait averti le département qu'il ne pouvait répondre de la sûreté du château. Le 9, il avait demandé qu'un camp fût établi au Carrousel, *pour protéger les Tuileries*. Ce camp de gardes nationaux, en couvrant la place, l'eût-il défendue? ou, tout au contraire, rendu la défense impossible? C'est ce qu'on ne peut pas trop dire. Le château n'eût tiré de ses fenêtres qu'en tirant sur ses défenseurs. Le 9 encore, Pétion, soit pour endormir la cour, soit par lassitude, par conviction que le mouvement n'aurait pas lieu, demanda au département la somme de vingt mille francs pour renvoyer les Marseillais, qui, dans leur découragement, voulaient s'éloigner de Paris.

Pétion entra donc, bon gré mal gré, dans la fosse aux lions. Jamais le château n'avait eu un aspect si sombre. Sans parler d'une masse de troupes de toutes armes, de l'artillerie formidable qui remplissait les cours, il lui fallut passer à travers une haie d'officiers français ou suisses, qui le regardaient d'un œil peu amical. Pour les gardes nationaux, leur attitude n'était nullement plus rassurante; ceux qui s'y trouvaient étaient pris uniquement dans les plus violents royalistes des bataillons connus pour leur royalisme, des Filles-Saint-Thomas, des Petits-Pères et de la Butte-des-Moulins. Les noms de traître et de Judas se disaient très haut autour du maire de Paris. Il montra son flegme ordinaire. Il arriva sans encombre aux appartements du roi, tout remplis de monde et sombres, à ce même appartement où, le soir du 21 juin, Louis XVI lui avait parlé si durement; le même dialogue, s'il se fût reproduit la nuit du 10 août, eût été pour Pétion un arrêt de mort. Il y avait là beaucoup de gentilshommes à visage pâle, que la vue seule du maire de Paris agitait d'une sorte de tremblement nerveux. Mandat, le commandant de la garde nationale, sans trop calculer s'il ne risquait pas de faire poignarder Pétion, lui fit subir cette espèce d'interrogatoire : « Pourquoi les administrateurs de la police de la ville avaient distribué des cartouches aux Marseillais? Pourquoi lui, Mandat, pour chacun de ses gardes nationaux, n'avait reçu que trois cartouches?... » — La cour, fort défiante pour la garde nationale, n'avait pas exigé qu'elle fût mieux pourvue de munitions. En revanche, chacun de ses Suisses avait quarante coups à tirer.

Pétion, sans s'étonner, répondit avec l'air froid qui lui était ordinaire : « Vous avez demandé de la poudre; mais vous n'étiez pas en règle pour en avoir. » La réponse n'était pas trop bonne; c'était le maire lui-même, Pétion, qui devait faire décider la chose par la municipalité, donner pouvoir au commandant ; si celui-ci n'était pas en règle, c'est que le maire ne l'y mettait pas.

L'entretien prenait une fâcheuse tournure ; tout le monde était ému, excepté le roi peut-être, qui quittait son confesseur, venait de mettre ordre à sa conscience et ne s'inquiétait pas beaucoup de ce qui pourrait arriver. Pétion n'était pas bien. L'appartement était petit, la foule trop serrée, l'air raréfié. « Il fait étouffant ici, dit-il, je descends pour prendre l'air. » Sans que personne osât l'en empêcher, il descendit au jardin.

Sa promenade fut longue, beaucoup plus qu'il n'eût voulu. Le jardin était fermé très exactement. Pétion n'était pas gardé, mais suivi et serré de près. Les gardes nationaux royalistes, qui allaient et venaient, ne lui épargnaient pas les injures et les menaces. Il prit un moment le bras de Rœderer, procureur-syndic du département. Un moment, il s'assit en causant sur la terrasse qui longe le palais. La lune éclairait le jardin ; mais cette terrasse, étant dans l'ombre que les bâtiments projetaient, avait été éclairée par une ligne de lampions. Les grenadiers des Filles-Saint-Thomas les renversèrent et les éteignirent. Plusieurs disaient : « Nous le tenons ; sa tête répondra de tout. » D'autres, plus jeunes ou plus exaltés par le vin et le péril, ne semblaient pas trop bien comprendre combien il importait de ménager une tête si précieuse. De moment en moment, le ministre de la justice venait lui dire : « Montez, Monsieur, ne vous en allez pas sans avoir parlé au roi; le roi veut absolument vous parler. » A quoi il répondait flegmatiquement : « C'est bon » ; et il gagnait ainsi du temps.

On ne pouvait rien faire à l'Hôtel de Ville qu'on n'eût repris Pétion. On imagina d'envoyer demander à l'Assemblée qu'elle le réclamât. Quelques députés, au bruit du tocsin, s'étaient rassemblés, toutefois en petit nombre ; ils ne décrétèrent pas moins, comme Assemblée nationale, que le maire devait paraître à la barre. Pétion, sommé au nom du roi de rester, au nom de l'Assemblée de partir, opta de bon cœur pour l'Assemblée, ne fit que la traverser, retourna à pied chez lui. Cependant sa voiture restait, comme pour le représenter, dans la cour des Tuileries; jusqu'à quatre heures, on eut au château la simplicité de croire qu'il allait revenir d'un moment à l'autre et se replacer dans la main de ses ennemis.

Les amis de Pétion le reçurent joyeusement, mais le consignèrent, fermèrent les portes sur lui, jugeant avec raison que, dans ce moment d'action, l'idole populaire n'était bonne à nulle autre chose. L'ayant maintenant en sûreté, ils étaient libres d'agir. Les commissaires des sections remplacèrent l'ancienne Commune au nom du peuple, maintinrent à leur poste le procureur de la Commune Manuel et son substitut Danton, et firent donner par le premier l'ordre d'éloigner du Pont-Neuf l'artillerie qu'y avait placée le commandant de la garde nationale. Ils rétablirent ainsi la communication des deux rives, ouvrirent le passage au faubourg Saint-Marceau, aux Cordeliers, aux Marseillais.

C'était en réalité l'acte décisif de l'insurrection. Danton, qui jusque-là était à l'Hôtel de Ville, revint tranquillement chez lui, rassura sa femme[1]. Le sort en était jeté et le dé lancé. Le reste était du destin.

L'intérieur du château, à cet instant, offrait un spectacle comique et terrible. Ce n'était qu'indécision, faiblesse, ignorance. La seule autorité populaire qui fût au château était Rœderer, procureur-syndic du département. Un des ministres lui dit : « Est-ce que la constitution ne nous permettrait pas de faire proclamer la loi martiale? » Le procureur tira la constitution de sa poche et chercha en vain l'article. Mais, quand on l'eût proclamée, cette loi, qui l'aurait exécutée?

Lorsqu'on apprit que Manuel avait donné ordre de désarmer le Pont-Neuf, c'est-à-dire d'assurer le passage à l'insurrection, ni les ministres, ni Rœderer ne voulurent prendre sur eux de donner un ordre contraire. Rœderer dit qu'il ne pouvait rien faire sans savoir si Manuel n'avait pas agi avec l'autorisation de la municipalité; qu'il fallait, pour en délibérer, faire venir tous les membres du dépar-

---

1. Quelle part Danton eut-il à ce premier acte de l'insurrection?... On l'ignore; il ne présidait pas ce jour-là le club des Cordeliers. Ses ennemis ont assuré que le grand agitateur avait reçu, la veille même, 50.000 francs de la cour, qu'il l'avait ainsi endormie par la confiance; que Madame Élisabeth disait : « Nous ne craignons rien, nous avons Danton. » — La chose n'est pas impossible; cependant on n'en a jamais donné la moindre preuve... Il n'y a aucun homme révolutionnaire dont on n'ait dit de telles choses.

tement aux Tuileries (chose difficile à cette heure). Le département envoya seulement deux de ses membres; Rœderer les voulait tous. Pour cela, il fallait un ordre du roi. Le roi dit que constitutionnellement il ne pouvait rien ordonner que par un ministre. Le ministre n'était pas là; on remit la chose au moment où il serait revenu.

Il était environ quatre heures. On entendit dans la cour un bruit de voiture; on entr'ouvrit un contrevent; c'était la voiture du maire, qui, lasse de l'attendre, s'en allait à vide. Le jour commençait à luire; Madame Élisabeth s'approcha de la fenêtre et dit à la reine : « Ma sœur, venez donc voir le lever de l'aurore. » La reine y alla; le jour était déjà splendide, mais le ciel d'un rouge de sang.

Regardons, puisqu'il fait jour, l'état de la place, calculons ses forces. Elles étaient encore formidables, moindres qu'à minuit, il est vrai; une partie des gardes nationaux s'était écoulée.

Le nerf de la garnison, c'étaient treize cent trente Suisses, soldats excellents, braves et disciplinés, obéissants jusqu'à la mort. Ce nombre est celui qu'accuse dans son livre le commandant suisse Pfyffer. Mais il y faut ajouter un nombre assez considérable de gardes constitutionnels licenciés, qui avaient pris l'habit rouge des Suisses et vinrent combattre sous ce déguisement. Leurs corps morts, après le combat, se distinguèrent facilement à la finesse du linge, à l'élégance de la coiffure;

les vrais Suisses avaient les cheveux tout simplement coupés en rond; leurs chemises étaient grossières. La présence de ces faux Suisses dans les rangs des vrais étonna sans doute ceux-ci et ne laissa pas de les inquiéter. Ils durent mieux voir qu'il s'agissait de guerre civile, de querelles entre Français, où les étrangers ne pouvaient se mêler qu'avec précaution. Le vieux colonel suisse, Affry, s'abstint positivement et ne voulut pas tirer. Les autres promirent seulement de faire ce que ferait la garde nationale, pas davantage, ni moins.

Celle-ci, à plus forte raison, avait l'esprit traversé des mêmes pensées. Quoiqu'elle fût toute tirée des trois bataillons royalistes et encore soigneusement triée dans ces bataillons, quoique nul garde national n'eût répondu au suprême appel de cette nuit sans avoir une opinion décidée pour le roi, ces défenseurs bourgeois du château ne voyaient pas sans jalousie les nobles cavaliers qu'on avait appelés à partager le péril, et à qui, sans nul doute, la cour eût attribué tout l'honneur de la défense. Ces gentilshommes étaient généralement les mêmes *chevaliers du poignard* que la garde nationale, sous le règne de La Fayette, avait chassés du château, en avril 1790. Ils n'acceptèrent pas moins le péril et vinrent défendre le roi au 10 août 1792. Péril réel, en plus d'un sens. Ils n'arrivaient au château qu'à travers une population très hostile, en simple habit noir, sans armes ostensibles, avec des poignards ou des pistolets. Et là ils trouvaient la malveillance, la jalousie naturelle des gardes nationaux. Il y avait lieu d'hésiter ; mais on leur avait envoyé des cartes d'entrée personnelles, à domicile. Six cents répondirent à l'appel, auxquels il fallait ajouter l'honorable domesticité des châteaux royaux, d'anciens serviteurs, qui ne manquèrent pas au jour du péril. Le tout formait une cour fort sérieuse, sans ordre, sans étiquette, mais vraiment imposante et militaire. Ces gens en noir, tous officiers ou chevaliers de Saint-Louis, portaient le costume civil, et, par un contraste étrange, c'étaient des marchands, des employés, des fournisseurs qui, comme gardes nationaux, étaient en soldats. Sur l'aspect de ces figures bourgeoises, les gens d'épée crurent qu'ils ne feraient pas mal de les remonter un peu. Ils leur frappaient sur l'épaule : « Allons, Messieurs de la garde nationale, c'est le moment de montrer du courage. — Du courage ? soyez tranquilles, répliqua un capitaine de la garde nationale, nous en montrerons, croyez-le, mais non à côté de vous. »

En réalité, on ne témoignait pas beaucoup de confiance à la garde nationale. Les nobles occupaient les appartements les plus intérieurs, les postes de confiance. Les Suisses avaient chacun quarante cartouches, les gardes nationaux trois. L'artillerie surtout de la garde nationale fut l'objet d'une défiance excessive, ce qui fit, comme il arrive, qu'elle la mérita de plus en plus. On plaça derrière les canonniers de chaque pièce des pelotons de Suisses ou de grenadiers des Filles-Saint-Thomas, qui les surveillaient, le sabre nu, et se tenaient prêts à tomber sur eux. Ces canonniers se voyaient d'ailleurs placés juste sous les balcons dont le feu plongeait sur eux. Plusieurs fois ils essayèrent d'écarter la batterie; autant de fois l'état-major les remit au point où il pouvait toujours les écraser à plaisir.

Qui commandait dans le château? Les gardes nationaux ne connaissaient d'autre chef que Mandat. La Commune le fit appeler. Son instinct lui disait de ne pas s'y rendre. Au second appel, il hésita, consulta autour de lui. Les ministres l'engageaient à ne point obéir. Le constitutionnel Rœderer lui dit qu'aux termes de la loi, le commandant de la garde nationale était aux ordres de la municipalité. Dès lors, il ne résista plus. Il lui parut qu'en effet il lui fallait éclaircir l'affaire des canons du Pont-Neuf, et sans doute aussi s'assurer du poste qu'il avait mis à la Grève pour attaquer, écraser le faubourg à son passage. Donc il se raisonna lui-même, étouffa ses pressentiments, fit un effort et partit.

Son départ ébranlait la défense du château. Il laissait le commandement à un officier fort peu rassuré. La reine, qui n'était pas non plus sans pressentiments, prit Rœderer à part et lui demanda ce qu'il pensait qu'il y eût à faire.

Et, justement pendant ce temps, les conseillers de la reine avaient fait, à l'insu des ministres, la chose la plus imprudente. A cette garde nationale flottante et de mauvaise humeur, qui se demandait pourquoi elle allait combattre et si elle n'était pas folle de tirer avec les gentilshommes sur la garde nationale, ils imaginèrent de montrer ce qui devait la mieux convaincre qu'elle avait raison d'hésiter. Pour confirmer tout le monde dans la conviction que la royauté était impossible, il ne fallait qu'une chose, c'était de montrer le roi.

Ce pauvre homme, lourd et mou, n'avait pu, même en cette nuit suprême de la monarchie, veiller jusqu'au bout; il avait dormi une heure et venait de se lever. On le voyait à sa coiffure, aplatie et défrisée d'un côté. On put juger alors du danger de ces modes perfides en révolution. Qui est sûr, en de telles crises, d'avoir là, à point nommé, le valet de chambre coiffeur?... Tel il était, et tel les maladroits le firent descendre, le montrèrent, le promenèrent. Pour comble de mauvais augure, il était en violet; cette couleur est le deuil des rois; ici, c'était le deuil de la royauté. Il y avait pourtant, même en ceci, quelque chose qui pouvait toucher. Mais on eut encore le tact de rendre une scène tragique parfaitement ridicule. Aux pieds de ce roi défrisé, le vieux maréchal de Mailly se jette à genoux, tire l'épée et, au nom des gentilshommes qui l'entourent, jure de vaincre ou mourir pour le petit-fils de Henri IV. L'effet fut grotesque et dépassa tout ce que la caricature a représenté des voltigeurs de 1815. Le roi, gras et pâle, promenant un regard morne qui ne regardait personne, apparut, au milieu de ces nobles, ce qu'il était réellement, l'ombre et le néant du passé.

Par un mouvement naturel, tout ce qu'il y avait de gardes nationaux et d'hommes de toutes sortes, se rejetant violemment de ce néant à la réalité vivante, crièrent : « Vive la nation ! »

Décidément la nation ne voulait pas s'égorger elle-même; ce massacre impie était impossible. Aux réquisitions des officiers municipaux, les gardes nationaux avaient répondu : « Pouvons-nous tirer sur nos frères? » La vue du roi et des nobles acheva de les décider. Ce fut une désertion universelle. Les canonniers auraient voulu non seulement partir eux-mêmes, mais emmener leurs canons. Ne le pouvant sous le feu des balcons qui les menaçaient, ils rendirent du moins les pièces inutiles en y enfonçant de force un boulet sans charge de poudre; il eût fallu pour le retirer une opération longue et difficile, impossible au moment où le combat allait commencer.

Le roi remonta essoufflé, échauffé du mouvement qu'il s'était donné, rentra dans la chambre à coucher, s'assit et se reposa. La reine pleurait, sans mot dire; mais elle se remit très vite, reparut avec le dauphin, courageuse et l'air dégagé, les yeux secs, rouges, il est vrai, jusqu'au milieu des joues. La foule des assistants se trouvait réunie surtout dans la salle du billard, beaucoup montés sur les banquettes, pour voir ce qui allait se passer. M. d'Hervilly, l'épée nue, dit d'une voix haute : « Huissier, qu'on ouvre les portes à la noblesse de France. » L'effet du coup de théâtre que ces mots faisaient attendre fut très médiocre. Deux cents personnes entrèrent dans cette salle, d'autres se mirent en ligne dans les pièces précédentes. Une bonne partie de cette noblesse se composait de bourgeois. Beaucoup d'entre eux étaient ridiculement armés et en plaisantaient eux-mêmes. Un page et un écuyer du roi, par exemple, portaient sur l'épaule, en guise de mousquet, une paire de pincettes qu'ils venaient de se partager. La plupart néanmoins avaient des armes moins innocentes, des poignards et des pistolets, des couteaux de chasse. Plusieurs avaient des espingoles.

Ils se rangèrent en bataille dans les appartements. Ce qui restait de garde nationale pour défendre le château crut que c'était surtout contre elle que cette noblesse, si brusquement appelée, faisait cette manœuvre. Le commandant des gardes nationaux avait été demander des ordres et n'en avait point reçu. On avait profité de ce moment d'absence pour lui diviser sa troupe, en mettant vingt hommes à un autre poste. La garde nationale, manifestement en suspicion, ne s'obstina plus à défendre ceux qui ne voulaient point être défendus par elle; elle acheva de s'écouler, sauf un nombre imperceptible. De ceux-ci était Weber, le frère de lait de la reine; éperdu de douleur et d'inquiétude pour elle, il retourna, rentra aux appartements, la trouva en larmes : « Mais, Weber, que faites-vous? dit-elle, vous ne pouvez rester ici... Vous êtes ici le seul de la garde nationale. »

L'abandon des Tuileries était bien plus grand encore que ne le pensait la reine. Le château était déjà seul et comme une île dans Paris. Toute la ville était ou hostile ou dans une neutralité moins que sympathique. La Révolution venait de s'accomplir à l'Hôtel de Ville ; le premier sang était versé, celui de Mandat, commandant général de la garde nationale.

Mandat, arrivé à la Grève, l'avait trouvée toute changée. Une foule immense remplissait tout l'Hôtel de Ville, toute la place. Le poste qu'il avait mis à l'arcade Saint-Jean en avait été écarté. Avancer était périlleux, retourner était impossible. Il suivit la fatalité, monta et se trouva en face de la nouvelle Commune, en présence de l'insurrection qu'il avait promis d'écraser. Tombé au piège de ceux contre qui il avait dressé ses pièges, interrogé en vertu de quel ordre il avait doublé la garde du château, il allégua un ordre du maire (ordre déjà ancien et sans rapport avec la journée du 10) ; puis il convint qu'il n'avait à présenter nul autre acte qu'une réquisition adressée par lui au département. Enfin, ne sachant plus que dire, il prétendit qu'un commandant avait droit de prendre des précautions *subites pour un événement imprévu*. On lui rappela qu'il avait dit au château, en parlant de Pétion : « Sa tête nous répond du moindre mouvement. » Celle de Mandat ne tenait guère. Ce qui décida son sort, c'est qu'on jeta sur le bureau l'ordre même qu'il avait donné au commandant du poste de l'arcade Saint-Jean, de faire feu sur les colonnes du peuple *en l'attaquant par derrière*. Un hourra universel s'éleva contre lui, on lui mit la main au collet, on le traîna à la prison de la ville ; mais quelqu'un observa qu'il y serait tué sur l'heure. On essaya de le transférer à l'Abbaye.

Il y avait jusque-là, ce semble, hésitation parmi les chefs, incertitude sur les dispositions réelles du peuple, crainte et tâtonnement. Le tocsin leur avait paru d'abord si peu réussir qu'un moment ils eurent l'idée de le suspendre ; peut-être l'eussent-ils fait, s'ils l'eussent pu ; mais le contre-ordre eût été long à répandre dans Paris, et les cloches étaient lancées. Vers six heures, lorsque Mandat parut à l'Hôtel de Ville et fut arrêté, la Commune essaya de justifier cet acte. Elle envoya à l'Assemblée nationale accuser Mandat, assurer que, lui seul, avait fait sonner le tocsin, que c'était pour cette cause qu'on l'avait réprimandé. Un accident rompit ces ménagements politiques. Les violents ne permirent pas que Mandat parvînt vivant à l'Abbaye. A la sortie même de l'Hôtel de Ville, ils lui cassèrent la tête d'un coup de pistolet. La Commune, perdant ainsi son plus précieux otage, ne pouvait plus reculer ; elle fut, décidément et sans retour, jetée dans l'insurrection, et donna l'ordre de battre la générale.

Il était sept heures du matin, et déjà, de la Bastille jusqu'à l'église de Saint-Paul, dans cette partie ouverte et large de la rue Saint-Antoine, il y avait, nous l'avons dit, quatre-vingts ou cent divisions, chacune de cent hommes, armés de fusils, environ huit ou dix mille gardes nationaux. Leur empressement avait été extraordinaire, ce qu'on n'eût guère supposé d'après les lenteurs de la nuit. La masse, grossie dans la rue Saint-Antoine par chaque rue latérale qui avait fourni des affluents à ce fleuve, passa sans difficulté la fatale arcade Saint-Jean, où Mandat s'était flatté de l'anéantir. Elle resta une heure à la Grève, sans pouvoir obtenir d'ordres; les uns disaient que la Commune espérait encore quelque concession de la cour, les autres que le faubourg Saint-Marceau traînait, qu'on craignait qu'il ne pût faire à temps sa jonction au Pont-Neuf.

A huit heures et demie, un millier d'hommes à piques perdirent patience et prirent leur parti. Ils percèrent les rangs de la garde nationale, disant qu'ils se passeraient d'elle. Ils étaient fort mal armés; ils n'avaient pas entre eux tous une douzaine de fusils; beaucoup n'avaient pas même de piques, mais des broches, ou tout simplement des outils de leur état. Quelques fédérés, Marseillais ou autres, qui étaient des soldats aguerris, ne purent voir ces gens s'en aller seuls, avec si peu de chances; ils essayèrent de les diriger et hasardèrent d'aller à leur tête essuyer le premier feu.

La famille royale venait de quitter les Tuileries. Le procureur-syndic, Rœderer, avait lui-même joint sa voix à celle des zélés serviteurs qui voulaient à tout prix mettre le roi hors de péril. Des deux côtés on parlementait. Un jeune homme, pâle et mince, introduit comme député des assaillants, avait tiré de Rœderer l'autorisation d'introduire vingt députés dans lé château. En attendant, plusieurs, sans autre façon, chevauchaient sur la muraille et causaient familièrement avec les quelques gardes nationaux qui étaient encore dans les cours.

Rœderer crut le danger très imminent. Il amusa le jeune parlementaire de l'offre d'introduire les députés de l'insurrection, courut à toutes jambes au château, traversa rapidement la foule qui remplissait les salles : « Sire, dit-il au roi, Votre Majesté n'a pas cinq minutes à perdre ; il n'y a de sûreté pour elle que dans l'Assemblée nationale. » Un administrateur du département (marchand de dentelles de la reine, zélé constitutionnel) parlait aussi dans ce sens : « Taisez-vous, monsieur Gerdret, lui dit la reine ; quand on a fait le mal, on n'a pas droit de parler... Il ne vous appartient pas, Monsieur, d'élever ici la voix. » Puis, se tournant vers Rœderer : « Mais enfin nous avons des forces... — Madame, tout Paris marche... Sire, ce n'est plus une prière que nous venons vous faire... Nous n'avons qu'un parti à prendre... Nous vous demandons la permission de vous entraîner. » Le roi leva la tête, regarda fixement Rœderer, puis, se tournant vers la reine, il dit : « Marchons », et se leva.

Le roi, adressant ce mot à la reine, trancha une question délicate, qui autrement se fût agitée. Irait-il seul à l'Assemblée ? ou bien y serait-il accompagné d'une épouse si impopulaire ? C'était peut-être en ce moment la question décisive de la monarchie. M. de Lally-Tollendal, dans les prétendus *Mémoires* de Weber, avoue ce qu'ont dissimulé tous les autres historiens, à savoir que, selon le bruit public, le département et la municipalité devaient engager le roi à quitter seul les Tuileries et se placer seul dans l'Assemblée nationale.

Ce projet laissait à la royauté quelque chance de salut. La reine, il est vrai, restait en péril; elle risquait moins d'être tuée peut-être que d'être prise et jugée (ce qu'elle craignait bien plus), d'avoir un procès scandaleux qui l'aurait mise, déshonorée, dégradée, au fond d'un couvent.

Rœderer, obligé d'emmener la reine avec le roi, insista du moins pour n'emmener personne de la cour. Mais la reine voulut être suivie de Mme de Lamballe et de Mme de Tourzel, gouvernante des enfants. Les autres dames restèrent terrifiées, inconsolables, d'être abandonnées.

« Lorsque nous fûmes au bas de l'escalier, dit Rœderer, le roi me dit : « Que vont devenir toutes « les personnes qui sont restées là-haut? — Sire, « elles sont en habit de ville. Elles quitteront leur « épée et vous suivront par le jardin. — C'est vrai, « dit le roi... Mais pourtant il n'y a pas un grand « monde au Carrousel. — Ah! Sire, douze pièces « de canon, un peuple immense qui arrive! »

Ce dernier regret, ce petit mot de sensibilité, cette hésitation, ce fut tout ce que Louis XVI donna à ses défenseurs. Il se laissa entraîner et les abandonna à la mort.

Un officier suisse, d'Affry, a déclaré que la reine lui

avait ordonné de faire tirer les Suisses. Un autre, le colonel Pfyffer, dans son livre publié en 1821, dit que le vieux maréchal de Noailles annonça que le roi lui laissait le commandement et qu'on ne devait pas se laisser forcer. — La reine ne doutait pas que la défense ne fût victorieuse ; elle dit en partant à ses femmes qu'elle laissait : « Nous allons revenir. »

Ceux qui restaient se trouvèrent très diversement affectés du départ du roi. Un officier suisse dit tristement à Rœderer : « Monsieur, croyez-vous donc sauver le roi, en le menant à l'Assemblée ? » Quelques-uns se désespérèrent d'être ainsi abandonnés ; plusieurs arrachèrent leurs croix de Saint-Louis, brisèrent leurs épées.

D'autres, par une disposition contraire, n'ayant plus rien à ménager, plus de roi, de femmes ni d'enfants à protéger, eurent comme une joie furieuse du combat à mort qu'ils allaient livrer. Ils versèrent aux Suisses l'eau-de-vie à pleins verres, et, sans s'amuser à défendre la longue ligne de murailles qui régnait entre les cours et le Carrousel, ils ordonnèrent au concierge de lever les barres de la porte royale. Il les leva en effet, se sauva à toutes jambes. La foule, qui frappait à cette porte, s'y précipita avec une confiance aveugle, s'élança par l'étroite cour, sans remarquer ni les fenêtres de face toutes hérissées de fusils, ni les baraques latérales qui fermaient la cour de droite et de gauche et la regardaient d'un œil louche.

Ceux qui entrèrent étaient ces impatients dont nous avons parlé, ces hommes à piques qui étaient partis en avant, et qui, sur la route, avaient augmenté jusqu'au nombre de deux ou trois mille. Ils arrivèrent, sans s'arrêter, tout courants, au vestibule. Là enfin ils regardèrent. Ce vestibule du palais, bien plus vaste qu'aujourd'hui, était vraiment imposant. Le grand escalier qui montait majestueusement à la chapelle, puis en retour aux appartements, était, sur chaque marche, chargé d'une ligne de Suisses. Immobiles, silencieux, du haut en bas de l'escalier, ils couchaient en joue la foule des assaillants. Quelles étaient les dispositions de ces Suisses? Bien diverses, difficiles à dire. Beaucoup, sans nul doute, désiraient de ne pas tirer. Un grand nombre de ces soldats étaient du canton de Fribourg, quelques-uns Vaudois sans doute, c'est-à-dire Français, Français de langue, Français de caractère. Nul doute qu'il ne leur semblât odieux, impie de tirer sur leur vraie patrie, la France.

Un moment avant l'irruption, des canonniers de la garde nationale étaient venus trouver ces pauvres Suisses, qui, avec beaucoup de larmes, s'étaient jetés dans leurs bras. Deux même n'hésitèrent pas à laisser là le château et suivre nos canonniers. Ils étaient sous le balcon, d'où les voyaient leurs officiers. Ils furent tirés, et avec une si remarquable justesse, que les deux Suisses tombèrent, sans que les Français eussent été touchés.

Forte leçon pour les autres. La discipline aussi sans doute, l'honneur du drapeau, le serment les retenaient immobiles. La foule des assaillants, voyant ces hommes de pierre, n'eut aucune peur, mais se mit à rire. Elle leur lança des brocards, mais les Suisses ne riaient pas. On aurait pu douter qu'ils fussent vraiment en vie. Le gamin s'enhardit vite, et tout le peuple parisien est gamin sous ce rapport. Ceux-ci, avec douze mauvais fusils, des piques et des broches, n'étaient point pour engager le combat avec cette troupe de Suisses armés jusqu'aux dents. Ils savaient que plusieurs Suisses avaient essayé de passer du côté de la garde nationale; ils résolurent d'aider à leur bonne volonté. Quelques-uns qui avaient des crocs au bout d'un bâton s'avisèrent de jeter aux soldats cette espèce de hameçon, d'en accrocher un, puis deux, par leurs uniformes; ils les tiraient à eux avec de grands éclats de rire. La pêche aux Suisses réussit. Cinq se laissèrent prendre ainsi sans faire résistance[1]. Les officiers commencèrent à craindre une sorte de connivence entre les attaqués et les attaquants, et ils ordonnèrent le feu.

On vit alors toute la force de la discipline. Ils tirèrent sans hésiter. L'effet de ces feux, étagés du haut en bas de l'escalier et qui plongeaient tous ensemble et presque à bout portant sur une même masse vivante, fut épouvantable. Il n'y eut jamais dans un lieu si étroit un si terrible carnage. Tout coup fut mortel. La masse chancela tout entière et s'affaissa sur elle-même. Nul de ceux qui entrèrent sous le vestibule n'en sortit. Les seuls récits que nous ayons

---

[1]. A qui persuadera-t-on que les assaillants, si intéressés à encourager la défection, aient sur-le-champ massacré, comme le prétend Peltier, les Suisses qui s'étaient laissé prendre?

sont ceux des royalistes qui étaient sur l'escalier. Deux heures après, un des assaillants, qui traversa le vestibule et vit cette montagne de morts, dit qu'on était suffoqué de l'odeur de boucherie et qu'on ne respirait pas.

Il ne faut pas demander si ceux qui étaient dans la cour s'enfuirent à toutes jambes. Ils ne purent le faire si vite qu'ils ne fussent criblés au passage du feu des baraques qui serraient la cour de droite et de gauche; elles étaient pleines de soldats. Ce fut, à la lettre, la chasse à l'affût; les chasseurs avaient le gibier au bout du fusil et pouvaient choisir. Trois ou quatre cents hommes périrent dans ce fatal défilé, sans riposter d'un seul coup.

Deux sorties se firent à la fois de ce palais meurtrier, une des Suisses au centre, sous le pavillon de l'Horloge, une autre des gentilshommes qui s'élancèrent du pavillon de Flore, poussèrent toute la déroute loin du quai, vers les petites rues du Louvre et la rue Saint-Honoré. Les Suisses, se formant en bataille dans le Carrousel et faisant feu de toutes parts, criblèrent la queue des fuyards, et toute la place fut encore semée de cadavres.

Le château se crut vainqueur, s'imagina avoir écrasé l'armée de l'insurrection; mais c'était seulement l'avant-garde. Au milieu même du feu, pendant que les Suisses tiraient encore sur la foule entassée au passage étroit des rues, M. d'Hervilly se jette à eux, sans chapeau, sans armes : « Ce n'est pas cela, dit-il, il faut vous porter à l'Assemblée, près du roi. »

Le vieux Vioménil criait : « Allez, braves Suisses, allez ; sauvez le roi ; vos ancêtres l'ont sauvé plus d'une fois. »

Rœderer pensa alors (plusieurs des acteurs du 10 août pensent encore aujourd'hui) que ce moment était prévu, et que la cour, avait, dans cette espérance, voulu le combat. L'insurrection écrasée ou du moins découragée par la vigueur du premier coup, la garnison se repliait sur l'Assemblée nationale ; on la proclamait dissoute ; le roi, enveloppé de troupes, sortait de Paris, fuyait à Rouen, où on l'attendait, se retrouvait roi. Jamais la reine, je le pense, si elle ne se fût crue bien sûre de son fait, n'eût laissé aux Tuileries tant de serviteurs dévoués. Elle attendait, dans l'Assemblée, pâle et palpitante, le succès de ce violent coup de Jarnac frappé sur la Révolution. L'Assemblée elle-même, un moment, se crut à sa dernière heure, au moment d'être massacrée, tout au moins prisonnière du roi qu'elle avait sauvé dans son sein.

Et cependant, bien loin que la contre-révolution eût vaincu, la Révolution marchait. La jonction de Saint-Antoine et de Saint-Marceau s'était faite au Pont-Neuf. On pouvait, du pavillon de Flore, voir au levant, déjà au quai du Louvre, l'armée vengeresse du peuple, la forêt de ses baïonnettes, flamboyante des feux du matin.

Il y avait eu bien des lenteurs ; l'armée, peu formée aux manœuvres, avait perdu du temps, surtout à s'allonger en colonnes, sur ces quais alors très étroits. Les cinq cents Marseillais, les trois cents Bretons et les autres fédérés, une troupe très militaire, avaient le poste d'honneur; ils allaient les premiers au feu; ils devaient entrer au Carrousel par les guichets voisins du Pont-Royal. Le Marais et autres sections de la rive droite devaient pénétrer par le Louvre; Saint-Marceau et la rive gauche se chargeaient du Pont-Royal, du quai des Tuileries, du quoi de la Concorde et de la place, de sorte que le château fût entre deux feux, Saint-Antoine avait deux petits canons, Saint-Marceau autant, c'était toute l'artillerie.

Si la masse des fuyards avait été rejetée vers le quai, elle eût pu jeter du trouble, du découragement dans les colonnes qui venaient; mais elle fut, comme on l'a vu, rejetée vers la rue Saint-Honoré et les petites rues du Louvre. Les Marseillais et le faubourg Saint-Antoine ne virent rien de ce spectacle affligeant; ils arrivèrent frais, confiants, la tête haute. Ils savaient en général qu'on avait attiré, massacré leurs frères; ils doublèrent le pas, furieux. Les sections du Marais, arrivées au Carrousel par les petites rues du Louvre, virent nombre de blessés; mais ces blessés, pleins d'enthousiasme, de haine et de colère, demandaient vengeance pour la perfidie des Suisses : « Nous avions encore, dirent-ils, la bouche à leur joue qu'ils ont versé notre sang. »

Les Marseillais passèrent les guichets du quai, virent les Suisses en bataille sur le Carrousel, s'ouvrirent brusquement, démasquèrent leurs petits canons et tirèrent à brûle-pourpoint deux coups à mitraille. Les soldats rentrèrent sans attendre un second coup, laissant leurs blessés et sans doute un peu surpris de trouver vivante à ce point l'insurrection qu'ils croyaient avoir tuée. Les fédérés et Saint-Antoine avancèrent au pas de charge et remplirent deux des trois cours : la cour Royale ou du centre, et celle des Princes, voisine du pavillon de Flore et du quai. Les sections venues par le Louvre avaient rempli le Carrousel, bien moins grand à cette époque ; elles poussaient les premiers venus et, tant qu'elles pouvaient, fonçaient dans les cours. L'immense et sombre façade, par ses cent fenêtres, scintillait d'éclairs. Outre tous les feux de face, les gentilshommes, à l'affût aux fenêtres du pavillon de Flore et de la grande galerie du Louvre, tiraient sur le flanc. Derrière le pavillon de l'Horloge, sous le réseau de feux croisés qui retardaient les assaillants, restèrent fermes les grenadiers suisses, qui répondaient par des salves aux tirailleurs de l'insurrection. Le temps était calme, la fumée fort épaisse ; il n'y avait pas un souffle d'air pour la dissiper ; on tirait comme dans la nuit, chose contraire aux assaillants ; ils distinguaient peu les fenêtres, leurs coups allaient frapper les murs. Au contraire, leurs ennemis, visant des murailles vivantes, je veux dire des masses d'hommes, n'avaient que faire de tirer juste ; chaque coup tuait ou blessait. Las de recevoir sans donner, des fédérés, au milieu d'une grêle de balles, mirent en batterie, à la grande porte, une pièce de quatre, dont deux boulets persuadèrent aux Suisses de quitter la cour. Ils rentrèrent au vestibule, en bon ordre, et, de temps à autre, ils en sortaient par pelotons pour tirer encore.

Au moment où les fédérés passèrent du Carrousel dans la cour, les baraques alignées parallèlement au château firent feu sur eux par derrière, ne doutant pas d'obtenir le même succès qu'elles avaient eu une heure plus tôt. Mais, dès la première décharge, les Marseillais se jetèrent avec furie sur les ouvertures des baraques, et, ne pouvant les forcer, ils y lancèrent des gargousses d'artillerie dont l'explosion fit sauter les toits, renversa les murs, incendia tout. Le feu courut en un clin d'œil d'un bout à l'autre, enveloppa toute la ligne, et tout disparut dans des tourbillons de flamme et de fumée, scène effroyable dont les assaillants eux-mêmes détournèrent les yeux avec horreur.

Est-ce alors, ou beaucoup plus tôt, qu'un capitaine suisse, Turler, vint demander au roi s'il fallait déposer les armes ? Grave question historique qui, résolue dans un sens ou dans l'autre, doit modifier nos idées sur le caractère de Louis XVI.

Selon une tradition royaliste, les Suisses, un moment vainqueurs, allaient marcher sur l'Assemblée, un député les arrêta, les somma de poser les armes, et le capitaine, s'adressant au roi, n'en tira nulle réponse, sinon qu'il fallait les rendre à la garde nationale.

Selon une version plus sûre, puisqu'elle est constatée par le procès-verbal de l'Assemblée, *ce fut après que le roi eut entendu le rapport* du procureur général Rœderer annonçant à l'Assemblée *que le château était forcé*, ce fut alors, et même après une vive terreur panique répandue dans l'Assemblée, que le roi avertit le président *qu'il venait de faire donner ordre aux Suisses de ne point tirer.*

Ceci éclaircit la question qu'on a essayé d'obscurcir. Le roi voulut éviter une plus longue effusion du sang, *lorsqu'il sut que le château était forcé*, lorsqu'il n'eut plus d'espoir. Cet ordre pouvait avoir le double avantage de diminuer l'exaspération des vainqueurs et de couvrir l'honneur des vaincus, de sorte que ceux-ci pussent dire, comme ils n'ont pas manqué de le faire, que l'ordre du roi avait pu seul leur arracher la victoire.

A cette heure, le château était forcé; les Suisses, qui avaient défendu pied à pied l'escalier, la chapelle, les galeries, étaient partout enfoncés, poursuivis, mis à mort. Les plus heureux étaient les gentilshommes qui, maîtres de la grande galerie du Louvre, avaient toujours une issue prête pour échapper. Ils s'y jetèrent et trouvèrent à l'extrémité l'escalier de Catherine de Médicis, qui les mit dans un lieu désert. Tous ou presque tous échappèrent; on n'en vit point parmi les morts. Les corps qui portaient du linge fin portaient aussi l'habit rouge; c'étaient les faux Suisses, anciens gardes constitutionnels, et non pas les gentilshommes.

Les habits rouges étaient fort nombreux, bien

au delà des treize cent trente véritables Suisses qu'accuse leur capitaine. Suisses ou non, tous furent admirables. Ils se retirèrent lentement par le jardin, attendant, ralliant leurs camarades avec le sang-froid et l'aplomb de vieilles troupes manœuvrant comme à la parade, serrant tranquillement leurs rangs, à mesure que la fusillade les éclaircissait. Ils firent dix haltes peut-être dans la traversée du jardin (dit un témoin oculaire[1]) pour repousser les assaillants, chaque fois avec des feux de file parfaitement exécutés. Une chose dut les étonner fort, ce fut la prodigieuse multitude de gardes nationaux qui remplissait le jardin et allait toujours croissant. A huit heures, avant le combat, il y avait eu à la Grève huit ou dix mille gardes nationaux armés de fusils; entre midi et une heure, immédiatement après le combat, le même témoin en vit aux Tuileries jusqu'à trente ou quarante mille. En faisant la part, ordinairement nombreuse, des hommes qui volent toujours au secours de la victoire, il reste néanmoins bien évident que le 10 août fut fait ou consenti, ratifié en quelque sorte par l'ensemble de la population, non par une partie du peuple, et nullement la partie infime, comme on l'a tant répété. Il y avait un grand nombre d'hommes en uniforme parmi ceux qui prirent le

---

1. Ce témoin, qui observa avec tant de sang-froid, est M. Moreau de Jonnès. Je dois plusieurs détails très importants à son récit du 10 août, encore inédit, qu'il a bien voulu me communiquer. Je rappellerai, entre autres, la curieuse anecdote contée à la page 2 de ce volume.

château. Ces uniformes même causèrent une fatale méprise. Les fédérés bretons, portant des habits rouges, furent pris par les officiers du château pour des Suisses qui auraient passé à l'ennemi, et tirés de préférence; huit tombèrent du premier coup.

L'effrayante unanimité de la garde nationale, qui, de moment en moment, se manifestait aux Suisses, acheva de les briser. Arrivés près du grand bassin, vers la place Louis XV, leurs rangs flottèrent, ils commencèrent à se débander; la mortelle pensée du salut individuel, qui perd presque toujours les hommes, entra visiblement en eux. Ils virent ou crurent voir que leur courage, leur discipline admirable, les avait perdus, en ralentissant leur retraite. Quelques centaines se lancèrent, comme des cerfs furieux, sous le couvert des grands arbres, renversèrent les tirailleurs ennemis, gagnèrent la porte qui est en face de la rue Saint-Florentin : trois cents environ échappèrent; un groupe, serré de trop près, se jeta dans l'hôtel de la marine; ils y furent cherchés, égorgés. Ceux qui restèrent mieux ensemble essayèrent, des Tuileries, de passer aux Champs-Élysées; mais à peine eurent-ils posé le pied sur la place qu'un bataillon de Saint-Marceau, qui avait deux pièces en batterie à la descente du pont, leur tira un coup à mitraille, un seul coup, qui en mit trente-quatre sur le carreau. Les autres, dispersés par cette terrible exécution, jetèrent leurs fusils, mirent le sabre à la main, arme inutile contre les piques de leurs ennemis acharnés. Une trentaine tinrent un instant près de la statue de Louis XV (où est maintenant l'obélisque), au pied de ce triste monument de la monarchie, si peu digne de leur dévouement et de leur fidélité.

Quelques-uns, qui eurent le bonheur de gagner les Champs-Élysées, furent cachés par de braves gens qui les travestirent et les firent évader le soir. En général, dans cette journée sanglante, il n'y eut point de milieu : les vaincus trouvèrent ou la mort, ou l'hospitalité la plus dévouée, généreuse jusqu'à l'héroïsme, et qui, au besoin, pour les sauver, elle-même affronta la mort. Et cela à part de toute opinion politique; de violents révolutionnaires se conduisirent en ceci tout comme les royalistes.

Au château même, la foule, horriblement irritée par ses pertes énormes et par ce qu'elle croyait de la perfidie des Suisses, ne se montra pas aussi aveuglément barbare qu'on eût pu le supposer. Les dames de la reine, qu'on haïssait infiniment plus qu'aucun homme, comme *les conseillères, les confidentes de l'Autrichienne,* n'éprouvèrent nulle indignité. La princesse de Tarente avait fait ouvrir les portes et recommanda aux premiers qui entrèrent une très jeune demoiselle, Pauline de Tourzel. Quelques femmes, Mme Campan, entre autres, furent un moment saisies, menacées de la mort. Elles n'en eurent que la peur; on les lâcha avec ce mot : « Coquines, la nation vous fait grâce. » Les vainqueurs les escortèrent eux-mêmes pour les faire échapper et les aidèrent à se déguiser pour échapper aux bandes de poissardes qui criaient derrière elles qu'on aurait dû les tuer.

Un des assaillants, M. Singier (depuis connu et estimé comme directeur de théâtre), a conté qu'entrant dans la chambre de la reine, il vit la foule qui brisait les meubles et les jetait par les fenêtres ; un magnifique clavecin, orné de peintures précieuses, allait avoir le même sort. Singier ne perd pas de temps ; il se met à en jouer, en chantant la *Marseillaise*. Voilà tous ces hommes furieux, sanglants, qui oublient leur fureur au moment même ; ils font chorus, se rangent autour du clavecin, se mettent à danser en rond et répètent l'hymne national.

Non, cette foule, si mêlée, des vainqueurs du 10 août, n'était pas, comme on l'a tant dit, une bande de brigands, de barbares. C'était le peuple tout entier ; toute condition, toute nature et tout caractère se rencontraient là, sans nul doute. Les passions les plus furieuses s'y trouvèrent ; mais les basses, les ignobles, rien n'indique qu'en ce moment d'exaltation héroïque elles se soient montrées chez personne. Il y eut beaucoup d'actes magnanimes. Et le mot touchant du boulanger que nous avons rapporté au commencement de ce chapitre montre assez que le péril, qui rend si souvent féroces les hommes qui l'affrontent pour la première fois, n'avait nullement éteint dans le cœur des assaillants les sentiments d'humanité.

Une scène extraordinaire, pathétique au plus haut degré, eut lieu dans l'Assemblée nationale. Qu'elle passe à la postérité, pour témoigner à jamais de la magnanimité du 10 août, du noble génie de la France, qu'elle conserva encore dans les fureurs de la victoire.

Un groupe de vainqueurs se jeta dans l'Assemblée, pêle-mêle avec des Suisses. L'un d'eux porta la parole : « Couverts de sang et de poussière, le cœur navré de douleur, nous venons déposer dans votre sein notre indignation. Depuis longtemps une cour perfide a préparé la catastrophe. Nous n'avons pénétré dans ce palais qu'en marchant sur nos frères massacrés. Nous avons fait prisonniers ces malheureux instruments de la trahison; plusieurs ont mis bas les armes : nous n'emploierons contre eux que celles de la générosité. Nous les traiterons en frères (il se jette dans les bras d'un Suisse, et, dans l'excès de l'émotion, il s'évanouit; des députés lui portent secours. Alors, reprenant la parole) : il me faut une vengeance. Je prie l'Assemblée de me laisser emmener ce malheureux : je veux le loger et le nourrir. »

CHAPITRE II

LE 10 AOUT DANS L'ASSEMBLÉE. — LUTTE DE L'ASSEMBLÉE
ET DE LA COMMUNE (FIN D'AOUT).

Des vainqueurs du 10 août, fédérés, Gardes-françaises, etc. — Théroigne de Méricourt. — Meurtre de Suleau. — Impuissance de l'Assemblée. — Inertie des Girondins pendant la nuit du 10 août. — Situation de l'Assemblée dans la matinée du 10 août. — Le roi se réfugie dans le sein de l'Assemblée. — Deux paniques dans l'Assemblée. — Le roi, n'ayant plus d'espoir, fait cesser le feu. — L'Assemblée conserve à la royauté une chance de résurrection. — L'Assemblée s'annule elle-même. — Désespoir des familles des victimes du 10 août. — Défiance et fureur du peuple. — La Commune organe de cette fureur. — Sentiments contradictoires du peuple, sensible et furieux. — Danger de la situation. — Le roi, prisonnier, est enfermé au Temple. — La Commune exige la création d'un tribunal extraordinaire. — Influence de Marat sur la Commune. — Création du tribunal extraordinaire, 17 août 1792. — Danger de la France; Longwy assiégé, 20 août. — Menaces de La Fayette, sa fuite. — Fermeté magnanime de Danton. — Premiers mouvements de la Vendée. — Le nouveau tribunal accusé de fonctionner lentement. — Nouvelle de la prise de Longwy. — Fête des morts du 10 août.

Il n'est pas facile de sonder le profond volcan de fureur d'où éclata le 10 août, de dire comment les colères de toutes sortes s'étaient entassées, accumulées, mutuellement échauffées d'une fermentation si terrible. Si nous ne pouvons les retrouver dans leur force et leur violence, énumérons du moins, analysons les éléments divers qui, mêlés, formèrent la lave brûlante.

La souffrance du peuple, sa douloureuse misère en fut le plus faible élément. Et pourtant cette misère était extrême. Toute ressource était consumée depuis longtemps; quoique le pain fût à bas prix, le travail manquait entièrement, il n'y avait pas moyen d'aller chez le boulanger. La mort au grabat, dans un grenier ignoré ou dans la rue au coin des bornes, c'était la dernière perspective. Ces pauvres gens, presque sans armes et nullement aguerris alors, ne firent pas grand'chose au 10 août; seulement ils allèrent des premiers aux Tuileries; c'est sur eux que tomba la première, la meurtrière fusillade. S'il n'y avait eu que ceux-là, le château n'eût pas été pris.

Il y avait un autre élément, auquel la cour ne pensait pas, un élément très militaire qui agit certainement d'une manière bien autrement efficace.

On a confondu tous les vainqueurs sous le nom de Marseillais; on a cru du moins qu'ils étaient presque tous fédérés des départements : Marseillais, Bretons et autres. Mais avec ceux-ci marchaient des hommes non moins aguerris, aussi furieux tout au moins, de plus ulcérés d'une blessure récente. Quels? Les fils aînés de la liberté, les anciens Gardes-françaises. Il y avait parmi eux des jeunes gens d'une audace, d'une ambition extraordinaires, dont plusieurs sont devenus illustres. Les Gardes-françaises, un moment, s'étaient laissé amortir par La Fayette; ils avaient formé le noyau, le nerf de la garde nationale soldée. La conduite très diverse de ce corps au massacre du Champ de Mars (une partie tira, une partie refusa) donna beaucoup à penser. En janvier, le ministre de la guerre, Narbonne, obtint qu'ils fussent assimilés aux troupes de ligne, cessassent de recevoir haute paye, ne fussent plus une troupe privilégiée. La plupart n'acceptèrent pas ce changement, restèrent ici à battre le pavé, attendant les événements, se mêlant aux groupes, soufflant la guerre et le combat, donnant leur assurance au peuple, lui communiquant l'esprit militaire. Une lettre écrite un an après par un de ces Gardes-françaises (depuis le général Hoche), adressée par lui à un journaliste, lettre fière, amère, irritée, peint à merveille cette jeunesse, l'esprit superbe qui était en elle, sa violente indignation contre tout obstacle. On dirait que la même plume écrivit en janvier 1792 l'éloquent *Adieu des Gardes-françaises aux sections de Paris*. Ces philippiques militaires sont pleines du génie colérique qui frappa le coup du 10 août.

Le matin, un de ces Gardes-françaises était sur la terrasse des Feuillants avec la fameuse amazone liégeoise, Théroigne de Méricourt. Elle était armée et allait combattre; elle y alla en effet et s'y distingua jusqu'à mériter une couronne que lui décernèrent les vainqueurs. Il n'était encore que sept ou huit heures, une heure avant le combat. On amène sur la terrasse une fausse patrouille qu'on vient de saisir. C'étaient onze royalistes, armés d'espingoles, qui venaient de reconnaître les Champs-Élysées et tous les entours des Tuileries. Il se trouvait parmi eux plusieurs hommes très connus, très odieux, de violents écrivains royalistes désignés depuis longtemps à la haine publique, entre autres un abbé Boujon, auteur dramatique, et le journaliste Suleau, un jeune homme audacieux, l'un des plus furieux agents de l'aristocratie. Suleau et Théroigne se trouvèrent en face, la fureur et la fureur.

Suleau était personnellement haï de Théroigne, non seulement pour les plaisanteries dont il l'avait criblée dans les *Actes des Apôtres*, mais pour avoir publié à Bruxelles un des journaux qui écrasèrent la révolution des Pays-Bas et de Liège, le *Tocsin des rois*. L'infortunée ville de Liège, unanimement française, et qui, tout entière, jusqu'au dernier homme, vota sa réunion à la France, avait été libre deux ans, et elle venait de retomber sous l'ignoble tyrannie d'un prêtre par la violence de l'Autriche. Théroigne, à ce moment décisif, n'avait pas manqué à sa patrie. Mais elle fut suivie de Paris à Liège, arrêtée en arrivant par les Autrichiens, spécialement comme coupable de l'attentat du 6 octobre contre la reine de France, sœur de l'Autrichien Léopold. Menée à Vienne et relâchée à la longue, faute de preuves, elle revenait exaspérée, accusant surtout les agents de la reine qui l'auraient suivie, livrée. Elle écrivait son aventure, allait l'imprimer, et déjà elle en avait lu quelques pages aux Jacobins. Le violent génie du 10 août était dans Théroigne. C'était une femme audacieuse, galante, mais non pas *une fille*, comme l'ont dit les royalistes ; elle n'était nullement dégradée. Ses passions les plus connues furent justement pour des hommes fort étrangers à l'amour ; la première pour un castrat italien qui la ruina ; plus tard pour l'abstrait, le sec, le froid Sieyès, pour le mathématicien Romme, jacobin austère, gouverneur du jeune prince Strogonoff ; Romme ne se faisait nullement scrupule de mener son élève chez la belle et éloquente Liégeoise. Le très honnête Pétion était ami de Théroigne. Toujours, quelque irrégulière que pût être sa vie personnelle, elle visa dans ses amitiés au plus haut, au plus austère, au plus pur ; elle voulait dans les hommes ce qu'elle avait elle-même, le courage et la sincérité. Un de ses biographes les plus hostiles avoue qu'elle exprimait le plus profond dégoût pour l'immoralité de Mirabeau, pour son masque de Janus. Et elle ne montra pas moins d'antipathie pour celui de Robespierre, elle détestait son pharisaïsme. Cette franchise imprudente, qui la mena bientôt à la plus terrible aventure, avait éclaté en avril 1792. A cette époque où Robespierre se répandait en calomnies, en dénonciations sans preuves, elle dit fièrement, dans un café, « qu'elle lui retirait son estime ». La chose, contée le soir ironiquement par Collot d'Herbois aux Jacobins, jeta l'amazone dans un amusant accès de fureur. Elle était dans une tribune, au milieu des dévotes de Robespierre. Malgré les efforts qu'on faisait pour la retenir, elle sauta par-dessus la barrière qui séparait les tribunes de la salle, perça cette foule ennemie, demanda en vain la parole ; on se boucha les oreilles, craignant d'ouïr quelque blasphème contre le dieu du temple ; la pauvre Théroigne fut brutalement chassée, sans être entendue.

Cette insulte en présageait une autre, plus cruelle, dont elle fut frappée à mort. Après le 10 août et le 2 septembre, Théroigne (qu'on a mêlée sans la moindre preuve, et contre toute vraisemblance, à ce dernier événement) prit parti, avec sa violence ordinaire, pour le parti qui flétrissait les assassins de septembre. Elle était encore fort populaire, aimée, admirée de la foule pour son courage et sa beauté. Les Montagnards imaginèrent un moyen de lui ôter ce prestige, de l'avilir par une des plus lâches violences qu'un homme puisse exercer sur une femme. Elle se promenait presque seule sur la terrasse des Feuillants ; ils formèrent un groupe autour d'elle, le fermèrent tout à coup sur elle, la saisirent, lui levèrent les jupes, et nue, sous les risées de la foule, la fouettèrent comme un enfant. Ses prières, ses cris, ses hurlements de désespoir, ne firent qu'augmenter les rires de cette foule cynique et cruelle. Lâchée enfin, l'infortunée continua ses hurlements ; tuée par cette injure barbare dans sa dignité et dans son courage, elle avait perdu l'esprit. De 1793 jusqu'en 1817, pendant cette longue période de vingt-quatre années (toute une moitié de sa vie !), elle resta folle furieuse, hurlant comme au premier jour. C'était un spectacle à briser le cœur, de voir cette femme héroïque et charmante, tombée plus bas que la bête, heurtant ses barreaux, se déchirant elle-même et mangeant ses excréments. Les royalistes se sont complu à voir là une vengeance de Dieu sur celle dont la beauté fatale enivra la Révolution dans ses premiers jours; ils ont su un gré infini à la brutalité montagnarde de l'avoir brisée ainsi. Royalistes et Robespierristes, encore aujourd'hui, s'accordent à merveille, après l'avoir avilie vivante, pour avilir sa mémoire.

J'ai voulu donner d'ensemble cette destinée tragique. Voyons l'acte violent, coupable, par lequel Théroigne la mérita peut-être, au 10 août, cette destinée. Elle avait devant elle ce Suleau tant détesté, celui qu'elle envisageait comme le plus mortel ennemi de la Révolution, et en France, et aux Pays-Bas. C'était un homme dangereux, non par sa plume seulement, mais par son courage, par ses relations infiniment étendues, dans sa province et ailleurs. Montlosier conte que Suleau, dans un danger, lui disait :

« J'enverrai, au besoin, toute ma Picardie à votre secours. » Suleau, prodigieusement actif, se multipliait; on le rencontrait souvent déguisé. La Fayette, dès 1790, dit qu'on le trouva ainsi, sortant le soir de l'hôtel de l'archevêque de Bordeaux. Déguisé cette fois encore, armé, le matin même du 10 août, au moment de la plus violente fureur populaire, quand la foule, ivre d'avance du combat qu'elle allait livrer, ne cherchait qu'un ennemi, Suleau pris, dès lors était mort.

Desmoulins, Picard comme lui et son camarade

au collège de Louis-le-Grand, avait eu comme une seconde vue de l'événement ; il avait offert à Suleau de le cacher chez lui. Mais celui-ci croyait vaincre. Il tomba au piège avant le combat.

S'il périssait, du moins ce n'était pas Théroigne qui pouvait le mettre à mort. Les plaisanteries mêmes qu'il avait lancées contre elle auraient dû le protéger. Au point de vue chevaleresque, elle devait le défendre ; au point de vue qui dominait alors, l'imitation farouche des républicains de l'Antiquité, elle devait frapper l'ennemi public, quoiqu'il fût son ennemi. Un commissaire, monté sur un tréteau, essayait de calmer la foule ; Théroigne le renversa, le remplaça, parla contre Suleau. Deux cents hommes de garde nationale défendaient les prisonniers ; on obtint de la section un ordre de cesser toute résistance. Appelés un à un, ils furent égorgés par la foule. Suleau montra, dit-on, beaucoup de courage, arracha un sabre aux égorgeurs, essaya de se faire jour. Pour mieux orner le récit, on suppose que la virago (petite et fort délicate, malgré son ardente énergie) aurait sabré de sa main cet homme de grande taille, d'une vigueur et d'une force décuplées par le désespoir. D'autres disent que ce fut le Garde-française qui donnait le bras à Théroigne qui porta le premier coup.

Ce massacre, exécuté à la place Vendôme, devant la porte des Feuillants et comme sous les yeux de l'Assemblée, constata d'une manière terrible l'impuissance de celle-ci. Par deux fois elle déclara les prisonniers sous la sauvegarde de la loi, et l'on n'en tint compte. Un fatal précédent s'établit, un préjugé effroyable, à savoir, que le passant, le premier venu, pouvait, en dépit des autorités nommées par le peuple, représenter le peuple souverain en sa fonction la plus délicate, la justice. Cette justice de combat, faite au moment de la bataille par l'ennemi sur l'ennemi, va se reproduire dans un mois, aux jours de septembre, sur des prisonniers désarmés.

L'Assemblée était en cause non moins que la royauté. La majorité, qui venait d'innocenter La Fayette, avait par cela même dans l'esprit du peuple perdu l'Assemblée elle-même. Les Girondins, il est vrai, par l'organe de Brissot, avaient attaqué le général et pouvaient se laver les mains de l'étrange absolution. Mais il était trop manifeste qu'ils croyaient encore pouvoir se servir de la royauté; ennemis ou non de La Fayette, ils lui ressemblaient en ceci : républicains de principes comme lui, mais, comme lui, royalistes de politique, de situation, ils n'en différaient guère que sur la longueur du sursis qu'ils auraient accordé à l'institution royale. Rien n'indique qu'ils aient eu avec la cour le moindre rapport direct. La fameuse consultation donnée, dit-on, au roi par Vergniaud et copiée docilement par tous les historiens n'est qu'une fiction maladroite. Quelque étourdis qu'aient pu être les Girondins, jamais ils n'auraient donné un tel acte écrit contre eux-mêmes. Et à qui? A cette cour qui, dans les élections et partout, leur préférait sans difficulté les plus violents Jacobins.

C'est une chose très certaine que nous avons affirmée et que nous répéterons : jusqu'au 10 août, la cour, en toute occasion, ne vit nul ennemi plus dangereux que les Girondins. Elle se serait fiée à Danton bien plus qu'à Vergniaud. Vergniaud, Brissot, Roland, Guadet, furent pour elle l'objet d'une haine bien autrement profonde. Ils lui semblaient près du pouvoir et capables de le garder. Elle eût préféré cent fois le triomphe passager des violents à la victoire des modérés, qui, dans un délai fort court, pouvait fonder la République.

Les Girondins ne parurent pas à l'Assemblée dans la nuit du 10 août. Elle avait commencé à se réunir vers minuit et demi, au bruit du tocsin. Les quelques députés qui vinrent étaient des Feuillants, et ils vinrent pour sauver la royauté ; on le voit au choix de leur président ; ce fut le Feuillant Pastoret. Ledit Pastoret s'éclipsa : ils prirent alors un député inconnu pour les présider. Où donc étaient Brissot, Vergniaud, la pensée de la Gironde, sa grande, sa puissante voix ? Où étaient-ils ? Que pensaient-ils ?

Ils attendaient et se réservaient. — Chose peu étonnante, au reste, quand on voit l'hésitation des acteurs connus de tous les partis. Robespierre s'abstint dans cette nuit, tout aussi bien que Vergniaud.

Évidemment les Girondins se réservaient le rôle de médiateurs ; ils attendaient que la cour éperdue, au bruit de la fusillade, vînt se jeter dans leurs bras.

La très peu nombreuse Assemblée qui siégea la nuit, dans l'absence des grands chefs d'opinions, montra beaucoup de prudence. Elle évita, par-dessus tout, le piège qu'on lui tendait en l'appelant au château. Quelques membres proposèrent que le roi vînt plutôt se réunir à l'Assemblée. La discussion, souvent interrompue, traîna jusqu'au matin; les Girondins, rougissant à la longue de leur absence dans un tel moment, apparurent enfin; à sept heures, Vergniaud occupa le fauteuil.

Et ce fut pour être obligé de saluer la formidable puissance qui s'était formée cette nuit, puissance inconnue, mystérieuse, au matin lancée du volcan, comme pour écraser l'Assemblée : la Commune du 10 août.

Un substitut du procureur de la Commune (ne serait-ce pas Danton? il avait alors ce titre) entra avec deux officiers municipaux et notifia, sans préface, à l'Assemblée nationale, que le peuple souverain, réuni en sections, avait nommé des commissaires, *qu'ils exerçaient tous les pouvoirs*, et que, pour leur coup d'essai, ils avaient pris un arrêté pour suspendre le conseil général de la Commune.

Un membre de l'Assemblée proposa d'annuler tout, les commissaires et l'arrêté. Mais, à l'instant, un autre membre dit prudemment qu'insinuation valait mieux que violence, qu'en ce danger il était imprudent d'écarter des hommes utiles, qu'en tout cas, il fallait attendre des éclaircissements ultérieurs. — L'Assemblée résolut d'attendre, ce qui était le plus facile. Entre la victoire du royalisme et celle de l'anarchie, entre le château et la Commune, menacée également des deux parts d'être dévorée, elle ménagea l'inconnu et garda devant le sphynx un silence de terreur.

Et à ce moment même où elle n'osait plus agir ni prendre parti, par une contradiction étrange, la circonstance venait en quelque sorte réclamer d'elle la force qu'elle n'avait plus.

C'est à ce moment qu'on lui demanda de protéger Suleau et les autres prisonniers; elle essaya de le faire et vit son autorité méconnue (huit heures). A ce moment encore on lui annonça que le roi voulait se retirer dans son sein. Elle répondit froidement « que la constitution lui en laissait la faculté ». On demandait que la garde du roi pût entrer; on craignait qu'elle ne fût massacrée, si elle restait aux portes. Mais l'Assemblée, en la recevant, avait à craindre de faire de sa propre salle un champ de bataille; elle s'attacha à la lettre de la loi, qui lui défendait de délibérer au milieu des baïonnettes; elle fit semblant de croire que cette garde venait là pour protéger l'Assemblée et déclara « qu'elle ne voulait de garde que l'amour du peuple ».

Nous n'avons point raconté dans le chapitre précédent, où nous expliquions la bataille, le voyage du roi pour aller à l'Assemblée. Ce voyage n'était pas long; mais on pouvait le croire infiniment dangereux dans l'état d'irritation où était la foule; à tort : il n'eut d'autre résultat que de prouver que la vie du roi ni même celle de la reine n'étaient nullement en péril.

Au départ, le roi probablement n'était pas sans inquiétude. Il ôta son chapeau où était un plumet blanc et s'en mit un qu'il prit à un garde national. Les Tuileries étaient solitaires et silencieuses, déjà jonchées de feuilles sèches, bien avant le temps ordinaire; le roi en fit la remarque : « Elles tombent cette année de bonne heure. » Manuel avait imprimé que la royauté n'irait que jusqu'à la chute des feuilles.

A mesure qu'on approchait de la terrasse des Feuillants, on apercevait une foule d'hommes et de femmes fort animés. A vingt-cinq pas environ de la terrasse, une députation de l'Assemblée vint recevoir le roi; les députés l'environnèrent; mais cette escorte ne suffisait pas pour tenir en respect quelques-uns des plus violents. Un homme, du haut de la terrasse, brandissait une perche de huit ou dix pieds : « Non! non! criait-il, ils n'entreront pas, ils sont cause de tous nos malheurs... Il faut que cela finisse! A bas! à bas! » Rœderer harangua la foule; et quant à l'homme à la perche qui ne voulait pas se taire, il la lui arracha des mains et la jeta au jardin, sans autre cérémonie; l'homme resta stupéfait et ne dit plus rien.

Après un moment d'embarras causé par l'encombrement, la famille royale arrivant au passage même qui menait à l'Assemblée, un garde national provençal dit au roi, avec l'accent original du Midi : « Sire, n'ayez pas peur, nous sommes de bonnes gens; mais nous ne voulons pas qu'on nous trahisse davantage. Soyez un bon citoyen, Sire... Et surtout n'oubliez pas de chasser vos calotins du château... »

Un autre garde national (quelques-uns disent que c'était l'homme même à la longue perche, qui semblait si furieux) s'émut de voir le dauphin, pressé de la foule, à ce passage si étroit ; il le prit dans ses bras et l'alla poser sur le bureau des secrétaires. Tout le monde applaudissait.

Le roi et la famille royale s'étaient assis sur les sièges peu élevés qu'occupaient ordinairement les ministres. Il dit à l'Assemblée : « Je suis venu ici pour éviter un grand crime... » — Parole injuste et dure que rien ne justifiait. La foule avait envahi, le 20 juin, les Tuileries, sans péril pour Louis XVI, et le 10 août même rien n'annonce que personne en ait voulu à ses jours ni même à ceux de la reine.

Le président Vergniaud ayant répondu que l'Assemblée « avait juré de mourir en soutenant les droits du peuple et les autorités constituées », le roi monta et vint s'asseoir à côté de lui. Mais un membre fit observer que la constitution défendait de délibérer en présence du roi. L'Assemblée désigna alors la loge du logographe, qui n'était séparée de la salle que par une grille en fer et se trouvait au niveau des rangs élevés de l'Assemblée. Le roi y passa avec sa famille ; il s'y plaça sur le devant, indifférent, impassible ; la reine, un peu sur le côté, pouvait cacher à cette place la terrible anxiété où la mettait le combat. On entendait à ce moment la meurtrière fusillade qui jeta d'abord par terre tant d'hommes du peuple et fit croire aux gentilshommes qu'il ne s'agissait plus que de marcher sur l'Assemblée, de la disperser, d'emmener le roi. La reine ne disait pas un mot, ses lèvres étaient serrées, dit un témoin oculaire (M. David, depuis consul et député); ses yeux étaient ardents et secs, ses joues enflammées, ses mains fermées sur ses genoux. Elle combattait du cœur, et nul sans doute de ceux qui se faisaient tuer au château ne porta dans la bataille une passion plus acharnée.

De cette loge, de cette salle du Manège, fort légèrement construite, on entendait tous les bruits. A la première fusillade succéda un grand silence; puis à neuf heures, neuf heures et demie, les quelques coups de canon tirés par les Marseillais, toutes les vitres vibrèrent. Quelques-uns crurent que des boulets passaient par-dessus la salle. L'Assemblée était très digne, dans une calme et ferme attitude. Elle la conserva, malgré deux paniques. Un moment, la fusillade, très rapprochée, fit croire aux tribunes que les Suisses étaient vainqueurs, qu'ils venaient envahir la salle et disperser l'Assemblée. Tous les assistants criaient aux députés : « Voilà les Suisses, nous ne vous quittons pas; nous périrons avec vous. » Un officier de la garde nationale était à la barre et disait : « Nous sommes forcés. » Députés, tribunes, assistants, gardes nationaux, tous, jusqu'aux jeunes secrétaires, placés à côté du roi, se levèrent d'un mouvement héroïque et jurèrent de mourir pour la liberté... Contre qui un tel serment, sinon contre le roi même, qu'alors on croyait vainqueur? Jamais son isolement ne ressortit davantage. La situation à ce moment se révélait tout entière : d'un côté, l'Assemblée, le peuple, d'autre part, le roi... En face, la France et l'ennemi.

Une autre panique eut lieu, mais dans l'autre sens. Ce fut la victoire du peuple, les craintes de l'Assemblée pour la sûreté du roi. On eut un moment l'idée que les vainqueurs, dans leur furie, pourraient venir frapper en lui le chef de ces Suisses, de ces nobles, qui avaient fait un si grand carnage du peuple. On arracha la grille qui séparait de la salle la loge du logographe, afin que la famille royale pût, au besoin, se réfugier dans le sanctuaire national. Plusieurs députés y travaillèrent : le roi s'y employa lui-même avec sa force peu commune et son bras de serrurier.

Le procureur du département, Rœderer, vint annoncer bientôt que le château était forcé — Une décharge de canon se fit entendre peu après; c'était le faubourg Saint-Marceau qui, du pont de la Concorde, tirait sur les Suisses fugitifs. — *Et c'est alors seulement*, tard, trop tard en vérité, que le roi, ayant perdu toute espérance, fit savoir au président qu'il avait donné aux Suisses l'ordre de ne pas tirer et d'aller à leurs casernes.

Quoique l'Assemblée eût manifesté si vivement la crainte que le roi ne vainquît, la victoire de l'insurrection, accomplie sans elle, parut l'abattre et l'annuler. Elle transférait en réalité le pouvoir de fait à une puissance nouvelle, la Commune, à qui l'on faisait honneur de la victoire. Quand on proposa à l'Assemblée de nommer un commandant de la garde nationale, elle renvoya ce choix à la toute-puissante Commune. Puis, des combattants apportant des bijoux pris aux Tuileries, l'Assemblée déclina cette responsabilité, sous le prétexte qu'elle n'avait aucun lieu où les garder. Elle les envoya encore à la Commune.

L'Assemblée semblait avoir le sentiment que le peuple se défiait d'elle. Par deux fois, suivant l'élan du dehors, et voulant rassurer la foule, les députés se levèrent et répétèrent le serment : « Vivre libre ou mourir. » Ils y joignirent une adresse, mais fort générale et vague, où l'on conseillait au peuple *de respecter les droits de l'homme.*

Guadet était au fauteuil et répondait comme il pouvait aux députations diverses qui se succédaient à la barre. C'était une section qui venait sommer l'Assemblée de jurer qu'elle sauverait l'Empire ; l'Assemblée jurait. C'était la Commune qui venait signifier qu'elle avait donné le commandement à Santerre et présentait son vœu pour la déchéance du roi. Puis un groupe d'inconnus venait déclarer qu'il fallait faire justice de la grande trahison : « Le feu est aux Tuileries, disaient-ils, et nous ne l'arrêterons qu'après que la vengeance du peuple sera satisfaite... Il nous faut la déchéance. » Ils le firent comme ils le disaient, repoussant les pompiers à coups de fusil, neuf cents toises de bâtiments étaient en feu.

L'Assemblée se sentait glisser sur la pente. Elle

voulut enrayer. Enrayer! Mais avec quoi? Avec la royauté même. Pour arrêter sa chute, elle prit justement le poids fatal qui devait la précipiter.

Vergniaud rentra, l'air abattu, pour donner à l'Assemblée l'avis de la commission extraordinaire qu'elle avait créée exprès. Le grand orateur souffrait de ne reconnaître la confiance du roi réfugié dans l'Assemblée que par une mesure rigoureuse. La chose semblait dure, inhospitalière. « Je m'en rapporte, dit-il, à la douleur dont vous êtes pénétrés, pour juger s'il importe au salut de la patrie que vous adoptiez cette mesure sur-le-champ. Je demande la suspension du pouvoir exécutif, un décret pour la nomination du gouverneur du prince royal. Une Convention prononcera sur les mesures ultérieures... Le roi sera logé au Luxembourg. Les ministres seront nommés par l'Assemblée nationale. »

A ce moment même, le peuple revint obstiné, frappa à la porte. « La déchéance! la déchéance! » c'était encore le cri de nouveaux pétitionnaires.

A quoi Vergniaud répondit que l'Assemblée avait fait tout ce que ses pouvoirs lui permettaient de faire, que c'était à la Convention de prononcer sur la déchéance.

Ils s'en allèrent en silence, mais non satisfaits. L'Assemblée, tout en disant qu'elle ne décidait rien, n'allait-elle pas préjuger audacieusement l'avenir par la nomination d'un gouverneur de l'héritier du trône, lorsqu'il restait incertain s'il y aurait un trône encore?

Loger le roi au Luxembourg! au lieu de Paris d'où il est le plus facile d'échapper dans la campagne!... Qui ne sait que le Luxembourg est assis sur les catacombes, et que, par vingt souterrains, il pouvait remettre la royauté sur le chemin de Varennes? C'est ce qu'une section vint très justement représenter à l'Assemblée.

Celle-ci, quoi qu'elle pût faire, n'allait plus pouvoir marcher qu'à la suite de la Commune. Aux ministres girondins qu'elle rétablit, elle ajouta comme ministre de la justice l'homme de la Commune, Danton. Elle vota que les communes auraient droit de faire partout des visites domiciliaires pour savoir si les suspects n'avaient pas des armes cachées. C'était armer la nouvelle puissance, dont on se défiait tant tout à l'heure, d'une inquisition sans bornes.

Il était trois heures de nuit. En cette séance de vingt-sept heures, l'Assemblée, vaincue, près de la royauté vaincue, en réalité avait abdiqué.

Cette éclipse du premier pouvoir de l'État, du seul, après tout, qui fût reconnu de la France, était effrayante dans la situation. Le combat n'avait pas fini; il durait encore dans les cœurs, ils restaient gonflés de vengeance. Le soir du 10, on avait en hâte jeté au cimetière de la Madeleine les cadavres des sept cents Suisses qui avaient été tués. Mais le nombre des morts était bien plus grand du côté des insurgés. Les Suisses généralement avaient tiré derrière de bonnes murailles; les autres n'avaient eu que leurs poitrines pour parer les coups; onze cents insurgés avaient péri ; beaucoup d'entre eux, gens mariés, pauvres pères de famille, que les extrêmes misères avaient poussés au combat, qui, entre une femme désespérée et des enfants affamés, avaient préféré la mort. Des tombereaux les ramassaient, les ramenaient dans leurs quartiers, et là on les étalait pour les reconnaître. Chaque fois qu'une de ces lugubres voitures, couverte, mais reconnaissable à la longue traînée de sang qu'elle laissait derrière elle, chaque fois qu'elle entrait au faubourg, la foule l'entourait, muette, haletante, la foule des femmes qui attendaient dans une horrible anxiété. Et puis à mesure éclataient, avec une étrange variété d'incidents les plus pathétiques, les sanglots du désespoir. Nulle scène de ce genre n'avait lieu sans jeter dans l'âme des spectateurs un nouveau levain de vengeance ; des jeunes gens reprenaient la pique, rentraient dans Paris pour tuer... Qui tuer, où et comment ? C'était toute la question. Ils allaient à l'Abbaye, où étaient les officiers suisses. Ils allaient à l'Assemblée nationale, où cent cinquante soldats suisses avaient trouvé un asile. On avait beau leur expliquer que ces soldats avaient tiré malgré eux, que d'autres avaient tiré en l'air, que d'autres enfin, ceux par exemple qu'on amena de Versailles, étaient même absents à l'heure du combat. Ils venaient, aveugles et sourds, l'oreille pleine de sanglots des veuves, les yeux pleins de la rouge vision de tombereaux combles de sang. Ils ne voulaient que du sang et heurtaient leurs têtes aux portes.

La Commune, sortie de la fureur du 10 août, n'était pas pour s'opposer à ces mouvements de vengeance. Elle prit, le matin du 11, une mesure vraiment sinistre. La prison de l'Abbaye, qui renfermait les officiers suisses, était fortement menacée, entourée de rassemblements ; malgré l'Assemblée nationale, qui, pour sauver les soldats, les envoyait au palais Bourbon, la Commune décida qu'ils iraient à l'Abbaye. Et cela fut fait.

Il y avait dans cette Commune des éléments très divers. Une partie, la meilleure, étaient des hommes simples, grossiers, naïvement colériques, qui n'étaient pas incapables de sentiments généreux ; malheureusement, ils suivirent jusqu'au bout la pensée brutale et stupide : *En finir avec l'ennemi*. Mais le meurtre ne finit rien. Les autres étaient des fanatiques, fanatiques d'abstractions, géomètres politiques, prêts à rogner par le fer ce qui dépassait la ligne précise du contour qu'ils s'étaient tracé au compas. Enfin, et c'était le pire élément, il y avait des bavards, des harangueurs étourdiment sanguinaires (de ce genre était Tallien), il y avait de méchants petits scribes, natures basses et aigres, irrémédiablement mauvaises, sans mélange et sans retour, parce qu'elles étaient légères, sèches, vides, de nulle consistance. Ces fouines, à museau pointu, propre à tremper dans le sang, se caractérisent par deux noms : l'un, Chaumette, étudiant en médecine et journaliste ; l'autre, Hébert, vendeur de contremarques à la porte des spectacles, qui rimait des chansonnettes avant de devenir horriblement célèbre sous le nom de Père Duchesne.

Ces scribes furent tout d'abord la cheville ouvrière de la Commune. Du 11 août au 2 septembre, elle appela dans son sein le scribe des scribes, le fol des fols, Marat, Robespierre. Tous deux sortirent de leurs trous et siégèrent à la Commune.

Le matin du 11, la Commune envoya à l'Assemblée deux de ses membres lettrés, Hébert et Léonard Bourdon, un régent, pédant furieux, qui fonda une pension selon les institutions de Lycurgue. En allant, ils ne purent se dispenser de monter chez le maire, Pétion, qui était encore au lit. Ils trouvèrent là Brissot, qui vint à eux, tout ému : « Quelle est donc cette fureur? dit-il. Quoi! les massacres ne finiront pas? » Pétion parla dans le même sens. Hébert et Bourdon haussèrent les épaules et s'en allèrent sans rien dire. Ils ont depuis accusé cette faiblesse de Pétion et de Brissot, cette sensibilité coupable, pour les conduire à la mort.

La Commune, sans doute sur leur avis, sentant combien Pétion pouvait être embarrassant dans les grandes mesures de haute politique qu'elle se proposait de prendre, fit savoir à l'Assemblée que, dans sa tendre inquiétude pour la vie si précieuse de ce bon maire de Paris, de ce père du peuple, etc., dans la crainte qu'il ne tombât sous le poignard royaliste, elle avait mis à ses côtés deux agents pour le suivre partout sans le perdre de vue, et le garder jour et nuit.

Cette violence hypocrite contrastait avec la sensibilité naïvement exaltée que montrait partout le peuple. Malheureusement, sa sensibilité se trahissait par deux effets contraires.

Les uns, émus de pitié pour les familles en deuil, pour ce grand désastre privé et public, voulaient justice et vengeance, une punition exemplaire; si la loi ne la faisait pas, ils allaient la faire eux-mêmes.

Les autres, émus d'intérêt pour des hommes désarmés, qui, fussent-ils coupables, ne devaient, après tout, être frappés que par la loi, voulaient à tout prix sauver leurs ennemis, sauver l'humanité, l'honneur de la France.

Ces mouvements contradictoires de sensibilité, ici humaine, là furieuse, se trouvèrent plus d'une fois, chose bizarre, dans les mêmes personnes. Les tribunes de l'Assemblée étaient pleines d'hommes hors d'eux-mêmes, qui étaient venus tout exprès pour obtenir des lois de sang. Les Suisses étaient là tremblants dans les bâtiments des Feuillants, et la foule aux tribunes, aux cours, dans les rues voisines, attendant sa proie. Un député fit remarquer que ces infortunés Suisses n'avaient pas mangé depuis trente heures; les tribunes furent émues. Un brave homme vint à la barre et dit qu'il priait les tribunes de l'aider à sauver les Suisses, de venir avec lui pour faire entendre raison à la foule du dehors. Tous le suivirent; ils arrachèrent des mains du peuple plusieurs Suisses qu'il tenait déjà, rentrèrent avec ces malheureux; ce fut la scène la plus extraordinaire et la plus attendrissante; les victimes se jetèrent dans les bras de ceux qui naguère demandaient leur mort et qui les avaient délivrées; les Suisses levaient les mains au ciel, faisaient serment à la cause du peuple et se donnaient à la France.

Le ministre de la justice, Danton, se montra très digne de sa position nouvelle, en se portant pour défenseur des droits de l'humanité. Il exprima devant l'Assemblée nationale une pensée de sévérité magnanime qui était au cœur des vrais vainqueurs du 10 août : « Où commence l'action de la justice, là doivent cesser les vengeances populaires. Je prends, devant l'Assemblée nationale l'engagement de protéger les hommes qui sont dans son enceinte; je marcherai à leur tête et je réponds d'eux. »

La justice, c'était, en effet, le seul remède à la vengeance. Il y avait là toute une population exaspérée de ses pertes. Si la robe de César, montrée aux Romains, fut un signal de massacre, qu'était-ce de la robe du peuple, de la chemise sanglante des victimes du 10 août, partout reproduite et multipliée, partout étalée aux yeux indignés, avec la légende terrible de la trahison des Suisses, et ce mot des honnêtes fédérés bretons qui courait partout : « Nous avions encore la bouche à leur joue... ils nous ont assassinés?... »

Ceux que l'on accusait ainsi étaient-ils regardés du peuple comme des prisonniers ordinaires ou comme des criminels? Après la victoire, après la bataille, le danger passé, le vainqueur prend pour les prisonniers un sentiment de clémence; mais la bataille durait. Le grand parti royaliste, quelque coup qu'il eût reçu, restait tout entier. Aux royalistes purs il fallait joindre la masse des royalistes constitutionnels, les vingt mille bourgeois qui avaient signé la protestation contre le 20 juin et s'étaient ainsi compromis pour le roi sans retour. Personne, même après le 10 août, ne voyait bien nettement à qui, en dernier lieu, resterait l'avantage. Le 10, beaucoup avaient eu peur de ne pas être vus avec les vainqueurs. Le 11, beaucoup avaient peur d'être obligés de garder le roi. Santerre, le nouveau commandant de la garde nationale, ne trouvait nulle obéissance ; deux adjudants refusèrent positivement d'aller garder le roi aux Feuillants. Santerre fut obligé d'avouer à la Commune « que la diversité des opinions faisait qu'il avait peu de force ». Et en même temps, un député, Thuriot, vint déclarer qu'il avait connaissance d'un projet pour enlever la famille royale.

La Commune, par l'organe de son procureur, Manuel, déclara à l'Assemblée que si l'on mettait le roi au Luxembourg, ou, comme on voulait encore, au ministère de la justice, elle n'en répondait plus. L'Assemblée lui donna le soin de choisir le lieu, et elle choisit le Temple, donjon isolé, vieille tour, dont on refit le fossé. Cette tour, basse, forte, sombre, lugubre, était l'ancien trésor de l'ordre des Templiers. C'était, depuis longtemps, un lieu délabré, à peu près abandonné. Lieu marqué d'une bizarre fatalité historique. La royauté y brisa le Moyen-âge par la main de Philippe-le-Bel. Et elle-même y revint brisée avec Louis XVI. Cette laide tour, dont on ne savait guère le sens ni l'ancienne destination, se trouvait là tout étrange, comme un hibou au grand soleil, dans un quartier fort populeux. C'était, comme aujourd'hui, du reste, un quartier d'industrie pauvre, de commerce misérable, de revendeurs, de brocanteurs, de petits métiers exercés par des fabricants ouvriers eux-mêmes. L'enclos du Temple s'était d'autant plus aisément peuplé de ces petites industries qu'il recevait les ouvriers sans patente, non autorisés, qui, sous l'abri de l'antique privilège du lieu, vendaient librement aux pauvres du mauvais, du vieux, tellement quellement rajusté. Cet enclos, par un effet de ce triste privilège, avait aussi servi d'asile aux banqueroutiers effrontés, qui, selon la loi énergique du Moyen-âge, payaient leurs dettes sans argent, *en prenant le bonnet vert et frappant du cul sur la pierre.* Chute rapide et cruelle. Louis XVI, encore roi le 10, s'il demeurait au Luxembourg, résidence ordinaire des princes, — prisonnier avoué le 11, s'il était mis sous la clé du ministère de la justice, — semblait au Temple le captif de la faillite royale et le banqueroutier de la monarchie.

Louis XVI était un otage; sa vie importait à la France. Il semblait en sûreté. Tous alors, même les plus violents, auraient défendu une tête si précieuse. La vengeance populaire, arrêtée de ce côté, se retournait d'autant plus furieuse contre les autres prisonniers. Le seul moyen peut-être qui restât de les soustraire à un massacre indistinct, c'était de les présenter comme prisonniers de guerre, de les soumettre à un jugement militaire qui frapperait uniquement ceux qui avaient commandé, sauverait la foule de ceux qui n'avaient fait qu'obéir. Un ancien militaire, le député Lacroix, proposa à l'Assemblée de faire nommer, par le commandant de la garde nationale, une cour martiale qui jugerait sans désemparer les Suisses, officiers et soldats. La part principale que les fédérés, Marseillais, Bretons, presque tous anciens soldats, avaient eue à la victoire, aurait, sans nul doute, obligé de prendre les juges surtout parmi eux. Ces militaires se seraient montrés plus indulgents, pour un délit militaire, que des juges populaires, tirés d'une foule ivre de vengeance. Ceci n'est point une supposition, mais une induction légitime. La plupart des fédérés de Marseille, loin de partager la fureur commune, déclarèrent qu'ils ne considéraient plus les vaincus comme ennemis, demandèrent à l'Assemblée la permission d'escorter les Suisses et de leur faire un rempart de leur corps. Soldats, ils comprenaient bien mieux la vraie position du soldat, l'inexorable nécessité de la discipline qui avait pesé sur ces Suisses et les avait rendus coupables malgré eux.

Lacroix, qui donna ce conseil, violent en apparence, humain en réalité, de faire juger immédiatement les vaincus par une cour martiale, était un homme trop secondaire pour que nous ne cherchions pas plus haut à qui appartient l'initiative réelle de cette grande mesure. Lacroix était alors dans les rangs de la Gironde, mais déjà, et de plus en plus, uni d'esprit à Danton. Ce qu'ils avaient de commun, c'était la facilité de caractère, l'amour de la vie, du plaisir; tous deux étaient des hommes d'énergie, et, sous des formes âpres, violentes, nullement ennemis de l'humanité. Je ne crois pas que la proposition ait été inspirée par les Girondins, qui n'aimaient point les formes militaires. Les montagnards, en général, ne les aimaient pas davantage, Robespierre pas plus que Brissot. Je serais porté à croire que Lacroix exprimait la pensée de Danton.

Ce qui ferait supposer que cette mesure eût épargné le sang, c'est que la Commune la repoussa. Placée au centre même de la fermentation populaire, loin de calmer l'esprit de vengeance, elle allait toujours l'irritant. Elle n'osait dire nettement qu'elle craignait de trouver les fédérés militaires trop généreux pour les vaincus; le 13, elle demanda seulement qu'au lieu de cour martiale, on créât un tribunal, *formé en partie de fédérés, en partie de sectionnaires parisiens.* — Le 15, elle s'enhardit, ne parla plus de fédérés, demanda que le jugement se fît *par des commissaires pris dans chaque section.* Ceux qu'on choisissait dans un tel moment ne pouvaient guère manquer d'être les plus violents des sections, et probablement les membres mêmes de la Commune. En d'autres termes, la Commune priait l'Assemblée de charger la Commune même de juger à mort tous ceux qu'on avait arrêtés et ceux qu'on arrêterait. Quelle limite dans cette route? On ne pouvait le prévoir. Dès le 12, une bande de pétitionnaires était venue sur les bancs mêmes de l'Assemblée nationale désigner un député comme traître et demander qu'on le mît en accusation.

Rien n'étonne de la Commune, quand on sait l'étrange oracle qu'elle commençait à consulter. Le 10 au soir, une troupe effroyable de gens ivres et de polissons avaient, à grand bruit, apporté à l'Hôtel de Ville l'homme des ténèbres, l'exhumé, le ressuscité, le martyr et le prophète, *le divin* Marat. C'était le vainqueur du 10 août, disaient-ils. Ils l'avaient promené triomphalement dans Paris, sans que sa modestie y fît résistance. Ils l'apportèrent sur les bras, couronné de lauriers, et le jetèrent là, au milieu du grand conseil de la Commune. Plusieurs rirent; beaucoup frémirent; tous furent entraînés. Lui seul il n'avait aucun doute, ni hésitation ni scrupule. La terrible sécurité d'un fol qui ne sait rien, ni des obstacles du monde, ni de ceux de la conscience, reluisait en sa personne. Son front jaune, son vaste *rictus* de crapaud souriait effroyablement sous sa couronne de laurier. Dès ce jour, il fut assidu à la Commune, quoiqu'il n'en fût pas membre, y parla toujours plus haut. Les politiques eurent à songer s'ils suivraient jusqu'au bout un aliéné. Mais comment, devant cette foule furieuse, oser contredire Marat? Danton ne l'eût pas osé; seulement il venait peu à la Commune. Robespierre, qui y siégeait, l'osait encore moins. La chose lui dut coûter. La Commune prit plusieurs décisions vraiment étonnantes, celle-ci entre autres, évidemment dictée par Marat : « Que désormais les presses des empoisonneurs royalistes seraient confisquées, adjugées aux imprimeurs patriotes. » Avant même que ce bel arrêt fût rendu, Marat l'avait exécuté. Il avait été tout droit à l'Imprimerie Royale, déclarant que les presses et les caractères de cet établissement appartenaient au premier, au plus grand des journalistes; et, ne s'en tenant point aux paroles, il avait par droit de conquête, pris telle presse et tel caractère, emporté le tout chez lui.

L'Assemblée avait donc à décider si elle remettrait à cette Commune, ainsi gouvernée, le glaive de la justice nationale.... Quelle serait cette justice? Les uns voulaient un tribunal vengeur, rapide, expéditif. Marat préférait un massacre. Cette idée, loin de rien coûter à sa philanthropie, en était, disait-il, le signe : « On me conteste, disait-il, le titre de philanthrope... Ah! quelle injustice! Qui ne voit que je veux couper un petit nombre de têtes pour en sauver un grand nombre?... » Il variait sur ce petit nombre; dans les derniers temps de sa vie, il s'était arrêté, je ne sais pourquoi, au chiffre minime, en vérité, de deux cent soixante-treize mille!

Le tribunal de vengeance pouvait éviter le massacre. La Commune, par la voix de Robespierre, en demanda à l'Assemblée la création immédiate. Présentée avec des formes adoucies, des ménagements insidieux, mêlés de menaces, la proposition fut reçue dans un grand silence. Un seul député (Chabot) se leva pour l'appuyer. Et pourtant elle passa. On espéra éluder la proposition dans l'application ; on la décréta en principe.

Dès ce moment, d'heure en heure, des pétitions menaçantes vinrent exiger l'exécution du décret rendu. En une soirée, trois députations de la Commune se succédèrent à la barre. La troisième alla jusqu'à dire : « Si vous ne décidez rien, nous allons attendre. »

Le 17, une nouvelle députation vint dire : « Le peuple est las de n'être pas vengé ; craignez qu'il ne se fasse justice. Ce soir, à minuit, le tocsin sonnera. Il faut un tribunal criminel aux Tuileries, un juge par chaque section. Louis XVI et Antoinette voulaient du sang, qu'ils voient couler celui de leurs satellites. »

A cette violence brutale, le Jacobin Choudieu, Thuriot, ami de Danton, répondirent par les plus nobles paroles. Le premier dit : « Ceux qui viennent crier ici ne sont pas les amis du peuple ; ce sont ses flatteurs... On veut une inquisition ; j'y résisterai jusqu'à la mort... »

Et Thuriot, un mot sublime : « La Révolution n'est pas seulement à la France ; nous en sommes comptables à l'humanité. »

A ce moment entrent les sectionnaires que la Commune chargeait de former les jurys. L'un d'eux : « Vous êtes comme dans les ténèbres sur ce qui se passe. Si, avant deux ou trois heures, le directeur du jury n'est pas nommé, si les jurés ne sont pas en état d'agir, de grands malheurs se promèneront dans Paris. »

L'Assemblée obéit sur l'heure. Elle vota la création d'un tribunal extraordinaire. Toutefois avec une précaution, l'élection à deux degrés, comme pour les députés; le peuple nommait un électeur par section et ces électeurs nommaient les juges.

Les noirs nuages du dehors, l'orage de la frontière, couvraient, il faut le dire, l'intérieur comme d'un voile noir; de moins en moins on distinguait l'image de la justice. Des lettres arrivaient, comme autant de cris des villes frontières, comme les coups du canon d'alarme que tirait de moment en moment le vaisseau national qui semblait sombrer sous voiles. C'était Thionville, c'était Sarrelouis, qui criaient à l'Assemblée. La première disait qu'abandonnée de la France, elle se ferait sauter avant que d'ouvrir ses portes. Les Prussiens étaient partis de Coblentz le 30 juillet, avec un corps magnifique de cavalerie d'émigrés, quatre-vingt-dix escadrons. Le 18 août, les Prussiens opérèrent leur jonction avec le général autrichien Clairfayt. L'armée combinée, forte de cent mille hommes, investit Longwy le 20 août.

Et quelle défense à l'intérieur? Merlin (de Thionville) dit dans l'Assemblée qu'au comité de surveillance il y avait quatre cents lettres *prouvant que le plan et l'époque de l'invasion étaient dès longtemps connus à Paris*. En réalité, la reine et beaucoup de royalistes avaient l'itinéraire de l'ennemi, le regardaient marcher sur la carte et le suivaient jour par jour.

La Fayette semblait ne voir d'ennemis que les Jacobins. Par une adresse, il appelait son armée à rétablir la constitution, défaire le 10 août, rétablir le roi. Ceci équivalait à mettre l'étranger à Paris. Il n'y a aucun exemple d'une telle infatuation. Heureusement, il ne trouva aucun appui dans son armée. Il passa les troupes en revue, n'entendit nul autre cri que : « Vive la nation ! » Il se vit seul et n'eut d'autres ressources que de passer la frontière. Les Autrichiens lui rendirent le service essentiel de l'arrêter et par là ils le réhabilitèrent. Sans cette captivité il était perdu ; une ombre très fâcheuse serait restée sur sa mémoire.

Le 18, l'Assemblée l'avait décrété d'accusation. Le commandement de l'Est fut donné à Dumouriez, et dans le Nord Luckner fut remplacé par Kellermann.

Le même jour, le 18, le tribunal extraordinaire était déjà organisé. Danton saisit l'occasion et crut couper court aux vengeances. Dans une adresse admirable où l'on croit sentir, avec le grand cœur de Danton, le talent de ses secrétaires, Camille Desmoulins, Fabre d'Églantine, il posa le droit révolutionnaire, le droit du 10 août, frappa la royauté sans retour, établissant qu'elle avait trahi jusqu'à ses propres amis. Mais, en même temps, sous les termes de la Terreur même, il posait, pour l'ordre nouveau, les bases de la justice.

Ce discours, tout à la fois inspiré et calculé, faisait la part aux deux puissances, l'une, la Commune de Paris, « sanctionnée par l'Assemblée nationale » ; l'autre, l'Assemblée elle-même ; Danton la relevait généreusement : « Félicitons-la, disait-il, de ses décrets libérateurs. »

Par un remarquable esprit de prévoyance, il signalait de loin le mal social, bien autrement profond, que couvrait l'agitation révolutionnaire; aux premiers grondements souterrains, que personne n'entendait bien encore, ce pénétrant génie devinait, signalait le volcan. Chose étonnante! dans ce discours prophétique, Danton s'occupe de Babeuf, le voit en esprit; celui qui ne doit se montrer que quand tous les grands hommes de la Révolution seront couchés dans la terre, il le voit et le condamne, laissant à la société, pour se défendre un jour, l'autorité de son nom : « Toutes mes pensées, dit-il, n'ont eu pour objet que la liberté politique et individuelle, le maintien des lois, la tranquillité publique, l'unité des quatre-vingt-trois départements, la splendeur de l'État, la prospérité du peuple français, et non l'*égalité impossible des biens*, mais une égalité de droits et de bonheur. »

Au total, dans cette adresse, habilement violente, parmi la foudre et les éclairs du 10 août, Danton proclamait tout ce que la situation pouvait comporter de raison et de justice. Il constatait l'union des pouvoirs publics, la sienne même avec la Gironde; il disait qu'il n'adressait aux tribunaux d'autres reproches que ceux que le ministre de l'intérieur, Roland, adressait aux corps administratifs. Il s'associait à la passion populaire, de manière à la calmer, demandait aux tribunaux la sévérité, qui seule, dans un tel moment, pouvait amener dans les cœurs une réaction de la clémence. L'adresse finissait par cette grave parole :

« Que la justice des tribunaux commence, la justice du peuple cessera. »

L'Assemblée parut un moment animée de cet esprit. Tout était sauvé, si elle prenait d'une main ferme, comme Danton le demandait, le drapeau de la Révolution, le portait devant le peuple. Elle frappa deux grands coups révolutionnaires : *sur les nobles*, la séquestration des biens des émigrés, qui entraient en armes en France; *sur les prêtres* non assermentés, l'expulsion sous quinze jours. Cette dernière mesure ne semblait pas trop violente, quand on apprenait que la Vendée, que les Deux-Sèvres, incendiées de leurs prédications, venaient de prendre les armes. L'indignation monta à ce point que Vergniaud, l'homme humain entre tous, proposa de déporter les réfractaires à la Guyane.

Ces sévérités ne suffisaient pas à la Commune. Les supplices qui commencèrent ne la calmèrent même pas. Le tribunal extraordinaire, sans sursis et sans appel, créé le 18, jugea le 19 et le 20; le 21 au soir, un royaliste fut guillotiné sur la place du Carrousel. L'exécution aux flambeaux, devant la noire façade du palais, encore tachée du massacre, fut du plus sinistre effet. Le bourreau lui-même, tout habitué qu'il fût à de tels spectacles, n'y résista pas. Au moment où il tenait la tête du supplicié et la montrait au peuple du haut de l'échafaud, lui-même tomba à la renverse. On courut à lui, il était mort.

Cette scène terrible, l'exécution de Laporte, le

fidèle confident de Louis XVI, remuèrent profondément. Laporte avait été le principal agent des corruptions de la cour, il n'avait qu'une excuse, d'avoir obéi. Avec cela comme homme privé, il était estimé, aimé. Sa tête blanche ne tomba pas sans laisser quelque pitié. La *Chronique de Paris*, journal de Condorcet, essaya, à cette occasion, d'adoucir les cœurs.

Il semble que la Commune eût pu être assez contente du nouveau tribunal qu'elle avait demandé, créé, choisi. Il ne donnait guère moins d'une tête par jour. On gémissait pourtant de sa lenteur, et il crut devoir s'en justifier. Dans une précieuse brochure, les membres du tribunal expliquent l'énorme travail qu'ils se sont imposé pour obtenir d'aussi satisfaisants résultats. En conscience, disent-ils, on ne peut aller plus vite. La brochure est signée de noms qui, seuls, parlent assez haut, entre autres de Fouquier-Tinville.

Mais le juge le plus âpre n'était pas ce qu'on voulait ; on désirait un massacre. Le 23 au soir, une députation de la Commune, suivie d'une tourbe de peuple, vint, vers minuit, dans l'Assemblée nationale et dit ces paroles furieuses : « Que les prisonniers d'Orléans devaient être amenés pour subir leur supplice. » Ils ne disaient pas : *pour être jugés*, semblant considérer cette formalité comme absolument superflue. Ils ajoutaient cette menace :
« Vous nous avez entendus et vous savez que l'insurrection est un devoir sacré. »

Le président de l'Assemblée, Lacroix, fut très beau en ce moment. Devant cette foule furieuse ou ivre qui envahissait la salle, à cette heure sombre de la nuit, il parla avec la vigueur d'un ami de Danton. Lacroix était un ancien militaire, de forme athlétique, d'une stature colossale ; il dit avec une majesté calme : « Nous avons fait notre devoir... Si notre mort est une dernière preuve pour en persuader le peuple, il peut disposer de notre vie... Dites-le à nos commettants. » Les plus violents Jacobins, Choudieu et Bazire, parurent eux-mêmes indignés de ces menaces ; ils demandèrent, obtinrent l'ordre du jour.

Le 25 au soir, on guillotinait, au Carrousel, un pamphlétaire royaliste ; aux Tuileries, on s'occupait des apprêts d'une fête nationale, celle des morts du 10 août. Le bruit se répand dans l'Assemblée, dans Paris, que la place de Longwy s'est rendue aux Prussiens. Les volontaires des Ardennes et de la Côte-d'Or s'étaient montrés admirablement. Mais la malveillance avait annulé, caché tous les moyens de défense. Le commandant, au moment de l'attaque, était devenu introuvable. L'Assemblée reçut et lut la lettre même par laquelle les émigrés avaient décidé sa défection. La ville fut occupée par les étrangers « au nom de S. M. le roi de France ». La trahison était flagrante. On décréta à l'instant que tout citoyen qui, dans une place assiégée, parlerait de se rendre, serait puni de mort. Trente mille hommes durent être immédiatement levés dans Paris et dans les départements voisins. La fête n'en eut pas moins lieu le dimanche 27; mais cette fête des morts, pour un peuple qui se sentait trahi et vendu, se trouva en réalité la fête de la vengeance.

L'ordonnateur de la fête était Sergent, l'un des administrateurs de la Commune, homme de beaucoup de cœur, d'une sensibilité ardente, mais comme sont souvent les femmes, sensible jusqu'à la fureur. Graveur et dessinateur médiocre, il trouva ici, dans son fanatisme, une véritable inspiration. Jamais fête ne fut plus propre à remplir les âmes de deuil et de vengeance, d'une douleur meurtrière. Une pyramide avait été élevée sur le grand bassin des Tuileries, couverte de serge noire, d'inscriptions qui rappelaient les massacres qu'on reprochait aux royalistes : massacres de Nancy, de Nîmes, de Montauban, du Champ de Mars, etc. Cette pyramide de mort, élevée dans le jardin, avait son véritable pendant au Carrousel, l'instrument même de mort, la guillotine. Et toutes deux fonctionnaient de même : l'une tuait, l'autre semblait inviter à tuer.

A travers des nuages de parfums, les victimes du 10 août, les veuves et les orphelines, en robes blanches à ceintures noires, portaient dans une arche la pétition du 17 juillet 1791, qui dès lors avait en vain demandé la république. Puis venaient d'énormes sarcophages noirs, qui semblaient contenir, porter des montagnes de chair humaine.

Puis des bannières de vengeance qui demandaient mort pour mort. Ensuite venait la Loi, colossale, armée de son glaive, et derrière, les juges, tous les tribunaux, en tête le tribunal du 17 août. Derrière ce tribunal marchait celle qui l'avait créé, la redoutable Commune, avec la statue de la Liberté. Enfin l'Assemblée nationale, portant les couronnes civiques pour honorer, consoler les morts. Les chants sévères de Chénier, la musique, âpre et terrible, de Gossec, la nuit qui venait et qui apportait son deuil, l'encens qui montait, comme pour porter au ciel la voix de la vengeance, tout remplit les cœurs d'une ivresse de mort ou de pressentiments sombres.

Ce fut bien pis le lendemain. Les deux statues de la Liberté, de la Loi, ces figures adorées du peuple, qui le dimanche étaient des dieux, furent dépouillées de leurs atours, tristement exposées aux regards dans les parties les moins honorables qu'avaient voilées les draperies, non sans quelques risées imprudentes des spectateurs royalistes. La foule devint furieuse, elle courut à l'Assemblée, demandant vengeance, soutenant que ce déshonneur était une conspiration; que des ouvriers perfides avaient honteusement dénudé ses divinités, pour les livrer au mépris des aristocrates. Elle s'empara des statues, les habilla décemment, les traîna, en réparation, sur la place Louis XV et là leur rendit un culte plein de frénésie.

CHAPITRE III

L'INVASION. — TERREUR ET FUREUR DU PEUPLE (FIN D'AOUT).

Terreur de Paris à la nouvelle de l'invasion, août-septembre 1792. — Attente d'un jugement solennel de la Révolution par les rois. — La France se voit surprise et trahie. — Combien le roi prisonnier était encore formidable. — Héroïque élan de la France entière. — Nos ennemis, dans ce tableau immense, n'ont voulu voir qu'un point, une tache sanglante. — La France entière se donna à la patrie. — Dévouement, déchirement des femmes, des mères. — Danton fut alors la voix de la France. — Il demande les visites domiciliaires. — Lutte de l'Assemblée et de la Commune. — Violence de la Commune. — L'Assemblée essaye de la briser. — La Commune veut se maintenir par tous les moyens. — Dispositions au massacre, fin d'août 1792.

La trahison de Longwy, celle de Verdun, qu'on apprit bientôt après, remplirent Paris d'une sombre impression de vertige et de terreur. Il n'y avait plus rien de sûr. Il était trop visible que l'étranger avait des intelligences partout. Il avançait avec une sécurité, une confiance significative, comme en un pays à lui. Qui l'arrêterait jusqu'à Paris ? Rien apparemment. Ici même, quelle résistance possible, au milieu de tant de traîtres ? Ces traîtres, comment les distinguer ? Chacun regardait son voisin ; sur les places et dans les rues, le passant jetait au passant un regard défiant, inquiet, tous s'imaginaient voir en tous les amis de l'ennemi.

Nul doute qu'un bon nombre de mauvais Français ne l'attendissent, ne l'appelassent, ne se réjouissent de son approche, ne savourassent en espérance la défaite de la liberté et l'humiliation de leur pays. Dans une lettre trouvée le 10 août aux Tuileries (et que possèdent nos Archives), on annonçait avec bonheur que les tribunaux arrivaient derrière les armées, que les parlementaires émigrés instruisaient, chemin faisant, dans le camp du roi de Prusse, le procès de la Révolution, préparaient les potences dues aux Jacobins. Déjà, sans doute, afin de pourvoir ces tribunaux, la cavalerie autrichienne, aux environs de Sarrelouis, enlevait les maires patriotes, les républicains connus. Souvent, pour aller plus vite, les uhlans coupaient les oreilles aux officiers municipaux qu'ils pouvaient prendre et les leur clouaient au front.

Ce dernier détail fut annoncé dans le bulletin officiel de la guerre; il n'était pas invraisemblable, d'après les terribles menaces que le duc de Brunswick lui-même lançait aux pays envahis, aux places assiégées, d'après la sommation, par exemple, qu'il fit à celle de Verdun. La main des émigrés n'était pas méconnaissable; on retrouvait leur esprit dans ces paroles furieuses qu'un ennemi ordinaire n'eût pas prononcées. Bouillé déjà, dans sa fameuse lettre de juin 1791, menaçait de ne pas laisser pierre sur pierre dans Paris.

Paris se sentait en péril; c'était sur lui certainement qu'on voulait faire un grand exemple. Chacun commençait à faire son examen de conscience, et il n'était personne qui eût lieu de se rassurer. La Fayette, l'imprudent défenseur du roi, qui, ce semble, avait suffisamment lavé par le sang du Champ de Mars, par sa démarche près de l'Assemblée, ses hardiesses révolutionnaires, La Fayette n'était-il pas enfermé dans un cachot? Qu'arriverait-il aux trente mille, bien autrement coupables, qui avaient été prendre le roi à Versailles, aux vingt mille qui avaient envahi le château le 20 juin, qui l'avaient forcé le 10 août? Tous, à coup sûr, criminels de lèse-majesté au premier chef. Les femmes, dans chaque famille, commençaient à s'inquiéter fort; elles ne dormaient plus guère, et leurs imaginations, pleines de trouble, ne sachant à quoi se prendre, enfantaient de terribles songes.

Les mêmes craintes, les mêmes calamités, ramènent les mêmes terreurs. Ces pauvres esprits effrayés deviennent poètes, par leur faiblesse même, de grands et sombres poètes légendaires, comme ceux du Moyen-âge. La philosophie n'y fait rien. A la fin du dix-huitième siècle, après Voltaire, après tout un siècle douteur, l'imagination est la même; et comment? La peur est la même. Comme au temps des invasions barbares, comme au temps des guerres anglaises[1], c'est le *fléau de Dieu* qui approche, c'est le Jugement dernier.

---

1. Il est curieux d'observer combien l'imagination populaire se retrouve la

Or, voici comment ce jugement aura lieu (nous suivons ici la pensée populaire, telle que les journaux la recueillent alors). Dans une grande plaine déserte, probablement dans la plaine Saint-Denis, toute la population sera amenée, chassée par troupeaux aux pieds des rois alliés. La terre préalablement aura été dévastée, les villes incendiées... « Car, ont dit les souverains, les déserts valent mieux que les peuples révoltés. » Peu leur importe s'il restera un royaume à Louis XVI, s'il vit ou s'il meurt; son péril ne les arrêtera pas. Là donc, par-devant ces vainqueurs impitoyables, un triage se fera des bons, des mauvais, les uns à la droite, les autres à la gauche... Quels mauvais? Les révolutionnaires sans doute, ils périront d'abord; on les guillotinera. Les rois appliqueront à la Révolution le supplice qu'elle a inventé..... « Déjà, au fond de leurs hôtels, au sein de leurs orgies secrètes, les aristocrates savourent ce spectacle en espérance; ils font mettre parmi les plats de petites guillotines pour décapiter à plaisir l'effigie des patriotes. »

Mais si ce grand jugement doit frapper tous les révolutionnaires, que restera-t-il? Qui n'a participé de manière ou d'autre à la Révolution?... Tous périront, et en France, et par toute la terre; le jugement sera universel. Nul pays, c'est chose convenue entre les rois, ne servira d'asile aux proscrits. Ceux même qui déjà ont passé dans les contrées étran-

---

même dans les dangers publics. (Consulter notre *Histoire de France*, au temps de Charles VI, année 1415, t. IV, p. 230.)

gères seront poursuivis. Nul ne restera sur le globe de cette race condamnée, sauf peut-être tout au plus, les femmes, qu'on réservera pour l'outrage et le plaisir du vainqueur.

Hélas! ce ne sont pas seulement les hommes qui périront, mais la pensée de la France. Nous avions cru follement que la justice était juste, que le droit était le droit. Mais l'autorité qui arrive, souveraine et sans appel, va changer ceci. Elle ne vient pas pour vaincre seulement, mais pour juger, pour condamner la Justice. Celle-ci sera abolie et la Raison interdite, comme aliénée et folle. Les juges arrivent dans l'armée des barbares, et avec eux les sophistes pour confondre la pauvre Révolution, l'embarrasser, la bafouer, de sorte qu'elle reste balbutiante, rougissante, comme un enfant intimidé qui ne sait plus ce qu'il dit. Voici venir dans l'armée du roi de Prusse le grand Méphistophélès de l'Allemagne, le docteur de l'ironie, pour tuer par le ridicule ceux que n'aura tués l'épée. Goethe ne voudrait pour rien au monde perdre une telle occasion d'observer les désappointements de l'enthousiasme et les déceptions de la foi.

Dure et cruelle surprise, vraiment pitoyable! Ce peuple croit, prêche, enseigne; il travaille pour le monde, il parle pour le salut du monde..... Et le monde, son disciple, tourne l'épée contre lui.

Figurez-vous un pauvre homme qui s'éveille effaré, qui s'est cru parmi des amis et qui ne voit qu'ennemis. « Mes armes! où sont mes armes? —

Mais tu n'en as pas, pauvre fol! Nous te les avons enlevées. »

Voilà l'image de la France. Elle s'éveillait et elle était surprise. C'était comme une grande chasse du monde contre elle, et elle était le gibier. L'Espagne et la Sardaigne, par derrière, lui tenaient serré le filet; par devant, la Prusse et l'Autriche lui montraient l'épieu; la Russie poussait, l'Angleterre riait... Elle reculait au gîte... et le gîte était trahi!

Le gîte était tout ouvert, sans mur ni défense. Depuis que nous avions épousé une Autrichienne, nous avions sagement laissé, sur la frontière la plus exposée, toutes nos murailles par terre. Bonne et crédule nation! confiante pour Louis XVI, elle avait cru qu'il voudrait sérieusement arrêter les armées des rois, ses libérateurs; confiante dans ses ministres, soi-disant révolutionnaires, elle avait cru les paroles agréables de Narbonne. « J'ai vu tout », avait-il dit. Il avait vu des armes, et il n'y en avait pas; des munitions, il n'y en avait pas; des armées, elles étaient nulles, désorganisées, moralement anéanties. Un homme peu sûr, Dumouriez, le seul qui n'eût pas reculé devant cette situation désespérée, se trouva un moment n'avoir que quinze ou vingt mille hommes contre cent mille vieux soldats.

Et le danger extérieur n'était pas encore le plus grand. Les Prussiens étaient des ennemis moins terribles que les prêtres; l'armée qui venait à l'Est était peu en comparaison de la grande conspiration ecclésiastique pour armer les paysans de l'Ouest.

Paris était sous le coup de la trahison de Longwy, quand il apprit que les campagnes des Deux-Sèvres avaient pris les armes : c'était le commencement d'une longue trainée de poudre. Au moment même, elle éclate et le Morbihan prend feu. La démocratique Grenoble est elle-même le foyer d'un complot aristocratique. Les courriers venaient coup sur coup dans l'Assemblée nationale; elle n'avait pas le temps de se remettre d'une nouvelle qu'une autre arrivait plus terrible. On était sous l'impression de ces dangers de l'intérieur, quand on apprit que, du Nord, s'ébranlait l'arrière-garde de la grande invasion, un corps de trente mille Russes.

Tout cela, ce n'étaient pas des hasards, des faits isolés; c'étaient visiblement des parties d'un grand système, bien conçu, sûr de réussir, qui se dévoilait peu à peu. A quoi se fiait l'étranger, l'émigré, le prêtre, sinon à la trahison?

Et le point central, le nœud de la grande toile tissue par les traîtres, où le placer? Où se rattachait, pour employer l'énergique expression d'un auteur du Moyen-âge, le dangereux tissu de l'*universelle araignée?* Où, sinon aux Tuileries!

Et maintenant que les Tuileries étaient frappées par la foudre, le trône brisé, le roi captif et jeté dans la poussière, autour même de la tour du Temple venait se renouer la toile en lambeau, le filet se reformait. A la nouvelle de Longwy livré, des rassemblements royalistes se montrèrent hardiment autour du Temple, s'unissant à la famille royale dans une joie commune et saluant ensemble le succès de l'étranger.

Le 10 août n'avait rien ôté aux forces de l'ennemi. Sept cents Suisses avaient péri; mais la masse des royalistes se tenait tapie en armes. Sans parler d'une partie fort considérable de la garde nationale, compromise à jamais pour la royauté, Paris était plein d'étrangers, de provinciaux, d'agents de l'Ancien-Régime ou de l'étranger, de militaires sans uniformes, plus ou moins déguisés, de faux abbés, par exemple, dont la démarche guerrière, la figure martiale, démentaient trop leur habit. L'Angleterre même, notre amie, avait ici, dès cette époque, des agents innombrables, payés, non payés, beaucoup d'honorables espions qui venaient voir, étudier. Un de ces Anglais, qui vivait encore vers 1820, me l'a raconté lui-même. Le fils du célèbre Burke écrivait à Louis XVI un mot profondément vrai : « Ne vous souciez; toute l'Europe est pour vous, et l'Angleterre n'est pas contre vous. » Elle devenait favorable au roi, à mesure que la royauté était l'ennemie de la France.

Ainsi Louis XVI, détrôné, déchu, au Temple même, était formidable. Il avait perdu les Tuileries et gardait l'Europe; il avait tous les rois pour alliés, la France était seule. Il avait tous les prêtres pour amis, défenseurs et avocats, chez toutes les nations; chaque jour on prêchait pour lui par toute la terre; on lui donnait le cœur des populations crédules, on lui faisait des soldats, et des ennemis mortels à la

Révolution. Il y avait cent à parier contre un qu'il ne périrait pas (la tête d'un tel otage était trop précieuse), mais que la France périrait, ayant peu à peu contre elle non seulement les rois, mais les peuples, dont on pervertissait le sens.

L'histoire n'a gardé le souvenir d'aucun peuple qui soit entré si loin dans la mort. Quand la Hollande, voyant Louis XIV à ses portes, n'eut de ressources que de s'inonder, de se noyer elle-même, elle fut en moindre danger; elle avait l'Europe pour elle. Quand Athènes vit le trône de Xerxès sur le rocher de Salamine, perdit terre, se jeta à la nage, n'eut plus que l'eau pour patrie, elle fut en moindre danger; elle était toute sur sa flotte, puissante, organisée, dans la main du grand Thémistocle, et elle n'avait pas la trahison dans son sein. La France était désorganisée et presque dissoute, trahie, livrée et vendue.

Et c'est justement à ce point où elle sentit sur elle la main de mort que, par une violente et terrible contraction, elle suscita d'elle-même une puissance inattendue, fit sortir de soi une flamme que le monde n'avait vue jamais, devint comme un volcan de vie. Toute la terre de France devint lumineuse, et ce fut sur chaque point comme un jet brûlant d'héroïsme, qui perça et jaillit au ciel.

Spectacle vraiment prodigieux, dont la diversité immense défie toute description. De telles scènes échappent à l'art par leur excessive grandeur, par une multiplicité infinie d'incidents sublimes. Le premier mouvement est d'écrire, de communiquer à la mémoire ces héroïques efforts, ces élans divins de la volonté. Plus on les recueille, plus on en raconte, plus on en trouve à raconter. Le découragement vient alors; l'admiration, sans s'épuiser, se lasse et se tait. Laissons-les, ces grandes choses que nos pères ont faites ou voulues pour l'affranchissement du monde, laissons-les au dépôt sacré où rien ne se perd, la profonde mémoire du peuple, qui, jusque dans chaque village, garde son histoire héroïque; confions-les à la justice du Dieu de la liberté, dont la France fut le bras en ce grand jour, et qui récompensera ces choses (c'est notre foi) dans les mondes ultérieurs.

Qui croirait que, devant cette scène admirable, splendidement lumineuse, l'Europe ait fermé les yeux, qu'elle n'ait rien voulu voir de tant de choses qui honorent à jamais la nature humaine, et qu'elle ait réservé toute son attention pour un seul point, une tache noire de boue et de sang, le massacre des prisonniers de septembre?

Dieu nous garde de diminuer l'horreur que ce crime a laissée dans la mémoire! Personne, à coup sûr, ne l'a sentie plus que nous! Personne n'a pleuré peut-être plus sincèrement ces mille hommes qui périrent, qui presque tous avaient fait, par leur vie, beaucoup de mal à la France, mais qui lui firent par leur mort un mal éternel. Ah! plût au ciel qu'ils vécussent ces nobles qui appelaient l'étranger, ces prêtres conspirateurs qui, par le roi, par la Vendée, mettaient sous les pieds de la Révolution l'obstacle secret, perfide, où elle devait heurter, avec l'immense effusion de sang, qui n'est pas finie encore!... Les trois ou quatre cents ivrognes qui les massacrèrent ont fait, pour l'Ancien-Régime et contre la liberté, plus que toutes les armées des rois, plus que l'Angleterre elle-même avec tous les milliards qui ont soldé ces armées. Ils ont élevé, ces idiots, la montagne de sang qui a isolé la France et qui, dans son isolement, l'a forcée de chercher son salut dans les moyens de la Terreur. Ce sang d'un millier de coupables, ce crime de quelques centaines d'hommes a caché aux yeux de l'Europe l'immensité de la scène héroïque qui nous méritait alors l'admiration du monde.

Revienne donc enfin la justice, après tant d'années! et que l'on avoue que chez toute nation, au fond de toute capitale, il y a toujours cette lie, toujours cette boue sanguinaire, l'élément lâche et stupide qui, dans les paniques surtout, comme fut le moment de septembre, devient très cruel. Même chose aurait eu lieu, et en Angleterre, et en Allemagne, chez tous les peuples de l'Europe; leur histoire n'est pas stérile en massacres. Mais ce que l'histoire d'aucun peuple ne présente à ce degré, c'est l'étonnante éruption d'héroïsme, l'immense élan de dévouement et de sacrifices que présenta alors la France.

Plus on sondera cette époque, plus on cherchera sérieusement ce qui fut vraiment le fond général de l'inspiration populaire, plus on trouvera, en réalité, que ce ne fut nullement la vengeance, mais le sentiment profond de la justice outragée, contre l'insolent défi des tyrans, la légitime indignation du droit éternel.

Ah! combien je voudrais pouvoir montrer la France dans ce grand et sublime jour! C'est bien peu de voir Paris. Que je voudrais qu'on pût voir les départements du Gard, de la Haute-Saône, d'autres encore, debout tout entiers en huit jours et lançant chacun une armée pour aller à l'ennemi!

Les offrandes particulières étaient innombrables, plusieurs excessives. Deux hommes, à eux seuls, arment, montent, équipent chacun un escadron de cavalerie. Plusieurs donnèrent, sans réserve, tout ce qu'ils avaient. On vit dans un village, non loin de Paris, quand la tribune fut dressée pour recevoir les enrôlements et les offrandes, le village se donner lui-même, apporter la somme énorme de près de trois cent mille francs. Quand le paysan va jusqu'à donner son argent, son sang ne compte plus après, il le donne, il le prodigue. Des pères offraient tous leurs enfants, puis ils croyaient n'avoir pas fait assez encore, ils s'armaient, partaient eux-mêmes.

Les dons pleuvent à l'Assemblée au milieu même des scènes funèbres de septembre. Et pourquoi donc ces journées ne rappellent-elles qu'un seul fait, un fait local, celui du massacre ? Pourquoi ne pas se souvenir qu'elles sont dignes par l'héroïque élan d'un grand peuple, de tant de millions d'hommes, par mille faits touchants, sublimes, de rester dans la mémoire ?

Paris avait l'air d'une place forte. On se serait cru à Lille, à Strasbourg. Partout des consignes, des factionnaires, des précautions militaires, prématurées, à vrai dire ; l'ennemi était encore à cinquante ou soixante lieues. Ce qui était véritablement plus sérieux et touchant, c'était le sentiment de solidarité profonde, admirable, qui se révélait partout. Chacun s'adressait à tous, parlait, priait pour la patrie. Chacun se faisait recruteur, allait de maison en maison, offrait à celui qui pouvait partir des armes, un uniforme et ce qu'on avait. Tout le monde était orateur, prêchait, discourait, chantait des chants patriotiques. Qui n'était auteur en ce moment singulier, qui n'imprimait, qui n'affichait ? Qui n'était acteur dans ce grand spectacle ? Les scènes les plus naïves où tous figuraient se jouaient partout sur les places, sur les théâtres d'enrôlements, aux tribunes où l'on s'inscrivait ; tout autour, c'étaient des chants, des cris, des larmes d'enthousiasme ou d'adieu. Et par-dessus tous ces bruits, une grande voix sonnait dans les cœurs, voix muette, d'autant plus profonde... la voix même de la France, éloquente en tous ses symboles, pathétique dans le plus tragique de tous, le drapeau saint et terrible du *Danger de la Patrie*, appendu aux fenêtres de l'Hôtel de Ville. Drapeau immense qui flottait aux vents et semblait faire signe aux légions populaires de marcher en hâte des Pyrénées à l'Escaut, de la Seine au Rhin.

Pour savoir ce que c'était que ce moment de sacrifice, il faudrait, dans chaque chaumière, dans chaque misérable logis, voir l'arrachement des femmes, le déchirement des mères, à ce second accouchement plus cruel cent fois que celui où l'enfant fit son premier départ de leurs entrailles sanglantes. Il faudrait voir la vieille femme, les yeux secs et le cœur brisé, ramasser en hâte les quelques hardes qu'il emportera, les pauvres économies, les sols épargnés par le jeûne, ce qu'elle s'est volé à elle-même, pour son fils, pour ce jour des dernières douleurs.

Donner leurs enfants à cette guerre qui s'ouvrait avec si peu de chances les immoler à cette situation extrême et désespérée, c'était plus que la plupart ne pouvaient faire. Elles succombaient à ces pensées ou bien, par une réaction naturelle, elles tombaient dans des accès de fureur. Elles ne ménageaient rien, ne craignaient rien. Aucune terreur n'a prise sur un tel état d'esprit; quelle terreur pour qui veut la mort?

On nous a raconté qu'un jour (sans doute en août ou septembre), une bande de ces femmes furieuses rencontrèrent Danton dans la rue, l'injurièrent comme elles auraient injurié la guerre elle-même, lui reprochant toute la Révolution, tout le sang qui serait versé et la mort de leurs enfants, le maudissant, priant Dieu que tout retombât sur sa tête. Lui, il ne s'étonna pas; et, quoiqu'il sentît tout autour de lui les ongles, il se retourna brusquement, regarda ces femmes, les prit en pitié; Danton avait beaucoup de cœur. Il monta sur une borne, et, pour les consoler, il commença par les injurier dans leur langue. Ses premières paroles furent violentes, burlesques, obscènes. Les voilà tout interdites. Sa fureur, vraie ou simulée, déconcerte leur fureur. Ce prodigieux orateur, instinctif et calculé, avait pour base populaire un tempérament sensuel et fort, tout fait pour l'amour physique, où dominait la chair, le sang. Danton était d'abord, et avant tout, un mâle; il y avait en lui du lion et du dogue, beaucoup aussi du taureau. Son masque effrayait; la sublime laideur d'un visage bouleversé prêtait à sa parole brusque, dardée par accès, une sorte d'aiguillon sauvage. Les masses, qui aiment la force, sentaient devant lui ce que fait éprouver de crainte, de sympathie pourtant, tout être puissamment générateur. Et puis, sous ce masque violent, furieux, on sentait aussi un cœur; on finissait par se douter d'une chose, c'est que cet homme terrible, qui ne parlait que par menaces, cachait au fond un brave homme... Ces femmes ameutées autour de lui sentirent confusément tout cela; elles se laissèrent haranguer, dominer, maîtriser; il les mena où et comme il voulut. Il leur expliqua rudement à quoi sert la femme, à quoi sert l'amour, la génération, et qu'on n'enfante pas pour soi, mais pour la patrie... Et, arrivé là, il s'éleva tout à coup, ne parla plus pour personne, mais (il semblait) pour lui seul... Tout son cœur, dit-on, lui sortit de la poitrine, avec des paroles d'une tendresse violente pour la France... Et, sur ce visage étrange, brouillé de petite vérole et qui ressemblait aux scories du Vésuve ou de l'Etna, commencèrent à venir de grosses gouttes, et c'étaient des larmes. Ces femmes n'y purent tenir; elles pleurèrent la France au lieu de pleurer leurs enfants, et, sanglotantes, s'enfuirent, en se cachant le visage dans leur tablier.

Danton fut, il faut le dire, dans ce moment sublime et sinistre, la voix même de la Révolution et de la France; en lui elle trouva le cœur énergique, la poitrine profonde, l'attitude grandiose qui pouvait exprimer sa foi. Qu'on ne dise pas que la parole soit peu de chose en de tels moments. Parole et acte, c'est tout un. La puissante, l'énergique affirmation qui assure les cœurs, c'est une création d'actes; ce qu'elle dit, elle le produit. L'action est ici la servante de la parole; elle vient docilement derrière, comme au premier jour du monde : *Il dit, et le monde fut.*

La parole chez Danton, nous l'expliquerions si c'était ici le lieu de le dire, est tellement une action, tellement une chose héroïque (sublime et pratique à la fois), qu'elle sort de toute classification littéraire. Lui seul alors ne dérive pas de

Rousseau. Et sa parenté avec Diderot est tout extérieure ; il est nerveux et positif, Diderot enflé et vague. Répétons-le, cette parole ne fut pas une parole, ce fut l'énergie de la France devenue visible, un cri du cœur de la patrie!

Le nom tragique de Danton, quelque souillé, défiguré qu'il ait été par lui-même ou par les partis, n'en restera pas moins au fond des chers souvenirs et des regrets de la France. Ah! comment s'arracha-t-elle celui qui avait formulé sa foi dans son plus terrible jour?... Lui-même se sentait sacré et ne voulut pas croire à la mort. On sait ses paroles quand on l'avertit du danger : « Moi, on ne me touche pas, *je suis l'Arche.* » Il l'avait été, en effet, en 1792 ; et comme l'Arche qui contenait la foi d'Israël, il avait alors marché devant nous...

Danton n'a jamais eu qu'un accusateur sérieux, c'est lui-même. On verra plus tard les motifs étranges qui ont pu lui faire revendiquer pour lui les crimes qu'il n'avait pas faits. Ces crimes sont incertains, improbables, quoi qu'ait dit la ligue des royalistes et robespierristes, unis contre sa mémoire. Ce qui est plus sûr, c'est qu'il eut l'initiative de plusieurs des grandes et sages mesures qui sauvèrent la France; et ce qui ne l'est pas moins, c'est qu'il eut à la fin, avec son ami, le grand écrivain de l'époque, le pauvre Camille, l'initiative aussi des réclamations de l'humanité[1].

---

1. Les faits eux-mêmes vont se charger de caractériser Danton, en divers sens, dans cette grande et terrible crise. Nous n'anticiperons pas. Qu'on nous

Le 28 août au soir, Danton se présenta dans l'Assemblée et réclama la grande et indispensable mesure des visites domiciliaires. Dans un si extrême péril, lorsqu'une armée royaliste, on ne peut dire autrement, était dans Paris, nous périssions, sans nul doute, si nous ne leur faisions sentir fortement sur eux la main de la France. Il fallait que cette masse ennemie, très forte matériellement, devînt moralement faible, qu'elle fût paralysée, fascinée, que chacun tremblât, voyant sur sa tête la Révolution, l'œil ouvert et le bras levé. Il fallait que la Révolution sût tout, dans un tel moment, qu'elle pût dire : « Je sais les ressources, je sais les obstacles, je sais où et quels sont les hommes, et je sais où sont les armes. » — « Quand la patrie est en danger, dit très bien Danton, tout appartient à la patrie. » Et il ajoutait : « En autorisant les municipalités à prendre ce qui est nécessaire, nous nous engagerons à indemniser les possesseurs. » — « Chaque municipalité, dit-il encore à l'Assemblée, sera autorisée à prendre l'élite des hommes bien équipés qu'elle possède. » Et en même temps il proposa à la Commune d'enregistrer les citoyens nécessiteux qui pouvaient porter les armes et de

---

permette seulement de donner ici, sur lui, le jugement d'un homme grave, qui est précisément le nôtre. Un jeune homme, qui venait d'Arcis-sur-Aube, pays de Danton, y avait entendu conter plusieurs faits honorables à sa mémoire ; se trouvant à Paris, chez M. Royer-Collard, il se hasarda à dire devant l'orateur royaliste : « Il me semble pourtant que ce Danton eut une âme généreuse... — Monsieur, dites *magnanime* », dit Royer-Collard. — (Je tiens ce mot de notre illustre Béranger.)

leur fixer une solde. Il y avait un avantage, sans nul doute, et dans deux sens, à donner des cadres militaires à ces masses confuses dont une partie, s'écoulant vers l'armée, aurait allégé Paris.

Le 29, à quatre heures du soir, dans une belle journée d'août, la générale battit, chacun fut averti de rentrer chez soi à six heures précises, et Paris, tout à l'heure si animé, si populeux, en un moment se trouva comme désert. Toute boutique fermée, toute porte close. Les barrières étaient gardées, la rivière gardée. Les visites ne commencèrent qu'à une heure du matin. Chaque rue fut cernée, occupée de fortes patrouilles, chacune de soixante hommes; les commissaires de sections montaient dans chaque maison et à chaque étage frappaient : « Au nom de la loi!... » Ces voix, ces coups frappés aux portes, le bruit de celles des absents qu'on ouvrait de force, retentissaient dans la nuit d'une manière effrayante. On saisit deux mille fusils, on arrêta environ trois mille personnes, qui furent généralement relâchées le lendemain. L'effet voulu fut obtenu : les royalistes tremblèrent. Rien ne le prouve mieux que le récit d'un des leurs, Peltier, écrivain menteur, s'il en fut, partout médiocre, mais ici sincère, éloquent, admirable de vérité et de peur. Tous les autres historiens l'ont fidèlement copié.

Cette visite ne fit, au reste, que régulariser par l'autorité publique ce que le peuple faisait déjà irrégulièrement de lui-même. Déjà, sur les bruits qui couraient que certains hôtels recélaient des dépôts d'armes, la foule les avait envahis; c'est ce qui eut lieu particulièrement pour la maison et les jardins de Beaumarchais, à la porte Saint-Antoine. Le peuple se les fit ouvrir, les visita soigneusement, sans rien toucher ni rien prendre. Beaumarchais le raconte lui-même; une femme seulement s'avisa de cueillir une fleur, et la foule voulait la jeter dans le bassin du jardin.

Il est superflu de dire que cette terrible mesure des visites domiciliaires fut très mal exécutée. L'opération, confiée à des mains ignorantes et maladroites, fut une œuvre de hasard, prodigieusement arbitraire; elle varia infiniment dans les résultats. Plusieurs des commissaires croyaient devoir arrêter tout ce qu'ils trouvaient de personnes ayant signé la pétition royaliste contre le 20 juin. Les signataires étaient vingt mille. La Commune se hâta de déclarer qu'il fallait les élargir, qu'il avait suffi de les désarmer.

Deux choses étaient à craindre :

Les visites domiciliaires ayant ouvert à la masse des sectionnaires armés les hôtels des riches, leur ayant révélé un monde inconnu d'opulence et de jouissances, attisé leur convoitise, donnaient aux pauvres non pas l'envie du pillage, mais un redoublement de haine, de sombre fureur; ils ne s'avouaient pas à eux-mêmes les sentiments divers qui les travaillaient, et croyaient ne haïr les riches que comme aristocrates, comme ennemis de la France. Grand péril pour l'ordre public. Si la terreur populaire n'avait circonscrit son objet, qui sait ce que seraient devenus les quartiers riches, spécialement les maisons des vendeurs d'argent, que la Commune avait très imprudemment déclarés dignes de mort?

Un autre danger non moins grave des visites domiciliaires, c'est qu'elles changèrent en guerre ouverte la sourde hostilité qui existait depuis vingt jours entre l'Assemblée et la Commune.

Revenons sur ces vingt jours.

L'Assemblée, peu sûre d'elle-même, s'était généralement laissé traîner à la suite de la Commune, essayant de défaire ce que faisait celle-ci; puis, quand elle montrait les dents, l'Assemblée reculait avec maladresse. L'Assemblée eût dû suspendre le directoire du département, entièrement royaliste; la Commune le fit pour elle. Vite, alors, l'Assemblée décrète que les sections vont nommer de nouveaux administrateurs du département; elle ordonna par un décret que la police de sûreté, qui appartient aux communes, n'agira qu'avec l'autorisation des administrateurs du département, qui, eux-mêmes, n'autoriseront qu'avec le consentement d'un comité de l'Assemblée. Celle-ci serait ainsi restée le centre de la police du royaume, en eût conservé les fils dans la main.

Pour faire accepter doucement tout ceci de la redoutable Commune, l'Assemblée lui vota généreusement la somme énorme, monstrueuse, de près de un million par mois, pour la police de Paris. Mais ce don n'attendrit nullement la Commune, elle déclara qu'elle ne voulait point d'intermédiaire entre elle et l'Assemblée, qu'elle ne tolérerait pas un directoire de Paris, ajoutant cette menace : « Sinon il faudra que le peuple s'arme encore de sa vengeance. » L'Assemblée avait honte de révoquer son décret ; Lacroix trouva un moyen de reculer honorablement, on décida qu'il y aurait un directoire, mais qu'il ne dirigerait rien, se réduisant à surveiller les contributions.

La Commune, il faut le dire, avait placé la dictature dans les mains les plus effrayantes, non dans celles des hommes du peuple, mais dans celles de misérables scribes, des Hébert et des Chaumette. Elle confia à ce dernier l'étrange pouvoir d'ouvrir et fermer les prisons, d'élargir et d'arrêter. Elle prit à ce sujet une autre décision, infiniment dangereuse, celle d'afficher aux portes de chaque prison les noms des prisonniers. Ces noms, lus et relus sans cesse du peuple, étaient pour lui une constante excitation, un appel à la violence, comme une titillation de toutes les envies cruelles ; ils devaient avoir cet effet de les rendre irrésistibles. Pour qui connaît la nature, une telle affiche était une fatalité de meurtre et de sang.

Ce n'est pas tout, l'étrange dictature, loin de s'inquiéter de la vie de tant de proscrits, ne craignit pas d'en faire d'autres, de dresser des tables. Elle fit imprimer les noms des électeurs aristocrates de la Sainte-Chapelle. Elle décida que les vendeurs d'argent *seraient punis de la peine capitale.* Rien ne l'arrêtait. Elle se mit à prononcer des jugements sur des individus dans un moment où son opinion exprimée équivalait à la mort. Je ne sais quel individu vient demander à la Commune de décider *que M. Duport a perdu la confiance de la nation.* Cette décision portée, on verra qu'il fallut à Danton les plus persévérants efforts pour empêcher que le célèbre député de la Constituante, ainsi désigné au massacre, ne fut immolé trois semaines après.

Non contente de fouler aux pieds toute liberté individuelle, elle porta, le 29 août, l'atteinte la plus directe à la liberté de la presse. Elle manda à sa barre, elle poursuivit dans Paris Girey-Dupré, jeune et hardi Girondin, pour un article de journal; elle alla jusqu'à faire investir le ministère de la guerre, où Girey-Dupré s'était, disait-on, réfugié. L'Assemblée, à son tour, manda à sa barre le président de la Commune, Huguenin, qui ne daigna comparaître. Elle prit alors une résolution naturelle, mais fort périlleuse dans la situation, ce fut de briser la Commune.

Celle-ci se brisait elle-même par son furieux esprit de tyrannie anarchique. Chacun des membres de ce corps étrange affectait la dictature, agissait en maître et seul, sans se soucier d'aucune autorité antérieure, souvent sans consulter la Commune elle-même. Ce n'est pas tout; chacun de ces dictateurs croyait pouvoir déléguer sa dictature à ses amis. Les affaires les plus délicates, où la vie, la liberté, la fortune des hommes, étaient en jeu, se trouvaient tranchées par des inconnus, sans mandat, sans mission, par de zélés patriotes, dévoués, de bonne volonté, qui n'avaient nul autre titre. Ils allaient chez les suspects (et tout riche était suspect), faisaient des saisies, des inventaires, prenaient des armes précieuses ou autres objets qui, disaient-ils, étaient d'utilité publique.

Un fait étonnant de ce genre fut révélé à l'Assemblée. Un quidam, se disant membre de la Commune, se fait ouvrir le Garde-Meuble, et, voyant un canon d'argent, donné jadis à Louis XIV, le trouve de bonne prise, le fait emporter. Cambon, l'austère gardien de la fortune publique, s'éleva avec indignation contre un tel désordre et fit venir à la barre l'homme qui faisait un tel usage de l'autorité de la Commune. L'homme vint, il ne nia point, ne s'excusa point, dit froidement qu'il avait pensé que cet objet courait quelque risque; que d'autres auraient bien pu le prendre; que, pour éviter ce malheur, il l'avait emporté chez lui.

L'Assemblée n'en voulut pas davantage. Un tel fait parlait assez haut. Une section, celle des Lombards, présidée par le jeune Louvet, avait déclaré que le conseil général de la Commune était coupable d'usurpation. Cambon demanda et fit décréter par l'Assemblée nationale que les membres de ce conseil représentassent les pouvoirs qu'ils tenaient du peuple : « S'ils ne le peuvent, dit-il, il faut les punir. » Le même jour, 30 août, à cinq heures du soir, l'Assemblée, sur la proposition de Guadet, décida que le président de la Commune, cet Huguenin qui dédaignait de comparaître, serait amené à la barre, et qu'une nouvelle Commune serait nommée par les sections dans les vingt-quatre heures. — Du reste, pour adoucir ce que la décision avait de trop rude, on décréta que l'ancienne avait bien mérité de la patrie. On la couronnait et on la chassait.

La Commune du 10 août s'obstinait à subsister; elle ne voulait ni être chassée ni couronnée. Son secrétaire, Tallien, à la section des Thermes, près des Cordeliers, demanda qu'on marchât en armes contre la section des Lombards, coupable de blâmer la Commune. Et ce qui parut effrayant, c'est que le prudent Robespierre parla dans le même sens, au sein même du conseil général, à l'Hôtel de Ville. Un homme de Robespierre, Lhuillier, à la section de Mauconseil, ouvrit de même l'avis que le peuple se levât et soutînt par les armes la Commune contre l'Assemblée.

Il était évident que la Commune était résolue à se maintenir par tous les moyens. Tallien se chargea de terrifier l'Assemblée. La nuit même, il y alla avec avec une masse d'hommes à piques, rappela insolemment « que la Commune seule avait fait remonter l'Assemblée au rang de représentants d'un peuple libre », vanta les actes de la Commune, spécialement l'arrestation des prêtres perturbateurs : « Sous peu de jours, dit-il, le sol de la liberté sera *purgé de leur présence.* » Ce dernier mot, horriblement équivoque, soulevait un coin du voile. Les meneurs étaient décidés à garder la dictature, s'il le fallait, par un massacre. Tallien ne parlait que des prêtres ; mais Marat, qui du moins eut toujours le mérite de la clarté, demandait dans ses affiches qu'on massacrât de préférence l'Assemblée nationale.

Il était deux heures de nuit; la bande qui représentait le peuple et qui suivait Tallien, demanda à défiler dans la salle, « pour voir, disaient-ils, les représentants de la Commune », affectant de croire qu'ils étaient en péril dans le sein de l'Assemblée. Celle-ci se montra très ferme, fit dire qu'on n'entrerait pas. « Alors donc, disait l'orateur de la bande, sur un ton niaisement féroce, alors nous ne sommes pas libres. » L'effet fut juste le contraire de celui qu'on avait cru. L'Assemblée se souleva, se montra prête à prendre des mesures sévères, hardies, et le procureur de la Commune, Manuel, crut prudent de calmer cette indignation en faisant arrêter le malencontreux orateur.

Le lendemain, Huguenin, président de la Commune, vint amuser l'Assemblée par un mot illusoire de réparation. Le but était probablement de couvrir ce que préparaient les meneurs. Convaincus fermement qu'eux seuls pouvaient sauver la patrie, ils voulaient assurer leur réélection par la terreur. Le massacre était dès lors résolu dans leur esprit.

Il n'était pas nécessaire d'ordonner, il suffisait de laisser Paris dans l'état de sourde fureur qui couvait au fond des masses. Cette grande foule d'hommes qui, du matin au soir, les bras croisés, le ventre vide, battaient le pavé, souffraient infiniment, non de leur misère seulement, mais de leur inaction. Ce peuple n'avait rien à faire, demandait quelque chose à faire ; il rôdait, sombre ouvrier, cherchant tout au moins quelque œuvre de ruine et de mort. Les spectacles qu'il avait sous les yeux n'étaient pas propres à le calmer. Aux Tuileries, on tenait exposé un simulacre de la cérémonie funèbre des morts du 10 août, qui toujours demandaient vengeance. La guillotine en permanence au Carrousel, c'était bien une distraction, les yeux étaient occupés, mais les mains restaient oisives. Elles s'étaient employées un moment à briser les statues des rois. Mais pourquoi briser des images? Pourquoi pas les réalités? Au lieu de punir des rois en peinture, n'aurait-on pas dû plutôt s'en prendre à celui qui était au Temple, à ses amis, aux aristocrates qui appelaient l'étranger? « Nous allons combattre les ennemis à la frontière, disaient-ils, et nous les laissons ici? »

L'attitude des royalistes était singulièrement provocante. On ne passait guère le long des murs des prisons sans les entendre chanter. Ceux de l'Abbaye insultaient les gens du quartier, à travers les grilles, avec des cris, des menaces, des signes outrageants. C'est ce qu'on lit dans l'enquête faite plus tard sur les massacres de septembre. Un jour, ceux de la Force essayèrent de mettre le feu à la prison, et il fallut appeler un renfort de garde nationale.

Riches pour la plupart et ménageant peu la dépense, les prisonniers passaient le temps en repas joyeux, buvaient au roi, aux Prussiens, à la prochaine délivrance. Leurs maîtresses venaient les voir, manger avec eux. Les geôliers, devenus valets de chambre et commissionnaires, allaient et venaient pour leurs nobles maîtres, portaient, montraient, devant tout le monde, les vins fins, les mets délicats. L'or roulait à l'Abbaye. Les affamés de la rue regardaient et s'indignaient; ils demandaient d'où venait aux prisonniers ce pactole inépuisable ; on supposait, et peut-être la supposition n'était pas tout à fait sans fondement, que l'énorme quantité de faux assignats qui circulait dans Paris, et désespérait le peuple, se fabriquait dans les prisons. La Commune donna à ce bruit une nouvelle consistance en ordonnant une enquête. La foule avait grande envie de simplifier l'enquête en tuant tout, pêle-mêle, les aristocrates, les faussaires et faux-monnayeurs, leur brisant sur la tête leur fausse planche aux assignats.

A cette tentation de meurtre une autre idée se joignit, idée barbare, enfantine, qu'on retrouve tant de fois aux premiers âges des peuples, dans la haute Antiquité, l'idée d'une grande et radicale purgation morale, l'espoir d'assainir le monde par l'extermination absolue du mal.

La Commune, organe en ceci du sentiment populaire, déclara qu'elle arrêterait non les aristocrates seulement, mais les escrocs, les joueurs, les gens de mauvaise vie. Le massacre, chose peu remarquée, fut plus général au Châtelet, où étaient les voleurs, qu'à l'Abbaye et à la Force, où étaient les aristocrates

L'idée absolue d'une purgation morale donna à beaucoup d'entre eux une sérénité terrible de conscience, un scrupule effroyable de rien épargner. Un homme vint quelques jours après se confesser à Marat d'avoir eu la faiblesse d'épargner un aristocrate ; il avait les larmes aux yeux. L'Ami du peuple lui parla avec bonté, lui donna l'absolution, mais cet homme ne se pardonnait pas à lui-même, il ne parvenait pas à se consoler.

CHAPITRE IV

PRÉLUDES DU MASSACRE (1er SEPTEMBRE 1792).

Nul homme, ni Danton, ni Robespierre, ne domina la situation. — Caractères divers de ceux qui voulaient le massacre. — Influence des maratistes sur la Commune. — La Commune obstinée à ne point se dissoudre. — Préludes du massacre. — L'Assemblée, pour apaiser la Commune, révoque son décret. — Robespierre conseille à la Commune de remettre le pouvoir au peuple. — Du comité de surveillance, Sergent, Panis. — Panis, beau-frère de Santerre, ami commun de Robespierre et de Marat. — Il introduit Marat au comité de surveillance.

Dans ces profondes ténèbres que toutes choses contribuaient à épaissir, où l'idée de justice, bizarrement pervertie, aidait elle-même à obscurcir la dernière lueur du juste, la conscience publique se serait retrouvée peut-être, s'il y eût eu un homme assez fort pour garder au moins la sienne, tenir ferme et haut son cœur.

Il ne fallait pas marcher à l'encontre de la fureur populaire. Il fallait planer plus haut, faire voir au peuple dans ceux qui lui inspiraient confiance une sérénité héroïque qui l'assurât, l'affermît, l'élevât au-dessus des basses et cruelles pensées de la peur. Une chose manqua à la situation, la seule qui sauve les hommes quand l'idée s'obscurcit pour eux, un homme vraiment grand, un héros.

Robespierre avait autorité, Danton avait force. Aucun d'eux ne fut cet homme.

Ni l'un ni l'autre n'osa.

Le chef des Jacobins, avec sa gravité, sa ténacité, sa puissance morale, le chef des Cordeliers, avec son entraînante énergie et ses instincts magnanimes, n'eurent pourtant ni l'un ni l'autre une sublime faculté, la seule qui pût illuminer, transfigurer la sombre fureur du moment. Il leur manquait entièrement cette chose, commune depuis, rare alors bien plus qu'on ne croit. Pour chasser des cœurs le démon du massacre, le faire rougir de lui-même, le renvoyer à ses ténèbres, il fallait avoir en soi le noble et serein génie des batailles, qui frappe sans peur ni colère et regarde en paix la mort.

Celui qui l'eût eu, ce génie, eût pris un drapeau, eût demandé à ces bandes si elles ne voulaient se battre qu'avec des gens désarmés; il eût déclaré infâme quiconque menaçait les prisons. Quoiqu'une grande partie du peuple approuvât l'idée du massacre, les massacreurs, on le verra, étaient peu nombreux. Et il n'était nullement nécessaire de les massacrer eux-mêmes pour les contenir. Il eût suffi, répétons-le, de n'avoir pas peur, de profiter de l'immense élan militaire qui dominait dans Paris, d'envelopper ce petit nombre dans la masse et le tourbillon qui se serait formé des volontaires vraiment soldats et de la partie patriote de la garde nationale. Il eût fallu que la bonne et saine partie du peuple, incomparablement plus nombreuse, fût rassurée, encouragée par des hommes d'un nom populaire. Qui n'eût suivi Robespierre et Danton, si tous deux, dans cette crise, rapprochés et ne faisant qu'un pour sauver l'honneur de la France, avaient proclamé que le drapeau de l'humanité était celui de la patrie?

Observons-les bien en face, ces deux chefs de l'opinion, dont l'autorité morale s'effaça, en présence du honteux événement.

Celle de Robespierre, il faut le dire, était quelque peu ébranlée. La France entière avait voulu la guerre; Robespierre avait conseillé la paix. La guerre au roi, l'insurrection n'avait nullement été encouragée par lui; il avait protesté se renfermer dans les limites de la constitution. Le comité insurrectionnel du 15 août s'était un moment réuni dans la maison même où demeurait Robespierre, et il n'avait point paru. Nommé accusateur public près de la haute cour criminelle, il avait décliné ce triste et périlleux honneur, sous prétexte que les aristocrates, si longtemps dénoncés par lui, étaient ses ennemis personnels, et qu'à ce titre ils auraient droit de le récuser. Le *Moniteur* l'avait désigné comme le conseil de Danton au ministère de la justice; qu'y avait-il fait? Il siégeait comme membre du conseil général de la Commune. Et là même, sauf un discours à l'Assemblée nationale, on ne voyait pas assez la trace de son activité.

Là pourtant il se trouvait sur le terrain des passions les plus brûlantes ; là il n'y avait guère moyen de s'en tenir aux principes généraux, comme il avait fait à la Constituante, ni aux délations vagues, comme il faisait aux Jacobins. Pour la première fois de sa vie, il lui fallait agir, parler nettement ou bien s'annuler pour toujours. La Commune du 10 août, quelque violente qu'elle fût, comptait pourtant deux partis : les indulgents, les atroces. Se décider pour les premiers, c'était se mettre à la suite de Pétion et de Manuel, laisser à Danton l'avant-garde de la Révolution, probablement l'initiative de la violence. Danton paraissait peu à la Commune ; nulle mesure atroce n'y fut conseillée par lui. Mais la Commune avait pour secrétaire un très ardent dantoniste, qui disait et faisait croire qu'il avait le mot de Danton, je parle du jeune Tallien.

La concurrence de Danton, la crainte de le laisser grandir, pendant que lui diminuait, était sans nul doute la préoccupation de Robespierre. Il y avait là comme une impulsion fatale qui pouvait le mener à tout. Il trouvait, à la Commune et au dehors, parmi les plus avancés, une classe d'hommes spécialement qui l'embarrassait beaucoup, le mettant en demeure de se décider sur-le-champ. Ces exaltés, qui, directement ou indirectement (quelques-uns sans le savoir), poussaient au massacre, étaient, par un contraste étrange, ceux qu'on pouvait appeler *les artistes et hommes sensibles*. C'étaient des gens nés ivres, si je puis parler ainsi, rhéteurs larmoyants, tous avaient le don des larmes : Hébert pleurait, Collot pleurait, Panis pleurait, etc. Avec cela, comme la plupart étaient des auteurs de troisième ordre, des artistes médiocres, des acteurs sifflés, ils avaient sous leur philanthropie un fonds général de rancune et d'envenimement qui, par moments, tournait à la rage. Le type du genre était Collot d'Herbois, acteur médiocre et fade écrivain, auteur moral et patriotique, homme sensible, s'il en fût, toujours gris et souvent ivre, noyé de larmes et d'eau-de-vie. On sait son ivresse de Lyon, la poésie d'extermination qu'il chercha dans les mitraillades, jouissant (comme cet autre artiste, Néron) de la destruction d'une ville. Relégué à Sinamary, essayant d'augmenter la dose d'eau-de-vie et d'émotion, il finit dignement sa vie par une bouteille d'eau-forte.

Tous n'étaient pas à ce niveau; mais tous, dans cette classe d'artistes, voulaient, selon le génie du drame, pousser la situation jusqu'où elle pouvait aller. Il leur fallait des crises rapides et pathétiques, surtout des changements à vue. La mort, sous ce dernier rapport, semble chose d'art et saisissante. La vie semble moins artiste, parce que les changements y sont lents et successifs. Il faut des yeux et du cœur pour voir et goûter les lentes transitions de la vie, de la nature qui enfante. Mais, pour la destruction, elle frappe l'homme le plus médiocre. Les faibles et mauvais dramaturges, les rhéteurs impuissants qui cherchent les grands effets, doivent se plaire aux destructions rapides. Ils se croient alors de grands magiciens, des dieux, quand ils défont l'œuvre de Dieu. Ils trouvent beau de pouvoir exterminer d'un mot ce qui coûta tant de temps, de supprimer d'un clin d'œil l'obstacle vivant, de voir leurs ennemis disparaître sous leur souffle. Ils savourent la poésie stupide et barbare du mot : « J'ai passé, ils n'étaient plus... »

Cette classe d'hommes, sans être positivement fous furieux comme Marat, participaient plus ou moins à son excentricité; ils se groupaient autour de lui. Ils faisaient tout l'embarras des deux politiques, de Danton et de Robespierre. Ces deux rivaux d'influence osèrent d'autant moins contredire les maratistes que celui des deux qui eût hasardé un seul mot d'objection eût donné ce parti à son rival et se fût lui-même annulé, comme absorbé dans la Gironde.

Danton, ministre de la justice, avait dans ses fonctions un prétexte, plus ou moins spécieux, pour ne point paraître à la Commune dans cette terrible crise. On va voir comme il s'effaça avant, pendant le massacre.

Robespierre, membre de la Commune et sans autre fonction, y siégeait nécessairement. Il attendit assez tard, jusqu'au soir du 1er septembre, pour se décider, embrasser le parti des violents. Mais, le pas une fois fait, il répara le temps perdu, les atteignit, les dépassa.

Le grand jour du 1er septembre devait décider entre l'Assemblée et la Commune. L'Assemblée, le 30 août, avait décrété que, *dans les vingt-quatre heures*, les sections nommeraient un nouveau conseil général de la Commune. Les vingt-quatre heures couraient du moment où le décret fut rendu (quatre heures de l'après-midi); il devait s'exécuter le lendemain à la même heure et dans la soirée. Mais la Commune pesait d'une telle terreur dans les sections que la plupart n'osèrent point exécuter le décret de l'Assemblée. Elles prétextèrent que le décret ne leur avait pas été notifié officiellement. Qu'arriverait-il le 1er septembre, si l'Assemblée confirmait son décret, si le combat s'engageait entre ceux qui obéiraient et ceux qui ne le voudraient pas? L'Assemblée, dans ce cas, aurait eu un malheur, c'eût été de voir les royalistes se joindre à elle, armer pour elle peut-être, la compromettre en attendant qu'ils pussent la renverser. Victorieuse, elle était perdue, et la France peut-être avec elle.

La Commune, tout indignes qu'étaient beaucoup de ses membres par leur tyrannie, leur férocité, avait pourtant ceci en sa faveur, que jamais les royalistes ne pouvaient pactiser avec elle; elle représentait le 10 août. Tout le monde reconnaissait, on exagérait même la part qu'elle avait prise à ce grand acte du peuple. Gloire ou crime, quelle que fût l'opinion des partis, c'est à la Commune qu'on attribuait le renversement de la royauté. Elle était, à coup sûr, une force anti-royaliste, la plus sûre contre les complots du dedans, la plus sûre contre l'étranger. Tout patriote devait bien y regarder, malgré les excès de la Commune, avant de se déclarer contre elle.

Elle avait foi en elle-même. Beaucoup de ses membres croyaient sincèrement qu'eux seuls pouvaient sauver la France. Ils voulaient garder à tout prix la dictature de salut public qu'ils se trouvaient avoir en mains. D'autres, il faut le dire, n'étaient pas peu confirmés dans cette foi par leur instinct de tyrannie ; ils étaient rois de Paris par la grâce du 10 août, et rois ils voulaient rester. Ils disposaient de fonds énormes, impôts municipaux, fonds des travaux publics, subsistances, etc. Ils allaient recevoir le monstrueux fonds de police, de un million par mois, qu'avait voté l'Assemblée. On ne volait pas beaucoup encore en 1792, avant la démoralisation qui suivit les massacres de septembre. Il y avait chez tous une certaine pureté de jeunesse et d'enthousiasme ; la cupidité s'ajournait. Les plus purs toutefois maniaient volontiers l'argent ; ils l'aimaient, tout au moins, comme puissance populaire.

Donc, pour tant de raisons diverses, la Commune était parfaitement décidée à ne pas permettre l'exécution du décret de l'Assemblée, à se maintenir par la force. La situation de Paris, orageuse au plus haut degré, ne pouvait guère manquer de fournir des prétextes, des nécessités de désobéir.

Le 31 août, un mouvement avait eu lieu autour de l'Abbaye. Un M. de Montmorin ayant été acquitté, la foule, qui le confondait avec le ministre de ce nom, menaça de forcer la prison et de se faire justice elle-même.

Le 1er septembre, une scène effroyable eut lieu à

la place de Grève. Un voleur qu'on exposait, et qui sans doute était ivre, s'avisa de crier : « Vive le Roi ! Vivent les Prussiens ! et Mort à la nation ! » Il fut à l'instant arraché du pilori, il allait être mis en pièces. Le procureur de la Commune, Manuel, se précipita, le reprit des mains du peuple, le sauva dans l'Hôtel de Ville. Mais il était lui-même dans un extrême péril ; il lui fallut promettre qu'un jury populaire jugerait le coupable. Ce jury prononça la mort. L'autorité tint cette sentence pour bonne et valable ; elle fut exécutée ; l'homme périt le lendemain.

Ainsi tout marchait au massacre. Le même jour, 1er septembre, un gendarme apporta à la Commune une montre d'or qu'il avait prise au 10 août, demandant ce qu'il devait en faire. Le secrétaire Tallien lui dit qu'il devait la garder. Grand encouragement au meurtre. Plusieurs furent bien tentés de conclure de ce précédent que les dépouilles des grands seigneurs, des riches qui étaient à l'Abbaye appartiendraient à ceux qui pourraient délivrer la nation de ces ennemis publics.

La séance du conseil général de la Commune fut suspendue jusqu'à cinq heures du soir. L'Assemblée, très effrayée de l'événement que tout le monde voyait venir pour le lendemain dimanche, essaya, dans cet intervalle, un dernier moyen de le prévenir. Elle tâcha d'apaiser la Commune, rapporta le décret qui prescrivait à ses membres de justifier des pouvoirs qu'ils avaient reçus le 10 août.

« Ce n'est pas tout, dit un membre de l'Assemblée,

vous avez décrété, il y a deux jours, que la *Commune* a bien mérité de la patrie; cette rédaction ne vaut rien; il faut un nouveau vote, où l'on dira expressément *les représentants de la Commune.* » En effet, tout en louant la Commune en général, on aurait bien pu plus tard rechercher, poursuivre tel ou tel de ses membres pour tant d'actes illégaux. La nouvelle rédaction leur assurait à chacun le bill d'indemnité le plus rassurant. L'Assemblée ne voulut pas chicaner dans un tel moment; elle vota ce qu'on voulait.

La séance de la Commune reprit à cinq heures du soir. Et d'abord il paraît que le décret pacifique de l'Assemblée n'y était pas connu encore. Robespierre y parla des nouvelles élections. Mais le décret ayant sans doute été connu pendant la séance, Robespierre, enhardi par les tergiversations de l'Assemblée, reprit la parole sur un ton très différent, avec une violence inattendue. Il parla longuement des manœuvres qu'on avait employées pour faire perdre au conseil général la confiance publique, et soutint que, tout digne que le conseil était de cette confiance, il devait se retirer, *employer le seul moyen qui restât de sauver le peuple : remettre au peuple le pouvoir.*

Remettre au peuple le pouvoir? Comment fallait-il entendre ce mot? Cela signifiait-il qu'il fallait laisser le peuple faire les nouvelles élections, commencées selon le décret et sous l'influence de l'Assemblée? Nullement. Robespierre venait de faire le procès de l'Assemblée même, en énumérant les manœuvres dirigées contre la Commune. Il n'aurait pu, sans se contredire étrangement, proposer de laisser voter le peuple au gré d'une Assemblée suspecte. *Remettre au peuple le pouvoir* signifiait évidemment : déposer le pouvoir légal pour s'en rapporter à l'action révolutionnaire des masses, en appeler au peuple contre l'Assemblée.

Le nouveau conseil n'étant pas élu et l'ancien se retirant, Paris serait resté sans autorité. Si la Commune du 10 août, la grande autorité populaire, qui semblait avoir sauvé déjà une fois la patrie, déclarait elle-même qu'elle ne pouvait plus rien pour son salut, à qui remettait-elle le pouvoir? A nul autre qu'au désespoir, à la rage populaire. Disant qu'elle n'agirait pas, que c'était aux masses d'agir, elle agissait en réalité, et de la manière la plus terrible; c'était comme si elle eût retiré sa défense de la porte des prisons, l'eût ouverte toute grande... Le massacre était vraisemblable; mais l'excès même du désordre, l'effroi de Paris, eussent eu l'effet nécessaire de ramener la Commune. On allait venir à genoux la rechercher, la rappeler; elle rentrait en triomphe dans l'Hôtel de Ville. La nullité de l'Assemblée était définitivement constatée; la Commune de Paris, la grande puissance révolutionnaire, régnait seule et sauvait la France.

On connaît trop bien Robespierre pour croire que le premier jour il ait précisé ses accusations. Présentées d'abord sous des formes vagues, à travers des ombres terribles, elles n'en avaient que plus d'effet.

Chacun comprit, sans nulle peine, ce que les amis de la Commune disaient depuis huit jours par tout Paris, ce que Robespierre articula le lendemain, 2 septembre, pendant le massacre : *Qu'un parti puissant offrait le trône au duc de Brunswick.* Nul autre parti, en ce moment, n'était puissant que la Gironde. La coupable folie d'offrir la France à l'étranger avait été celle du ministère de Narbonne. Il était horriblement calomnieux de l'imputer aux Girondins, qui avaient chassé Narbonne. Les Girondins, c'était leur gloire, avaient compris l'élan guerrier de la France, prêché, malgré Robespierre, la croisade de la liberté. Imputer aux apôtres de la guerre le projet de cette paix exécrable, dire que Vergniaud, que Roland, Madame Roland, les plus honnêtes gens de France, vendaient la France et la livraient, c'était tellement incroyable et si ridiculement absurde que, dans tout autre moment, cette calomnie eût retombé sur son auteur, il serait mort de son propre venin.

Une telle absurdité pouvait-elle être crue sincèrement d'un esprit aussi sérieux que celui de Robespierre? Cela étonne, et pourtant nous répondrons sans hésiter : Oui. Il était né si crédule pour tout ce que la haine et la peur pouvaient lui conseiller de croire, tellement fanatique de lui-même et prêt à adorer ses songes, qu'à chaque dénonciation qu'il lançait à ses ennemis, la conviction lui venait surabondamment. Plus il avançait dans ses assertions passionnées, se travaillait à leur donner des couleurs et des vraisemblances, et plus il se convainquait, devenait sincère. Le prodigieux respect qu'il avait pour sa parole finissait par lui faire penser que toute preuve était superflue. Ses discours auraient pu se résumer dans ces paroles : « Robespierre peut bien le jurer, car déjà Robespierre l'a dit. »

Dans l'état prodigieux de défiance où étaient les esprits, pleins de vertige et malades, les choses étaient crues justement en proportion du miraculeux, de l'absurde, dont elles saisissaient les esprits. Si du conseil général de telles accusations se répandaient dans la foule, elles pouvaient avoir des effets incalculables. Qui pouvait deviner si la masse furieuse, ivre et folle, n'allait pas forcer l'Assemblée, au lieu des prisons, chercher sur ses bancs, le poignard en main, ces traîtres, ces apostats, ces renégats de la liberté qu'on lui désignait, cent fois plus coupables que les prisonniers royalistes?

Le procureur de la Commune, Manuel, répondit à Robespierre. Il n'était pas homme à tenir contre une telle autorité, la première du temps. Manuel était un pauvre pédant, ex-régent ou précepteur, homme de lettres ridicule, qui, pour son malheur, était arrivé, par la phrase et le bavardage, au fatal honneur qui lui mit la corde au col. Il essaya pourtant de lutter; son bon cœur et son humanité lui prêtèrent des forces. Tout en donnant d'emphatiques éloges à son redoutable adversaire, il rappela le serment des membres du conseil général : « De ne point abandonner leur poste que la patrie ne fût plus en danger. » La majorité pensa comme lui. A la veille du terrible événement qui se préparait et qui semblait infaillible, plusieurs voulaient l'accélérer par leur influence; d'autres, au contraire, pensaient que, s'ils ne pouvaient rien empêcher comme corps et autorité publique, ils pourraient du moins, avec leur titre et leur écharpe de membre de la Commune, sauver des individus.

Cette écharpe tutélaire, Manuel eut le bonheur d'en faire usage à l'heure même. Il se rappela qu'il avait en prison un ennemi personnel, Beaumarchais. Manuel était une des victimes littéraires que l'auteur de *Figaro* aimait à cribler de ses flèches; il l'avait percé, transpercé. Manuel court à l'Abbaye, se fait amener Beaumarchais. Celui-ci se trouble, s'excuse : « Il ne s'agit pas de cela, Monsieur, lui dit Manuel; vous êtes mon ennemi; si vous restez ici pour être égorgé demain, que pourra-t-on dire? Que j'ai voulu me venger?... Sortez d'ici et sur l'heure. » Beaumarchais tomba dans ses bras. Il était sauvé. Manuel ne le fut pas moins pour l'honneur et l'avenir.

Personne ne doutait du massacre. Robespierre, Tallien et autres firent réclamer aux prisons quelques prêtres, leurs anciens professeurs. Danton, Fabre d'Églantine, Fauchet, sauvèrent aussi quelques personnes.

Robespierre avait pris une responsabilité immense. Dans ce moment d'attente suprême, où la France roulait entre la vie et la mort, où elle cherchait une prise ferme qui l'assurât contre son propre vertige, Robespierre avait achevé de rendre tout incertain, flottant, toute autorité suspecte. Ce qui restait de force fut comme paralysé par cette puissance de mort. Le ministère et l'Assemblée, blessés de son dard, gisaient inertes et ne pouvaient rien[1].

Le conseil général même, que Robespierre avait engagé à déclarer qu'il s'en remettait au peuple et qui ne l'avait pas fait, n'en était pas moins profondément ébranlé, et dans le doute sur ce qu'il lui convenait de faire. Voulait-il, ne voulait-il pas? Agirait-il, n'agirait-il pas? A peine le savait-il lui-même.

Et si le conseil général ne voulait rien, ne faisait rien, s'il se dispersait le dimanche, ou s'assemblait en nombre insuffisant, minime, comme il arriva, qui resterait pour agir, sinon le *comité de surveillance?* Dans la grande assemblée du conseil général, quelque violent qu'il pût être, les hommes de sang néanmoins n'auraient jamais eu la majorité. Au contraire, dans le *comité de surveillance*, composé de quinze personnes, le seul dissentiment qui existât, c'est que les uns voulaient le massacre, les autres le permettaient.

Il y avait deux hommes principaux dans ce comité, Sergent et Panis. Sergent, artiste jusque-là estimable, laborieux et honnête, homme d'un cœur ardent, passionné, romanesque (qui aima jusqu'à la mort),

---

1. La Commune ne vota pas selon les conclusions de Robespierre; mais elle adopta son discours, en quelque sorte, l'imprima sur-le-champ et le répandit. Grave circonstance que ni Barrière ni Buchez n'ont conservée dans leurs extraits et qu'attestent les originaux. (Archives de la Seine. Procès-verbaux du conseil général, registre XXII, p. 4.)

a eu l'honneur de devenir beau-frère de l'illustre général Marceau. C'est lui qui, au péril de sa vie, quelques jours avant le 10 août, touché du désespoir et des larmes des Marseillais, se décida, avec Panis, à leur livrer les cartouches qui leur donnèrent la victoire. Sergent n'avait qu'antipathie (il l'affirme dans ses Notes, publiées par M. Noël Parfait) pour l'hypocrisie de Robespierre et les fureurs de Marat. Il assure qu'il fut étranger à l'affaire du 2 septembre. Il avait été l'ordonnateur de cette terrible fête des morts, qui, plus qu'aucune autre chose, exalta dans les masses l'idée de vengeance et de meurtre. Mais quand ce jour de meurtre vint, le cœur de Sergent n'y tint pas, et, quoiqu'il partageât sans doute l'idée absurde du moment, que le massacre pouvait sauver la France, il s'éclipsa de Paris. Lui-même, dans ses Notes justificatives, fait cet aveu accablant : que le matin du 2 septembre, *il alla à la campagne* et ne revint que le soir.

Panis, ex-procureur, auteur de vers ridicules, petit esprit, dur et faux, était incapable d'avoir par lui-même aucune influence. Mais il était beau-frère du fameux brasseur du faubourg, Santerre, nouveau commandant de la garde nationale. Cette alliance et sa position au comité de surveillance le rendaient fort important. Il ordonnait au comité, et par son beau-frère il pouvait influer sur l'exécution, agir ou ne point agir. Quand même la majorité lui aurait été contraire, il était encore à même de ne point laisser exécuter par Santerre ce que la majorité aurait résolu.

Panis avait une chose que n'ont pas toujours les sots, il était docile. Il reconnaissait deux autorités, deux papes, Robespierre et Marat. Robespierre était son docteur, Marat son prophète. *Le divin Marat* lui semblait peut-être un peu excentrique; mais n'a-t-on pas pu en dire autant d'Isaïe et d'Ézéchiel, auxquels Panis le comparait? Quant à Robespierre, il était exactement la conscience de Panis. Chaque matin, on voyait celui-ci rue Saint-Honoré, à la porte de son directeur; il venait chez Robespierre demander, pour la journée, ce qu'il devait penser, faire et dire. C'est ce que témoigne Sergent, son collègue, qui ne le quitta presque pas, tant que dura le comité de surveillance. Panis était tellement dévot à Robespierre que, dans sa ferveur, il ne pouvait se contenir. C'est lui qui, avant le 10 août, menant Barbaroux et Rebecqui, deux indévots, chez le dieu, commit l'imprudence de dire : « Qu'il faudrait un dictateur, un homme comme Robespierre », et reçut des Marseillais la violente réponse qu'on a vue plus haut.

Robespierre, servi, adulé, adoré de Panis, avait du faible pour lui. Panis lui était indispensable, comme beau-frère du gros homme qui gouvernait le faubourg et qui avait dans la main la force armée de Paris. Ce fut Panis, selon toute apparence, qui diminua l'éloignement naturel de Robespierre pour Marat. Le premier, homme politique, homme de raide attitude, mesuré, soigné, poudré, avait en dégoût la crasse de l'autre, sa personnalité tout à la fois triviale et sauvage, sa faconde platement dithyrambique. Marat, d'autre part, méprisait Robespierre, comme un politique timide, sans vues, sans audace. Ils s'étaient visités un jour, et Marat, voyant que Robespierre n'entrait pas entièrement dans ses idées de massacre, qu'il gardait encore quelque scrupule de légalité, avait levé les épaules.

La répugnance était réciproque. Celle de Robespierre pour Marat est probablement ce qui empêcha celui-ci, après l'ovation qu'on lui fit à la Commune, d'en devenir membre. Le 23 août, toutefois, la Commune décréta qu'une tribune serait érigée dans la salle pour un journaliste, pour M. Marat. Son influence allait croissant; dès lors, sans doute, Robespierre eût craint de s'y opposer; il recommanda Marat aux assemblées électorales. Ce fut l'homme de Robespierre, Panis, sa créature, son servile disciple, celui qui, encore une fois, ne passa jamais un jour sans le consulter, ce fut lui qui, le 2 septembre, établit au comité de surveillance (vrai directoire du massacre) l'exterminateur Marat.

Robespierre a dit hardiment qu'il n'avait rien fait au 2 septembre. En actes, rien, cela est vrai. Mais, en paroles, beaucoup, et, ce jour-là, les paroles étaient des actes. Le 3, l'affaire une fois lancée (plus sans doute qu'il ne voulait), il fit le plongeon et ne parut plus. — Mais, le 1er septembre, il avait couvert les violents de son autorité morale, conseillant à la Commune de se retirer, de s'en remettre à l'action du peuple. Le 2, son homme, Panis, intronisa à l'Hôtel de Ville le meurtre personnifié, l'homme qui, depuis trois ans, demandait le 2 septembre. Le 2 encore, Robespierre parla pendant le massacre, et nullement pour calmer, loin de là, d'une manière extrêmement irritante.

L'introduction de Marat fut très illégale, tout extraordinaire. Nul magistrat de la Ville, nul membre de la municipalité, spécialement du comité de surveillance, ne pouvait être pris hors du conseil général, hors de la grande Commune populaire des commissaires de sections qui avaient fait le 10 août. Marat n'était point de ces commissaires ; il ne pouvait être élu. Mais Panis, à la fois par Santerre et par Robespierre, pesait d'un tel ascendant sur la municipalité qu'elle l'autorisa à choisir trois membres qui complétassent le comité de surveillance. Panis, investi de ce singulier pouvoir d'élire à lui seul, n'osa pourtant l'exercer seul. Le matin du 2 septembre, il appela à son aide ses collègues Sergent, Duplain et Jourdeuil, et ils s'adjoignirent cinq personnes, Deforgues, Lenfant, Guermeur, Leclerc et Durfort. L'acte original, muni des quatre signatures, porte à la marge un renvoi[1], paraphé confusément *par un seul* des quatre. Ce renvoi[2]

---

1. Cet acte, aussi irrégulier dans la forme que coupable dans le fond, est conservé, en original, aux archives de la Préfecture de police. L'arrêté de la municipalité, sur lequel il s'appuie, ne se trouve point au registre des Procès-verbaux de la Commune (Archives de la Préfecture de la Seine.)

2. Qu'il me soit permis de le dire, je marche seul dans ces sombres régions de septembre. Seul. Nul avant moi n'y a encore mis le pied. Je marche, comme Énée aux enfers, l'épée à la main, écartant les vaines ombres, me défendant contre les légions menteuses dont je suis environné. Je leur ai opposé à tous une inflexible critique, les contrôlant par diverses

n'est rien autre chose que le nom d'un sixième membre ajouté ainsi après coup, et ce sixième est Marat.

épreuves, auxquelles ils ne résistent point, spécialement par une très minutieuse chronologie des jours et des heures. C'est là surtout où je les prends. — Le premier de ces menteurs, tantôt par omission et tantôt par commission, c'est le *Moniteur*, toujours dans la main des puissants, toujours mutilé ou falsifié par eux dans les grandes crises. Qu'on en juge par l'importante séance du 1er septembre, où l'Assemblée rapporta son décret contre la Commune du 10 août. Le *Moniteur*, alors revu par les Girondins, ne dit pas un mot de cette concession humiliante de l'Assemblée : on la retrouve aux Archives nationales dans les Procès-verbaux manuscrits de l'Assemblée législative. Le 6 septembre, le même journal, sous l'influence de la nouvelle puissance, la Commune, donne un récit mensonger des commencements du massacre, récit équivoque, qui touche à l'éloge : « Le peuple prit alors la résolution *la plus hardie* », etc. J'apprécierai les documents divers et les principaux narrateurs, celui surtout *que tous ont copié*, le libelliste Peltier, qui, dans l'année même (1792), débarquant à Londres, encore tout ému de peur et de rage, comptant bien la France morte, assassinée par l'Europe, a cru qu'on ne risquait guère à marcher sur un cadavre et cracher dessus. Les Anglais, pour qui l'auteur écrivait, ont couvert ce livre d'or, l'ont appris par cœur.

Toutes les presses de l'Europe ont été employées à répandre l'infâme légende. Circulant de bouche en bouche, elle a créé à son tour une fausse tradition orale. Plus d'un historien s'en va recueillant de la bouche des passants, comme chose de tradition, d'autorité populaire, ce qui primitivement n'a d'autre origine que ce bréviaire de mensonges.

CHAPITRE V

LE 2 SEPTEMBRE.

Proposition conciliante du dantoniste Thuriot. — Deux sections sur quarante-huit votèrent le massacre. — La Commune voulait le massacre et la dictature. — Courageux discours de Vergniaud. — On demande à l'Assemblée la dictature pour le ministère. — L'Assemblée se défie de Danton, qui néanmoins évite de se réunir à la Commune. — Le comité de surveillance livre vingt-quatre prisonniers à la mort. — Massacre de l'Abbaye. — Danton n'accepte point l'invitation de la Commune. — Quels furent les massacreurs de l'Abbaye. — Massacre des Carmes. — Impuissance des autorités. — L'hôtel de Roland est envahi. — Robespierre dénonce une grande conspiration. — Tentative des ministres pour calmer le peuple. — Intervention inutile de Manuel et des commissaires de l'Assemblée. — Massacres du Châtelet et de la Conciergerie. — Maillard organise un tribunal à l'Abbaye et sauve quarante-trois personnes. — Dévouement de Mlles Cazotte et de Sombreuil, de Geoffroy-Saint-Hilaire.

Le dimanche 2 septembre, à l'ouverture de l'Assemblée, vers neuf heures du matin, le député Thuriot, ami de Danton, fit une proposition conciliatrice qui semblait pouvoir empêcher le malheur qu'on prévoyait.

Thuriot en plus d'une occasion avait défendu, justifié la Commune. Née du 10 août, la Commune lui semblait la Révolution elle-même; il pensait que la briser, c'était briser le 10 août. Mais, d'autre part, il n'en avait pas moins résisté avec une extrême véhémence aux injonctions insolentes que la Commune osait faire à l'Assemblée. Sa conduite, en tout ceci, semble avoir été l'expression hardie de la pensée plus contenue du politique Danton. Celui-ci, dans ses discours, dans ses circulaires, fondait l'espoir de la patrie sur l'accord de l'Assemblée et de la Commune. C'est lui, nous n'en doutons pas, qui chercha un expédient pour rétablir cet accord et qui le fit proposer à l'Assemblée par Thuriot.

La proposition était celle-ci : « Porter à trois cents membres le conseil général de la Commune, de manière à pouvoir *maintenir les anciens*, créés le 10 août, et *recevoir les nouveaux*, élus en ce moment même par les sections qui obéissaient aux décrets de l'Assemblée. »

Cette proposition avait deux aspects tout à fait contraires.

D'une part, elle avait l'effet révolutionnaire de constituer sur une base fixe la représentation de Paris, d'exprimer par-devant la France l'importance réelle, l'autorité de la grande cité, qui, formée elle-même de tous les éléments de la France, en est la tête et le cerveau, et qui tant de fois eut l'initiative des pensées qui la sauvèrent.

D'autre part, dans la situation, la proposition avait un effet pratique qui rendait la crise bien moins dangereuse. Elle neutralisait la Commune en l'agrandissant; elle l'augmentait de nombre et en modifiait l'esprit; elle y introduisait, avec les élus des sections dociles à l'Assemblée, un élément tout nouveau. Si elle eût été votée le matin, elle donnait à ces sections un puissant encouragement, les tirait de leur stupeur; les nouveaux élus se rendant immédiatement à la Commune avec ce décret à la main, les maratistes, selon toute apparence, auraient été paralysés.

Ce n'est pas tout. Un dernier article, bien propre à rappeler à elle-même la Commune du 10 août, avertissait simplement et sans phrase que les membres du conseil général n'étaient point inamovibles, *que les sections qui les nommaient avaient toujours droit de les rappeler et de les révoquer.* L'article, placé comme il était, semblait parler des nouveaux membres; il n'en posait pas moins la règle, l'imprescriptible droit du peuple, contre lequel apparemment les anciens membres eux-mêmes, dans la position royale qu'ils se faisaient, n'auraient pas osé réclamer. Ils avaient donc bien à songer; au moment où ils semblaient près de prendre la terrible initiative, la loi venait, en quelque sorte, leur mettre la main sur l'épaule et leur rappeler le grand juge, le peuple, qui pouvait toujours les juger.

Thuriot assaisonna cette proposition d'éloges de la Commune, de flatteries; il la justifia de maint et maint reproche. Il dit, sans doute pour gagner les membres de la Commune même à l'acte qu'il proposait contre elle, *que cette augmentation de nombre permettrait de choisir dans son sein les agents dont pourrait avoir besoin le pouvoir exécutif.* Appel direct à l'intérêt ; la Commune allait devenir une pépinière d'hommes d'État à qui le Gouvernement confierait des missions honorables ou lucratives.

Il arriva à Thuriot ce qui arrive à ceux qui comptent trop sur la pénétration des Assemblées. Son profond maître, Danton, l'avait, ce jour, apparemment trop bien endoctriné, trop dressé à l'hypocrisie. L'Assemblée ne comprit pas. Thuriot avait tant loué la Commune que l'Assemblée crut la proposition favorable à la Commune ; elle pensa que celle-ci, commençant à s'effrayer, lui faisait faire par Thuriot une ouverture de conciliation. Elle reçut la proposition très froidement, ne se douta nullement de l'avantage qu'il y avait à la voter sur l'heure. Elle demanda un rapport, attendit et ajourna. Le rapport vint vers midi, et peu favorable. Les Girondins, qui le firent, n'aimaient rien de ce qui venait des amis de Danton. Ils le croyaient l'homme de la Commune, comme il l'avait été au jour du 10 août ; ils ne comprenaient rien aux ménagements de ce politique. Le projet leur déplaisait encore comme augmentant l'importance de Paris, régularisant et fondant cette puissance jusque-là irrégulière, constituant un corps redoutable avec lequel toute Assemblée serait forcée de compter. Ils auraient voulu d'ailleurs que la Commune fût entièrement renouvelée. Ils n'entraînèrent pas l'Assemblée, qui, comprenant à la longue l'utilité de la proposition, finit par voter contre les Girondins pour le dantoniste Thuriot. Cela eut lieu vers une heure; mais alors il était trop tard, la tempête était déchaînée.

Revenons au matin, replaçons-nous dans la Commune.

Que voulait-elle? Que voulaient les quelques membres qui menaient le conseil général? Que voulait la majorité du comité de surveillance? Sauver la patrie sans doute, mais la sauver par les moyens que Marat conseillait depuis trois ans : le massacre et la dictature.

Le massacre n'était pas encore si facile à amener qu'on eût pu le croire, quelle que fût la terrible agitation du peuple, et ses paroles violentes. Dans la nuit et le matin, les furieux bavards qui prêchaient dès longtemps la théorie de Marat coururent les assemblées des sections à peu près désertes, réduites à des minorités imperceptibles, qui décidaient pour le tout. Ils y demandèrent, obtinrent des arrestations individuelles qui valaient des arrêts de mort. Mais, quant aux mesures générales, il semble que leurs paroles n'aient pas trouvé assez d'écho. Il n'y eut que deux sections (celle du Luxembourg et la section Poissonnière) où la proposition d'un massacre des prisonniers ait été accueillie. *Deux sections sur quarante-huit* votèrent le massacre. La section Poissonnière prit l'arrêté suivant :

« La section, considérant les dangers imminents de la patrie et les manœuvres infernales des prêtres, arrête que tous les prêtres et personnes suspectes, enfermés dans les prisons de Paris, Orléans et autres, seront mis à mort. »

Quant à la dictature, elle était plus difficile encore à organiser que le massacre. Nul homme n'était assez accepté du peuple pour l'exercer seul. Il fallait un triumvirat. Marat le disait lui-même.

Le prophète Marat, que Panis venait d'introniser au comité de surveillance, ne laissait pas que d'effrayer parfois ses propres admirateurs. Mais son extrême véhémence semblait appuyée, autorisée par Robespierre, qui, la veille au soir, avait dit qu'il fallait remettre l'action au peuple. Marat était déjà au comité, Robespierre vint siéger au conseil général.

Le troisième triumvir, s'il fallait un triumvirat, ne pouvait être que Danton. Celui-ci était douteux. Il faisait, en toute occasion, l'éloge de la Commune, et son ami Thuriot l'avait fait aussi le jour même, tout en proposant un projet qui neutralisait la Commune. Était-il véritablement pour la Commune ou pour l'Assemblée? On ne le voyait pas bien. Depuis le 29, il ne venait plus à l'Hôtel de Ville. Aimerait-il mieux partager le nouveau pouvoir avec Marat et Robespierre, où rester ministre de la justice, ministre tout-puissant par suite de l'annihilation de l'Assemblée, recueillant les fruits du massacre sans y avoir participé, devenant enfin le seul homme de la situation entre la Commune ensanglantée et la Gironde humiliée? C'était là la question; la dernière opinion n'était pas sans vraisemblance. Danton était un politique plein d'audace, mais non moins de ruse.

Quoi qu'il en soit, la Commune étant assemblée le 2 au matin, sous la présidence de Huguenin, le procureur, Manuel, annonça le danger de Verdun, proposa que le soir même les citoyens enrôlés campassent au Champ de Mars et partissent immédiatement. Paris eût été délivré d'une masse dangereuse, qui, en attendant le départ, errait, s'enivrait et pouvait d'un moment à l'autre, au lieu d'une guerre lointaine, commencer ici de préférence une guerre lucrative à des ennemis riches et désarmés.

A cette sage proposition quelqu'un en ajouta une infiniment dangereuse, qui fut de même votée. On arrêta : « Que le canon d'alarme serait tiré à l'instant, le tocsin sonné et la générale battue. » L'effet pouvait être une horrible panique, dans une ville si émue, une panique meurtrière; rien de plus cruel que la peur.

Deux membres du conseil municipal furent chargés de prévenir l'Assemblée de ce qu'ordonnait la Commune. Ils furent accueillis par un discours singulièrement ferme de Vergniaud, d'une noble hardiesse, prononcé, comme il l'était, dans l'imminence d'un massacre et presque sous les poignards. Il félicita Paris de prendre courage, de déployer enfin l'énergie qu'on en attendait; il lui conseilla de résister à ses terreurs paniques. Il demanda pourquoi l'on parlait tant, en agissant peu : « Pourquoi les retranchements du camp qui est sous les remparts de cette cité ne sont-ils pas plus avancés? Où sont les bêches, les pioches et tous les instruments qui ont élevé l'autel de la Fédération et nivelé le Champ de Mars?... Vous avez manifesté une grande ardeur pour les fêtes ; sans doute vous n'en aurez pas moins pour les combats. Vous avez chanté, célébré la liberté; il faut la défendre. Nous n'avons plus à renverser des rois de bronze, mais des rois environnés d'armées puissantes. Je demande que la Commune de Paris concerte avec le pouvoir exécutif les mesures qu'elle est dans l'intention de prendre. Je demande aussi que l'Assemblée nationale, qui dans ce moment-ci est plutôt un grand comité militaire qu'un corps législatif, envoie à l'instant, et chaque jour, douze commissaires au camp, non pour exhorter par de vains discours les citoyens à travailler, mais pour piocher eux-mêmes; car il n'est plus temps de discourir, il faut piocher la fosse de nos ennemis; ou chaque pas qu'ils font en avant pioche la nôtre. »

Ce discours, si hardi dans la circonstance, fut applaudi, non seulement de l'Assemblée, mais des tribunes, de cette population même dont il gourmandait sévèrement l'inaction.

Le grand orateur, on le voyait, voulait au torrent populaire qui tournait si terriblement sur lui-même donner un cours régulier, l'entraîner hors Paris à la suite des envoyés de l'Assemblée, perdre dans l'élan militaire la panique et la terreur.

Il entendait subordonner la Commune aux ministres, les ministres à l'Assemblée. Cette hiérarchie, qui était dans la loi même et dans la raison, aux temps ordinaires, pouvait-elle être obstinément maintenue dans un pareil jour ? Ne fallait-il pas surseoir aux délibérations, aux paroles, lorsque les décisions diverses, selon l'occurrence des cas, auraient besoin d'être immédiates, rapides comme la pensée ? On ne pouvait laisser flotter le pouvoir, dans la sphère supérieure, éloignée de l'action, aux mains molles et lentes d'une grave Assemblée qui parlait, parlait et perdait le temps. On ne pouvait le laisser à la discrétion de la Commune, aveugle et furieuse, dissoute d'ailleurs en réalité et qui n'était plus qu'un chaos sanglant sous le souffle de Marat. Le plus simple bon sens disait que le pouvoir laissé, en haut ou en bas, aux deux corps délibérants, l'Assemblée ou le conseil de la Commune, ne serait plus le pouvoir. Il fallait le fixer là où il pouvait être énergique, où le plaçait d'ailleurs la nature même des choses, aux mains des ministres ; il fallait se fier à eux, dans cette grande circonstance, les prier, les sommer d'être forts ; sinon tout allait périr.

Le ministère lui-même, malheureusement, n'avait aucune unité de pensées ni de volontés. Il eût fallu qu'il s'accordât, qu'il vînt unanimement demander la dictature, qu'il l'exerçât sous l'inspection des commissaires de l'Assemblée.

Le ministère avait deux têtes, Roland et Danton.

Danton vint, avant deux heures, tâter une dernière fois les dispositions de l'Assemblée.

Il lui proposa de voter : « Que quiconque refuserait de servir de sa personne ou de remettre ses armes fût puni de mort. »

Et Lacroix (qui alors appartenait à la fois aux Girondins et à Danton) demanda de plus : « Qu'on punît de mort aussi ceux qui, *directement ou indirectement*, refuseraient d'exécuter *ou entraveraient de quelque manière que ce fût,* les ordres donnés et les mesures prises par le pouvoir exécutif. »

L'Assemblée parut approuver; mais, au lieu de voter sur-le-champ, elle ajourna, elle ne voulut rien décider sans l'avis de sa commission extraordinaire (Vergniaud, Guadet, la Gironde). Elle chargea cette commission de rédiger les décrets, déjà très bien rédigés, et de lui présenter la rédaction à six heures du soir.

C'était un retard de quatre heures. Il a reculé peut-être d'un siècle les libertés de l'Europe.

Danton porta alors la peine de sa mauvaise réputation, de ses tristes précédents. L'Assemblée lui refusa les moyens de sauver l'État. Elle n'osa confier un tel pouvoir à un homme si suspect.

Deux choses le firent échouer : 1° Roland ne vint point, ne l'appuya point, Danton parut seul, il sembla qu'on demandait pour lui seul un pouvoir illimité; 2° tout en demandant que l'Assemblée concourût avec les ministres *à diriger le mouvement du peuple,* il loua les mesures prises par la Commune; il dit ces paroles : « Le tocsin qu'on va sonner n'est point un signal d'alarme; c'est la charge sur les ennemis de la patrie. (Applaudissements.) Pour les vaincre, Messieurs, il nous faut de l'audace, encore de l'audace, toujours de l'audace, et la France est sauvée. »

L'Assemblée ne vit en Danton que l'homme de la Commune, et elle se garda bien de lui donner le pouvoir. S'il l'eût été véritablement, comme le croyait l'Assemblée, il se fût rendu à l'Hôtel de Ville, où on l'attendait; il alla au Champ de Mars. Une grande foule le suivait. Là, dans cette plaine immense, sous le ciel, parlant à toute une armée, il prêcha la croisade, comme aurait fait Pierre l'Ermite ou saint Bernard. Le canon tonnait au loin, le tocsin sonnait, et la voix puissante de Danton, qui dominait tout, semblait celle de la cité frémissante, celle de la France elle-même.

Le temps passait, il était plus de deux heures.

En sortant du Champ de Mars, Danton n'alla pas davantage à la Commune. Il rentra chez lui. Alla-t-il au conseil des ministres? La chose est controversée. Visiblement il attendait que le danger forçât l'Assemblée à donner la dictature au ministère, au ministre populaire qui seul pouvait l'exercer. Il eût mieux aimé la tenir de l'Assemblée nationale, reconnue de la France entière; il hésitait à recevoir de la Commune de Paris un tiers de dictature en commun avec Robespierre et Marat.

Le conseil général de la Commune, ayant, comme on a vu, de bonne heure voté la proclamation, le canon et le tocsin (qui se firent entendre à deux heures), suspendit sa séance jusqu'à quatre et se dispersa. Il ne resta que le comité de surveillance, c'est-à-dire Panis, Marat, quelques amis de Marat.

Le comité, de bonne heure, put avoir connaissance des propositions de massacre faites dans plusieurs sections et de la résolution que deux sections venaient de prendre. Il agit en conséquence ; il ordonna ou permit la translation de vingt-quatre prisonniers de la mairie, où il siégeait (c'est aujourd'hui la Préfecture de police), à la prison de l'Abbaye. De ces prisonniers, plusieurs portaient l'habit qui excitait le plus violemment la haine du peuple, l'habit de ceux qui organisaient la guerre civile du Midi et de la Vendée, l'habit ecclésiastique. Au moment où le canon se fit entendre, des hommes armés pénètrent dans la prison de la mairie; ils disent aux prisonniers qu'il faut aller à l'Abbaye. Cette invasion se fit non par une masse du peuple, mais *par des soldats*, des fédérés de Marseille ou d'Avignon ; ce qui semble indiquer que la chose ne fut point fortuite, mais autorisée; que le comité, par une autorisation au moins verbale, livra ses prisonniers à la mort.

On eût pu fort aisément les massacrer dans la prison ; mais la chose n'eût pu être présentée comme un acte spontané du peuple. Il fallait qu'il y eût une apparence de hasard; s'ils avaient fait la route à pied, le hasard eût servi plus vite l'intention des massacreurs; mais ils demandèrent des fiacres. Les vingt-quatre prisonniers se placèrent dans six voitures; cela les protégeait un peu. Il fallait que les massacreurs trouvassent moyen ou d'irriter les prisonniers à force d'outrages, au point qu'ils perdissent patience, s'emportassent, oubliassent le soin de leur vie, parussent avoir provoqué, mérité leur malheur; ou bien encore il fallait irriter le peuple, soulever sa fureur contre les prisonniers; c'est ce qu'on essaya de faire d'abord. La procession lente de six fiacres eut tout le caractère d'une horrible exhibition... « Les voilà, criaient les massacreurs; les voilà, les traîtres! ceux qui ont livré Verdun; ceux qui allaient égorger vos femmes et vos enfants... Allons, aidez-nous, tuez-les. »

Cela ne réussissait point. La foule s'irritait, il est vrai, aboyait autour, mais n'agissait pas. On n'obtint aucun résultat le long du quai, ni dans la traversée du Pont-Neuf, ni dans toute la rue Dauphine. On arrivait au carrefour Buci, près de l'Abbaye, sans avoir pu lasser la patience des prisonniers, ni décider le peuple à mettre la main sur eux. On allait entrer à la prison, il n'y avait pas de temps à perdre; si on les tuait, arrivés, sans que la chose fût préparée par quelque démonstration quasi populaire, il allait devenir visible qu'ils périssaient par ordre et du fait de l'autorité. Au carrefour, où se trouvait dressé le théâtre des enrôlements, il y avait beaucoup d'encombrement, une grande foule. Là, les massacreurs, profitant de la confusion, prirent leur parti et commencèrent à lancer des coups de sabre et des coups de pique tout au travers des voitures.

Un prisonnier qui avait une canne, soit instinct de la défense, soit mépris pour ces misérables qui frappaient des gens désarmés, lança à l'un d'eux un coup de canne au visage. Il fournit ainsi le prétexte qu'on attendait. Plusieurs furent tués dans les voitures mêmes; les autres, comme on va le voir, en descendant à la cour de l'Abbaye. Ce premier massacre eut lieu, non dans la cour de la prison, mais dans celle de l'église (aujourd'hui la rue d'Erfurth), où l'on fit entrer les voitures.

Il n'était pas loin de trois heures. A quatre, le conseil général de la Commune rentra en séance, sous la présidence de Huguenin. Le comité de surveillance avait hâte de faire accepter, légaliser par le conseil général l'effroyable initiative qu'il venait de prendre. Il l'obtint indirectement, et non sans adresse. Il demanda, obtint : *Qu'on protégeât les prisonniers... détenus pour dettes, mois de nourrice et autres causes civiles*. Protéger seulement cette classe de prisonniers, c'était dire qu'on ne protégeait pas les prisonniers politiques, qu'on les abandonnait, qu'on les livrait à la mort, et que ceux qui étaient morts, on les jugeait bien tués.

Le coup de maître eût été d'avoir aussi pour le massacre une autorité individuelle, immense dans un tel moment, supérieure à celle d'aucun corps, l'autorité de Danton. De bonne heure la Commune lui avait écrit de venir à l'Hôtel de Ville; mais il ne paraissait pas. Ce fut un grand étonnement, lorsque, vers cinq heures, le conseil général vit entrer le ministre de la guerre, le Girondin Servan, embarrassé, peu rassuré, qui venait demander ce qu'on lui voulait. Le quiproquo s'éclaircit. La lettre destinée au ministre de la justice avait été portée au ministre de la guerre. Le commis, disait-on, s'était trompé d'adresse. Il faut se rappeler que le secrétaire de la Commune, Tallien, était un ardent dantoniste ; il servit son maître, sans doute, comme il voulait être servi [1]. Entre Marat et Robespierre, Danton n'avait nulle hâte d'aller prendre le troisième rôle.

Il montra suffisamment qu'il ne regrettait pas l'erreur ; elle pouvait être réparée en moins d'une demi-heure ; il s'obstina à ne point être averti ; il se tint éloigné de la Commune, comme s'il y eût eu cent lieues de l'Hôtel de Ville au ministère de la justice. Il ne vint point le soir du 2, pas davantage le 3.

Le massacre continuait à l'Abbaye. Il est curieux de savoir quels étaient les massacreurs.

Les premiers, nous l'avons vu, avaient été des fédérés, Marseillais, Avignonnais et autres du Midi, auxquels se joignirent, si l'on en croit la tradition, quelques garçons bouchers, quelques gens de rudes métiers, de jeunes garçons surtout, des gamins déjà robustes et en état de mal faire, des apprentis qu'on

---

[1]. Une personne très digne de foi, qui était le soir du 1ᵉʳ septembre au club des Minimes, m'a raconté que la séance fut suspendue, parce que le président, Tallien, était demandé à la porte. Cette personne sortit et vit l'homme qui demandait Tallien, et qui (elle assure l'avoir reconnu) n'était autre que Danton. Si le ministre de la justice fit lui-même cette démarche, c'est qu'il voulut, sans lettre ni intermédiaire, faire connaître ses intentions au jeune secrétaire de la Commune.

Du reste, on sait que Danton *n'écrivait jamais.*

élève cruellement à force de coups, et qui, en de pareils jours, le rendent au premier venu; il y avait entre autres un petit perruquier qui tua plusieurs hommes de sa main.

Toutetefois, l'enquête qu'on fit plus tard contre les septembriseurs[1] ne mentionne ni l'une ni l'autre de ces deux classes, ni les soldats du Midi, ni la tourbe populaire, qui, sans doute, s'étant écoulée, ne pouvait plus se trouver. Elle désigne uniquement des gens établis sur lesquels on pouvait remettre la main, en tout, cinquante-trois personnes du voisinage, presque tous marchands de la rue Sainte-Marguerite et des rues voisines. Ils sont de toutes professions : horloger, limonadier, charcutier, fruitier, savetier, layetier, boulanger, etc. Il n'y a qu'un seul boucher établi. Il y a plusieurs tailleurs, dont deux Allemands ou peut-être Alsaciens.

Si l'on en croit cette enquête, ces gens se seraient vantés non seulement d'avoir tué un grand nombre de prisonniers, mais d'avoir exercé sur les cadavres des atrocités effroyables.

Ces marchands des environs de l'Abbaye, voisins des Cordeliers, de Marat, et sans doute ses lecteurs habituels, étaient-ils une élite de maratistes que la Commune appela pour compromettre la garde nationale dans le massacre, le couvrir de l'uniforme bourgeois, empêcher que la grande masse de la garde

---

[1]. Je dois la communication de cette pièce importante et de plusieurs autres à l'obligeance de M. Labat, archiviste de la Préfecture de police, que je ne puis trop remercier.

nationale n'intervînt pour arrêter l'effusion du sang? Cela n'est pas invraisemblable.

Cependant, il n'est pas absolument nécessaire de recourir à cette hypothèse. Ils déclarèrent eux-mêmes, dans l'enquête, que les prisonniers les insultaient, les provoquaient tous les jours à travers les grilles, qu'ils les menaçaient de l'arrivée des Prussiens et des punitions qui les attendaient.

La plus cruelle, déjà on la ressentait : c'était la cessation absolue du commerce, les faillites, la fermeture des boutiques, la ruine et la faim, la mort de Paris. L'ouvrier supporte souvent mieux la faim que le boutiquier la faillite. Cela tient à bien des causes, à une surtout dont il faut tenir compte : c'est qu'en France la faillite n'est pas un simple malheur (comme en Angleterre et en Amérique), mais la perte de l'honneur. *Faire honneur à ses affaires* est un proverbe français et qui n'existe qu'en France. Le boutiquier en faillite, ici, devient très féroce.

Ces gens-là avaient attendu trois ans que la Révolution prît fin, ils avaient cru un moment que le roi la finirait en s'appuyant sur La Fayette. Qui l'en avait empêché, sinon les gens de cour, les prêtres qu'on tenait dans l'Abbaye ? « Ils nous ont perdus et se sont perdus, disaient ces marchands furieux; qu'ils meurent maintenant! »

Nul doute aussi que la panique n'ait été pour beaucoup dans leur fureur. Le tocsin leur troubla l'esprit; le canon que l'on tirait leur produisit l'effet de celui des Prussiens. Ruinés, désespérés, ivres de rage et de peur, ils se jetèrent sur l'ennemi, sur celui du moins qui se trouvait à leur portée, désarmé, peu difficile à vaincre, et qu'ils pouvaient tuer à leur aise, presque sans sortir de chez eux.

Les vingt-quatre prisonniers ne furent pas longs à tuer; ils ne firent que mettre en goût. Il y avait parmi eux des prêtres. Le massacre commença sur les autres prêtres qui se trouvaient à l'Abbaye, dont ils occupaient le cloître. Mais on se souvint que le plus grand nombre était aux Carmes, rue de Vaugirard; plusieurs y coururent, laissèrent l'Abbaye.

Il y avait aux Carmes un poste de seize gardes nationaux : huit étaient absents; mais des huit présents, le sergent était un homme d'une résolution peu commune[1], petit, carré de taille, roux, extrêmement fort et sanguin. La grande porte était fermée, il se mit sur la petite, la remplit pour ainsi dire de ses larges épaules et les arrêta tout court.

Cette foule n'était pas imposante; il y avait beaucoup d'aboyeurs, de gamins et de femmes, mais seulement vingt hommes armés; et encore leur chef, un savetier, borgne et boiteux, portant son tablier de cuir sur un méchant pantalon rayé de siamoise, n'avait pour arme qu'une lame liée au bout d'un bâton. Les autres, au premier coup d'œil[2], semblaient être des porteurs d'eau ivres. Derrière

---

1. Cet homme intrépide vit encore (1847). C'est le père de M. Poret, professeur de philosophie, l'un de nos amis les plus chers.
Nous sommes heureux de rendre ici ce témoignage au vénérable vieillard.
2. Je dois plusieurs détails qui suivent à un autre témoin oculaire,

venaient les curieux qui se succèdèrent tout le jour à ce beau spectacle. Le plus connu était un acteur, bavard, ridicule, joli garçon, de mœurs bizarres et qui pouvait passer pour femme. Cette fois il faisait le brave et croyait être homme.

L'homme roux, jetant sur la bande un œil de mépris, leur dit qu'il resterait là et qu'on ne passerait pas, à moins qu'il ne fût relevé par l'officier même qui l'y avait mis. On alla chercher un ordre de la section qu'il ne voulut pas reconnaître, puis un ordre du chef de bataillon dont il ne tint compte. Il ne quitta la place qu'après qu'on eut trouvé, amené son capitaine, un peintre en bâtiment de la rue voisine, qui releva le poste.

Les meurtriers entrèrent en criant : « Où est l'archevêque d'Arles ? » Ce mot d'Arles était significatif; il suffisait pour rappeler le plus furieux fanatisme contre-révolutionnaire, l'association trop connue sous le nom de la *Chiffonne*, le dangereux foyer de la guerre civile pour tout le Midi. Et tel évêché, tel évêque; celui d'Arles était l'homme de la résistance, une tête dure, qui, aux Carmes même, confirma dans ses compagnons de captivité l'esprit obstinément étroit qui leur faisait voir la ruine de la religion dans une question tout extérieure et de discipline. Il avait avec lui deux évêques, grands seigneurs, qui, par leur nom, leur fortune, imposaient à ces pauvres

---

M. Villiers, dont j'ai souvent consulté utilement les ouvrages, les notes manuscrites et l'admirable mémoire, si présente dans son grand âge de plus de quatre-vingt-dix ans.

prêtres, les dominaient, les enfonçaient dans leur triste point d'honneur.

Le prêtre le plus connu, après l'archevêque d'Arles, était le confesseur de Louis XVI, le Père Hébert, qui, au 20 juin, au 10 août, eut dans ses mains la conscience du roi, l'affermit dans son obstination et lui donna l'absolution peu d'instants avant le carnage. Ces prêtres, qui perdirent le roi et se perdirent, étaient-ils sincères? Nous le croyons volontiers. Une ombre reste cependant sur eux et nous porterait à douter si ces martyrs ont été des saints : c'est l'encouragement qu'ils donnèrent à Louis XVI dans la duplicité funeste qui lui fit sans cesse attester la constitution contre la constitution, pour la ruiner par elle-même, en invoquant la lettre stricte, pour en mieux annuler l'esprit.

Paris montra pour leur sort la plus profonde indifférence. Il y avait au Théâtre-Français (Odéon) un rassemblement de volontaires et gardes nationaux qui s'étaient réunis au bruit du tocsin. Il y en avait trois cents qui faisaient l'exercice dans le jardin du Luxembourg. S'ils avaient reçu de Santerre le moindre signal, ils auraient été aux Carmes, à l'Abbaye, et, sans la moindre difficulté, auraient empêché le massacre. N'ayant aucun ordre, ils ne bougèrent pas.

Le conseil général de la Commune, rentré en séance à quatre heures, reçut, comme on a vu, plusieurs avis du massacre et ne s'émut pas beaucoup. Il était en ce moment la seule autorité réelle de Paris, et il envoya demander au pouvoir législatif, à l'Assemblée, ce qu'il fallait faire. En même temps, comme pour démentir ce semblant d'humanité, il autorisa les sections « à empêcher l'*émigration* par la rivière ». Il appelait *émigration* la fuite trop naturelle de ceux qu'on massacrait au hasard et sans jugement.

Le maire de Paris était annulé depuis longtemps. La Commune avait usurpé, une à une, toutes ses fonctions; elle le faisait en quelque sorte garder à vue. Pétion ne logeait pas même à l'Hôtel de Ville, mais à la mairie (c'est aujourd'hui, nous l'avons dit, la Préfecture de police, au quai des Orfèvres), sous l'œil hostile, inquiet du comité de surveillance, qui siégeait dans le même hôtel, en maître absolu, entouré de ses agents. Pétion, le 2 et le 3, écrivit à Santerre, commandant de la garde nationale, lequel ne répondit pas. Et comment aurait-il répondu? C'était Panis, le beau-frère de Santerre, qui venait d'introniser Marat au comité de surveillance, Marat, le massacre même.

Les autorités de Paris ne pouvant rien ou ne voulant rien, il restait à savoir ce que pourraient les ministres.

Les ministres girondins avaient été atteints la veille, percés, et de part en part, des traits mortels de Robespierre. Les meneurs de l'Assemblée, ces traîtres, ces amis de Brunswick qui lui faisaient offrir le trône, où fallait-il les chercher?... Robespierre avait-il nommé Roland et les autres, on ne le sait; mais il est sûr qu'il les désignait si bien que tout le monde les nommait. Le 2, le 3 et le 4, toute la question débattue dans la Commune était de savoir si elle allait lancer un mandat d'amener contre le ministre de l'intérieur, l'envoyer à l'Abbaye. Un fonctionnaire, ainsi dénoncé et suspecté, eût été annulé par cela seul, quand même la constitution de 1791 lui aurait permis d'agir ; mais cette constitution, combinée pour énerver le pouvoir central au profit de celui des communes, ne permettait au ministre d'agir que par l'intermédiaire même de la Commune de Paris, qu'il s'agissait de réprimer.

Pour mieux paralyser Roland, le 2 septembre, à six heures, pendant le massacre, deux cents hommes entourèrent tumultueusement le ministère de l'intérieur, criant, demandant des armes. Que voulait-on ? Isoler M. et Madame Roland, terrifier leurs amis, faire comprendre que les soutenir en toute mesure de vigueur, c'était les faire massacrer.

Les deux cents criaient à la trahison, brandissaient des sabres. Roland était absent. Madame Roland ne s'effraya pas ; elle leur dit froidement qu'il n'y avait jamais eu d'armes au ministère de l'intérieur, qu'ils pouvaient visiter l'hôtel, que, s'ils voulaient voir Roland, ils devaient aller à la Marine, où le conseil des ministres était assemblé. Ils ne voulurent se retirer qu'en emmenant comme otage un employé du secrétariat [1]

Quant au ministre de la justice, Danton, on a vu

---

1. Un employé, dit Roland lui-même (lettre du 13 septembre), et non un valet de chambre, comme le dit Madame Roland dans ses *Mémoires*. Écrits sur des souvenirs, ils sont ici fort inexacts. Elle croit que le massacre commença à cinq heures. Elle dit que Danton alla, le 2, au comité de

qu'il s'obstinait à ignorer que la Commune l'invitât à se rendre dans son sein ; il gardait une position expectante, équivoque, entre la Commune et l'Assemblée. Robespierre, le 2 septembre, renouvelant dans le conseil général ses accusations de la veille et les précisant, dit qu'il y avait une grande conspiration *pour donner le trône au duc de Brunswick*. Billaud-Varennes appuya. Le conseil général applaudit. Tout le monde comprit que les conspirateurs étaient les ministres eux-mêmes, que le pouvoir exécutif voulait livrer la France. Le bruit s'en répandit dans Paris à l'instant. On dit, on répéta, on crut *que la Commune déclarait le pouvoir exécutif déchu de la confiance nationale.* Le peu de pouvoir moral que conservait le ministère fut anéanti.

Une section (l'île Saint-Louis) eut néanmoins le courage de s'informer exactement de ce qu'il en fallait croire. Soit par un mouvement spontané, soit qu'elle y fût poussée par les ministres, elle envoya demander à l'Assemblée s'il était bien sûr que la Commune en eût décidé ainsi. L'Assemblée répondit négativement, et cette négation n'eut aucun effet sur l'opinion. Les ministres restèrent brisés.

Il semble pourtant qu'au soir ils aient essayé de reprendre force ; ils firent agir Pétion. L'inerte, l'immobile maire de Paris reprit tout à coup mou-

---

surveillance pour l'empêcher de lancer un mandat d'amener contre Roland ; elle suppose qu'il vit ensuite Pétion, etc. Tout cela eut lieu le 4, lorsque déjà la réaction commençait, et Pétion, à qui Danton vint se vanter, sourit de cette intervention tardive ; il n'eût pas souri le 2, à coup sûr.

vement. Il invita les présidents de toutes les sections à se réunir chez lui pour entendre, disait-il, un rapport du ministre de la guerre sur les préparatifs du départ des volontaires. Cette assemblée étant réunie et formant une sorte de corps qu'on pouvait en quelque sorte opposer au conseil général de la Commune, on lui proposa, on lui fit voter une mesure très hardie, dont l'effet eût été de neutraliser en grande partie la Commune en l'égalant ou la dépassant dans l'élan révolutionnaire. On décida qu'indépendamment de la solde, *on assurerait aux volontaires un fonds pour subvenir aux besoins de leurs familles;* — de plus, qu'on porterait à *soixante mille* les trente mille hommes demandés par l'Assemblée à la ville de Paris et aux départements limitrophes, *en complétant par la voie du sort* ce que l'enrôlement volontaire n'aurait pas donné; — troisièmement, qu'on créerait une commission de surveillance pour l'emploi des armes (elles étaient en effet odieusement gaspillées, souvent volées et vendues), et que l'on fondrait des balles en employant même le plomb des cercueils.

Cette proposition était triplement révolutionnaire. Elle faisait par la simple autorité de Paris trois choses que l'Assemblée seule semblait avoir le droit de faire : elle frappait un impôt (durable et considérable); elle changeait le mode de recrutement, en rendait les résultats certains, précis, efficaces; elle doublait le nombre d'hommes demandé par une loi. Si Pétion réunit chez lui les commissaires de sections pour leur faire voter une telle mesure, tellement extralégale, c'est qu'il y était certainement autorisé par le conseil des ministres. Le ministre de la guerre était présent à cette réunion.

C'était la plus sage mesure qu'on pût prendre dans la situation. Elle pouvait calmer les cœurs et elle augmentait l'élan militaire. Qu'est-ce qui troublait ceux qui partaient ? Ce n'était pas le départ même, c'était généralement l'abandon, le dénuement où ils laissaient leurs familles. Eh bien, la patrie était là, qui les recevait et les adoptait; dans le déchirement du départ, cette femme éplorée, ces enfants, ils ne sortaient des bras d'un père que pour tomber aux bonnes mains maternelles de la France. Qui ne serait parti alors d'un cœur héroïque et paisible, dans la sérénité courageuse où l'homme embrasse d'avance volontiers la vie, volontiers la mort ?

Cette mesure prise le 1er septembre eût eu d'excellents effets. Le 2, elle était tardive. Elle ne fut connue que le 3, fut à peine remarquée.

Le 2 au soir, pendant qu'on discute ainsi chez Pétion les moyens possibles de calmer le peuple, le massacre continue aux Carmes et à l'Abbaye. Aux Carmes, on avait tué d'abord les évêques et vingt-trois prêtres, réfugiés dans la petite chapelle qui est au fond du jardin. D'autres qui fuyaient par tout le jardin ou tâchaient de passer par-dessus les murs, étaient poursuivis, tirés, avec des risées cruelles. A l'Abbaye, on massacrait une trentaine de Suisses et autant de gardes du roi. Nul moyen de les sauver.

Manuel, qui était fort aimé, vint de la Commune, prêcha, fit les derniers efforts, et il eut la douleur de voir le peu que sert l'amour du peuple. Il ne s'en fallut guère que les furieux ne missent la main sur lui. L'Assemblée avait envoyé aussi plusieurs de ses membres les plus populaires : le bon vieux Dusaulx, dont la noble figure militaire, les beaux cheveux blancs, pouvaient rappeler au peuple son temps d'héroïque pureté, la prise de la Bastille; Isnard aussi, l'orateur de la guerre, aux brûlantes paroles. On leur avait adjoint un héros de la populace, violent, grivois, fait pour répondre aux mauvaises passions, pour les modérer peut-être en les partageant ; je parle du capucin Chabot.

Tout cela fut inutile. La foule était sourde et aveugle; elle buvait de plus en plus, de moins en moins comprenait. La nuit venait ; les sombres cours de l'Abbaye devenaient plus sombres. Les torches qu'on allumait faisaient paraître plus obscur ce qu'elles n'éclairaient pas de leurs funèbres lueurs. Les députés, au milieu de ce tumulte effroyable, n'étaient nullement en sûreté. Chabot tremblait de tous ses membres. Il a assuré plus tard qu'il croyait avoir passé sous une voûte de dix mille sabres. Tout menteur qu'il fût d'habitude, je crois volontiers qu'il n'a pas menti. L'éblouissement de la peur lui aura multiplié à l'infini les objets. Du reste, il suffit de voir le lieu de la scène, les cours de l'Abbaye, le parvis de l'Église, la rue Sainte-Marguerite, pour comprendre que quelques centaines d'hommes remplissent surabondamment ce lieu très étroit, resserré de tous côtés.

Ce qui commençait à donner un caractère terrible au massacre, c'est que, par cela même que la scène était resserrée, les spectateurs mêlés à l'action, touchant presque le sang et les morts, étaient comme enveloppés du tourbillon magnétique qui emportait les massacreurs. Ils buvaient avec les bourreaux et le devenaient. L'effet horriblement fantastique de cette scène de nuit, ces cris, ces lumières sinistres, les avaient fascinés d'abord, fixés à la même place. Puis le vertige venait, la tête achevait de se prendre, les jambes et les bras suivaient; ils se mettaient en mouvement, entraient dans cet affreux sabbat et faisaient comme les autres.

Dès qu'une fois ils avaient tué, ils ne se connaissaient plus et voulaient toujours tuer. Un même mot revenait sans cesse dans les bouches hébétées. « Aujourd'hui, il faut en finir. » Et par là ils n'entendaient pas seulement tuer les aristocrates, mais en finir avec tout ce qu'il y avait de mauvais, purger Paris, n'y rien laisser au départ qui pût être dangereux, tuer les voleurs, les faux monnayeurs, les fabricateurs d'assignats, tuer les joueurs et les escrocs, tuer même les filles publiques... Où s'arrêterait le meurtre sur cette pente effroyable? Comment borner cette fureur d'épuration absolue? Qu'arriverait-il, et qui serait sûr de rester en vie, si, par-dessus l'ivresse de l'eau-de-vie et l'ivresse de la mort, une autre agissait encore, l'ivresse de la justice, d'une fausse et barbare justice, qui ne mesurait plus rien, d'une justice à l'envers, qui punissait les simples délits par des crimes ?

Dans cette disposition d'esprit effroyable, beaucoup trouvèrent que l'Abbaye était un champ trop étroit; ils coururent au Châtelet. Le Châtelet n'était point une prison politique; il recevait des voleurs et des condamnés à la détention pour des fautes moins graves. Ces prisonniers, entendant dire la veille que les prisons seraient bientôt vidées, croyant trouver leur liberté dans la confusion publique, pensant qu'à l'approche de l'ennemi les royalistes pourraient bien leur ouvrir la porte, avaient, le 1er septembre, fait leurs préparatifs de départ; plusieurs, le paquet sous le bras, se promenaient dans les cours. Ils sortirent, mais autrement. Une trombe effroyable arrive à sept heures du soir de l'Abbaye au Châtelet; un massacre indistinct commence à coups de sabre, à coups de fusil. Nulle part ils ne furent plus impitoyables. Sur près de deux cents prisonniers, il n'y en eut guère plus de quarante épargnés. Ceux-ci obtinrent, dit-on, la vie en jurant qu'à la vérité ils avaient volé, mais qu'ils avaient toujours eu la délicatesse de ne voler que les voleurs, les riches et les aristocrates.

Le Châtelet était d'un côté du pont au Change; la Conciergerie est de l'autre. Là se trouvaient entre autre autres prisonniers, huit officiers suisses. Au moment même, l'un d'eux, le major Bachmann, était jugé par le tribunal extraordinaire; seul, de tous, il fut épargné, réservé pour l'échafaud. Le massacre des Suisses et des autres prisonniers eut lieu tout près du tribunal, et l'audience fut à chaque instant interrompue par des cris. Rien, dans ces jours effroyables, ne fut plus hideux que ce rapprochement, ce mélange de la justice régulière et de la justice sommaire, ce spectacle de voir les juges tremblants sur leurs sièges continuer au tribunal des formalités inutiles, presser un vain simulacre de procès, lorsque l'accusé ne gardait nulle chance que d'être massacré le jour ou guillotiné le lendemain[1].

Tant qu'on tua ainsi des voleurs, des Suisses ou des prêtres, les massacreurs frappaient sans hésitation. La première difficulté vint, à l'Abbaye, de ce que plusieurs des prêtres qui vivaient encore, déclarèrent qu'ils voulaient bien mourir; mais qu'ils demandaient le temps de se confesser. La demande parut juste; on leur accorda quelques heures.

Il restait à ce moment moins de monde à l'Abbaye. Outre le détachement envoyé de bonne heure aux Carmes, beaucoup, comme on vient de voir, travaillaient au Châtelet. On essaya (probablement vers sept heures du soir) d'organiser un tribunal à l'Abbaye, de sorte qu'on ne tuât plus indistinctement et qu'on épargnât quelques personnes. Ce tribunal eut en effet le bonheur de sauver un grand nombre d'individus. Faisons connaître l'homme qui forma le tribunal et le présida.

Il y avait au faubourg Saint-Antoine un personnage

1. Nous rapportons ceci d'après la tradition. Il ne reste, je crois, aucune trace authentique du massacre de la Conciergerie.

bizarre, dont nous avons déjà parlé, le fameux huissier Maillard. C'était un sombre et violent fanatique sous formes très froides, d'un courage et d'un sang-froid rares et singuliers. A la prise de la Bastille, lorsque, le pont-levis étant rompu, on y substitua une planche, le premier qui passa tomba dans le fossé de trente pieds de profondeur et se tua sur le coup. Maillard passa le second, et sans hésitation, sans vertige, il atteignit l'autre bord. On l'a revu au 5 octobre, comme il faisait la conduite des femmes, ne permettant sur la route ni pillage ni désordre; tant qu'il fut à la tête de cette foule, il n'y eut aucune violence. Son originalité, c'était dans les plus tumultueux mouvements, de conserver des formes régulières et quasi légales. Le peuple l'aimait et le craignait. Il avait près de six pieds; sa taille, son habit noir, honnête, râpé et propre, sa figure solennelle, colossale, lugubre, imposaient à tous.

Maillard voulait le massacre, sans nul doute; mais, homme d'ordre avant tout, il tenait également à deux choses : 1° à ce que les aristocrates fussent tués; 2° à ce qu'ils fussent tués légalement, avec quelques formes, sur l'arrêt bien constaté du peuple, seul juge infaillible.

Il procéda avec méthode, se fit apporter l'écrou de la prison et, sur l'écrou, fit les appels, de sorte que tous comparussent à leur tour. Il se composa un jury, et il le prit non parmi les ouvriers, mais parmi des gens établis, des pères de famille du voisinage, des petits marchands. Ces bourgeois se trouvèrent, par la grâce de Maillard, avec l'approbation de la foule, composer le formidable tribunal populaire qui d'un signe donnait la vie ou la mort. Pâles et muets, ils siégèrent là la nuit et les jours suivants, jugeant par signes, opinant par des mouvements de tête. Plusieurs, quand ils voyaient la foule un peu favorable à tel prisonnier, hasardaient parfois un mot d'indulgence.

Avant la création de ce tribunal, un seul homme avait été épargné, l'abbé Sicard, instituteur des sourds-muets, réclamé d'ailleurs par l'Assemblée nationale. Depuis que Maillard siégea avec son jury, il y eut distinction; il y eut des coupables et des innocents; beaucoup de gens échappèrent. Maillard consultait la foule, mais en réalité, son autorité était telle qu'il imposait ses jugements. Ils étaient respectés, quels qu'ils fussent, lors même qu'ils absolvaient. Quand le noir fantôme se levait, mettait la main sur la tête du prisonnier, le proclamait innocent, personne n'osait dire : « Non. » Ces absolutions, solennellement prononcées, étaient généralement accueillies des meurtriers avec des clameurs de joie. Plusieurs, par une étrange réaction de sensibilité, versaient des larmes et se jetaient dans les bras de celui qu'un moment auparavant ils auraient égorgé. Ce n'était pas une petite épreuve que de recevoir ces poignées de main sanglantes, d'être serré sur la poitrine de ces meurtriers sensibles. Ils ne s'en tenaient pas là. Ils reconduisaient « ce brave homme, ce bon citoyen, ce bon patriote »,

Ils le montraient avec bonheur, avec enthousiasme, le recommandaient à la pitié du peuple. S'ils ne le connaissaient point, n'avaient rien à dire de lui, leur imagination exaltée suppléait et lui composait sa légende; ils la contaient, chemin faisant, et, chose étrange, à mesure qu'ils l'improvisaient et la faisaient croire aux passants, ils la croyaient aussi eux-mêmes. « Citoyens, disaient-ils, vous voyez bien ce patriote, eh bien, on l'avait enfermé pour avoir trop bien parlé de la nation... » — « Voyez ce malheureux, criait un autre, ses parents l'avaient fait mettre aux oubliettes pour s'emparer de son bien. » — « En même temps, dit celui auquel nous empruntons ces détails, les passants se pressaient pour me voir autour du fiacre où j'étais, m'embrassaient par les portières... »

Ceux qui reconduisaient un prisonnier se faisaient scrupule d'en rien recevoir, se contentant d'accepter tout au plus un verre de vin des amis ou des parents chez qui ils le ramenaient. Ils disaient qu'ils étaient assez payés de voir une telle scène de joie et souvent pleuraient de bonheur.

Il y avait, au moins dans ces commencements du massacre, un désintéressement très réel. Des sommes considérables en louis d'or, qu'on trouva à l'Abbaye sur les premières victimes, furent immédiatement portées à la Commune. Il en fut de même aux Carmes. Le savetier qui y était entré le premier et s'était fait capitaine, eut un soin scrupuleux de tout ce qu'on prit. Un témoin oculaire, qui me l'a conté, le vit le soir entrer avec sa bande dans l'église de Saint-Sulpice, apporter dans son tablier de cuir sanglant une masse d'or et de bijoux, des anneaux épiscopaux, des bagues de grande valeur. Il remit fidèlement le tout, par-devant témoins, à l'autorité.

Le lendemain encore, dans la journée du 3, il y eut un remarquable exemple de ce désintéressement. Ils avisèrent que le massacre des voleurs du Châtelet était incomplet s'ils n'y joignaient celui d'une soixantaine de forçats qui étaient aux Bernardins, attendant le départ de la chaîne. Ils allèrent les égorger, jetèrent dans la rue les dépouilles, avec défense d'y toucher. Un porteur d'eau qui passait regarda par terre un habit avec curiosité et le releva pour mieux voir ; il fut tué à l'instant.

Cette justice de hasard, troublée tantôt par la fureur, tantôt par la pitié, par le désintéressement même et le sentiment de l'honneur, frappa plus d'un républicain, en sauvant des royalistes. Au Châtelet, d'Espreménil se fit passer pour massacreur, tant le désordre était grand. Ce qui étonne davantage, c'est qu'il y eut des royalistes épargnés pour cela seul qu'ils s'avouaient courageusement royalistes, alléguant qu'ils l'avaient été de cœur et de sentiments, sans avoir aucun acte à se reprocher. C'est ainsi qu'échappa un journaliste très aristocrate, l'un des rédacteurs des *Actes des apôtres*, Journiac de Saint-Méard. Il avait intéressé un de ses gardes, Provençal comme lui, qui lui procura une bouteille de vin ; il la but d'un trait, parla avec une assurance qui charma le tribunal. Maillard proclama que la justice du peuple *punissait les actes et non les pensées*. Il le renvoya absous.

On voit par ce seul fait l'audace extraordinaire du juge de l'Abbaye. Il mit parfois à une rude épreuve l'obéissance des meurtriers. Quelquefois ils s'indignèrent, réclamèrent, entrèrent dans le tribunal, le sabre à la main. Une fois devant Maillard, ils étaient intimidés et ils s'en allaient.

Il y avait à l'Abbaye une fille charmante, Mlle Cazotte, qui s'y était enfermée avec son père. Cazotte, le spirituel visionnaire, auteur d'opéras-comiques, n'en était pas moins très aristocrate ; il y avait contre lui et ses fils des preuves écrites très graves[1]. Il n'y avait pas beaucoup de chances qu'on pût le sauver. Maillard accorda à la jeune demoiselle la faveur d'assister au jugement et au massacre, de circuler librement. Cette fille courageuse en profita pour capter la faveur des meurtriers ; elle les gagna, les charma, conquit leur cœur, et quand son père parut, il ne se trouva plus personne qui voulût le tuer[2].

---

1. Le dossier que nous possédons aux Archives nationales témoigne de la légèreté des conspirateurs royalistes. L'un des complices de Cazotte lui envoie, pour l'encourager, les prophéties de Nostradamus.

2. Les dévouements de Mmes Cazotte et de Sombreuil étaient toutefois commandés par le devoir et la nature. D'autres, plus spontanés encore, furent, en ce sens, plus admirables. L'horloger Monnot sauva l'abbé Sicard au péril de sa vie. Geoffroy-Saint-Hilaire, non content d'avoir obtenu la liberté de son professeur Hauy, conçut l'audacieux projet de sauver ses maîtres, les professeurs de Navarre, enfermés à Saint-Firmin. Ce jeune homme de

Cela eut lieu le 4 septembre. Il y avait trois jours que Maillard siégeait immuable, condamnait et absolvait. Il avait sauvé quarante-deux personnes. La quarante-troisième était difficile, impossible à sauver, ce semble. C'était M. de Sombreuil, connu comme ennemi déclaré de la Révolution. Ses fils étaient à ce moment dans l'armée ennemie, et l'un d'eux se battit si bien contre la France qu'il fut décoré par le roi de Prusse. La seule chance de Sombreuil, c'est que sa fille s'était enfermée avec lui.

Quand il parut au tribunal, ce royaliste acharné, ce coupable, cet aristocrate, et qu'on vit pourtant un vieux militaire qui à d'autres époques avait bravement servi la France, Maillard fit effort sur lui-même et dit une noble parole : « Innocent ou coupable, je crois qu'il serait indigne du peuple de tremper ses mains dans le sang de ce vieillard. »

vingt ans, le 2 septembre, à deux heures, au moment même où le tocsin sonnait, pénétra intrépidement à la prison avec la carte et les insignes d'un commissaire. Les prisonniers n'osèrent le suivre, soit qu'ils doutassent du succès, soit qu'ils craignissent de compromettre ceux qui n'auraient pu s'évader. La nuit vint, et dans cette nuit de terreur l'humanité fut plus forte dans ce cœur vraiment héroïque. Il prit une échelle, l'appuya au mur de Saint-Firmin, à deux pas des sentinelles, et, dans cet extrême péril, attendit huit heures que les prisonniers échappassent. Douze prêtres furent sauvés par lui. L'un d'eux tomba et se blessa ; Geoffroy-Saint-Hilaire le prit dans ses bras, le porta dans un chantier voisin. Et il revint encore à l'échelle ; mais le jour venait ; il fut aperçu des sentinelles et reçut dans son habit un coup de fusil.

A celui qui avait montré une si courageuse sympathie pour la vie humaine, Dieu accorda pour récompense de pénétrer le mystère de la vie, d'en comprendre les transformations, comme nul ne le fit jamais. Cet héroïsme de tendresse lui révéla la nature, il y pénétra par le cœur.

Mlle de Sombreuil, forte de ce mot, saisit intrépidement son père et le mena dans la cour, l'embrassant et l'enveloppant. Elle était si belle ainsi et si pathétique qu'il n'y eut qu'un cri d'admiration. Quelques-uns pourtant, après tant de sang versé pour ce qu'ils croyaient la justice, se faisaient scrupule de suivre leur cœur, de céder à la pitié, d'épargner le plus coupable. On a dit, sans aucune preuve, mais non pas sans vraisemblance, que, pour donner à Mlle de Sombreuil la vie de son père, ils exigèrent qu'elle jurât la Révolution, abjurât l'aristocratie et qu'en haine des aristocates elle goûtât de leur sang.

Que Mlle de Sombreuil ait ainsi racheté son père, cela n'est pas impossible. Mais on ne lui aurait pas même offert ce traité, ni déféré le serment, si le juge de l'Abbaye n'eût lui-même fait appel à la générosité du peuple, et si la parole de vie ne s'était trouvée dans la bouche de la Mort.

Ce fut le dernier acte du massacre. Maillard s'en alla de l'Abbaye, emportant la vie de quarante-trois personnes qu'il avait sauvées, et l'exécration de l'avenir[1].

---

1. Le registre de l'Abbaye tout taché de sang, garde sur les marges ce nom détesté, ordinairement au bas de cette note : *tué par le jugement du peuple* ou *absous par le peuple. Maillard.* Son écriture est très belle, très grande, monumentale, noble, posée, celle d'un homme qui se possède entièrement, qui n'a ni trouble ni peur, une parfaite sécurité d'âme et de conscience. — Maillard ne reparaît plus dans toute la Révolution : il resta comme enterré dans le sang. — La belle parole qu'il prononça pour sauver Sombreuil ne peut être révoquée en doute; nous l'avons retrouvée dans le journal le plus contraire aux hommes de septembre, dans le journal de

Brissot, le *Patriote français*. — Une personne très versée dans l'histoire de la Révolution, et qui connaît parfaitement les hommes et les caractères de ce temps, me disait qu'elle supposait que Maillard avait été envoyé par Danton pour organiser un tribunal modèle qu'on pût imiter aux autres prisons, de manière à sauver une partie des prisonniers. Cela se peut. Toutefois il me paraît aussi vraisemblable que l'intrépide huissier agit de lui-même et spontanément.

CHAPITRE VI

LE 3 ET LE 4 SEPTEMBRE.

Terreur universelle dans la nuit du 2 au 3. — Inertie calculée de Danton. — Progrès de la barbarie aux 2, 3 et 4 septembre. — A l'Abbaye, le massacre devient un spectacle, 3 septembre 1792. — Tentative sur l'hospice des femmes. — Danger des femmes à la Force. — Massacre de la Force, 3 septembre 1792. — Mort de Mme de Lamballe. — La tête de Mme de Lamballe portée au Temple, 3 septembre 1792. — Les ministres demandent en vain que l'Assemblée appelle la garde nationale aux armes. — Lettre de Roland à l'Assemblée. — Circulaire de Marat au nom de la Commune pour conseiller le massacre aux départements. — Massacre des femmes et des enfants à la Salpêtrière et à Bicêtre, 4 septembre 1792.

Personne, dans la nuit du 3 au 4 septembre, ne se rendait encore bien compte de la portée et du caractère du terrible événement. Au voile de la nuit le vertige et la terreur ajoutaient un double voile. Tant d'hommes, qui depuis moururent si bien sur l'échafaud ou dans les batailles, se troublèrent cette nuit et eurent peur. Étrange puissance de l'imagination, des illusions nocturnes, des ténèbres... Ce n'était pourtant que la mort.

On ne se doutait nullement du petit nombre des acteurs de la tragédie. Le grand nombre des spectateurs, des curieux, trompait partout là-dessus. Les massacreurs, en commençant, n'étaient pas cinquante ; et, quelques recrues qu'ils fissent, ils n'allèrent jamais qu'à trois ou quatre cents. L'Abbaye fut comme leur quartier général; ils y *travaillèrent* trois jours, et c'est de là que la plupart allèrent aux diverses prisons, le 2 aux Carmes, au Châtelet, à la Conciergerie, le 3 à la Force, aux Bernardins, à Saint-Firmin. Le 4, ils sortirent en grand nombre de Paris et firent l'expédition de la Salpêtrière, le sac de Bicêtre.

Mais les imaginations ne calculèrent pas ainsi; Chabot, présent à l'Abbaye, avait cru voir dix mille sabres. Les absents en virent cent mille.

La contagion des fureurs populaires est parfois si grande et si rapide qu'on pouvait croire en effet que la première étincelle ferait un grand embrasement. La masse des volontaires, dont personne ne savait le nombre, n'allait-elle pas se mettre en mouvement, livrer bataille aux prisons, puis à l'Assemblée peut-être, puis, d'hôtel en hôtel, aux aristocrates?... On ne pouvait le deviner. S'il en était ainsi, que faire? Quelle force leur opposer? A moins qu'on n'appelât au secours les royalistes, autrement dit l'ennemi, à moins qu'on n'ouvrît le Temple, qu'on ne défît le 10 août.

A une heure du matin (le 3), des commissaires de la Commune vinrent donner des nouvelles du massacre aux quelques députés qui, à cette heure avancée de la nuit, représentaient seuls l'Assemblée nationale. Ils firent entendre que tout était fini, parlèrent du massacre comme d'un fait accompli. L'un d'eux, Truchon, exposa avec douleur les faibles résultats que son intervention avait produits à la Force. Mais Tallien et un autre ne firent pas difficulté d'exprimer une sorte d'approbation *de la juste vengeance du peuple*, qui d'ailleurs n'était tombée que *sur des scélérats reconnus;* ils parlèrent du désintéressement des massacreurs et de la belle organisation du tribunal de l'Abbaye. — Tout cela écouté dans un morne silence.

Toute puissance publique se trouvait paralysée. Les ministres, généralement, ne voyaient rien à faire que de quitter Paris.

Et toute puissance morale semblait anéantie de même.. Robespierre était caché. Il avait quitté, cette nuit, la maison des Duplay et s'était réfugié chez un de ses fervents disciples, qui venait d'arriver à Paris, qui alors n'était pas connu, qui depuis le fut trop, Saint-Just. Robespierre, assure-t-on, ne se coucha même pas.

Si l'on en croyait Thuriot, ami, il est vrai, de Danton, celui-ci eût été le seul, dans cette terrible nuit, qui restât debout et ferme, « qui fût décidé à *sauver l'État* ».

Le violent et colérique Thuriot avait dit une belle parole, en s'opposant, dans l'Assemblée, aux exigeances meurtrières de la Commune : « La Révolution n'est pas à la France; nous en sommes comptables à l'humanité. » On a droit de supposer qu'il demanda compte à Danton du sang qui était versé.

Sauver l'État, ce mot comprenait deux choses : rester à Paris quand même, y rester jusqu'à la mort et y faire rester les autres ; — d'autre part, conserver ou rétablir l'unité des pouvoirs publics, éviter une collision entre les deux pouvoirs qui restaient, l'Assemblée et la Commune.

Lever la main sur la Commune, dans cette crise désespérée, briser le dernier pouvoir qui eût force encore, c'était une opération terrible, où la France agonisante pouvait expirer. D'autre part, laisser faire la Commune, se soumettre, fermer les yeux sur le massacre, c'était s'avilir par cette tolérance forcée, laisser dire qu'on avait peur, qu'on était faible, lâche, infâme et le laquais de Marat.

Restait un troisième parti, celui de l'orgueil, de dire que le massacre était bien, que la Commune avait raison, — ou même de faire entendre qu'on avait voulu le massacre, qu'on l'avait ordonné, que la Commune ne faisait qu'obéir. Ce troisième parti, horriblement effronté, avait ceci de tentant qu'en le prenant, Danton se mettait à l'avant-garde des violents, se subordonnait Marat, écartait les vagues dénonciations dans lesquelles on essayait de l'envelopper.

Il y avait, je l'ai dit, du lion dans cet homme, mais du dogue aussi, du renard aussi. Et celui-ci, à tout prix, conserva la peau du lion.

Que dit-il, la nuit du 2 ? Je ne peux pas croire qu'il ait déjà accepté la pleine responsabilité du crime. Le succès était encore trop obscur. Nous verrons par quels degrés Danton en vint à l'adopter, à le revendiquer.

Les choses furent ainsi laissées à la fatalité, au hasard, au terrible *crescendo* que le crime en liberté suit inévitablement.

Dès la nuit du 3 au 4, on put s'apercevoir que le massacre irait changeant de caractère, qu'il ne garderait pas l'aspect d'une justice populaire, sauvage, mais désintéressée, qu'on croyait lui donner d'abord.

Les massacreurs, nous l'avons vu, étaient mêlés d'éléments divers, qui, le premier jour, indistincts et contenus l'un par l'autre, éclatèrent ensuite; le pire alla l'emportant. Il y avait des gens payés; il y avait des gens ivres et des fanatiques; il y avait des brigands; ceux-ci peu à peu surgirent.

Sauf les cinquante et quelques bourgeois qui tuèrent à l'Abbaye et sans doute s'en éloignèrent peu, les autres (en tout deux ou trois cents) allèrent de prison en prison, s'enivrant, s'ensanglantant, se salissant de plus en plus, parcourant en trois jours une longue vie de scélératesse. Le massacre, qui, le 2, fut pour beaucoup un effort, devint, le 3, une jouissance. Peu à peu le vol s'y mêla. On commença de tuer des femmes. Le 4, il y eut des viols, on tua même des enfants.

Le commencement fut modeste. Dans la soirée du 2 ou la nuit du 2 au 3, plusieurs de ceux qui tuaient à l'Abbaye, n'ayant ni bas ni souliers, regardèrent avec envie les chaussures des aristocrates.

Ils ne voulurent pas les prendre sans y être autorisés; ils montèrent à la section dont le bureau siégeait à l'Abbaye même, demandèrent la permission de mettre à leurs pieds les souliers des morts. La chose ayant été obtenue facilement, l'appétit leur vint, et ils demandèrent davantage : des bons de vin à prendre chez les marchands pour soutenir les travailleurs et les animer à la besogne.

Les choses n'en restèrent pas là. A mesure qu'on s'étourdit, plusieurs se hasardèrent à voler des nippes. Un de ceux qui *travaillèrent* la nuit, le plus ardemment, dans ce sens, était un fripier du quai du Louvre, nommé Laforêt. Son horrible femme tuait aussi et volait effrontément; c'étaient des pillards connus. Plus tard, au 31 mai, Laforêt se plaignit amèrement de ce qu'il n'y avait pas de pillage dans les maisons : « Dans un jour comme celui-ci, disait-il, j'aurais dû avoir au moins cinquante maisons pour ma part. »

Soit que Maillard ait trouvé que ces voleurs lui gâtaient son massacre et qu'il ait fait avertir la Commune, soit que, d'elle-même, elle ait voulu conserver une sorte de pureté à cette belle justice populaire, un de ses membres arriva vers minuit et demi à l'Abbaye, un homme de figure douce, en habit puce et petite perruque. C'était Billaud-Varennes. Il n'essaya pas d'arrêter le massacre; l'exemple de Manuel, Dusaulx et des autres députés avertissait assez que la chose était impossible. Il insista seulement pour qu'on sauvât les dépouilles.

Toutefois, comme toute peine mérite une récompense, il promit aux *ouvriers* un salaire régulier. Cette mesure très odieuse et qui impliquait une approbation n'en eut pas moins un bon effet; du moment qu'ils furent payés régulièrement, ils travaillèrent beaucoup moins, se donnèrent du bon temps et se ralentirent.

Une grande partie des massacreurs s'étaient écoulés au Châtelet, à la Force. La tuerie de l'Abbaye devint affaire de plaisir, de récréation, un spectacle. On entassa des hardes au milieu de la cour, en une sorte de matelas. La victime, lancée de la porte dans cette sorte d'arène, et passant de sabre en sabre, par les lances ou par les piques, venait après quelques tours, tomber à ce matelas, trempé et retrempé de sang. Les assistants s'intéressaient à la manière dont chacun courait, criait et tombait, au courage, à la lâcheté qu'avait montré tel ou tel, et jugeaient en connaisseurs. Les femmes surtout y prenaient grand plaisir; leurs premières répugnances une fois surmontées, elles devenaient des spectatrices terribles, insatiables, comme furieuses de plaisir et de curiosité. Les massacreurs, charmés de l'intérêt qu'on prenait à leurs travaux, avaient établi des bancs autour de la cour, bien éclairée de lampions; des bancs, mais non indistincts pour les spectateurs des deux sexes; il y avait bancs pour les messieurs et bancs pour les dames, dans l'intérêt de l'ordre et de la moralité.

Deux spectateurs étonnaient fort et faisaient partie

du spectacle : c'étaient deux Anglais; l'un gras, l'autre maigre, en longues redingotes qui leur tombaient aux talons. Ils se tenaient debout, l'un à droite et l'autre à gauche, bouteilles et verres à la main ; ils avaient pris la fonction de rafraîchir les travailleurs, et, pour les rafraîchir, ils leur versaient toute la nuit le vin et l'eau-de-vie. On a dit que c'étaient des agents du gouvernement anglais. Selon une conjecture plus probable encore (que fortifie un ouvrage publié à Londres par l'un des deux Anglais, ce semble), ils n'étaient rien de plus que des voyageurs curieux, des excentriques, cherchant les émotions violentes, radicaux prononcés du reste, et ne regrettant en la chose qu'un seul point, qu'elle n'eût pas lieu à Londres.

Le massacre, devenant pour les uns une occasion de vol, un spectacle pour les autres, s'enlaidissait fort. Plusieurs, on le voyait trop, jouissaient à tuer. Cette tendance monstrueuse commença à se révéler, la nuit même, dans le supplice recherché qu'on fit subir à une femme. C'était une bouquetière bien connue du Palais-Royal.

Le plaisir abominable qu'on avait pris à faire souffrir une femme semble avoir sali les esprits, corrompu le massacre même. Vers le matin, une masse d'hommes se rendirent au grand hospice des femmes, à la Salpêtrière. Il y en avait là de tout âge et de toute classe, de vieilles et infirmes, de petites et toutes jeunes, enfin des filles publiques. Celles-ci, nous l'avons dit, étaient toutes, à tort ou à droit, suspectes de royalisme. Néanmoins cette fureur patriotique, qui s'attaquait à des filles la plupart jeunes et jolies, était-elle un pur fanatisme? Ou bien la pensée du viol avait-elle commencé à flotter dans les esprits?... Quoi qu'il en soit, ils trouvèrent là une masse de garde nationale, et comme ils étaient peu nombreux encore, ils ajournèrent l'expédition.

Le 3 fut marqué surtout par le massacre de la Force; il y avait beaucoup de femmes à cette prison et fort en danger. La Commune, dans la nuit même, y avait envoyé pour en retirer du moins celles qui n'y étaient que pour dettes. Il était minuit et demi, et les massacreurs étaient déjà aux portes, peu nombreux à la vérité. C'était une chose honteuse de voir une cinquantaine d'hommes, nullement appuyés du peuple, qui parlaient au nom du peuple et faisaient reculer ses représentants véritables, les membres de la Commune. Ces magistrats populaires ne furent nullement respectés; on leva les sabres sur eux. Cependant ils emmenèrent non seulement les prisonniers pour dettes, mais Mme de Tourzel, gouvernante du dauphin, sa jeune fille Pauline, trois femmes de chambre de la reine et celle de Mme de Lamballe. Quant à cette princesse, l'amie personnelle de la reine, tellement désignée à la haine publique, on n'osa point l'emmener.

La Commune n'avait plus aucune raison de désirer qu'on tuât. Le massacre de quatre prisons avait produit, et au delà, l'effet de terreur qui la maintenait au pouvoir. Elle tenait terrassée l'Assemblée, la presse et Paris. Le matin du 3, à sept heures, pour porter plus directement encore ce coup de terreur, elle envoya deux de ses commissaires chez l'homme le plus considérable de la presse, Brissot, sous prétexte de chercher dans ses papiers les preuves de la grande trahison, des rapports avec Brunswick, que Robespierre avait dénoncés le 1er et le 2 septembre. On savait qu'on ne trouverait rien, et l'on ne trouva rien en effet; on ne voulait que faire peur, terrifier l'Assemblée, la briser sans la briser, tuer la presse et la faire taire. Ces deux effets furent produits. Nul journaliste ne pouvait se croire en sûreté, lorsque Brissot, un membre si considérable de l'Assemblée, était recherché, menacé chez lui. L'effrayante stupeur qui régna le 2 est visible dans les journaux qui furent rédigés dans la journée et parurent le lendemain, le surlendemain encore et les jours suivants. C'est là qu'il faut étudier ce phénomène physiologique, affreux, humiliant, la peur. Ces journalistes, plus tard, sont morts héroïquement; pas un n'a montré de faiblesse. Eh bien, faut-il l'avouer? Effet vraiment étonnant de cette fantasmagorie nocturne, de ce rêve épouvantable, de ces ruisseaux de sang qu'on se représentait coulant à la lueur des torches de l'Abbaye..., le 3, ils furent comme glacés; ils n'osèrent pas même se taire; ils bégayèrent dans leurs journaux, équivoquèrent, louèrent presque *la terrible justice du peuple*.

Deux membres de la Commune présidèrent au massacre de la Force (Hébert, Lhuillier, Chépy? on varie sur quelques noms). S'ils voulaient sauver des victimes, leur tâche semblait plus facile que celle des juges de l'Abbaye. La Force contenait moins de prisonniers politiques. Les massacreurs étaient moins nombreux, les spectateurs moins animés. La population du quartier regardait froidement et ne prenait nulle part à la chose. En récompense, les juges étaient loin d'avoir l'autorité de Maillard ; ils ne dominèrent pas les massacreurs, mais furent dominés par eux, furent plutôt leurs instruments et sauvèrent peu de personnes.

« Laisser faire, laisser tuer », c'était, ce semble, le 3 au matin, la pensée de la Commune. Elle reçut à cette heure quelques hommes des Quinze-Vingts, qui, parlant comme s'ils avaient pouvoir de leur section, demandaient non seulement *la mort des conspirateurs*, mais aussi *l'emprisonnement des femmes des émigrés*. L'emprisonnement, dans un tel jour, ressemblait beaucoup à la mort. La Commune n'osa dire : « Non », et répondit lâchement : « Que les sections pouvaient prendre dans leur sagesse les mesures qu'elles jugeraient indispensables. »

Manuel et Pétion, qui se rendirent à la Force pour essayer d'intervenir, virent avec horreur leurs collègues de la Commune siéger en écharpe et légaliser la tuerie. Manuel voulut sauver du moins la dernière femme qui restât à la Force, Mme de Lamballe, et ne se retira que lorsqu'il crut avoir assuré son salut.

Déjà, la veille, à la Commune, il avait eu le bonheur de sauver Madame de Staël. Son titre d'ambassadrice de Suède ne suffisait pas à la protéger; Manuel réussit en montrant qu'elle était enceinte.

Pour revenir à la Force, Pétion harangua les massacreurs, s'en fit écouter; il parla très sagement et crut les avoir convertis à l'humanité, à la philosophie; il parvint même à les faire partir, les fit sortir par une porte. Lui parti, ils rentrèrent par l'autre et continuèrent de plus belle.

Le quartier Saint-Antoine et le faubourg restaient étrangers à l'affaire. Un moment pourtant on put croire qu'ils sortiraient de leur inaction, que la masse honnête se déciderait à chasser les assassins. Quelques hommes allèrent chercher un canon à la section (je parle d'après un témoin oculaire) et se mirent à le traîner vers la Force. Parvenus bien près de l'église, ils virent qu'on ne les suivait pas et laissèrent là leur canon.

Les massacreurs continuèrent. La victime qu'ils attendaient, désiraient, était Mme de Lamballe. Ils avaient bien voulu épargner deux ou trois valets de chambre du roi, du dauphin, reconnaissant que le dévouement obligé d'un serviteur ne peut être un crime; mais Mme de Lamballe, ils la considéraient comme la principale *conseillère de l'Autrichienne*, sa confidente, son amie, et quelque chose de plus. Une curiosité obscène et féroce se mêlait à la haine que son nom seul excitait et faisait désirer sa mort.

Ils se trompaient certainement pour l'influence

qu'ils lui supposaient sur la reine. Le contraire était plus vrai. Si la reine était légère, elle n'était pas docile; elle avait des qualités mâles et fortes, dominatrices, un caractère intrépide. Mme de Lamballe était, au sens propre, une femme. Son portrait, plus que féminin[1], est celui d'une mignonne petite fille savoyarde; on sait qu'elle était, en effet, de ce pays. La tête est fort petite, sauf l'énorme et ridicule échafaudage de cheveux, comme on les portait alors; les traits aussi sont trop petits, plus mignons que beaux; la bouche est jolie, mais serrée, avec le fixe sourire du Savoyard et du courtisan. Cette bouche ne dit pas grand'chose; on sait en effet que la gentille princesse avait peu de conversation, nulle idée; elle était peu amusante. Le portrait qui répond très bien à l'histoire est celui d'une personne agréable et médiocre, née pour dépendre et obéir, pour souffrir et pour mourir (ce faible col élancé ne fait que trop penser, hélas! à la catastrophe). Mais ce que le portrait ne dit pas assez, c'est qu'elle était faite aussi pour aimer. Il y parut à la mort.

La reine l'aimait assez, mais elle fut pour elle, comme pour tous, légère, inégale. Elle se jeta d'abord à elle avec tout l'emportement de son caractère. La pauvre jeune étrangère, malheureuse par son mari qui la délaissait et mourut bientôt, fut reconnaissante, se donna de cœur, tout entière et pour

---

1. Voir au Musée de Versailles. Les autres portraits sont ridicules, de méprisables mensonges, comme les *Mémoires* français et anglais qu'on a mis sous son nom.

toujours. Bien ou mal traitée, elle resta tendre et fidèle, avec la constance de son pays. Cette femme jeune et jolie était toute à deux personnes, au vieux duc de Penthièvre, son beau-père, qui voyait en elle une fille, et à la reine, qui l'oubliait pour Mme de Polignac. La reine n'avait aucun besoin de la bien traiter ; elle était sûre de son dévouement aveugle, en toute chose, honorable ou non ; elle s'en servait sans façon pour toute affaire et toute intrigue, la compromettait de toute manière, en usait et abusait. Qu'on en juge par un fait : ce fut Mme de Lamballe qu'elle envoya à la Salpêtrière pour offrir de l'argent à Mme de Lamotte, récemment fouettée et marquée ; la reine apparemment craignait qu'elle ne publiât des Mémoires sur la vilaine affaire du collier. Le trop docile instrument de Marie-Antoinette reçut de la supérieure de l'hospice cette foudroyante parole : « Elle est condamnée, Madame, mais pas à vous voir. »

La reine, en 1790 et 1791, se servit de Mme de Lamballe d'une manière moins honteuse, mais très périlleuse, et la mit sur le chemin de la mort. Elle prit son salon pour recevoir ; elle traita chez elle ou par elle avec les hommes importants de l'Assemblée qu'elle essayait de corrompre, elle fit venir là les journalistes royalistes, les hommes les plus haïs, les plus compromettants. Elle donna ainsi à son amie une importance politique qu'autrement son caractère, sa faiblesse, son défaut absolu de capacité, ne lui auraient donnée nullement. Le peuple commença à considérer cette petite femme comme un grand chef de parti. La seule chose bien certaine, c'est qu'elle avait, en tout, le secret de Marie-Antoinette, qu'elle la savait tout entière, la reine n'ayant jamais daigné se cacher en rien pour une amie si dépendante, si faible, et qui l'aimait *quand même*, comme un chien aime son maître.

Cette malheureuse femme était à l'abri, en sûreté, quand elle apprit le danger de la reine. Sans réflexion, sans volonté, son instinct la ramena pour mourir, si elle mourait. Elle fut avec elle au 10 août, avec elle au Temple. On ne lui permit pas d'y rester; on l'arracha de Marie-Antoinette et on la mit à la Force. Elle commença à sentir alors que son dévouement l'avait menée bien loin, jusqu'à une épreuve que sa faiblesse ne pouvait porter. Elle était malade de peur. Dans la nuit du 2 au 3, elle avait vu partir Mme de Tourzel, et elle, elle était restée. Cela lui annonçait son sort. Elle entendait des bruits terribles, écoutait, s'enfonçait dans son lit, comme fait un enfant qui a peur. Vers huit heures, deux gardes nationaux entrent brusquement : « Levez-vous, Madame, il faut aller à l'Abbaye. — Mais, Messieurs, prison pour prison, j'aime bien autant celle-ci; laissez-moi. » Ils insistent. Elle les prie de sortir un moment, afin qu'elle puisse s'habiller. Elle en vient à bout enfin; mais elle ne peut marcher; tremblante, elle prend le bras d'un des gardes nationaux, elle descend, elle arrive à ce tribunal d'enfer. Elle voit les juges, les armes, la mine sèche d'Hébert et des autres, des hommes ivres, et du sang aux mains. Elle tombe, s'évanouit. Elle revient, et c'est pour s'évanouir encore. Elle ne savait pas que beaucoup de gens désiraient passionnément la sauver. Les juges lui étaient favorables ; dans ceux mêmes qui la rudoyaient, jusque dans les massacreurs, on lui avait fait des amis. Tout ce qu'il eût fallu, c'eût été qu'elle pût parler un peu[1], qu'on tirât de sa bouche un mot qu'on pût interpréter pour motiver son salut. On dit qu'elle répondit assez bien sur le 10 août; mais quand on lui demanda de jurer haine à la royauté, haine au roi, *haine à la reine!* son cœur se serra tellement qu'elle ne put plus parler ; elle perdit contenance, mit ses deux mains devant ses yeux, se détourna vers la porte. Au moment où elle la franchit, elle y trouva un certain Truchon, membre, je crois, de la Commune, qui s'empara d'elle, et, d'autre part, un massacreur, le grand Nicolas, la saisit aussi. Tous d'eux et d'autres encore avaient promis de la sauver. On dit même que plusieurs de ses gens s'étaient mêlés aux égorgeurs et l'attendaient dans la rue. « Crie : « Vive la nation ! » disaient-ils, « et tu n'auras pas de mal. »

A ce moment, elle aperçut au coin de la petite rue Saint-Antoine quelque chose d'effroyable, une masse molle et sanglante, sur laquelle un des massacreurs marchait des deux pieds avec ses souliers ferrés.

---

[1]. Peltier ne manque pas de lui faire une suite de belles réponses héroïques, du vrai Corneille. Rien de plus invraisemblable d'après tout ce que nous savons de cette femme faible et timide, incapable évidemment de soutenir un pareil rôle.

C'était un tas de corps tout nus, tout blancs, dépouillés, qu'on avait amoncelés. C'est là-dessus qu'il fallait mettre la main et prêter serment : cette épreuve fut trop forte. Elle se détourna et poussa ce cri : « Fi l'horreur ! »

Il y avait, sans nul doute, dans les meurtriers, de furieux fanatiques qui, après avoir tant tué d'inconnus, d'innocents, s'indignaient de voir celle-ci, la plus coupable, à leur sens, l'amie et la confidente de la reine, qui allait être épargnée. Pourquoi ? Parce qu'elle était princesse, qu'elle était très riche et qu'il y avait beaucoup à gagner sans doute à la tirer de là. On assure qu'en effet des sommes considérables avaient été distribuées entre ceux qui se faisaient fort de la sauver du massacre.

La lutte, selon toute apparence, se trouvait engagée pour elle entre les mercenaires et les fanatiques. L'un des plus enragés, un petit perruquier, Charlat, tambour dans les volontaires, marche à elle et, de sa pique, lui fait sauter son bonnet ; ses beaux cheveux se déroulent et tombent de tous côtés. La main maladroite ou ivre qui lui avait fait cet outrage tremblait, et la pique lui avait effleuré le front ; elle saignait. La vue du sang eut son effet ordinaire : plusieurs se jetèrent sur elle ; l'un d'eux vint par derrière et lui lança une bûche ; elle tomba et à l'instant fut percée de plusieurs coups. Elle expirait à peine que les assistants, par une indigne curiosité, qui fut peut-être la cause principale de sa mort, se jetèrent dessus pour la voir. Les observateurs obscènes se mêlaient aux meurtriers, croyant surprendre sur elle quelque honteux mystère qui confirmât les bruits qui avaient couru. On arracha tout, et robe, et chemise ; et nue, comme Dieu l'avait faite, elle fut étalée au coin d'une borne, à l'entrée de la rue Saint-Antoine. Son pauvre corps, très conservé relativement (elle n'était plus très jeune), témoignait plutôt pour elle ; sa petite tête d'enfant, plus touchante dans la mort, disait trop son innocence ou du moins faisait bien voir qu'elle n'avait pu guère faillir que par obéissance ou faiblesse d'amitié.

Ce lamentable objet resta de huit heures à midi sur le pavé inondé de sang. Ce sang, qui coulait par fontaines de ses nombreuses blessures, venait de moment en moment la couvrir, la voiler aux yeux. Un homme s'établit auprès pour étancher le flot ; il montrait le corps à la foule : « Voyez-vous comme elle était blanche ! Voyez-vous la belle peau ! » Il faut remarquer que ce dernier caractère, bien loin d'exciter la pitié, animait la haine, étant considéré comme un signe aristocratique. Ce fut un de ceux qui, dans le massacre, aidaient le plus les meurtriers dans leurs étranges jugements sur ceux qu'ils allaient tuer. Ce mot : *Monsieur de la peau fine*, était un arrêt de mort.

Cependant, soit pour augmenter la honte et l'outrage, soit de peur que l'assistance ne s'attendrît à la longue, les meurtriers se mirent à défigurer le corps. Un nommé Grison lui coupa la tête ; un autre eut l'indignité de la mutiler au lieu même que tous doivent respecter (puisque nous en sortons tous).

Hâtons-nous de dire que, de ces deux brigands, l'un fut plus tard guillotiné, comme chef d'une bande de voleurs; l'autre, Charlat, fut massacré à l'armée par ses camarades, qui ne voulurent pas souffrir parmi eux cet homme infâme.

Ce fut une scène effroyable de les voir partir de la Force, emportant au bout des piques, dans cette large et triomphale rue Saint-Antoine, leurs hideux trophées. Une foule immense les suivait, muette d'étonnement. Sauf quelques enfants et quelques gens ivres qui criaient, tous les autres étaient pénétrés d'horreur. Une femme, pour échapper à cette vue, se jette chez un perruquier; et voilà la tête coupée qui arrive à la boutique, qui entre... Cette femme, foudroyée de peur, tombe à la renverse, heureusement de manière qu'elle tombe dans l'arrière-boutique. Les assassins jettent la tête sur le comptoir, disent au perruquier qu'il faut la friser; ils la menaient, disaient-ils, voir sa maîtresse au Temple; il n'eût pas été décent qu'elle se présentât ainsi. Leur caprice était, en effet, d'exercer sur la reine ce supplice atroce et infâme de la forcer de voir le cœur, la tête et les parties honteuses de Mme de Lamballe, — ce cœur qui l'avait tant aimée !

On craignait extrêmement pour le Temple. L'intention des meurtriers, manifestée de bonne heure, fit craindre à la Commune deux choses, en effet, très funestes : ou que le roi et sa famille, des otages si précieux, ne fussent égorgés, ou que l'Assemblée, pour les protéger, n'autorisât une prise d'armes qui eût fourni aux royalistes un prétexte de se relever. La Commune envoya à l'Assemblée, envoya au Temple. Les commissaires prirent un moyen ingénieux de garantir le Temple, en évitant toute chance de collision; ce fut d'entourer le mur d'un simple ruban tricolore... Quelque affreux que fût ce moment, ils savaient parfaitement que la grande masse du peuple respecterait le ruban et le ferait respecter; plusieurs, en effet, dit-on, le baisèrent avec enthousiasme. Il n'était nullement à craindre que les égorgeurs hasardassent de le forcer; ils ne le voulaient pas eux-mêmes; ils demandaient seulement à circuler sous les fenêtres de la famille royale, à se faire voir de la reine. On n'osa les refuser; on invita même le roi à se mettre à la fenêtre au moment où la tête livide, avec tous ses longs cheveux, venait branlante sur la pique et s'exhaussait à la hauteur des croisées. Un des commissaires, par humanité, se jeta devant le roi, mais il ne put l'empêcher de voir et de reconnaître... Le roi arrêta la reine qui s'élançait et lui épargna l'épouvantable vision.

La promenade continua par tout Paris sans que nul y mît obstacle. On porta la tête au Palais-Royal, et le duc d'Orléans, qui était à table, fut obligé de se lever, de venir au balcon, de saluer les assassins. C'était une amie de la reine, une ennemie par conséquent, qu'il voyait dans Mme de Lamballe. Il y vit aussi l'avenir et ce que lui-même il devait bientôt attendre ; il rentra terrifié. Sa maîtresse, Mme de Buffon, s'écriait, joignant les mains : « Mon Dieu ! on portera aussi bientôt ma tête dans les rues. »

Ce triomphe de l'abomination, l'infâme insolence d'un si petit nombre de brigands qui forçait tout un peuple à salir ainsi ses yeux, produisit une violente réaction de la conscience publique. Le voile pesant de terreur qui enveloppait Paris sembla un moment se lever. Les ministres de la guerre et de l'intérieur vinrent demander à l'Assemblée des mesures d'ordre et de paix, non pas au nom de l'humanité (personne n'osait plus prononcer ce nom), mais au nom de la défense. L'ennemi avançait, il venait de prendre Verdun. Cet événement, nié, affirmé, nié encore, fut annoncé cette fois d'une manière officielle. L'ennemi avançait, marchait vers Paris, et il allait le trouver dans l'état d'extrême faiblesse qui suit une orgie sanglante, dans l'ignoble lendemain d'un jour d'ivresse furieuse, hébété de peur, soûl de sang.

Les ministres eurent raison d'affirmer que les excès commis dans Paris étaient une faiblesse et non une force, qu'ils étaient un obstacle, une entrave à la défense ; ils demandèrent que l'Assemblée restât complète toute la nuit et qu'*elle mît la garde nationale sous les armes*. Ils ne firent nulle mention de la Commune, ni du commandant de la garde nationale Santerre ; il semblait difficile, en effet, de demander la fin du massacre à ceux qui l'avaient commencé.

L'Assemblée ne fit point ce que demandaient les ministres Roland et Servan; elle n'agit point elle-même, n'appela point la garde nationale, mais, constitutionnellement, agit par la Commune, par le commandant Santerre. Or c'était ne point agir.

Elle ne voyait que deux ministres, les deux Girondins; elle ne voyait point Danton; toujours absent de la Commune, il l'était de l'Assemblée. Celle-ci craignit sans doute de créer une division dans le pouvoir exécutif; elle se contenta de déclarer la Commune et le commandant responsables de ce qui se ferait; elle leur ordonna, ainsi qu'aux présidents des sections de Paris, de venir jurer à la barre qu'ils pourvoiraient à la sûreté publique.

Vaine mesure, timide, insuffisante! Un serment, des paroles! A quoi le ministre Roland ajouta d'autres paroles, une longue lettre que sans doute sa femme avait écrite et qu'il fit lire à l'Assemblée. Elle était plus courageuse qu'habile; elle menaçait Paris. Dans ce moment où la défense demandait la plus forte unité, où il fallait éviter tout ce qui ébranlait la foi dans cette unité, elle parlait de séparation. Elle disait que déjà, sans le 10 août, « le Midi, plein de feu, d'énergie, de courage, était prêt à se séparer pour assurer son indépendance; et que s'il n'y avait point de liberté à Paris, les sages et les timides se réuniraient pour établir ailleurs le siège de la Convention ». La lettre ne portait que trop l'empreinte des conversations de Barbaroux et de Madame Roland. Il y avait imprudence à provoquer ainsi l'amour-propre de Paris, injustice à lui reprocher les excès dont il souffrait plus que personne, excès d'ailleurs commis par un si petit nombre, par des hommes qui, la plupart, n'étaient nullement Parisiens.

« Hier, disait encore la lettre, fut un jour sur les événements duquel il faut peut-être laisser un voile ; je sais que le peuple, terrible dans sa vengeance, y porte encore une sorte de justice... » Faible, trop faible condamnation de tant d'attentats, qui loue encore en blâmant !... Il faut songer néanmoins que ceci fut écrit le 3 septembre ; que Roland, que Madame Roland, étaient tous deux sous le poignard et désignés entre tous dès le 1er septembre au soir, depuis les accusations de Robespierre. Madame Roland, très intrépide et sans nulle crainte de la mort, en avait une autre, qu'elle avoue, malheureusement trop naturelle ; elle connaissait ses adversaires, leur lâche férocité ; elle savait que, dans le désordre du moment, on pouvait lui arranger le hasard apparent d'un mortel outrage, d'une invasion nocturne, où celle qu'on savait plus qu'un homme serait traitée comme une femme. L'aventure subie en plein jour par une autre femme, dont nous avons parlé, montre assez ce que pouvait oser la nuit le cynisme calculé des maratistes et robespierristes. Celle qui fut outragée n'avait rien fait autre chose que parler mal de Robespierre. Madame Roland, bien plus en péril, voulait rester, à tout événement, du moins maîtresse de sa vie ;

elle tenait toujours des pistolets sous l'oreiller.

Ce qui releva les courages dans l'Assemblée nationale, non moins que la lettre de Roland, ce fut de voir un individu isolé venir dire à l'Assemblée que, pour sa part, il la remerciait du décret qu'elle avait porté. Et, en même temps, il dit ce qu'il venait d'entendre : qu'on engageait la foule à piller les fabricants : « Moi, je ne suis pas suspect, dit-il, je suis volontaire et je pars demain. » C'était un de ces canonniers des sections parisiennes qui s'étaient montrés si bien le 10 août. Son opinion était certainement celle de Paris, et il n'y avait nul doute qu'elle ne fût celle de l'armée.

La réaction de l'humanité semblait devoir se faire sentir partout, même au sein de la Commune. Le conseil général, assemblé le soir et la nuit, flottait, avec des alternatives brusques, violentes, de l'humanité à la cruauté, de Manuel à Marat

Le premier sembla l'emporter un moment. Il obtint une mesure générale qui semblait un désaveu du massacre. Le conseil général, sur sa proposition, arrêta qu'il serait fait une proclamation « sur la nécessité de s'en remettre à la loi de la punition des coupables ». Ce qui ne fut pas moins grave en ce sens, c'est qu'un citoyen ayant dit qu'il se chargeait de loger et nourrir un pauvre prisonnier échappé au carnage de la Force, il fut couvert d'applaudissements et de bénédictions.

Avec cela, cette Assemblée était tellement flottante qu'un journaliste royaliste, Duplain, lui ayant été amené, elle l'envoya à l'Abbaye, autrement dit à la mort. Billaud-Varennes lui-même avait ouvert un avis plus doux. Les maratistes se soulevèrent et emportèrent dans le conseil cette décision atroce, qui lui faisait endosser la responsabilité des assassinats.

C'était le soir du 3 septembre (à huit ou neuf heures). De l'imprimerie de Marat partait pour toute la France, en quatre-vingt-trois paquets, une effroyable circulaire qu'il avait seul rédigée et qu'il avait signée intrépidement de tous les noms des membres du comité de surveillance. Il y dénonçait la versatilité de l'Assemblée, qui avait loué, cassé, rétabli la Commune; il y glorifiait le massacre et recommandait de l'imiter.

Marat envoya sa circulaire au ministère de la justice, avec invitation de la faire parvenir sous le couvert du ministère. Grande épreuve pour Danton. Il n'allait pas à la Commune. Eh bien, c'était la Commune qui semblait venir à lui et qui le sommait de se décider.

La plus simple prudence imposait à tout homme qui connaissait Marat de savoir positivement si cet acte, imprimé chez lui par ses ouvriers et ses presses, émanait effectivement du comité de surveillance. Les signatures imprimées de ses membres étaient-elles des signatures vraies? Enfin, en supposant que la circulaire émanât réellement de ce comité, pouvait-il faire un acte si grave, adresser à la France ces terribles et meurtrières paroles, sans y être autorisé par le conseil général de la Commune? Voilà ce que Danton devait examiner; il n'osa le faire. Disons-le (c'est la parole la plus dure pour un homme qui, toute sa vie, eut l'ostentation de l'audace), il eut peur devant Marat.

Peur de rester en arrière, peur de céder à Marat et à Robespierre la position d'avant-garde, peur de paraître avoir peur.

Faut-il supposer aussi qu'il était parvenu à se faire croire à lui-même que cette barbare exécution était un moyen d'aguerrir le peuple, de lui donner le courage du désespoir, de lui ôter tout moyen de reculer? qu'il le crût, le 2, lorsqu'on massacrait les prisonniers politiques? qu'il le crût, le 3, le 4, lorsqu'on massacrait des prisonniers de toute classe?... Il accepta jusqu'au bout l'horrible solidarité. Misérable victime, dirai-je, de l'orgueil et de l'ambition? ou d'un faux patriotisme, qui lui fit voir dans ces crimes insensés le salut de la France?

Et cependant, quelque horrible système qu'on voulût se faire de l'utilité d'un massacre politique, il devenait évident que celui-ci n'avait plus ce caractère. Le 4 septembre, il y eut très peu de meurtres politiques; un seul est bien constaté : celui d'un certain Guyet, que le comité de surveillance envoya à l'Abbaye et qui fut tué à l'instant.

Le 4 mit le comble à l'horreur.

Déjà, depuis trente-six heures, des bandes sorties de Paris allaient menacer Bicêtre. Ceux qui avaient massacré des voleurs au Châtelet, des forçats aux Bernardins, croyaient continuer leur œuvre. On leur remontrait en vain que l'énorme, l'immense château de Bicêtre, qui contenait des milliers d'hommes, logeait, outre les criminels, un grand nombre d'innocents, de bons pauvres, de vieillards, de malades de toutes sortes. Il y avait aussi en réclusion, sous divers titres, des infortunés depuis longtemps jetés là par l'arbitraire de l'Ancien-Régime, comme fous ou autrement, et qu'on n'élargissait point, justement parce qu'on ne savait plus pourquoi ils étaient entrés. Latude y avait été longtemps. C'est de Bicêtre qu'il sortit par l'héroïsme de Mme Legros (voir notre premier volume).

Il est impossible de dire ce que souffraient, à Bicêtre, les prisonniers, les malades, les mendiants : couchés jusqu'à sept dans un lit, mangés de vermine, nourris de pain de son moisi, entassés dans des lieux humides, souvent dans des caves, au moindre prétexte éreintés de coups, ils enviaient le bagne comme un paradis.

Nulle occasion de battre n'était négligée à Bicêtre. Qui croirait qu'on y conservât en 1792 l'usage barbare de fouetter les jeunes gens qui venaient se faire soigner de maladies vénériennes?... Cruauté ecclésiastique, renouvelée du Moyen-âge. Le pécheur, en arrivant, devait expier, se dépouiller, s'humilier, se soumettre au châtiment puéril qui avilit l'homme, lui ôte toute fierté d'homme.

Une cinquantaine d'enfants étaient à la *Correction*

et traités plus cruellement encore, battus tous les jours. La plupart n'étaient là que pour des délits bien légers; plusieurs n'avaient d'autres crimes que d'avoir des parents très durs, une mauvaise belle-mère, que sais-je? D'autres, qui étaient orphelins, apprentis, petits domestiques, avaient été jetés là sur un simple mot de leurs maîtres. On préférait ces orphelins pour le service domestique, parce qu'on les traitait absolument comme on voulait. Un grand seigneur, qui ne trouvait pas son jockey assez docile, le brisait d'un mot : « Bicêtre. » Aux colonies, dans les plantations, on entend les coups, les cris et les fouets; le maître participe au supplice, par la peine de l'entendre. Les voluptueux hôtels de Paris n'entendaient rien de semblable. Le maître épargnait ses mains et sa sensibilité; il envoyait l'enfant à la *Correction.* Ce qu'il y endurait de la part de ces démons, les murs seuls l'ont su. Si l'on daignait le retirer, il revenait dompté, tremblant, le cœur bas, menteur et flatteur, prêt à tous les caprices honteux.

S'il était un lieu que la Révolution dût épargner, c'était ce lieu de pitié. Qu'était-ce que Bicêtre, que la Salpêtrière, ce grand Bicêtre des femmes, sinon le véritable enfer de l'Ancien-Régime, où l'on pouvait mieux le prendre en horreur, y trouvant réuni tout ce qu'il y avait de barbarie, de hontes et d'abus? Qui aurait cru que ces fous furieux qui massacraient en septembre iraient se ruer sur ceux que l'Ancien-Régime avait déjà si cruellement torturés, que ces victimes infortunées trouveraient dans leurs pères ou leurs frères, vainqueurs par la Révolution, non pas des libérateurs, mais des assassins?

Rien ne fait mieux sentir l'aveuglement, l'imbécillité qui présida aux massacres. Tels de ceux qui tuèrent au hasard dans ces deux hospices, pouvaient avoir leur père à Bicêtre parmi les mendiants, leur mère à la Salpêtrière : c'était le pauvre qui tuait le pauvre, le peuple qui égorgeait le peuple... Il n'y a nul autre exemple d'une rage si insensée.

Les premières bandes qui menacèrent Bicêtre étaient peu nombreuses. Les malades et les prisonniers se mirent en défense. De là le bruit calomnieux, propre à les faire égorger, qu'ils étaient en pleine révolte. Les massacreurs menèrent des canons pour les forcer. Une partie n'alla pas jusqu'à Bicêtre; ils s'arrêtèrent devant la Salpêtrière, eurent l'horrible fantaisie d'entrer à l'hospice des femmes. Une force militaire considérable les arrêta le premier jour; mais le lendemain, 4 septembre, ils forcèrent les portes et commencèrent à tuer cinq ou six vieilles femmes sans nulle raison ni prétexte, sinon qu'elles étaient vieilles. Puis ils se jetèrent sur les jeunes, les filles publiques, en tuèrent trente[1], dont ils jouirent, avant ou après la mort. Et ce ne fut pas assez; ils allèrent aux dortoirs des petites orphelines, en violèrent plusieurs, dit-on,

---

1. Ceci d'après la tradition..... Tallien, très bien instruit, comme secrétaire de la Commune, soutient dans son apologie que, dans tous les massacres, *il ne périt qu'une femme*, Mme de Lamballe.

en emmenèrent même pour s'en amuser ailleurs.

Ces effroyables sauvages ne quittèrent la Salpêtrière que pour aller aider au massacre de Bicêtre. On y tua cent soixante-six personnes, sans distinction de classes, des pauvres, des fous, deux chapelains, l'économe, des commis aux écritures. L'immensité du local donnait aux victimes bien des moyens de lutter, d'ajourner du moins leur mort. Les moyens les plus barbares y furent employés, le fer, le feu, les noyades, jusqu'à la mitraille.

On a retrouvé (en 1840), au funèbre écrou de Bicêtre (voir le livre de M. Maurice), le fait le plus exécrable des massacres de septembre, enfoui, ignoré jusqu'ici : c'est que, non contents des orphelines de la Salpêtrière, ils pénétrèrent aussi à la *Correction* de Bicêtre, où étaient cinquante-cinq petits garçons. Ces enfants étaient, nous l'avons dit, la plupart bien peu coupables : plusieurs n'avaient été mis là que pour dompter leur caractère par les mauvais traitements. Couverts de coups, de cicatrices, continuellement fouettés, aux moindres causes et sans cause, ils auraient brisé les cœurs les plus durs. Il fallait les tirer de là, leur rendre l'air et le soleil, les panser et les soigner, les remettre aux mains des femmes, leur donner des mères. Leur mal et leur vice, à la plupart, tenaient à cela, qu'ils n'avaient pas eu de mères. Septembre, pour mère et nourrice, leur donna la mort, — affranchit leur jeune âme de ce pauvre petit corps, qui avait déjà tant souffert. Il y en eut trente-trois de tués. Plusieurs de ceux qui échappèrent furent enlevés par les volontaires qui dirent qu'ils les feraient soldats. Les massacreurs étaient parvenus à un état de vertige, d'horrible éblouissement, et comme de fureur hydrophobique, qui leur laissait à peine distinguer ce qu'ils frappaient. Ils dirent cependant une chose qui fait sentir combien ils étaient coupables. Ils virent bien, malgré leur égarement, que ces jeunes vies, commencées à peine, ne se résignaient nullement, reculaient devant la mort, avec une indomptable horreur, s'obstinaient à vivre : « Nous aimerions vraiment tout autant tuer des hommes : ces petits-là sont encore plus difficiles à achever. »

CHAPITRE VII

ÉTAT DE PARIS APRÈS LE MASSACRE. — FIN DE LA LÉGISLATIVE
(5-20 SEPTEMBRE 1792).

Prostration morale après le massacre. — Le peuple et l'armée en eurent horreur. — Opinion de Marat et Danton sur le massacre. — L'Assemblée jure de combattre les rois et la royauté, 4 septembre 1792. — Cambon attaque la Commune. — Réaction de l'humanité. — Cependant le massacre continue, 5-6 septembre. — Craintes de la Commune. — Les maratistes essayent d'étendre le massacre à toute la France. — Les prisonniers d'Orléans massacrés à Versailles, 9 septembre. — Danton sauve Adrien Duport malgré la Commune. — Lutte de Danton et Marat. — Élections sous l'influence des massacres. — Fédération de garantie mutuelle. — Vols et pillages. — Meurtres et craintes de massacre. — Craintes de l'Assemblée, 17 septembre. — Discours de Vergniaud et dévouement solennel pour l'Assemblée nationale. — Sa clôture, 20 septembre.

L'effet immédiat du massacre, pour la plus grande partie de la population de Paris, fut la sensation infiniment cruelle que connaissent trop bien ceux qui ont eu de graves lésions du cœur, quand, pendant quelques minutes, il a battu, battu vite, avec une horrible accélération, et que tout à coup le battement s'arrête court... Un mortel silence se fait dans tout l'organisme... Puis l'étouffement, les spasmes, l'obscurcissement complet, l'abandon de l'être... tout au plus ce cri intérieur, cette voix muette : « O mort! »

Pour les pauvres et faibles personnes, trop âgées déjà, brisées d'années ou de malheurs, l'accès fut suivi d'une cessation absolue d'idées, d'un anéantissement de la personnalité, bien près de l'idiotisme. Celles qui surmontaient la peur et se hasardaient à sortir revenaient dans les églises abandonnées depuis longtemps, se remettaient à prier machinalement ; on les voyait marmotter et branler leurs têtes vides, où les yeux étaient éteints. D'autres restaient enfermées, s'abîmaient dans la rêverie d'un étrange mysticisme, disant, comme plus tard Saint-Martin, que ceci était apparemment une scène du Jugement dernier, un acte de la terrible comédie de l'Apocalypse. Il y avait des têtes où tout cela se mêlait confusément ; la religion et la Révolution. Marat, l'Antéchrist, tout se brouillait pour ces pauvres esprits, complètement obscurcis ; plus ils tâchaient de réfléchir, de songer, de distinguer, plus ils s'y perdaient. Tels, pour ne point s'égarer, adoptaient une idée fixe, répétaient un même mot, le redisaient tout le jour.

Dans un grenier de la rue Montmartre (qu'on me permette de conter ce petit fait, qui fera juger des autres), au septième étage, vivait une pauvre vieille, que les voisins, des croisées opposées, voyaient toujours à genoux. Elle avait sur sa cheminée deux chandelles allumées et deux petits bustes de plâtre, devant lesquels elle disait continuellement des oraisons. Les curieux l'écoutèrent à travers la porte :

elle disait cette litanie, sans varier, du matin au soir : « Dieu sauve Manuel et Pétion! Dieu sauve Manuel et Pétion! » Les deux magistrats populaires, qui, malgré leur impuissance, avaient du moins, dans le massacre, montré de l'humanité, étaient devenus les deux saints de la vieille; elle honorait leurs images et priait pour eux. Dans le naufrage des anciennes idées religieuses, et lorsque la foi nouvelle se trouvait si cruellement compromise en son berceau, l'humanité restait encore, et l'horreur du sang humain, pour religion unique du pauvre cœur abandonné. Faible, vieille, indigente, dans sa solitude pleine d'effroi, elle tâchait de se rassurer, de se reprendre à l'espoir, en nommant deux amis de l'humanité. Fil fragile, misérable appui! Des deux patrons de la vieille, l'un, au bout d'un an, devait périr sur l'échafaud; l'autre, un peu plus tard, devait se retrouver mort de faim et de misère, et dévoré par les chiens.

Un signe infiniment grave, déplorable, de l'état singulier où se trouvaient les esprits, c'est que, dans cette ville immense, où la misère était excessive depuis longtemps, personne ne voulait travailler. La Commune, à aucun prix, ne trouvait des ouvriers pour les travaux de terrassement du camp qu'on faisait à Montmartre. Elle offrait deux francs par jour (qui en valaient trois d'aujourd'hui), et il ne venait personne. Elle alla jusqu'à mettre en réquisition les ouvriers en bâtiment, en leur offrant la journée très élevée qu'ils gagnent dans leur industrie;

et elle n'eut personne encore. On essaya enfin de la corvée et de faire travailler tour à tour les sections.

Personne ou presque personne ne répondait aux appels de la garde nationale. On complétait avec peine la garde de l'Assemblée, celle des précieux dépôts, du Garde-Meuble, par exemple, qui se trouva, une nuit, on va le voir, à peu près abandonné.

La solitude était aux clubs. Beaucoup de leurs membres s'étaient absentés, le dégoût gagnait les autres. Cela est très sensible dans les procès-verbaux des Jacobins; l'absence de tous les orateurs ordinaires y fait apparaître, en première ligne, des gens parfaitement inconnus.

Ceux qui ont dit que le crime était un moyen de force, un cordial puissant pour faire un héros du lâche, ceux-là ont ignoré l'histoire, calomnié la nature humaine. Qu'ils sachent, ces ignorants coupables qui jasent si légèrement sur ces terribles sujets, qu'ils sachent la profonde énervation qui suit de tels actes. Ah! si le lendemain des plaisirs vulgaires (quand l'homme, par exemple, a jeté la vie au vent, l'amour aux voluptés basses), s'il rentre chez lui hébété et triste, n'osant se regarder lui-même, combien plus celui qui a cherché un exécrable plaisir dans la mort et la douleur! L'acte le plus contre nature, qui est certainement le meurtre, brise cruellement la nature dans celui qui le commet; le meurtrier voit, *après*, que lui-même il s'est tué ; il s'inspire le dégoût que l'on a pour un cadavre, éprouve une horrible nausée, voudrait se vomir lui-même.

Les historiens ont adopté une opinion à la légère, c'est que le massacre avait été le point de départ de la victoire, qu'après un tel crime, ayant creusé derrière soi un tel abîme, le peuple avait senti qu'il fallait vaincre ou mourir, qu'enfin les massacreurs de septembre avaient entraîné l'armée, formé l'avantgarde de Valmy et de Jemmapes. Triste aveu, véritablement, s'il fallait y croire, et fait pour humilier! L'ennemi n'a pas mieux demandé d'adopter cette opinion, de croire ces étranges Français qui prétendent que la France vainquit par l'énergie du crime. Nous montrerons tout à l'heure que le contraire est exact. Des trois ou quatre cents hommes qui firent le massacre, et dont beaucoup sont connus, peu, très peu, étaient militaires. Ceux qui partirent furent reçus de l'armée avec horreur et dégoût; Charlat, entre autres, qui se vantait insolemment de son crime, fut sabré par ses camarades.

Nous avons établi d'après d'irrécusables documents, et sur l'unanime affirmation des témoins oculaires qui vivent encore, l'*infiniment petit* nombre des massacreurs. Ils étaient *au plus quatre cents*.

Le nombre des morts (en comptant même les douteux) est de neuf cent soixante-six.

Le faubourg Saint-Antoine, en particulier, qui avait fait le 10 août, fut complètement étranger au 2 septembre. Son célèbre orateur, Gonchon (honnête homme et qui mourut pauvre), a pu dire six mois après (22 avril 1793), sans crainte d'être démenti : « Le faubourg ne recèle que des hommes paisibles. La journée du 2 septembre n'a pas trouvé de complices chez nous. »

Ce qui n'est pas moins curieux, c'est le jugement que les hommes qu'on accusait d'y avoir trempé les mains ont porté sur l'événement :

« Événement désastreux », dit Marat, en octobre 1792 (n° 12 de son journal).

« Journées sanglantes, dit Danton, sur lesquelles tout bon citoyen a gémi » (9 mars 1793).

« Douloureux souvenir », dit Tallien (dans son apologie, publiée deux mois après les massacres de septembre).

Oui *désastreux*, oui *douloureux*, dignes *qu'on en gémisse* à jamais !...

Toutefois ces regrets tardifs ne guérissaient pas l'incurable plaie faite à l'honneur, faite au sentiment de la France... La vitalité nationale, surtout à Paris, en semblait atteinte; une sorte de paralysie, de mort, semblait rester dans les cœurs.

Il s'agissait de savoir d'où la vie recommencerait. On pouvait douter qu'elle revînt de l'Assemblée législative. Vivait-elle? On ne l'avait guère vu, dans ces effroyables jours. Énervée de longue date par ses tergiversations, elle était mourante, non, morte, achevée, — exterminée par la calomnie.

Elle semblait atteinte et convaincue de deux crimes

parfaitement opposés : faire un roi et refaire un roi, rétablir Louis XVI et faire roi Brunswick. Un mot simple eût répondu, et personne n'osait le dire : *cette Assemblée, accusée de trahir, venait de s'en ôter les moyens;* elle se brisait elle-même, convoquant sous quelques jours la Convention qui la remplaçait. Représentants et ministres, tous allaient être annulés tout à l'heure devant cette Assemblée souveraine.

Le matin du 4 septembre, Guadet apportait, au nom de la commission extraordinaire (créée dans l'Assemblée depuis le 10 août), une adresse où les représentants, repoussant les bruits injurieux qu'on faisait courir, juraient *de combattre de toutes leurs forces les rois et la royauté.*

Chabot eut vent de la chose, et il enleva à la Gironde cette initiative. Dès l'ouverture de la séance, il proposa de faire un serment de haine à la royauté.

« Plus de roi! » ce fut le cri, le serment de l'Assemblée tout entière, soulevée à sa parole.

Alors un militaire se lève, Aubert-Dubayet, et d'une voix forte et guerrière : « Jamais de capitulation!... jamais de roi étranger! »

Et le jeune Girondin Henri Larivière : « Non, ni étranger ni français!... Aucun roi ne souillera plus le sol de la liberté! »

On fut surpris d'entendre Thuriot arrêter ce mouvement : « Messieurs, dit-il, soyons prudents, n'anticipons pas sur ce que pourra prononcer la Convention... »

A quoi Fauchet, usant du droit que semblait lui

donner sa noble initiative (son journal avait le premier proposé la république), Fauchet, d'un grand élan du cœur : « Non, que la Convention décide ce qu'elle voudra ; si elle rétablit le roi, nous pourrons encore rester libres et fuir une terre d'esclaves qui reprendrait un tyran. »

Pour concilier toute chose, l'adresse réserva le droit de la Convention ; le serment fut *individuel*, chaque député s'engagea pour lui.

La commission extraordinaire, par l'organe de Vergniaud, dit alors qu'accusée dans le sein de la Commune, elle demandait à finir, à déposer ses pouvoirs. L'Assemblée ne le voulut pas. Un mouvement héroïque échappa alors à Cambon (qu'on songe qu'à cette heure on massacrait à Bicêtre, et encore à la Force, à l'Abbaye). Il s'indigna de la timidité de la commission : « Quoi ! dit-il, vous venez de jurer la guerre aux rois et à la royauté, et déjà vous courbez la tête sous je ne sais quelle tyrannie !... Si nous voulons que la Commune gouverne, soumettons-nous tranquillement. J'ai parfois combattu la commission ; aujourd'hui je la défends... Je vois des hommes qui prennent le masque du patriotisme pour asservir la patrie. Que veulent ces agitateurs ? Être nommés à la Convention ? nous remplacer ?... Eh bien ! qu'ils reçoivent de moi cette leçon... » Il continua, courageusement, par une prophétie funèbre des révolutions, dans lesquelles, les intrigants se chassant les uns les autres, la France finirait par s'ouvrir à l'étranger.

Ce grand homme, qu'on ne connaît guère que comme le sévère et irréprochable financier de la République, eut alors, et souvent depuis, dans les crises les plus orageuses, une rare originalité : l'héroïsme du bon sens, que rien ne faisait reculer. Il passa toute la Révolution, ferme et seul, et respecté. Il n'aimait pas la Gironde, il la défendit ; il n'aimait pas Robespierre, il le soutint au besoin. Et le jour où Robespierre, dans un dernier accès de rage dénonciatrice, alla jusqu'à toucher la probité de Cambon, il tomba frappé lui-même.

Cambon avait brisé la glace, il avait nommé de son nom la victoire de la Commune : *une tyrannie*, une résurrection de la royauté sous un autre nom. Le revirement fut très fort. Il arriva ce qu'on voit dans ces moments où personne n'ose parler : dès qu'un parle, tous se mettent à parler courageusement.

Les commissaires de l'Assemblée, envoyés par elle dans les sections, y furent reçus, contre toute attente, avec bonheur, avec transport. C'est que la foule était revenue aux assemblées des sections ; désertes le 2 et le 3, elles furent nombreuses le 4 ; chacun eut hâte de se presser autour des commissaires, de se rassurer, de croire qu'il y avait une France, une patrie, une humanité encore, un monde des vivants. Le peuple, en quelque sorte, se leva de ses profondeurs, sortit des ténèbres de la mort, pour embrasser, en ses représentants, l'image sacrée de la Loi. Les calomniateurs de l'Assemblée croyaient

n'avoir plus qu'à se cacher; ils s'excusaient à grand'-
peine. A la section du Luxembourg, l'un d'eux, alléguant qu'il avait suivi l'autorité de Robespierre, on
n'opina pas moins qu'il méritait d'être chassé de sa
section. A la section des Postes, Cambon fut reçu
comme un dieu sauveur. Les femmes et les enfants
qui travaillaient aux tentes, aux équipements militaires, l'entourèrent, lui et ses collègues, dans un
véritable délire. Tous, dans la section, hommes et
femmes, voulaient se jeter dans ses bras, le serraient
et l'embrassaient. Et quand il lut le décret qui
annonçait que l'Assemblée allait faire sa clôture,
mettre un terme à ses travaux, se dissoudre, les
visages étaient inondés de larmes.

Toutes choses semblaient changées dès le soir
du 4. Des officiers municipaux vinrent à l'Assemblée
présenter l'abbé Sicard, sauvé de l'Abbaye (ils le
faisaient entendre ainsi) par leur courageuse humanité. Un membre de la Commune, le même qui était
venu à l'Assemblée avec Tallien dans la nuit du
2 au 3, et qui avait loué alors la belle justice populaire, vint le 5 avec un Anglais qu'il avait, dit-il,
sauvé du massacre. Ce qui ne fut pas moins carac-
téristique, ce fut l'humanité subite, les sentiments
généreux qu'afficha Santerre. Durement averti, le 4,
par le ministre de l'intérieur, il s'excusa *sur l'inertie
de la garde nationale* et dit que, si elle persistait,
son corps servirait de bouclier aux victimes. — Cette
inertie, en vérité, il ne pouvait guère l'accuser,
n'ayant fait aucun appel, aucun effort, ordonné

aucune prise d'armes. Et comment eût-il donné un tel ordre, lorsque son beau-frère Panis faisait asseoir au comité dirigeant Marat, l'apôtre du massacre?... Ce fut un spectacle étrange de voir Santerre, brusquement converti, prêcher, dans la grande salle de l'Hôtel de Ville, la foule qui remplissait les tribunes, expliquer les avantages de l'ordre, le danger qu'il y aurait à croire trop légèrement des accusations peu sûres, à tuer avant de s'éclairer.

La Commune, privée si longtemps de la présence de Danton, le vit avec étonnement venir enfin le 4 au soir; il venait protéger Roland, qui, à cette heure, certainement, n'avait plus besoin de protection. Il demanda qu'on révoquât cet étrange mandat d'amener qu'on avait minuté le 2 contre le ministre de l'intérieur, et qu'on tenait toujours suspendu comme un glaive sur sa tête, sans oser le laisser tomber.

Le vent n'était plus au massacre, chacun en avait horreur. Et pourtant il continuait. On vit alors combien lentement les âmes, une fois brisées, reprennent courage et force. Une étrange léthargie, une paralysie inexplicable enchaînait les masses. Il y avait encore une cinquantaine d'hommes à l'Abbaye, autant au moins à la Force, qui tuaient paisiblement. Personne n'osait les déranger. Ils ne tuaient pas beaucoup, ceux de l'Abbaye ayant fait place nette, n'ayant plus d'autres victimes que celles que le comité de surveillance eut soin de leur envoyer. Quant à la Force, les magistrats ne se permettaient pas de troubler ces meurtriers dans l'exercice de leurs fonctions ; seulement on se hasardait à leur voler des prisonniers, qu'on cachait dans l'église voisine.

L'habitude était venue, les meurtriers ne voulaient plus, ne pouvaient plus faire autre chose. C'était une profession. Ils paraissaient se regarder eux-mêmes comme de vrais fonctionnaires chargés d'exécuter la justice du peuple souverain. La Commune déclara, le 4, qu'elle était affligée des excès de la Force et de l'Abbaye, elle y envoya ; mais, en même temps, elle refusa de sauver les infortunés de Bicêtre en leur permettant de s'enrôler. Le conseil général, devenu très peu nombreux, n'avait plus que les violents. Il invita les sections à compléter le nombre de leurs commissaires. Ainsi les élections municipales eurent lieu en pleine terreur, pendant le massacre. Celles de la Convention se firent sous la même influence. Le premier élu de Paris, le 5 septembre, fut Robespierre.

Rien n'indiquait que la Commune voulût sérieusement arrêter l'effusion du sang. On lui proposa, le 4 et le 6, d'amnistier une classe d'hommes qui restaient dans des transes mortelles, les vingt ou trente mille signataires des pétitions fayettistes et constitutionnelles en faveur du roi. Un grand nombre de volontaires qui partaient pour les armées avaient fait généreusement le serment d'oublier l'erreur de leurs frères. La Commune repoussa violemment la proposition de voter l'oubli.

Le 4, la commission extraordinaire de l'Assemblée

avait proposé à Danton un moyen très simple de changer d'un coup toute la situation : c'était d'arrêter Marat. Remède radical, héroïque. Seulement il risquait de produire une violente réaction. Arrêter Marat, c'était exécuter le décret d'accusation que le parti fayettiste, *royaliste* constitutionnel, avait fait lancer contre lui. C'était se faire accuser de complicité avec La Fayette, c'était relever l'espérance des royalistes, commencer un mouvement qui pouvait mener infiniment loin. Le vent va vite, en ces moments; la tempête une fois déchaînée en sens inverse, les royalistes constitutionnels triomphaient dès le premier jour, dans huit jours les royalistes purs, huit jours après les Prussiens. — Danton répondit que, plutôt que de faire arrêter Marat, il donnerait sa démission.

Brissot, à son tour, alla chez Danton, le pressa vivement d'agir. « Comment, lui dit-il, empêcher que des innocents ne périssent avec les autres?... — Il n'y en a pas un », dit Danton.

L'autorité se retirant ainsi d'une manière absolue, la situation ne pouvait changer que par une manifestation vigoureuse de l'indignation du peuple. Elle n'osa se produire le 5 et n'éclata que le 6. Ce jour même, il y avait eu encore des meurtres. Pétion s'était rendu dans le conseil général, et s'élevait contre les agitateurs qui demandaient de nouvelles victimes. Des applaudissements confus éclatèrent, puis des voix distinctes exprimant l'assentiment le plus décidé, enfin des cris de fureur contre les buveurs de sang : « Nous les poursuivrons! nous les arrêterons! » Ce fut le mot unanime qui sortit de cette tempête, la vraie voix du peuple enfin qui se déclarait. Pétion se mit en marche, entraîna en vainqueur la Commune humiliée, alla s'emparer de la Force et ferma ses portes sanglantes (6 septembre).

Ces voix de l'indignation semblaient devoir faire rentrer dans la terre les sanguinaires idiots qui avaient cru sauver la France en la déshonorant. Dès le 5, un membre du conseil s'était répandu en plaintes amères contre Panis, celui qui furtivement avait introduit Marat au comité de surveillance. Panis vint répondre le 6 au soir; on ne sait ce qu'il put dire, mais le conseil se déclara satisfait. Son apologie avait été précédée d'une étrange dissertation de Sergent, *sur la sensibilité du peuple, sa bonté, sa justice*, etc.. Ce bavardage fait horreur, quand on le voit en intermède entre le massacre de Paris et le massacre de Versailles que la Commune préparait, *voulait* expressément.

Voulait, on peut l'affirmer; autrement elle n'eût pas mis une obstination féroce à violer par trois fois les décrets de l'Assemblée. L'Assemblée avait ordonné que les prisonniers d'Orléans y restassent, puis qu'ils allassent à Blois, enfin à Saumur. La Commune, opposant hardiment ses décrets à ceux des représentants de la France, ordonna qu'on amenât les prisonniers à Paris, autrement dit à la mort, qu'on recommençât le massacre.

Les meneurs de la Commune avaient besoin d'un

nouveau coup de terreur, non plus pour sauver la France (comme ils avaient tant répété), mais pour se sauver eux-mêmes. Le 7, le conseil général, pressé de nouveau, avait été obligé de nommer une commission pour examiner les plaintes qu'on faisait contre Panis. La malédiction publique commençait à peser lourdement sur la tête de ces hommes, et, dans leur effroi, ils se ralliaient de plus en plus à Marat, à l'idée d'extermination.

Dans le changement universel des esprits, il y avait un homme qui ne changeait point. Marat seul montrait une remarquable constance d'opinion; les principes chez lui passaient avant tout, je veux dire un seul principe, et très simple : massacrer. Non content des prisonniers envoyés aux prisons pendant l'exécution même, il continuait de les peupler, dans l'espoir qu'un jour ou l'autre on les viderait en une fois. Il affichait tous les jours que le salut public voulait qu'on massacrât au plus vite l'Assemblée nationale.

Son rêve le plus doux eût été une Saint-Barthélemy générale dans toute la France. Pour lui, c'était peu de Paris[1]. Il avait obtenu que le comité de surveillance enverrait des commissaires pour aider

---

1. Pétion, s'enhardissant, quelques jours après septembre, ne fit pas difficulté de dire dans le conseil général que Marat était un fou. Panis se leva indigné et dit que ce prétendu fou, véritablement, était un prophète, qu'il avait dit et fait des choses incroyables, qu'on ne pouvait retrouver que dans l'Ancien-Testament. Sommé d'expliquer ces choses, Panis dit que Marat en avait fait autant qu'Ézéchiel, qu'enfermé au fond de sa cave, « il était resté, comme le prophète biblique, six semaines sur une fesse sans se retourner ».

à la chose, avec ce titre nouveau : *commissaires des administrateurs du salut public*. L'un des moyens de salut que ces commissaires proposaient à Meaux, c'était de fondre un canon de la dimension précise de la tête de Louis XVI, afin qu'au premier pas qu'oseraient faire les Prussiens, on leur envoyât ladite tête au lieu de boulet.

La circulaire où Marat recommandait le massacre, au nom de la Commune, et qu'il avait fait passer sous le couvert du ministère de la justice (grâce à la lâcheté de Danton), cette circulaire faisait son chemin de département en département. L'exemple de Paris, toujours si puissant, l'autorité respectée de la glorieuse Commune, faisaient grande impression. Dans chaque ville, il y avait toujours une poignée de hurleurs, d'aboyeurs, de violents (ou qui faisaient semblant de l'être), un bon nombre aussi d'imitateurs imbéciles, qui s'assemblaient sur la place et disaient : « Et nous donc, est-ce que nous ne ferons pas aussi quelque chose *de hardi ?...* » La faiblesse des journaux parisiens, qui n'osaient blâmer le massacre, ne contribuait pas peu à tromper les provinciaux. Que dire, quand on lit dans le pâle et froid *Moniteur* ces paroles honteuses : « Que le peuple avait formé la résolution *la plus hardie* et la plus terrible. » Et qui donc en France consent à paraître *moins hardi ?*

A Reims, à Meaux, à Lyon, on fit consciencieusement ce qu'on pouvait pour ne pas être trop au-dessous de Paris. On tua nombre de prisonniers, des prêtres, des nobles et aussi quelques voleurs ; une trentaine de personnes environ perdirent la vie.

Nuls prisonniers n'avaient plus à craindre que ceux d'Orléans ; ils étaient quarante environ, attendant le jugement de la haute cour qui y siégeait. La plupart étaient des hommes qui avaient marqué d'une manière très odieuse contre la Révolution. Il y avait entre autres le ministre Delessart, instrument connu des intrigues de la cour, de ses négociations avec l'ennemi. Il y avait M. de Brissac, commandant de cette garde constitutionnelle, si parfaitement recrutée parmi les gentilshommes de province les plus fanatiques, les bourgeois les plus rétrogrades, les maîtres d'armes, les coupe-jarrets ramassés dans les tripots. M. de Brissac avait des qualités aimables, il était l'ami personnel de Louis XVI ; on le citait à la cour comme un parfait modèle du chevalier français, ce qui ne l'empêchait pas d'être amant de la Du Barry. On le trouva caché chez elle, au pavillon de Luciennes.

L'expédition d'Orléans fut confiée à deux hommes cruellement fanatiques, Lazouski et Fournier, dit l'Américain. Celui-ci était si ardent pour la chose qu'il fit les frais nécessaires, avec l'aide d'un bijoutier et de quelques autres. Il avança une vingtaine de mille francs qui lui furent plus tard remboursés par la Commune. Lazouski était deux fois furieux, doublement exaspéré, de rage polonaise et française. Il faut songer qu'à ce moment (dans l'été de 1792), les trois meurtriers de la Pologne consommaient sur elle l'œuvre exécrable, hypocrite, du démembrement. Lazouski se vengeait ici des crimes de Pétersbourg. Il massacrait des royalistes, ne pouvant massacrer des rois.

Dans le désir passionné qu'elle avait d'éviter l'effusion du sang, l'Assemblée s'humilia encore. Elle composa tacitement avec la Commune. Il fut entendu que les prisonniers n'arriveraient pas à Paris, mais resteraient à Versailles. Roland y fit tout préparer. On envoya au-devant, pour les protéger, une masse de garde nationale.

Versailles même n'était guère moins dangereux que Paris. On l'a vu au 6 octobre. Nulle part l'Ancien-Régime n'était plus haï. Il y avait de plus alors, dans cette ville, cinq ou six mille volontaires, non armés, non habillés, qui attendaient pour partir, désœuvrés, ennuyés et mécontents, errant dans les rues et les cabarets. Il ne faut pas demander si la nouvelle de l'arrivée des prisonniers d'Orléans les mit en émoi. Il y avait à parier que s'ils arrivaient à Versailles, ils périraient jusqu'au dernier.

On assure qu'un magistrat de Versailles, voyant le péril, alla à Paris, courut chez Danton. Il en fut reçu fort mal. Danton ne pouvait donner ordre au cortège de rebrousser chemin, sans trancher le grand litige, se déclarer pour l'Assemblée contre la Commune. La Commune venait de remporter une victoire; Marat avait été nommé le jour même député de Paris. Danton, grondant, dit d'abord ces mots, à voix basse, comme un dogue : « Ces hommes-là sont bien coupables. — D'accord, mais le moment presse... — Ces hommes-là sont bien coupables! — Enfin que voulez-vous faire? — Eh! Monsieur, s'écria alors Danton d'une voix tonnante, *ne voyez-vous donc pas que, si j'avais quelque chose à vous répondre, cela serait fait depuis longtemps?...* Que vous importent ces prisonniers? Remplissez vos fonctions. Mêlez-vous de vos affaires. »

La chose alla comme on pouvait le prévoir. L'escorte, rangée devant et derrière, ne protégea pas les flancs du cortège. A la grille de l'Orangerie, une troupe confuse entoura les charrettes et sauta dedans. Un jardinier que M. de Brissac avait jadis renvoyé lui dit : « Me reconnais-tu? » (Nous tenons ce détail d'un témoin oculaire.) Il le prit au jabot et lui cassa sur la tête un pot au lait en grès qu'il tenait à la main. Ce fut le commencement du massacre. Le maire de Versailles fit des efforts incroyables pour sauver les prisonniers; il se mit lui-même en péril. Tout cela inutilement. Une fois échauffés par le sang, ils coururent à la prison et y tuèrent encore une douzaine de personnes.

Lazouski et Fournier revinrent paisiblement à Paris avec leurs chariots vides, et n'y trouvèrent pas l'accueil qu'ils s'étaient flattés de recevoir. Leurs hommes, inquiets de ne plus revoir Paris aussi *énergique* qu'ils l'avaient laissé, essayèrent de se rassurer par quelque signe approbatif du ministre patriote. Ils allèrent sous les fenêtres du ministère de la justice et crièrent : « Danton! Danton! » Il répondit à cet appel, et, paraissant au balcon, le misérable esclave, habitué à couvrir la faiblesse des actes sous l'orgueil de la parole, leur dit (du moins on l'assure) : « Celui qui vous remercie, ce n'est pas le ministre de la justice, c'est le ministre de la Révolution. »

Danton se voyait alors dans une dangereuse crise où il allait se trouver en face de la redoutable Commune, en opposition avec elle; le masque qu'il avait pris risquait fort d'être arraché. Il disputait à la Commune la vie d'un prisonnier, bien plus important pour lui que tous ceux qui avaient péri à Versailles, le célèbre constituant Adrien Duport. La cour, on se le rappelle, l'avait consulté, ainsi que Barnave et Lameth. Dans le manifeste même de Léopold, dans le portrait peu flatté que l'Empereur y faisait des Jacobins, on avait cru reconnaître la plume trop habile du fameux triumvirat.

Ces coupables intelligences avec l'ennemi n'étaient que trop vraisemblables, mais enfin nullement prouvées. Ce qui l'était mieux, ce qui était certain, acquis à l'histoire, c'étaient les services immenses qu'Adrien Duport avait rendus, sous la Constituante, à la France, à la Révolution. La vie d'un tel homme, en vérité, était sacrée. La Révolution ne pouvait y toucher que d'une main parricide. Danton voulait le sauver à tout prix, et en cela il acquittait la dette de la patrie, disons mieux, celle de l'humanité entière. Qui ne se souvenait pas des paroles touchantes de Duport dans son discours contre la peine de mort : « Rendons l'homme respectable à l'homme.. »

Tout cela était déjà oublié. Et il y avait à peine un an, tellement, de 1791 à 1792, le temps avait marché vite! Mais Danton se souvenait. Il voulait sauver Duport à tout prix.

Danton pouvait bien avoir aussi quelque raison personnelle de craindre qu'un homme qui savait tant de choses ne fût jugé, interrogé, qu'il ne fît sa confession publique. Dans la primitive organisation des Jacobins, et plus tard, peut-être même dans quelqu'une de ses intrigues avec la cour, Duport avait très probablement employé Danton. Intérêt? générosité? ces deux motifs, plutôt ensemble, lui faisaient désirer passionnément de sauver Duport.

Celui-ci était justement un de ceux que le comité de surveillance avait eu soin de faire chercher, au moment des visites domiciliaires, dès le 28 août. Il n'était pourtant nullement compromis pour les derniers événements. Il y avait six mois et plus que la cour ne se servait plus de Duport ni des constitutionnels; elle ne daignait plus les tromper; elle ne mettait plus d'espoir que dans l'appui de l'étranger. Duport, resté à Paris, dans sa maison du Marais, ne se mêlait plus de rien que de remplir ses fonctions comme président du tribunal criminel; c'était un magistrat, un bourgeois inoffensif, un garde national; il avait monté sa garde la nuit du 10 août, était resté à son poste et n'avait point été au château. Aux jours de septembre, il était chez lui à la campagne près Nemours; le 4, comme il revenait de la promenade avec sa femme, il fut arrêté par le maire de l'endroit, assisté d'une trentaine de gardes nationaux.

L'illustre légiste dit à ce maire de village que son autorisation d'un comité de police de Paris ne valait rien hors de Paris. Mais la population fort agitée, les menaces des volontaires qui se trouvaient là, obligèrent le maire de le conduire aux prisons de Melun. S'il eût été mené de là à Paris, il périssait certainement; on y tua encore le 5 et même le 6. Danton, heureusement averti à temps, ordonna à la municipalité de Melun de le garder en prison, quelque ordre qu'elle reçut d'ailleurs. De surcroît, et dans la crainte que son message n'arrivât et n'eût point d'effet, il donnait ordre aux autorités de chaque localité, sur la route, d'arrêter cet important prisonnier, à quelque point du voyage qu'il fût parvenu.

Cependant les zélés de Melun ne perdaient pas de temps. Ils laissèrent croire à Duport qu'ils allaient réclamer auprès de l'Assemblée nationale contre l'illégalité de son arrestation, et en réalité ils allèrent demander au comité de surveillance un nouvel ordre pour le tirer de la prison de Melun et l'amener à Paris. Cet ordre arrive à Melun, et voilà la municipalité de cette ville entre le comité de surveillance qui ordonne de livrer et le ministre de la justice qui ordonne de garder. Dans le doute, elle croit plus sage de ne rien faire, de laisser les choses dans l'état même où elles sont; elle garde le prisonnier.

— Danton avait très bien prévu le conflit. Le lendemain même du jour où il envoya à Melun, il se munit d'un décret de l'Assemblée (8 septembre) qui chargeait le pouvoir exécutif (c'est-à-dire Danton) de statuer sur la légalité de l'arrestation de Duport Par cet acte vigoureux, Danton arrachait à la Commune sa victime; c'était la première fois qu'il était courageux contre elle, qu'il osait s'élever contre, démentait sa fausse unanimité avec les hommes de sang.

Duport resta à Melun; mais Danton n'osa pas pousser plus loin son avantage. Il pria le comité de surveillance de communiquer les pièces aux tribunaux. Le comité répondit durement qu'il n'avait que faire de pièces pour arrêter un tel homme, que d'ailleurs on avait saisi sur Duport des lettres singulièrement suspectes. Le comité se sentait fort. Les massacres s'étaient traduits immédiatement en élections favorables à la Commune. Dans les jours de terreur, où les assemblées électorales étaient peu nombreuses, les violents avaient beau jeu. Le 5, ils élurent Robespierre, et Marat le 8. Deux jours après le massacre de Versailles, le 11, furent élus Panis et Sergent.

Marat crut pouvoir alors pousser Danton à bout, le mettre en demeure de prendre un parti plus net qu'il n'avait fait jusqu'ici. Il le tenait cruellement par l'affaire de Duport. Le 13, il publia, avec les lettres de Danton et du comité, celles qu'on avait saisies sur Duport, lettres énigmatiques, d'autant plus propres à piquer la curiosité. Ces lettres, publiées d'abord dans l'*Ami du peuple*, passèrent dans les autres journaux; tous saisirent cette occasion de perdre Danton, de le montrer en connivence avec un conspirateur royaliste. Marat le crut frappé à mort. Il lui écrivit alors une lettre injurieuse, outrageante, où il lui annonçait que, de journaux en placards, en affiches, il allait le traîner dans la boue.

Le lion, furieux, sentit sa chaîne, se sentit tiré par le chien... Il ne rugit même pas. Il céda à la circonstance, dévora son cœur, courut à la mairie. Dans le même hôtel, siégeaient l'innocent maire de Paris, Pétion, et la dictature du massacre, le comité de surveillance, Marat et les maratistes. Danton n'alla pas tout droit chez celui qu'il voulait voir, mais d'abord chez Pétion. Il tonna, gesticula, déclama sur la lettre insolente que Marat avait osé lui écrire. — « Eh bien, lui dit Pétion, descendons au comité, vous vous expliquerez ensemble. » — Ils descendent. En présence de Marat, l'orgueil reprit à Danton, il le traita durement. Marat ne démentit rien, soutint ce qu'il avait dit, ajoutant qu'au reste, dans une telle situation, on devait tout oublier. Et alors il lui prit un mouvement de sensibilité, comme il en avait souvent, il déchira la lettre qui avait blessé Danton et se jeta dans ses bras. Danton endura le baiser, sauf à se laver ensuite.

Il ne se sentait pas moins la chaîne rivée au col. Marat le tenait par Duport. Si Danton défendait Duport, il était perdu, mordu à mort par Marat. Si Danton livrait Duport, il était perdu très probablement. Duport eût parlé, sans doute, avant de mourir, emporté avec lui Danton.

Celui-ci devait attendre, gagner du temps. Les maratistes pouvaient périr par leurs excès. Ce qui semblait devoir briser, en très peu de temps, cette tyrannie anarchique, ce n'était pas seulement l'horreur du sang, mais la crainte du pillage. Les vols se multipliaient. Ceux qui se croyaient maîtres de la vie des hommes semblaient se croire, à plus forte raison, maîtres de leurs biens.

Si Marat ne conseillait pas le partage des propriétés, son ami Chabot assurait que c'est qu'il ne croyait pas les hommes assez vertueux encore. Beaucoup n'en jugeaient pas ainsi; ils se croyaient suffisamment vertueux pour commencer; ils essayaient de se faire le partage de leurs propres mains; d'abord celui des bijoux, des montres, en plein jour, sur les boulevards. Si l'homme dépouillé criait, les voleurs criaient bien plus haut : « A l'aristocrate! » La foule passait tête basse, à ce cri si redouté, et n'osait intervenir.

Paris retombait à l'état sauvage.

Et, comme il arrive en un tel état, les individus, n'espérant rien de la protection de la loi, essayèrent de l'association pour se protéger eux-mêmes. Les vieilles fraternités barbares, les essais antiques et grossiers de solidarité, de protection mutuelle, trouvèrent des imitateurs à Paris, à la fin du dix-huitième siècle. Ce fut l'Abbaye, la section sanglante, frémissante encore du massacre, qui proposa aux autres sections *une confédération entre tous les citoyens, pour se garantir mutuellement les biens et la vie.* On devait se faire reconnaître, en portant toujours sur soi une carte de la section. Chacun avait ainsi sa section pour garantie, était protégé par elle. Il y avait lieu d'espérer qu'on ne verrait plus un inconnu, un quidam en écharpe, frapper à la porte *au nom de la loi*, la briser, si l'on n'ouvrait, prendre un citoyen chez lui, l'emmener, le jeter dans les prisons toutes teintes encore de sang. Puis, quand on voulait remonter à la source, on ne trouvait rien. On s'informait à la Commune. Mais elle n'en savait rien. Au comité de surveillance et de police? Lui-même n'en savait rien. On finissait par découvrir que c'était *un* de ses membres, *un seul* très souvent, et le plus souvent Marat, qui, pour tous, sans les prévenir, avait signé de leurs noms, lancé le mandat d'amener, autorisé le quidam.

Les autorités de Paris ne se contentaient plus de régner dans cette ville. Elles étendaient leur royauté à trente et quarante lieues. Elles donnaient aux gens qu'il leur plaisait d'appeler *administrateurs du salut public* des pouvoirs ainsi conçus : « Nous autorisons le citoyen tel à se transporter dans telle ville pour s'emparer des personnes suspectes et des effets précieux. » Des villes, ces commissaires, dans leur esprit de conquête, circulaient dans les campagnes, allaient aux châteaux voisins, prenaient, emportaient l'argenterie.

L'occasion était belle pour frapper la Commune. Des mesures furent prises par l'Assemblée, et cette fois avec une redoutable unanimité, qui montrait assez que les dantonistes agissaient ici avec la Gironde.

L'Assemblée porta un décret *qui défendait d'obéir aux commissaires d'une municipalité hors de son territoire.*

Un coup non moins grave fut frappé sur la Commune, sur tout ce peuple d'agents qu'elle se créait à plaisir, déléguant sa tyrannie au premier qu'il lui plaisait de ceindre de sa terrible écharpe. Sur le rapport du dantoniste Thuriot, l'Assemblée décréta que *quiconque prendrait induement l'écharpe municipale serait puni de mort.*

Nous ne doutons point que Danton n'ait parlé encore ici par l'organe de Thuriot, pris sa revanche du baiser de Marat.

On affectait de dire, pour faire passer ce violent décret, que tous ces gens en écharpe, qui, sans droit ni autorité, mettaient les scellés, faisaient des saisies, emportaient, n'étaient autres que des filous. les municipaux eux-mêmes avaient-ils les mains bien nettes? On était tenté d'en douter. Leur autorité illimitée, la disposition absolue qu'ils s'attribuaient de toute chose, les mettaient sur une pente bien glissante. Il était à craindre que ces Brutus, inflexibles à la nature, invincibles à la pitié, vrais stoïciens pour autrui, ne le fussent moins pour eux-mêmes. Dans le vertige du moment, dans le maniement confus, indistinct, de tant d'affaires et de tant d'objets, la passion dominante (car enfin chacun en a une, tel les femmes, tel l'argent) n'allait-elle pas revenir?

On raconte que le comité de surveillance, qui avait entre les mains les dépouilles des morts de septembre, une grande masse de bijoux, eut l'idée, dans un besoin public, d'en faire de l'argent. C'était peut-être un peu bien tôt (quelques jours après le massacre); à peine avait-on eu le temps de laver la trace; ces bijoux sentaient le sang. Des anneaux faussés par le sabre qui avait tranché les doigts, des boucles d'oreilles arrachées avec des morceaux d'oreilles, c'étaient véritablement des choses trop tristes, qu'il ne fallait pas montrer; mieux eût valu enfouir ces lugubres dépouilles marquées de signes de mort, et qui ne pouvaient porter bonheur à personne. Les membres du comité en firent une vente publique aux enchères; mais quelque publique qu'elle fût, elle n'en était pas moins suspecte; qui eût osé enchérir sur eux, s'il leur plaisait de dire qu'ils achetaient tel objet? C'est précisément ce qui arriva. Sergent, en sa qualité d'artiste, regardait, maniait insatiablement un camée de prix en agate. « Ce n'était pas, dit-il dans ses justifications, un camée antique. » Peu importe; qu'il fût antique ou moderne, il en tomba amoureux. Personne n'osa enchérir, Sergent l'eut au prix d'estimation. Le paya-t-il? C'est là que commence la dispute. Sergent, dans ses Notes, dit oui, l'enquête conservée à la Préfecture de police semblerait dire non. On serait tenté de croire que l'artiste nécessiteux qui recevait une indemnité légère pour son traitement de roi de France (un membre de ce comité souverain n'était guère moins en vérité) agit ici royalement, se réserva de payer à son loisir et provisoirement s'adjugea l'objet qui avait fixé son caprice. Nul doute qu'il n'eût pu prendre des choses bien plus précieuses. Quoi qu'il en soit, Sergent, dans sa longue vie, très honnête, a traîné ceci misérablement, en parlant sans cesse, en écrivant sans cesse, se tenant au plus grand passage des étrangers de l'Europe, les arrêtant pour ainsi dire, les forçant d'entendre son apologie. Jusqu'à la mort, il fut comme poursuivi par ce funèbre bijou, qui semble l'avoir tenté perfidement pour marquer chacun de ses jours du souvenir de septembre.

Chacun, en réalité, à ce moment, agissait en roi. Des caves ayant été découvertes sous les décombres du Carrousel, avec des tonneaux d'huile et de vin, les passants, comme peuple souverain, héritiers naturels du roi, décidèrent que l'huile et le vin leur appartenaient. Ils burent le vin et vendirent l'huile, et cela naïvement, en plein jour, sans embarras ni scrupule.

Ce n'est pas tout. On se rappelle qu'un membre de la Commune avait, au mois d'août, cru devoir enlever du Garde-Meuble un petit canon d'argent. L'événement attira l'attention de quelques individus sur le dépôt précieux. Ils remarquèrent qu'il était à peine gardé; on ne pouvait ni réunir ni maintenir au complet un poste assez nombreux de garde nationale. Dans le pillage universel qu'on voyait partout, ils s'adjugèrent la meilleure part, les diamants de la couronne. Ils emportèrent entre autres le *Régent*, et en attendant qu'ils pussent s'en défaire, ils le cachèrent sous une poutre d'une maison de la Cité.

L'audace d'un tel vol ne révélait que trop l'anéantissement des pouvoirs publics. Le ministre de l'intérieur venait uniformément avouer à l'Assemblée, chaque matin, qu'il ne pouvait rien et qu'il n'était rien, que l'autorité n'était plus.

La conscience publique flottait, ébranlée par le massacre; beaucoup d'hommes trouvaient problématique le droit du prochain à la vie. Un prêtre, le supérieur de Sainte-Barbe, avait obtenu, le 10, un passeport de Roland, *à titre d'humanité* : ce fut l'apostille du ministre. Au moment de partir, il coucha chez un de ses parents, par qui il fut *septembrisé*. La chose fut révélée par une fille chez qui, le soir même, coucha l'assassin.

Des bruits effrayants couraient; les prisons, remplies de nouveau et combles, s'attendaient à voir recommencer un égorgement général. Les prisonniers de Sainte-Pélagie, dans l'agonie de la peur, écrivirent une pétition à l'Assemblée pour ne pas être massacrés, du moins avant jugement.

L'Assemblée avait elle-même à craindre autant que personne. Marat demandait chaque jour qu'on égorgeât ces traîtres, ces royalistes, ces partisans de Brunswick. Massacrer la Législative, c'était son texte ordinaire. Le plus étrange, ce qu'on n'eût vraiment jamais deviné, c'est qu'il semblait vouloir déjà égorger la Convention, qui n'existait pas encore. Il recommandait au peuple de bien l'entourer, « d'ôter à ses membres le talisman de l'inviolabilité, afin de pouvoir les livrer à la justice populaire... Il importe, disait-il, que la Convention soit sans cesse sous les yeux du peuple et qu'il puisse la lapider... »

Égorger l'ancienne Assemblée, menacer de mort l'autre qui venait, c'était l'infaillible moyen d'empêcher tout rétablissement de l'ordre, toute résurrection de la puissance publique.

Il se trouva heureusement des députés énergiques qui, peu soucieux de vivre ou mourir, insistèrent avec indignation pour sauver du moins leur honneur, pour repousser l'infâme nom de traître qu'on prodiguait si hardiment aux membres de l'Assemblée. Aubert-Dubayet somma la commission chargée d'examiner les papiers saisis au 10 août de dire s'il en était qui inculpassent véritablement quelqu'un des représentants. L'irréprochable Gohier, membre de cette commission, répondit : *Que ces papiers, examinés en présence des commissaires de la Commune, n'avaient rien présenté qui pût porter le moindre soupçon sur aucun des membres de l'Assemblée législative.*

Cambon s'exprima alors avec l'indignation profonde de la vertu outragée : « On dit, on affiche que quatre cents députés sont des traîtres, et nous resterions ici à nous le dire à l'oreille!... Non, non, *mourons s'il le faut, mais que la France soit sauvée!...* La souveraineté est usurpée... Par qui? Par trente ou quarante personnes que soudoie la nation..... *Que tous les citoyens s'arment! Requérons la force armée!...* Elle écrasera ces gens de boue qui vendent la liberté pour de l'or... Je demande que les autorités comparaissent à la barre, que l'Assemblée leur dise l'état de Paris et leur rappelle leur serment. »

Cette violente sortie, où l'homme le plus considéré pour la probité semblait faire appel aux armes contre la Commune, était moins terrible encore en elle-même que par l'occasion qui l'avait amenée; l'occasion n'était pas moins que le vol du Garde-Meuble. L'affaire du canon d'argent, celle de l'argenterie enlevée, celle de l'agate de Sergent, un grand nombre de saisies illégales d'objets précieux, l'absence d'ordre aussi et de comptabilité, ne rendaient que trop vraisemblable cette accusation (en réalité injuste).

Ce jour même, 17 septembre, Danton crut la Commune assez affaiblie et devint audacieux. Sans s'inquiéter de ce que dirait le comité de surveillance ni des aboiements de Marat, il renvoya l'affaire de Duport, non au tribunal extraordinaire, comme il l'avait dit lui-même, mais tout simplement au tribunal de Melun, et le chargea de statuer sur la légalité de l'arrestation de Duport. Ce tribunal ne perdit pas une minute, et le 17, au reçu du courrier, il déclara l'arrestation illégale, élargit le prisonnier[1].

Danton profita encore du moment pour faire une chose humaine. Il fit abréger, pour tous les détenus qui avaient échappé au massacre, le temps de leur détention.

Une chose montra combien, en si peu de jours, la situation avait changé : une commune de Franche-Comté ne craignit pas d'arrêter deux de ces terribles *commissaires du salut public*. La commune de Champlitte, au nom de l'égalité, déclara ne point obéir à la Commune de Paris. — Cet exemple fut imité dans un grand nombre de villes.

Le conseil général de la Commune comprit qu'il était grand temps de sacrifier son comité de surveillance. Le 18 au soir, il se souleva violemment contre ce comité, rejeta sur lui la responsabilité de tout ce qui s'était fait, le cassa et rappela que nulle personne étrangère au conseil général ne pouvait faire partie du comité de surveillance. Ceci contre Marat, introduit subrepticement, contre Panis, le coupable introducteur de Marat.

La folle et furieuse audace des maratistes était tellement connue qu'on ne pouvait croire qu'ils

---

[1]. Je dois la communication des nombreuses pièces qui éclaircissent cette affaire à l'obligeance de M. Danton, l'un de nos professeurs de philosophie les plus distingués, aujourd'hui inspecteur de l'Université.

reçussent ce coup sans répondre par un crime, par quelque nouvelle tentative de massacre. Ces craintes furent augmentées plutôt que diminuées, lorsque, le 19, le conseil général déclara qu'il était prêt à mourir pour la sûreté publique. Le même jour, l'Assemblée, dans une adresse, proclama, pour l'effroi de la France, le bruit qui courait : qu'au jour où l'Assemblée cesserait ses fonctions, *les représentants du peuple seraient massacrés*. Elle sanctionna des mesures de sûreté pour la ville de Paris, spécialement cette fédération de défense mutuelle dont la section de l'Abbaye avait donné l'exemple, et l'obligation pour tous les citoyens de porter toujours sur eux une carte de sûreté.

Avec toutes ces précautions, personne n'était rassuré. Personne ne se persuadait que la France franchît sans quelque nouveau choc affreux ce redoutable passage de la Législative à la Convention. Ceux qui, pour se maintenir, avaient saisi une fois le poignard du 2 septembre, hésiteraient-ils à le reprendre? On ne le pensait nullement. Un grand nombre de députés croyaient avoir très peu à vivre. La plupart pensaient du moins qu'un nouveau massacre des prisons était imminent. Vergniaud trouva dans cette attente, effrayante pour les cœurs vulgaires, une inspiration sublime, une parole sacrée que répéteront les siècles.

D'autres ont usurpé ce mot, qui n'avaient pas droit de le dire. Ils ont dit, d'après Vergniaud : « *Périsse ma mémoire* pour le salut de la France! »

Pour qu'on immole sa mémoire, il faut d'abord qu'elle soit pure. Pure doit être la victime, pour être acceptée de Dieu.

Vergniaud, après avoir parlé de la tyrannie de la Commune et montré la France perdue si cette royauté nouvelle n'était renversée : « Ils ont des poignards, je le sais... Mais qu'importe la vie aux représentants du peuple, lorsqu'il s'agit de son salut?... Quand Guillaume Tell ajusta la flèche pour abattre la pomme fatale sur la tête de son fils, il dit : « Périssent mon nom et ma mémoire, pourvu « que la Suisse soit libre!... » Et nous aussi, nous dirons : « Périsse l'Assemblée nationale, pourvu « que la France soit libre! Qu'elle périsse, si elle « épargne une tache au nom français! si sa « vigueur apprend à l'Europe que, malgré les ca- « lomnies, il y a ici quelque respect de l'humanité « et quelque vertu publique!... Oui, périssons, et « sur nos cendres, puissent nos successeurs, plus « heureux, assurer le bonheur de la France et « fonder la liberté! »

Toute l'Assemblée se leva, tout le peuple des tribunes. Cette génération héroïque se sacrifia, en ce moment, pour celles qui devaient venir. Tous répétèrent d'un seul cri : « Oui! oui, périssons, s'il le faut... et périsse notre mémoire! »

Le peuple qui disait ceci méritait de ne pas périr.
— Et au moment même il était sauvé. La France gagna, trois jours après, la bataille de Valmy.

CHAPITRE VIII

BATAILLE DE VALMY (20 SEPTEMBRE 1792).

Élan de la guerre. — Mort héroïque de Beaurepaire, 1ᵉʳ septembre. — Offrandes patriotiques. — Admirable accord des partis. — Dumouriez soutenu des Girondins, des Jacobins, de Danton. — Dévouement unanime de tous. — Immoralité profonde des puissances envahissantes. — Doute et incertitude des Allemands. — Goethe et *Faust.* — Indécision du duc de Brunswick. — Les Prussiens parlent de restaurer le clergé et de faire rendre les biens nationaux. — Pureté héroïque de notre armée; comment elle reçoit les septembriseurs. — Dumouriez se laisse tourner. — Unanimité pour le soutenir. — État formidable des campagnes de l'Est. — Dumouriez et Kellermann à Valmy, 20 septembre. — Fermeté de la jeune armée sous le feu. — Les Prussiens avancent deux fois et se retirent.

Le grand orateur avait été, en ce moment sublime, le pontife de la Révolution. Il avait trouvé, donné la formule religieuse du dévouement héroïque. Ainsi, dans les vieilles batailles de Rome, quand la victoire balançait, quand les légions chancelaient, le pontife, en blancs habits, s'avançait au front de l'armée et prononçait les paroles du rite sacré; un homme se présentait. Décius ou Curtius, qui répétait mot pour mot et se donnait pour le peuple. Ici, Vergniaud fut le pontife; mais ce ne fut pas un homme qui répéta la formule, ce fut tout le peuple même. La France fut Décius.

Non, l'anarchie de Paris ne devait tromper personne sur le caractère de ce moment. Cette mort était une vie. L'éloignement qu'on reprochait à la population pour les travaux intérieurs tenait à son élan de guerre. Elle sentait très bien d'instinct que la bataille du monde ne se livrerait pas ici.

La défense est à la main, et elle n'est pas au cœur. Préparer la défense à Paris, c'est toujours le plus triste augure. Qu'on sache bien que le jour où le pesant matérialisme de la royauté a fortifié Paris, il l'a énervé. Le jour où vous le voudrez imprenable, vous abattrez ses remparts.

La défensive ne va pas à la France. La France n'est pas un bouclier. La France est une épée vivante. Elle se portait elle-même à la gorge de l'ennemi.

Chaque jour, dix-huit cents volontaires partaient de Paris, et cela jusqu'à vingt mille. Il y en aurait eu bien d'autres, si on ne les eût retenus. L'Assemblée fut obligée d'attacher à leurs ateliers les typographes qui imprimaient ses séances. Il lui fallut décréter que telles classes d'ouvriers, de serruriers, par exemple, utiles pour faire des armes, ne devaient pas partir eux-mêmes. Il ne serait plus resté personne pour en forger.

Les églises présentaient un spectacle extraordinaire, tel que, depuis plusieurs siècles, elles n'en offraient plus. Elles avaient repris le caractère municipal et politique qu'elles eurent au Moyen-âge. Les assemblées des sections qui s'y tenaient rappelaient celles des anciennes communes de France ou des municipes italiens, qui s'assemblaient dans les églises. La cloche, ce grand instrument populaire dont le clergé s'est donné le monopole, était redevenue ce qu'elle fut alors, la grande voix de la cité, — l'appel au peuple. Les églises du Moyenâge avaient parfois reçu les foires, les réunions commerciales. En 1792, elles offrirent un spectacle analogue (mais moins mercantile, plus touchant), les réunions d'industrie patriotique, qui travaillaient pour le salut commun. On y avait rassemblé des milliers de femmes pour préparer les tentes, les habits, les équipements militaires. Elles travaillaient et elles étaient heureuses, sentant que, dans ce travail, elles couvraient, habillaient leurs pères ou leurs fils. A l'entrée de cette rude campagne d'hiver qui se préparait pour tant d'hommes jusquelà fixés au foyer, elles réchauffaient d'avance ce pauvre abri du soldat de leur souffle et de leur cœur.

Près de ces ateliers de femmes, les églises mêmes offraient des scènes mystérieuses et terribles, de nombreuses exhumations. Il avait été décidé qu'on emploierait pour l'armée le cuivre et le plomb des cercueils. — Pourquoi non? Et comment a-t-on si cruellement injurié les hommes de 1792, pour ce remuement des tombeaux? Quoi donc! la France des vivants, si près de périr, n'avait pas droit de demander secours à la France des morts et d'en obtenir des armes? S'il faut, pour juger un tel acte, savoir la pensée des morts mêmes, l'historien répondra, sans hésiter, au nom de nos pères dont on ouvrit les tombeaux, qu'ils les auraient donnés pour sauver leurs petits-fils. — Ah! si les meilleurs de ces morts avaient été interrogés, si l'on avait pu savoir là-dessus l'avis d'un Vauban, d'un Colbert, d'un Catinat, d'un chancelier L'Hospital, de tous ces grands citoyens, si l'on eût consulté l'oracle de celle qui mérite un tombeau? non, un autel, la Pucelle d'Orléans... toute cette vieille France héroïque aurait répondu : « N'hésitez pas, ouvrez, fouillez, prenez nos cercueils, ce n'est pas assez, nos ossements. Tout ce qui reste de nous, portez-le, sans hésiter, au-devant de l'ennemi. »

Un sentiment tout semblable fit vibrer la France en ce qu'elle eut de plus profond, quand un cercueil, en effet, la traversa, rapporté de la frontière, celui de l'immortel Beaurepaire, qui, non pas par des paroles, mais d'un acte et d'un seul coup, lui dit ce qu'elle devait faire en sa grande circonstance.

Beaurepaire, ancien officier des carabiniers, avait formé, commandé, depuis 1789, l'intrépide bataillon des volontaires de Maine-et-Loire. Au moment de l'invasion, ces braves eurent peur de n'arriver pas assez vite. Ils ne s'amusèrent pas à parler en route, traversèrent toute la France au pas de charge et se jetèrent dans Verdun. Ils avaient un pressentiment qu'au milieu des trahisons dont ils étaient environnés, ils devaient périr. Ils chargèrent un député patriote de faire leurs adieux à leurs familles, de les consoler et de dire *qu'ils étaient morts*. — Beaurepaire venait de se marier, il quittait sa jeune femme, il n'en fut pas moins ferme. Le commandant de Verdun, assemblant un conseil de guerre pour être autorisé à rendre la place, Beaurepaire résista à tous les arguments de la lâcheté. Voyant enfin qu'il ne gagnait rien sur ces nobles officiers dont le cœur, tout royaliste, était déjà dans l'autre camp : « Messieurs, dit-il, j'ai juré de ne me rendre que mort... Survivez à votre honte... Je suis fidèle à mon serment; voici mon dernier mot, je meurs... » Il se fit sauter la cervelle.

La France se reconnut, frémit d'admiration. Elle se mit la main sur le cœur et y sentit monter la foi. La patrie ne flotta plus aux regards, incertaine et vague, on la vit réelle, vivante. On ne doute guère des dieux à qui l'on sacrifie ainsi.

C'était avec un véritable sentiment religieux que des milliers d'hommes, à peine armés, mal équipés encore, demandaient à traverser l'Assemblée nationale. Leurs paroles, souvent emphatiques et déclamatoires, qui témoignent de leur impuissance pour exprimer ce qu'ils sentaient, n'en sont pas moins empreintes du sentiment très vif de foi qui remplissait leur cœur. Ce n'est pas dans les discours préparés de leurs orateurs qu'il faut chercher ces sentiments, mais dans les cris, les exclamations qui s'échappent de leur poitrine. « Nous venons comme à l'église », disait l'un. — Et un autre : « Pères de la patrie, nous voici! vous bénirez vos enfants. »

Le sacrifice fut, dans ces jours, véritablement universel, immense et sans bornes. Plusieurs centaines de mille donnèrent leur corps et leur vie, d'autres leur fortune, tous leurs cœurs, d'un même élan...

Dans les colonnes interminables de ces dons infinis d'un peuple, relevons telle ligne, au hasard.

De pauvres femmes de la Halle apportent quatre mille francs, le produit apparemment de quelques grossiers joyaux, leur anneau de mariage?...

Plusieurs femmes des départements, spécialement du Jura, avaient dit que, tous les hommes partant, elles pourraient monter la garde. C'est aussi ce qu'offrit, dans l'Assemblée nationale, une mercière de la rue Saint-Martin, qui vint avec son enfant. La mère donne sa croix d'or, un cœur en or et son dé d'argent. L'enfant, une petite fille, donne ce qu'elle a, une petite timbale d'argent et une pièce de quinze sols. Ce dé, l'instrument du travail pour la pauvre veuve, la petite pièce qui fait toute la fortune de l'enfant! Ah! trésor!... Et comment la France, avec cela, n'aurait-elle pas vaincu?... Dieu te le rende au ciel, enfant! C'est avec ton dé de travail et ta petite pièce d'argent que la France va lever des armées, gagner des batailles, briser les rois à Jemmapes... Trésor sans fond... On puisera, et il en restera toujours. Et plus il viendra d'ennemis, plus on trouvera encore... Il y en aura, au bout de deux ans, pour solder nos douze armées.

Nul parti, il faut le dire, ne fut indigne de la France

dans ce moment sacré. Disons mieux, s'il y avait de violents dissentiments sur la question intérieure, sur la question de la défense, il n'y eut point de parti. Le peuple fut admirable, et nos chefs furent admirables.

Remercions à la fois la Gironde, les Jacobins et Danton.

Le salut de la France tint certainement à un acte très beau d'accord, d'unanimité, de sacrifice mutuel, que firent à ce moment ces ennemis acharnés. Tous, ils s'accordèrent pour confier la défense nationale à un homme que la plupart d'entre eux haïssaient et détestaient.

Les Girondins haïssaient Dumouriez, et non sans cause. Eux, ils l'avaient fait arriver au ministère; lui, il les en avait chassés avec autant de duplicité que d'ingratitude. Ils l'allèrent chercher à l'armée du Nord, dans la petite position où il était tombé, et le nommèrent général en chef.

Les Jacobins n'aimaient nullement Dumouriez; ils voyaient bien son double jeu. Ils jugèrent néanmoins que cet homme voudrait, avant tout, la gloire, qu'il voudrait vaincre. Ce fut l'avis d'un jeune homme très influent parmi eux, Couthon, ami de Robespierre; ils approuvèrent et soutinrent sa nomination au poste de général en chef.

Danton fit plus. Il dirigea Dumouriez. Il lui envoya successivement sa pensée, Fabre d'Églantine, son bras, Westermann, l'un des combattants du 10 août. Il l'enveloppa, ce spirituel intrigant de l'Ancien-

Régime, du grand souffle révolutionnaire, qui autrement lui eût manqué.

Il y eut ainsi parfaite unanimité sur le choix de l'homme. Et même unanimité pour concentrer toutes les forces dans sa main.

On écarta ou l'on subordonna les officiers généraux qui pouvaient prétendre à une part du commandement. On envoya le vieux Luckner à Châlons former des recrues. On ordonna à Dillon, plus élevé que Dumouriez dans la hiérarchie militaire, d'obéir à Dumouriez. Même ordre donné à Kellermann, qui gronda, mais obéit. Toutes les forces de la France et sa destinée furent remises à un officier peu connu, et qui jusque-là n'avait jamais commandé en chef. C'est ainsi que le génie souverain de la Révolution élevait qui lui plaisait. Pourquoi devinait-il si bien les hommes? C'est qu'il les faisait lui-même.

Cette fois, il fit un homme. Ce Dumouriez, qui avait traîné dans les grades inférieurs, dans une diplomatie qui touchait à l'espionnage, la Révolution le prend, l'adopte, elle l'élève au-dessus de lui-même et lui dit : « Sois mon épée. »

Cet homme, éminemment brave et spirituel, ne fut vraiment pas indigne de la circonstance. Il montra une activité, une intelligence extraordinaires; ses *Mémoires* en témoignent. Ce qu'on n'y voit point toutefois, c'est l'esprit de sacrifice, l'ardeur du dévouement qu'il trouva partout et rendit sa tâche aisée; c'est la forte résolution qui se trouva dans tous les cœurs de sauver la France à tout prix, en sacrifiant, non la vie seulement, non la fortune seulement, mais l'orgueil, la vanité, ce qu'on appelle l'honneur. Un seul fait pour faire comprendre. Le vaillant colonel Leveneur, qui s'est rendu célèbre pour avoir pris (à lui seul, on peut le dire) la citadelle de Namur, avait eu le malheur de suivre La Fayette dans sa fuite. Il se repentit, revint. Il ne rentra dans l'armée que comme soldat, et, sans murmure, il porta le sabre du simple hussard, jusqu'à ce que de nouveaux services lui eussent fait rendre son épée.

L'unité d'action était facile avec de tels hommes, même les bandes indisciplinées de volontaires qui arrivaient de Paris, une fois encadrées, contenues, Dumouriez l'avoue lui-même, elles devenaient excellentes, surmontaient les fatigues, les privations, mieux que les anciens soldats.

On voit bien dans ses *Mémoires* tout ce qu'il fit pour l'armée, mais pas assez comment cette armée fut soutenue... Il arrive à Dumouriez, comme à la plupart des militaires, de ne pas tenir assez compte des causes morales[1]. Il fait abstraction du grand et terrible effet que produisit sur l'armée allemande

1. C'est le défaut trop ordinaire des écrivains militaires, spécialement des généraux qui écrivent leur propre histoire. Ils font honneur de tout succès à leurs calculs, oublient les hommes sans le dévouement desquels ces calculs ne servaient à rien. — Le plus grand et le plus coupable, Napoléon, dans ses *Mémoires*, donne volontiers *le chiffre* des hommes, nullement *la qualité*, le personnel merveilleux, unique, invincible, dont il disposait. Il a l'air d'ignorer l'infaillible épée que sa mère, la Révolution, lui avait léguée en mourant. « J'avais tant d'hommes, tant sont morts », voilà toute l'oraison funèbre. Quoi! c'est là tout, grand Empereur?... Pas un mot du cœur, pour tant de cœurs héroïques, qui ne vous distinguaient plus de la patrie et mouraient pour vous!

l'unanimité de la France. Il n'a pas l'air de voir tous ces camps de gardes nationaux qui hérissaient les collines de la Meurthe, des Vosges, de tant d'autres départements. Il ne voit pas, du Rhin à la Marne, le paysan armé et debout sur son sillon. Mais l'ennemi l'a bien vu, et voilà pourquoi il a si peu insisté, si peu combattu, si peu profité des fautes de Dumouriez.

Voilà le secret de toute cette campagne. Il ne faut pas le chercher exclusivement dans les opérations militaires. Ici, parmi un désordre immense, mais tout extérieur, il y avait une profonde unité de passion et de volonté. Et du côté des Allemands, avec toutes les apparences de l'ordre et de la discipline, il y avait division, hésitation, incertitude absolue sur les moyens et le but.

Pour juger le commencement de la guerre, il faut en voir déjà la fin. Il faut, pour mesurer la juste part d'estime que l'on doit à ces Croisés qui lèvent ici la bannière contre la Révolution, il faut, dis-je, savoir à quel prix ils s'arrangeront avec elle dans quelques années d'ici. Après tant de phrases sonores sur le droit et la justice, les chevaliers s'avoueront pour ce qu'ils sont, des voleurs. La Prusse volera sur le Rhin, et l'Autriche en Italie... L'une et l'autre, n'ayant pu rien gagner sur l'ennemi, gagneront sur leurs amis. Chose prodigieuse! on les verra tendre la main à la France et se faire donner par elle (une ennemie victorieuse), donner leurs propres amis, et dire à peu près ceci : « Je n'ai pu prendre ta vie.

Donne-moi la vie de mon frère. » — La Prusse ainsi dévorera les petits princes allemands, et l'Autriche absorbera sa fidèle alliée, Venise.

Tout cela se verra bientôt. Mais, sans attendre si loin, dans l'année même où nous sommes, en 1792, comment voir sans horreur la scène qui se passait dans le Nord?... Quant à moi, je ne demande pas d'humanité à l'ours blanc de Russie, pas davantage aux vautours de l'Allemagne... Qu'elle soit mangée, cette Pologne, d'accord, je ne m'en étonnerai pas. Mais que ces bêtes sauvages aient pu prendre des faces d'hommes, des voix douces, des langues mielleuses, cela trouble, cela glace... Qu'avait besoin cette Prusse de s'engager, de promettre, de pousser la Pologne à la liberté? Quoi! misérable, pour que, jetée sous la dent de l'ours, elle te donnât Thorn et Dantzig?... Et quelle chose effroyable aussi de voir la Russie elle-même attester *la liberté!* se plaindre de ce que la Pologne *n'est pas assez libre!* puis, mêlant la dérision à l'exécrable hypocrisie, accuser tantôt sa victime d'être royaliste, tantôt d'être jacobine!... Enfin ces honnêtes gens vont dire, en 1793, que, dans leur sollicitude pour cette pauvre Pologne, *et de peur qu'elle ne se fasse du mal à elle-même,* ils croient de son intérêt *qu'elle soit resserrée,* encore plus, *en certaines limites.*

C'est en France que la Prusse et l'Autriche devaient trouver leur expiation. Ils entrent en conquérants, et ils s'en vont en voleurs, sans guerre sérieuse ni combat. Quelques volées de boulets et les huées de nos femmes, voilà ce qu'il en a coûté. — Le fameux duc de Brunswick s'en va, sans se retourner...

Dieu nous garde d'insulter la Prusse du grand Frédéric! ni ces excellents soldats qu'on amenait à la mort!... La mauvaise conscience de leurs chefs, l'hésitation naturelle au politique immoral qui suit l'intérêt jour par jour, voilà ce qui perdit ces pauvres Allemands et les rendit ridicules. Disons-le aussi, leur bonhomie excessive, leur douceur, leur patience à suivre leurs indignes rois.

Les deux voleurs, le Prussien et l'Autrichien, n'agissaient nullement d'accord. Le Prussien, sollicité dès longtemps de traiter à part, était par cela même suspect à son camarade. L'Autrichien, qui se portait comme parent de la reine de France, n'en avait pas moins la pensée secrète de faire son petit vol à part, de se garnir les mains, vers l'Alsace ou les Pays-Bas, de profiter de la misère de Louis XVI qu'il venait délivrer, pour le dépouiller lui-même.

Avec ces bonnes pensées et ces vues secrètes, ils se gardèrent bien de donner à Monsieur le titre de régent de France, qui eût groupé autour de lui tous les royalistes, donné une énergie nouvelle à l'armée des émigrés. Ils ne voulaient nullement réussir par les Français. Ils voulaient avoir du succès et craignaient d'en avoir trop. Ils voulaient, ne voulaient pas.

S'il se trouvait dans l'armée des émigrés quelque officier intelligent, intrépide, comme M. de Bouillé, on se garda de l'employer; on le tint sur les derrières, on le laissa traîner au blocus de Thionville, on l'envoya sur le Rhin, en Suisse, partout enfin où il était inutile.

Il est intéressant de voir cette armée de la contre-révolution s'acheminer pesamment par Coblentz et Trèves ; belle armée, du reste, bien organisée, riche, surchargée d'équipages magnifiques, d'un train royal, et du train de je ne sais combien de princes. Brunswick, le général en chef, avait dit : « C'est une promenade militaire. » Le roi de Prusse avait quitté ses maîtresses pour venir à la promenade. Sa présence, la conservation de sa précieuse personne eût rendu prudent Brunswick, quand même il ne l'eût pas été. L'essentiel n'était pas de vaincre ; le capital intérêt était de ne pas trop exposer le roi de Prusse, de le ramener sain et sauf. C'est la pensée que le sage Brunswick dut incessamment ruminer, et c'est à quoi se borna le succès de l'expédition.

Brunswick était déjà un homme d'âge ; il était lui-même prince souverain ; c'était un homme prodigieusement instruit, d'autant plus hésitant, sceptique. Qui sait beaucoup doute beaucoup. La seule chose à laquelle il crût, c'était le plaisir. Mais le plaisir, continué au delà de l'âge, énerve non seulement le corps, mais la faculté de vouloir. Le duc était resté brave, savant, spirituel, plein d'idées et d'expérience ; il n'avait perdu qu'une chose, par quoi il était eunuque ; quelle chose ? La volonté.

Dans cette armée de rois, de princes, il y avait entre autres un prince souverain, le duc de Weimar, et avec lui, son ami, le prince de la pensée allemande, nous l'avons dit, le célèbre Goethe. Il était venu voir la guerre, et chemin faisant, au fond d'un fourgon, il écrivait les premiers fragments du *Faust*, qu'il publia au retour. Ce courtisan assidu de l'opinion, qui l'exprima fidèlement, ne la devança jamais, disait alors, à sa manière, la décomposition, le doute, le découragement de l'Allemagne. Il lui poétisait, dans une œuvre sublime, son vide moral, sa vive agitation d'esprit. Elle en sortit glorieusement par des hommes de foi, par Schiller, par Fichte, surtout par Beethoven. Mais le temps n'était pas venu.

Nulle idée, nul principe ne dominait cette armée. Elle avançait lentement, comme il était naturel, n'ayant nulle raison d'avancer. Les émigrés étaient là, priant, suppliant, se mourant d'impatience. Brunswick songeait. Il pouvait prendre ce parti, il est vrai; mais cet autre parti valait bien autant, à moins que le troisième ne fût meilleur encore. Enfin, quand on s'était décidé, à la longue, à faire quelque chose, l'exécution commençait lentement par le sage Prussien Hohenlohe, ou l'Autrichien plus sage encore, Clairfayt. Il faut se rappeler qu'il n'y avait pas eu de guerre depuis trente ans. La guerre à coups de foudre du grand Frédéric était un peu oubliée. La sage tactique des généraux autrichiens était fort appréciée. Qu'avait-on besoin d'aller si vite, si l'on pouvait, sans remuer presque, atteindre les meilleurs résultats?

« Ne faut-il pas d'ailleurs, disait le duc de Brunswick à nos fougueux émigrés, que je laisse un peu de temps à ces royalistes dont vous me promettez les secours, pour se décider et se mettre en mouvement? Elles vont sans doute arriver, les députations d'un peuple heureux d'être délivré, qui viendra saluer, nourrir ses libérateurs. Je ne les vois pas encore. »

Et bien loin qu'il pût les voir, le paysan, sur toute la ligne, restait sournoisement immobile, cachait, serrait ses grains, les battait à la hâte et les emportait. Les Allemands s'étonnaient de trouver si peu de ressources. Ils prirent Longwy et Verdun, comme on a vu, mais par la trahison de quelques officiers royalistes, par l'effroi de quelques bourgeois qui craignirent le bombardement. Deux accidents, rien de plus. Les soldats des garnisons, les volontaires des Ardennes, ceux de Maine-et-Loire, forcés ainsi de se rendre, montrèrent la plus violente indignation. J'ai dit la mort de Beaurepaire. Le jeune officier qu'on força de porter au roi de Prusse la capitulation de Verdun, n'obéit qu'en donnant les signes d'un véritable désespoir; son visage était inondé de larmes. Le roi demanda le nom du jeune homme, qui était Marceau.

Mézières, Sedan, Thionville, montraient bonne volonté de tenir mieux que Verdun. On assiégea Thionville, et avec des forces considérables (les assiégeants reçurent une fois un renfort de douze mille hommes). Le général français Wimpfen, qui était dedans, montra beaucoup de vigueur; sa défense était offensive : à chaque instant il allait, par des sorties audacieuses, faire visite à l'ennemi.

Brunswick, entré dans Verdun, s'y trouva si commodément qu'il y resta une semaine. Là, déjà, les émigrés qui entouraient le roi de Prusse commencèrent à lui rappeler les promesses qu'il avait faites. Ce prince avait dit, au départ, ces étranges paroles (Hardenberg les entendit) : Qu'il ne se mêlerait pas du gouvernement de la France, que seulement il rendrait au roi l'autorité absolue. *Rendre au roi la royauté, les prêtres aux églises, les propriétés aux propriétaires*, c'était toute son ambition. Et pour ces bienfaits, que demandait-il à la France ? Nulle cession de territoire, rien que les frais d'une guerre entreprise pour la sauver.

Ce petit mot *rendre les propriétés* contenait beaucoup. Le grand propriétaire était le clergé ; il s'agissait de lui restituer un bien de quatre milliards, d'annuler les ventes qui s'en étaient faites pour un milliard dès janvier 1792, et qui depuis, en neuf mois, s'étaient énormément accrues. Que devenaient une infinité de contrats dont cette opération immense avait été l'occasion directe ou indirecte ? Ce n'étaient pas seulement les acquéreurs qui étaient lésés, mais ceux qui leur prêtaient de l'argent, mais les sous-acquéreurs auxquels déjà ils avaient vendu, une foule d'autres personnes... Un grand peuple, et véritablement attaché à la Révolution par un intérêt respectable. Ces propriétés détournées depuis plusieurs siècles du but des pieux fondateurs, la Révolution les avait rappelées à leur destination véritable, la vie et l'entretien du pauvre. Elles avaient passé *de la main morte* à la vivante, des paresseux aux travailleurs, des abbés libertins, des chanoines ventrus, des évêques fastueux, à l'honnête laboureur... Une France nouvelle s'était faite dans ce court espace de temps. Et ces ignorants qui amenaient l'étranger ne s'en doutaient pas. Ni les deux agents de Monsieur, ni M. de Caraman, secret agent de Louis XVI, qui étaient auprès du roi de Prusse, ne l'avertirent du danger qu'il y avait à toucher un point si grave.

Il était à peine à Verdun qu'il ordonna (ou qu'on ordonna en son nom) aux officiers municipaux de tous les villages de chasser les prêtres constitutionnels, de rétablir ceux qui n'avaient pas fait serment et de leur rendre les registres de l'état civil, enfin de restituer aux religieux *ce qui leur appartenait.* Il en fut de même sur la frontière du Nord. Dans tous les villages de la Flandre française où pénétraient momentanément les Autrichiens, leur premier soin était de rétablir les prêtres qui n'avaient pas fait serment.

Si Danton, si Dumouriez avaient eu l'honneur d'être admis au conseil du roi de Prusse, ils auraient sans aucun doute conseillé de telles mesures.

A ces mots significatifs de restauration des prêtres, de restitution, etc., le paysan dressa l'oreille et comprit que c'était toute la contre-révolution qui entrait en France, qu'une mutation immense et des choses et des personnes allait arriver.

Tous n'avaient pas de fusils, mais ceux qui en eurent en prirent. Qui avait une fourche prit la fourche, et qui une faux, la faux.

Un phénomène eut lieu sur la terre de France. Elle parut changée tout à coup au passage de l'étranger. Elle devint un désert. Les grains disparurent, et comme si un tourbillon les eût emportés, ils s'en allèrent à l'Ouest. Il ne resta sur la route qu'une chose pour l'ennemi, les raisins verts, la maladie et la mort.

Le ciel était d'intelligence. Une pluie constante, infatigable, tombait sur les Prussiens, les mouillait à fond, les suivait fidèlement, leur préparait la voie. Ils trouvèrent déjà des boues en Lorraine; vers Metz et Verdun, la terre commençait à se détremper; et enfin la Champagne leur apparut une véritable fondrière, où le pied, enfonçant dans un profond mortier de craie, semblait partout pris au piège.

Les souffrances étaient à peu près les mêmes dans les deux armées. La pluie, et peu de subsistances, mauvais pain, mauvaise bière. Mais la différence était grande dans la disposition morale. Le Français chantait, et il avait du vin au cœur; dans l'avoine ou le blé noir, il savourait joyeusement le pain de la liberté.

Ce hardi Gascon aussi[1], qui le menait au combat, avait dans l'œil et la parole une étincelle du Midi qui brillait dans ce temps sombre. Le regard de

---

1. Gascon de caractère, Provençal d'origine, né en Picardie.

Dumouriez échauffait les cœurs. On savait que, hussard à vingt ans, il s'était fait tailler en pièces ; eh bien, il en avait cinquante, et il ne s'en portait que mieux... Le général était gai, et l'armée l'était. Le corps qu'il avait commandé du côté des Flandres, et qui vint le retrouver, très hardi, très aguerri, n'avait guère passé de jours, dans ses premiers campements, sans donner des bals, et souvent on les donnait sur le terrain ennemi. Au bal et à la bataille, figuraient en première ligne deux jeunes et jolis hussards, qui n'étaient rien moins que deux demoiselles, deux sœurs, parfaitement sages, si la chronique en est crue.

Cette armée était très pure des excès de l'intérieur. Elle les apprit avec horreur, et donna une violente leçon à la populace armée qu'on lui envoya de Châlons. C'était une tourbe de volontaires, moitié fanatiques et moitié brigands, qui, sur la lecture de la circulaire de Marat, l'avaient appliquée à l'instant, en tuant plusieurs personnes. Ils arrivaient, aboyant après Dumouriez, criant au traître, demandant sa tête. Ils furent tout étonnés du vide immense qui se fit autour d'eux. Personne ne leur parla. Le lendemain, revue du général. Ils se voient entre une cavalerie, très nombreuse et très hostile, prête à les sabrer, d'autre part une artillerie menaçante, qui les eût foudroyés au moindre signe. Dumouriez vint alors à eux avec ses hussards et leur dit : « Vous vous êtes déshonorés. Il y a parmi vous des scélérats qui vous poussent au crime; chassez-les vous mêmes. A la première mutinerie, je vous ferai tailler en pièces. Je ne souffre ici ni assassins ni bourreaux... Si vous devenez comme ceux parmi lesquels vous avez l'honneur d'être admis, vous trouverez en moi un père. »

Ils ne soufflèrent mot et devinrent de très bons soldats. Ils prirent l'esprit général de l'armée. Cette armée était magnanime, vraiment héroïque de courage et d'humanité. On put l'observer, plus tard, dans la retraite des Prussiens. Quand les Français les virent affamés, malades, livides, se traînant à peine, ils les regardaient en pitié et ils les laissaient passer. Tous ceux qui venaient se rendre voyaient le camp français converti en hôpital allemand et trouvaient dans leurs ennemis des gardes-malades[1].

L'armée française, d'abord très faible, était, en récompense, bien autrement leste et mobile que celle des Prussiens. Il s'agissait d'en réunir les corps dispersés, c'est ce que Dumouriez accomplit avec un coup d'œil, une audace, une vivacité admirables, saisissant tous les défilés de la forêt de l'Argonne, en présence de l'ennemi. L'Autrichien, ayant passé la Meuse, touchait déjà la forêt; il était parfaitement

---

1. Ce n'est pas la première fois que les Français ont soigné, nourri leurs ennemis. Cela se vit à la prise de La Rochelle (1627), et bien anciennement dans les guerres espagnoles du quatorzième siècle. Un Anglais leur rend ce témoignage : « Lorsque le duc de Lancastre envahit la Castille et que ses soldats mouraient de faim, ils demandèrent un sauf-conduit et passèrent dans le camp des Castillans, où il y avait beaucoup de Français auxiliaires. Ceux-ci furent touchés de la misère des Anglais, ils les traitèrent avec humanité et ils les nourrirent de leurs propres vivres : *de suis victualibus refecerunt.* » (Walsingham, p. 342.)

maître de l'interdire à Dumouriez. Celui-ci, par une fausse attaque, lui fit repasser la Meuse, lui escamota, pour ainsi dire, la position disputée, occupa les défilés à la barbe de l'Autrichien ébahi (7 septembre).

Lui seul, il l'assure, soutint, contre tous, qu'il fallait défendre cette ligne de l'Argonne, qui sépare le riche pays de Metz, Toul et Verdun, de la Champagne pouilleuse. On insistait en vain pour qu'il se retirât vers Châlons et qu'il défendît la ligne de la Marne. Il put mépriser les murmures; tout autre général eût été forcé d'y céder. Mais Dumouriez avait pour lui, près de lui, pendant la campagne, pour répondre de lui et le soutenir, Westermann, c'est-à-dire Danton.

Il eut seulement le tort d'écrire à Paris : « Que l'Argonne serait les Thermopyles de la France, qu'il les défendrait et serait plus heureux que Léonidas. » Le Léonidas français faillit périr comme l'autre. Il avoue lui-même, avec une franchise qui n'appartient qu'aux hommes supérieurs, qu'il garda mal un des passages de l'Argonne et qu'il se laissa tourner (13 septembre).

Deux de ses lieutenants étaient en pleine retraite, et il ne savait plus lui-même où ils étaient. Il se vit un moment réduit à quinze mille hommes, perdu sans ressources, si les Autrichiens qui avaient forcé les défilés profitaient de leurs avantages. Ils perdirent encore du temps. Au milieu d'une nuit pluvieuse, Dumouriez, à petit bruit, exécuta sa retraite, et il fut suivi si lentement qu'il put et réunir ses troupes et faire venir de Rethel Beurnonville avec dix mille hommes. Cette retraite fut troublée deux fois par d'inexplicables paniques, où quinze cents hussards autrichiens, traînant après eux quelque artillerie volante, dissipèrent des corps six fois plus considérables. Le pis, c'est que deux mille hommes, courant trente ou quarante lieues, allaient publiant partout que l'armée était anéantie. Le bruit alla jusqu'à Paris, et l'on eut une vive alarme, jusqu'à ce que Dumouriez lui-même écrivît la chose, exactement comme elle était, à l'Assemblée nationale. L'Assemblée et les ministres, tous ici furent admirables. Malgré ce double accident, les ministres girondins, d'une part, et Danton, de l'autre, soutinrent unanimement Dumouriez. L'opinion resta énergique et ferme pour le général en retraite. Dumouriez tourné, l'armée poursuivie, s'arrêtèrent portés sur le cœur invincible de la France.

Il occupa, le 17 septembre, le camp de Sainte-Menehould, et devant lui les Prussiens vinrent occuper les collines opposées, ce qu'on appela le camp de la Lune. Ils étaient plus près de Paris, lui plus près de l'Allemagne. Lequel des deux tenait l'autre? On pouvait controverser. « Nous l'isolons de Paris », disaient les Prussiens. En réalité, leur situation était très mauvaise. Leur lourde armée encombrée ne pouvait pas aisément poursuivre sa route, devant une armée leste, ardente, qui la serrait de près en queue. Elle ne pouvait pas se nourrir; ses convois ne lui venaient que du fond de l'Allemagne et restaient en route. La terre de France la rejetait, ne lui donnait rien pour vivre que la terre même. A eux de manger cette terre, de voir quel parti ils pourraient tirer de la craie. Leur armée, avec tous ses équipages royaux, n'en était pas moins désormais comme une procession lugubre qui laissait des hommes sur tous les chemins. Le découragement était extrême. Ils se voyaient engagés dans cette boueuse Champagne, sous une implacable pluie, tristes limaces qui traînaient, sans avancer presque, entre l'eau et l'eau.

Dumouriez, rejoint, le 19, par Kellermann, se trouva fort de soixante-seize mille hommes, plus nombreux que les Prussiens, qui n'en avaient que soixante-dix mille. Ceux-ci, enfoncés en France, ayant laissé de côté Thionville et d'autres places, apprenaient qu'au moment même une armée française était en pleine Allemagne. Custine marchait vers Spire, qu'il prit d'assaut le 19. On l'appelait à Mayence, à Francfort. Une Allemagne révolutionnaire, une France, pour ainsi dire, se dressait inopinément pour donner la main à la France, de l'autre côté du Rhin.

Ici, la population courait au combat d'un tel élan que l'autorité commençait à s'en effrayer et la retenait en arrière. Des masses confuses, à peu près sans armes, se précipitaient vers un même point; on ne savait comment les loger ni les nourrir. Dans l'Est, spécialement en Lorraine, les collines, tous les postes dominants, étaient devenus autant de camps grossièrement fortifiés d'arbres abattus, à la manière de nos vieux camps du temps de César. Vercingétorix se serait cru, à cette vue, en pleine Gaule. Les Allemands avaient fort à songer, quand ils dépassaient, laissaient derrière eux ces camps populaires. Quel serait pour eux le retour ? Qu'aurait été une déroute à travers ces masses hostiles, qui de toutes parts, comme les eaux, dans une grande fonte de neige, seraient descendues sur eux ?... Ils devaient s'en apercevoir : ce n'était pas à une armée qu'ils avaient affaire, mais bien à la France. Ce corps de soixante-dix mille Allemands, qu'était-ce en comparaison? Il se perdait comme une mouche dans cet effroyable océan de populations armées[1].

Telles étaient leurs pensées, sérieuses en vérité, lorsqu'ils virent s'accomplir, sans avoir pu l'empêcher, la jonction de Dumouriez et de Kellermann. Celui-ci, vieux soudard alsacien de la Guerre de Sept-Ans, fort jaloux de Dumouriez, n'avait nullement suivi ses directions. Il s'était un peu éloigné de lui. Dans la vallée qui séparait les deux camps, le français et le prussien, il s'était posté en avant sur une espèce de promontoire, de mamelon avancé, où était le moulin de Valmy. Bonne position pour le combat, détestable pour la retraite. Kellermann n'eût

---

[1]. Dumouriez ménage habilement son coup de théâtre, supprime les grandes causes du succès, fait ressortir, exagère les plus petits obstacles, par exemple quelques *gentilshommes verriers*, ou partisans de Condé, qui se trouvaient dans la forêt de l'Argonne. — D'autre part, les *Mémoires d'un homme d'État*, écrits pour la Prusse par le libraire Schœll sur les notes de Hardenberg, n'oublient rien pour embrouiller ici les choses et sauver l'honneur prussien.

pu retourner qu'en faisant passer son armée sur un seul pont avec le plus grand péril. Il ne pouvait se replier sur la droite de Dumouriez qu'en traversant un marais où il se fût enfoncé; encore moins sur la gauche de Dumouriez, dont il était séparé par d'autres marais et par une vallée profonde. Donc, nulle retraite facile; mais, pour le combat, la position était d'autant plus belle et hardie. Les Prussiens ne pouvaient arriver à Kellermann qu'en recevant dans le flanc tous les feux de Dumouriez. Un beau lieu pour vaincre ou mourir. Cette armée enthousiaste, mais peu aguerrie encore, avait peut-être besoin qu'on lui fermât la retraite. Pour les Prussiens, d'autre part, c'était un grand enseignement et matière à réfléchir : ils durent comprendre que ceux qui s'étaient logés ainsi ne voulaient point reculer.

Nous supprimons d'un récit sérieux les circonstances épiques dont la plupart des narrateurs ont cru devoir orner ce grand fait national, assez beau pour se passer d'ornements. A plus forte raison, écarterons-nous les fictions maladroites par lesquelles on a voulu confisquer au profit de tel ou tel individu ce qui fut la gloire de tous.

Réservons seulement la part réelle qui revient à Dumouriez. Quoique Kellermann se fût placé lui-même autrement qu'il n'avait dit, quoiqu'il eût, contre son avis, pris pour camp ce poste avancé, Dumouriez mit un zèle extrême à le soutenir, de droite et de gauche. Toute petite passion, toute rivalité disparaissait dans une si grande circonstance.

En eût-il été de même entre généraux de l'Ancien-Régime? J'ai peine à le croire. Que de fois les rivalités, les intrigues des généraux courtisans, continuées sur le champ de bataille, ont amené nos défaites !

Non, le cœur avait grandi chez tous ; ils furent au-dessus d'eux-mêmes. Dumouriez ne fut plus l'homme douteux, le personnage équivoque ; il fut magnanime, désintéressé, héroïque ; il travailla pour le salut de la France et la gloire de son collègue ; il vint lui-même, plusieurs heures, dans ses lignes, partager avec lui le péril, l'encourager et l'aider. Et Kellermann ne fut point l'officier de cavalerie, le brave et médiocre général qu'il a été toute sa vie. Il fut un héros, ce jour-là, et à la hauteur du peuple ; car c'était le peuple, vraiment, à Valmy, bien plus que l'armée. Kellermann s'est souvenu toujours avec attendrissement et regret du jour où il fut un homme, non simplement un soldat, du jour où son cœur vulgaire fut un moment visité du génie de la France. Il a demandé que ce cœur pût reposer à Valmy.

Les Prussiens ignoraient si parfaitement à qui ils avaient affaire qu'ils crurent avoir pris Dumouriez, lui avoir coupé le chemin. Ils s'imaginèrent que cette armée *de vagabonds, de tailleurs, de savetiers*, comme disaient les émigrés, avait hâte d'aller se cacher dans Châlons, dans Reims. Ils furent un peu étonnés quand ils les virent audacieusement postés à ce moulin de Valmy. Ils supposèrent du moins que ces gens-là, qui, la plupart, n'avaient jamais entendu le canon, s'étonneraient au concert nouveau de soixante bouches à feu. Soixante leur répondirent, et tout le jour, cette armée, composée en partie de gardes nationales, supporta une épreuve plus rude qu'aucun combat : l'immobilité sous le feu. On tirait dans le brouillard au matin et, plus tard, dans la fumée. La distance néanmoins était petite. On tirait dans une masse; peu importait de tirer juste. Cette masse vivante, d'une armée toute jeune, émue de son premier combat, d'une armée ardente et française, qui brûlait d'aller en avant, tenue là sous les boulets, les recevant par milliers, sans savoir si les siens portaient, elle subissait, cette armée, la plus grande épreuve peut-être. On a tort de rabaisser l'honneur de cette journée. Un combat d'attaque ou d'assaut aurait moins honoré la France.

Un moment, les obus des Prussiens, mieux dirigés, jetèrent de la confusion. Ils tombèrent sur deux caissons qui éclatèrent, tuèrent, blessèrent beaucoup de monde. Les conducteurs de chariots s'écartant à la hâte de l'explosion, quelques bataillons semblaient commencer à se troubler. Le malheur voulut encore qu'à ce moment un boulet vînt tuer le cheval de Kellermann et le jeter par terre. Il en remonta un autre avec beaucoup de sang-froid, raffermit les lignes flottantes.

Il était temps. Les Prussiens, laissant la cavalerie en bataille pour soutenir l'infanterie, formaient celle-ci en trois colonnes, qui marchaient vers le plateau de Valmy (vers onze heures). Kellermann voit ce mouvement, forme aussi trois colonnes en face et fait dire sur toute la ligne : « Ne pas tirer, mais attendre et les recevoir à la baïonnette. »

Il y eut un moment de silence. La fumée se dissipait. Les Prussiens avaient descendu, ils franchissaient l'espace intermédiaire avec la gravité d'une vieille armée de Frédéric, et ils allaient monter aux Français. Brunswick dirigea sa lorgnette, et il vit un spectacle surprenant, extraordinaire. A l'exemple de Kellermann, tous les Français, ayant leurs chapeaux à la pointe des sabres, des épées, des baïonnettes, avaient poussé un grand cri... Ce cri de trente mille hommes remplissait toute la vallée : c'était comme un cri de joie, mais étonnamment prolongé; il ne dura guère moins d'un quart d'heure; fini, il recommençait toujours avec plus de force; la terre en tremblait... C'était : « Vive la nation ! »

Les Prussiens montaient, fermes et sombres. Mais, tout ferme que fût chaque homme, les lignes flottaient, elles formaient par moments des vides, puis elles les remplissaient. C'est que de gauche elles recevaient une pluie de fer, qui leur venait de Dumouriez.

Brunswick arrêta ce massacre inutile et fit sonner le rappel.

Le spirituel et savant général avait très bien reconnu, dans l'armée qu'il avait en face, un phénomène qui ne s'était guère vu depuis les guerres de religion : *une armée de fanatiques*, et, s'il l'eût fallu, de martyrs. Il répéta au roi ce qu'il avait toujours soutenu, contrairement aux émigrés, que l'affaire était difficile, et qu'avec les belles chances que la Prusse avait en ce moment pour s'étendre dans le Nord, il était absolument inutile et imprudent de se compromettre avec ces gens-ci.

Le roi était extrêmement mécontent, mortifié. Vers quatre ou cinq heures, il se lassa de cette éternelle canonnade qui n'avait guère de résultat que d'aguerrir l'ennemi. Il ne consulta pas Brunswick, mais dit qu'on battit la charge. Lui-même, dit-on, approcha avec son état-major, pour reconnaître de plus près ces furieux, ces sauvages. Il poussa sa courageuse et docile infanterie sous le feu de la mitraille, vers le plateau de Valmy. Et, en avançant, il reconnut la ferme attitude de ceux qui l'attendaient là-haut. Ils s'étaient déjà habitués au tonnerre qu'ils entendaient depuis tant d'heures, et ils commençaient à s'en rire. Une sécurité visible régnait dans leurs lignes. Sur toute cette jeune armée planait quelque chose, comme une lueur héroïque, où le roi ne comprit rien (sinon le retour en Prusse).

Cette lueur était la Foi.

Et cette joyeuse armée qui d'en haut le regardait, c'était déjà l'armée de la RÉPUBLIQUE.

Fondée le 20 septembre à Valmy, par la victoire, elle fut, le 21, décrétée à Paris, au sein de la Convention.

LIVRE VIII

CHAPITRE PREMIER

LE MONDE SE DONNE A LA FRANCE. — LA VENDÉE CONTRE LA FRANCE (SEPTEMBRE-NOVEMBRE 1792).

Élan universel du monde vers la France. — Facile conquête de Nice. — La Savoie se donne à la France, fin de septembre. — Les populations du Rhin appellent la France. — Spire, Worms, Mayence, septembre-octobre. — Lille bombardée repousse les Autrichiens, 6 octobre. — La France conquérante malgré elle. — Les peuples délivrés veulent être Français. — La France ne les accepte que pour les sauver. — Elle trouve un ennemi dans son sein. — Ingratitude de la Vendée. — Son premier combat, 24-25 août. — Partialité de la Révolution pour le paysan, 25 août. — La Révolution plus chrétienne que la Vendée.

La Convention avait dressé, le 21 septembre, au pavillon des Tuileries, le drapeau de la République. Deux mois n'étaient pas écoulés, et tous les peuples environnants l'avaient embrassé, ce drapeau, planté sur les tours de leurs villes.

Les 24 et 29 septembre, Chambéry, Nice, ouvrent leurs portes, la porte de l'Italie. Mayence, le 24 octobre, reçoit nos armées, aux applaudissements de l'Allemagne. Le 14 novembre, le drapeau tricolore est arboré sur Bruxelles; l'Angleterre et la Hollande le voient avec terreur flotter à la tour d'Anvers.

En deux mois, la Révolution avait, tout autour, inondé ses rivages; elle montait, comme le Nil, salutaire et féconde, parmi les bénédictions des hommes.

Le plus merveilleux, dans cette conquête admirable, c'est que ce ne fut pas une conquête. Ce ne fut rien autre chose qu'un mutuel élan de fraternité. Deux frères, longtemps séparés, se retrouvent, s'embrassent; voilà cette grande et simple histoire.

Belle victoire! l'unique! et qui ne s'est revue jamais! Il n'y avait pas de vaincus!

La France ne donna qu'un coup, et la chaîne fut brisée. Elle frappa ce coup à Jemmapes. Elle le frappa avec l'autorité de la foi, en chantant son hymne sacré. Les soldats barbares frémirent dans leurs redoutes, sous trois étages de feux, lorsqu'ils virent venir un chœur de cinquante mille hommes qui marchaient à eux en chantant : « Allons, enfants de la Patrie!... »

Tous les peuples répétèrent : « Allons, enfants de la France!... » et se jetèrent dans nos bras.

C'était un spectacle étrange! Nos chants faisaient tomber toutes les murailles des villes. Les Français arrivaient aux portes avec le drapeau tricolore, ils les trouvaient ouvertes et ne pouvaient pas passer; tout le monde venait à la rencontre et les reconnaissait, sans les avoir jamais vus; les hommes les embrassaient, les femmes les bénissaient, les enfants les désarmaient... On leur arrachait le drapeau, et tous disaient : « C'est le nôtre ! »

Grande et bonne journée pour eux ! Ils gagnaient par nous en un jour toute la conquête des siècles ! Cet héritage de raison et de liberté pour lequel tant d'hommes soupirèrent en vain, cette terre promise qu'ils auraient voulu entrevoir, au prix de leur vie, la générosité de la France les donnait pour rien à qui en voulait. Déjà, trois années durant, elle avait formulé en lois cette sagesse des siècles; déjà elle avait souffert pour ces lois, les avait gagnées de son sang, gagnées de ses larmes... Ces lois, ce sang et ces larmes, elle les leur donnait à tous, leur disait : « C'est mon sang, buvez. »

Rien d'exagéré en ceci. On a pu contester, sourire. Aujourd'hui, la chose est jugée. Ne les voyez-vous pas tous (jusqu'à l'orgueilleuse Angleterre) qui font amende honorable, qui réclament comme leur meilleur progrès telles de nos lois que la France possédait en 1792, et qu'elle offrait dès lors généreusement aux nations?

Et les nations, en retour, s'offraient, se donnaient elles-mêmes. Elles faisaient toutes signe à la France, la priaient de les conquérir.

Racontons une conquête, celle des portes de l'Italie, de ce comté de Nice, pris, repris jadis, arrosé de tant de sang. Voyons ce qu'il nous coûta.

Le roi de Sardaigne avait fait des préparatifs formidables. Il avait là, sur la frontière, une armée pour envahir la France, une nombreuse artillerie, deux cents canons; les Français en avaient quatre. Il avait de vieilles troupes. Nous, nous n'avions guère que des gardes nationaux. Le général Anselme reçoit ordre d'entrer; c'était, ce semble, ordonner l'impossible : l'impossible se fait, sans coup férir. Une flotte française fait mine d'aller prendre les Piémontais par derrière; Anselme ordonne des logements pour quarante mille hommes (il n'en avait pas douze). Cela suffit; la grosse armée recule, Nice se livre. Les forteresses ont hâte de s'ouvrir. Anselme s'en va tout seul avec quatorze dragons, somme Villefranche, la menace et la prend; il y trouve cent pièces de canon, cinq mille fusils, des munitions immenses, deux vaisseaux armés dans le port.

La Savoie coûta moins encore; il n'y fallut ni ruse ni menace.

Elle dut sa délivrance à son violent amour pour la cocarde française. Les émigrés, nombreux à Chambéry, insolents, querelleurs, avaient arraché la cocarde tricolore à un négociant. Les Savoyards, par représailles, attachèrent la cocarde royaliste à la queue des chiens. Ce fut le commencement de leur révolution. Elle fut unanime, sans contradiction d'un seul homme. Le général français Montesquiou arrivait avec précaution; il avait envoyé, en entrant en Savoie, un corps pour tourner, avant tout, les redoutes qu'on lui opposait. Elles furent prises sans peine; il n'y avait personne, les Piémontais étaient partis. Montesquiou, sans attendre son armée qui suivait lentement, partit au galop pour Chambéry. Tout seul de sa personne, il conquit le pays, entra triomphalement dans cette ville, parmi les cris d'un peuple ivre de joie. Les commissaires de la Convention, qui bientôt le joignirent, furent saisis d'étonnement, profondément émus, en découvrant une France inconnue, une vieille France naïve, qui, dans la langue de Henri IV, bégayait la Révolution. Rien de plus original et de plus touchant que de retrouver là, vivantes, jeunes comme d'hier, toutes nos vieilles histoires. On chante encore, dans la vallée de Chamounix, comme chose nouvelle, la complainte de M. de Biron, mort en 1602... Aimable peuple de saint François de Sales, peuple qui fit Rousseau (qui l'a fait, sinon les Charmettes?), combien la France lui devait, à ce peuple! Quelle joie ce fut, et pour l'un et pour l'autre, de se retrouver après tant de siècles! et quelle fut leur ardente étreinte, aux deux frères réunis sous l'arbre de la liberté!

Du moment que cet excellent peuple apprit que ses libérateurs arrivaient, il n'y eut plus moyen de le retenir. Tout entier, il vint à la rencontre. Ce fut comme un soulèvement universel de la contrée; les hommes seuls partirent, mais les arbres et les pierres, toute la terre de Savoie eût voulu se mettre en chemin. Une foule immense descendit de toutes les montagnes vers Chambéry, d'un élan spontané, d'un même transport de joie et de reconnaissance. Ces pauvres gens, cruellement étouffés par le Piémont, qui leur défendait tout à la fois l'industrie et le commerce, avaient depuis longtemps coutume d'aller chercher leur vie en France. Et cette fois, c'était la France qui venait les voir, s'asseoir à leur foyer ; elle venait à eux, les mains pleines des dons de Dieu, les apportant tous en un seul, le trésor de la liberté. Sauvés par elle du Pharaon barbare, ils entonnèrent, comme Israël, un cantique de délivrance. Soixante mille Savoyards à la fois, d'accord avec l'armée française, chantèrent la *Marseillaise* dans une inexprimable dévotion. Et quand ces pauvres gens arrivèrent au passage : *Liberté chérie!* il se fit un grand bruit, comme d'une avalanche : une avalanche d'hommes par-devant les Alpes ! Touchant spectacle ! tout ce peuple était tombé à genoux ; il achevait ainsi le cantique, et la terre était inondée de pleurs.

Même facilité sur le Rhin, sauf un petit combat à Spire. Le général Custine avait ordre d'agir sur la Moselle, et il eût ainsi assuré la déroute des Prussiens. Mais les Allemands eux-mêmes vinrent le chercher et le menèrent au Rhin. Maître de Spire, dont il força les portes, il fut appelé à Worms ; un professeur de cette ville y mit l'armée française, et il écrivit, au nom de Custine, au nom de la France, l'appel de l'Allemagne à la liberté. Ce n'était pas la première fois que la France lui parlait ainsi. Au seizième siècle, mêmes proclamations, par le roi Henri II, ornées, comme en 1792, du bonnet de la liberté. Ces ardents patriotes allemands, qui menaient Custine, lui promettaient Mayence. Il hésitait et, un moment, craignant d'être coupé, recula vers Landau. Ils ne lâchèrent pas prise; ils vinrent le rechercher, le menèrent de gré ou de force, lui firent faire malgré lui cette conquête qui le couvrait de gloire. Un des leurs commandait le génie dans Mayence; il décida la reddition. On fut bien étonné d'apprendre qu'une telle place se fût rendue, avec toute une armée pour garnison, une artillerie immense, ramassée de toute l'Allemagne. Mais l'Allemagne se livrait. Des hommes de Nassau, de Deux-Ponts, de Nassau-Saarbruck, étaient à la barre de la Convention et demandaient leur union à la France.

Les Prussiens, à ce moment, bien heureux d'être quittes de leur expédition conquérante, touchaient Coblentz; nous y reviendrons tout à l'heure. Ils avaient dû leur salut et à l'éloignement de Custine et à la modération politique de Dumouriez. Celui-ci voulait détacher la Prusse de la ligue contre la France. Il pensait qu'il était assez beau d'avoir arrêté une telle armée, la première de l'Europe, avec une armée toute jeune, composée en partie de gardes nationaux. C'était aussi la pensée de Danton, sage autant qu'audacieux. Le 25 septembre, une lettre du pouvoir exécutif avait autorisé le général à traiter pour l'évacuation. Les Prussiens se retirèrent donc paisiblement. Ce qu'on tira de coups tomba sur les seuls émigrés.

Nos ennemis n'agissaient nullement d'ensemble.

Au moment où les Prussiens sortent, entrent les Impériaux. Leur général, le duc Albert de Saxe, déterminé sans doute par de faux renseignements, vient avec vingt-deux mille hommes s'établir devant Lille. Une si faible armée n'était pas pour réduire une telle place ; elle suffisait pour la brûler. Douze mortiers, vingt-quatre grosses pièces, tirèrent pendant huit jours à boulets rouges, et de préférence sur les quartiers peuplés et pauvres, sur les petites maisons où les familles s'entassaient dans les caves. Les barbares n'épargnèrent ni les églises, ni même l'hôpital militaire, écrasant sous les bombes des blessés dans leur lit. Tout cela ne servit qu'à montrer la France à l'Europe sous un jour tout nouveau. On parlait bien souvent de la *furie française*, de cet élan qui cède au moindre obstacle, se rebute, etc... Il fallut bien changer d'opinion. La France parut là, comme à Valmy, indomptablement résistante. Et ici, ce n'étaient pas, comme à Valmy, des hommes ; c'étaient des femmes et des enfants. Il n'est sorte d'outrages, de risées qu'on ne fît aux boulets. Les boulets rouges, ramassés honteusement dans des casseroles, étaient éteints sans peine ; puis avec on jouait à la boule. Un de ces boulets autrichiens fut pris par les petits garçons, coiffé du bonnet rouge. Un perruquier s'établit sur la place où tombait la grêle de fer, il avait pris pour plat un éclat de bombe, et chacun s'y faisait raser.

Cette infamie de bombardement sans but dura huit jours, au bout desquels l'Allemand s'en alla assez vite, laissant une bonne partie de son matériel. Une femme, l'archiduchesse Christine, sœur de la reine de France, était venue voir, des batteries, cette guerre aux femmes et aux enfants. La dame partit peu satisfaite. Mais trois armées françaises menaçaient. Celle de Lille, d'abord ; je ne sais combien de bataillons de volontaires s'étaient jetés dans la place. Puis une autre, que La Bourdonnais amenait, un peu tard, il est vrai. Dumouriez enfin, libre des Prussiens, ne pouvait manquer d'arriver.

Grande était la gloire de la France, après cette résistance héroïque, cette fuite misérable de deux armées ennemies. Non contente de repousser les Prussiens et les Autrichiens, elle avait pénétré au cœur de l'Allemagne, mis la main sur le Rhin, saisi l'aigle impériale. Le jour même où finissait le bombardement de Lille, les drapeaux allemands, l'aigle captive, envoyée du Rhin par Custine, comparurent à la barre, et ils furent appendus aux voûtes de la Convention

Mais combien ces trophées de la guerre et de la victoire étaient moins glorieux encore que les députations des peuples qui demandaient d'être Français ! La France était deux fois victorieuse ; elle avait pour vaincre bien plus que la force : l'amour. Une main lui suffisait pour briser l'épée des tyrans ; de l'autre, elle embrassait les peuples délivrés et les serrait contre son sein.

Quelle était sa pensée ? Les protéger et non les conquérir. Elle n'avait à ce premier moment nulle idée de conquête. Cette idée ne lui vint que plus tard et par une sorte de nécessité. Tout ce qu'elle demandait d'abord aux nations délivrées, c'était de rester libres, de bien garder leur droit, d'aimer la France en sœur. On ne peut lire sans attendrissement la touchante et naïve adresse que le philosophe Anacharsis Clootz écrit aux Savoyards (aux Allobroges, comme on disait alors) au nom de la Convention : « La République des conquérants de la liberté vous félicite, amis... Les Allobroges du Dauphiné embrassent ceux du Mont-Blanc... Nous nous aiderons mutuellement à fonder la liberté durable. La seule autorité que la France veuille avoir sur vous, c'est celle des conseils. Quel est son but? Votre bonheur... Heureux peuple! En vous rendant libres sans effusion de sang, nous oublions tout ce que nous avons sacrifié. Vous aurez un passage non sanglant des rois aux lois, une révolution bénigne; elle sera limpide comme vos fleuves et pure comme vos lacs... »

Il y disait encore que c'était une France démembrée qui revenait dans la patrie : « Voyez le morcellement aristocratique de la Suisse, voyez l'égalité, l'unité démocratique de la France. Choisissez. Tout vous prêche l'unité indivisible. La frontière ne serait-elle pas mieux placée au haut des Alpes? Briançon ne nous gardera-t-il pas mieux, si nous le reportons sur le Saint-Bernard?... »

La Convention, avec une modération admirable, hésita d'envoyer cette adresse, qui semblait préjuger la réunion de la Savoie, et peut-être lui eût fait croire qu'on ne lui laissait pas liberté tout entière de régler elle-même ses destinées.

C'était l'embarras de la France à ce moment. Elle avait dit qu'elle ne voulait pas de conquêtes, et elle en faisait malgré elle. Ces peuples disaient tous qu'il ne leur suffisait pas d'être libres; ils avaient l'ambition d'être Français. La Convention avait une étrange cour; ses entours étaient assiégés d'hommes de toutes nations, qui venaient intriguer, solliciter... Pourquoi? Pour devenir Français, pour épouser la France. Se perdre en elle, n'être plus en eux-mêmes, c'était leur aveugle désir. Jamais on ne vit une telle impatience de suicide national; leur passé leur pesait, leur *moi* de servitude, ils brûlaient de l'anéantir et de ne vivre plus qu'en cette France aimée, où ils ne voyaient plus une nation, mais une idée sacrée, la liberté, la vie et l'avenir.

La France résistait. « Prenez garde, disait-elle, défiez-vous de ce premier transport... Savez-vous bien ce que c'est que de me suivre dans les grandes choses qui me sont imposées? Vous donnerez le sang à flots, l'argent... L'impôt sera doublé ou quadruplé. » — Mais ils ne voulaient rien entendre, assurant que la suppression des dîmes, des droits féodaux et de toute espèce de taxe barbare leur créait des ressources immenses, inépuisables, qu'en donnant tout ils ne regrettaient rien; qu'ils n'avaient rien eu jusqu'ici, pas même leurs personnes; qu'ils ne rendraient à la liberté, à la France, que ce qu'ils tenaient de la liberté.

Les réfugiés belges, pour devenir Français, faisaient valoir la brillante valeur qu'ils montrèrent à Valmy et dans Lille. L'ennemi, des deux côtés, ne croyant frapper que la France, avait trouvé des poitrines belges devant ses boulets. Les Savoyards comptaient parmi nos héros du 10 août. La veille même, ils formèrent une légion et, le jour du combat, marchèrent entre les Bretons et les Marseillais. Libérateurs de la France, puis délivrés par elle, qu'étaient-ils donc, sinon Français?

La France était touchée. Mais ce qui la décidait, c'était le salut de ces peuples mêmes. Jeunes, enfants dans la liberté, ils ne pouvaient se garder libres que par l'aide et l'appui de la grande nation. Les laisser à eux-mêmes, ce n'était rien que les laisser périr.

Telle fut la belle et généreuse délibération qui eut lieu au sein de la Convention, telle la noble réserve que mit la France pour accepter ces peuples, qui venaient à ses pieds la prier de les prendre. Lisez surtout le rapport de Grégoire, où il débat ces choses au sujet des prières de la Savoie qui demandait sa réunion. Voyez avec quelle hauteur de raison, quelle noble et bienveillante sagesse, il fait valoir et le pour et le contre. La conclusion à laquelle il s'arrête, c'est que, quel que puisse être l'intérêt de la France, la Savoie désormais ne se défendra pas, ne vivra pas sans elle; et que la France, à tout prix, doit lui ouvrir son sein.

Ceci eut lieu le 28 novembre. Et déjà le 19, sur la proposition de La Reveillère-Lépeaux, la Convention déclara : « Que tout peuple qui voudrait être libre trouverait en elle appui, fraternité. »

Par ce mot seul, le drapeau de la France était constitué celui du genre humain, celui de la délivrance universelle. Sous lui, l'Escaut, fermé depuis près de deux siècles, coulait enfin libre à la mer. Le Rhin, captif sous ses cent forteresses, reprenait espérance, en voyant dans son sein les trois saintes couleurs que Mayence mirait sous ses eaux. La Savoie les avait placées à la cime du Mont-Blanc; l'Europe, émue d'amour et de terreur, les voyait briller sur sa tête dans les neiges éternelles, dans le ciel et le soleil. Le monde des pauvres et des esclaves, le peuple de ceux qui pleurent, tressaillaient à ce grand signe; ils y lisaient distinctement ce que lut jadis Constantin : « Par ce signe tu vaincras. »

Il n'y eut qu'un peuple aveugle, hélas! Faut-il le dire? Nous voudrions nous arrêter ici. Et pourtant, que le cœur soit oppressé ou non, il faut ajouter cette chose. Au moment où le monde s'élance vers la France, se donne à elle, devient Français de cœur, un pays fait exception; il se rencontre un peuple si étrangement aveugle et si bizarrement égaré qu'il arme contre la Révolution, sa mère, contre le salut du peuple, contre lui-même. Et, par un miracle du diable, cela se voit en France; c'est une partie de la France qui donne ce spectacle : ce peuple étrange est la Vendée.

Au moment où les émigrés, amenant l'ennemi par la main, lui ouvrent les frontières de l'Est, *le 24 et le 25 août, anniversaire de la Saint-Barthélemy, éclate dans l'Ouest la guerre de la Vendée*, la guerre impie des prêtres.

Chose remarquable, ce fut le 25 août, le jour même où le paysan vendéen attaquait la Révolution, que la Révolution, dans sa partialité généreuse, jugeait en faveur du paysan le long procès des siècles, abolissant les droits féodaux *sans indemnité*. — Et non seulement les droits proprement féodaux, mais *censuels*. Ce mot seul contenait une équivoque immense, favorable au fermier. Une jurisprudence nouvelle était ouverte, toute au profit du paysan contre le seigneur, laquelle n'était pas moins qu'une réaction violente contre l'ancienne, une réparation passionnée de l'iniquité féodale. La Révolution semblait dire : « Mille ans durant, à tort, à droit, on a jugé contre le pauvre. Eh bien, moi, aujourd'hui, à tort, à droit, je jugerai pour lui... Il a assez souffert, travaillé, mérité. Ce que je ne pourrais lui attribuer comme sien, je le lui adjuge comme indemnité. »

Ce n'est pas tout. La loi du 25 août disait encore au seigneur : « Si vraiment cette rente que vous avez sur le pauvre homme fut fondée et non extorquée, prouvez-le; apportez, produisez en justice l'acte primordial qui prouvera qu'en effet vous donniez de la terre pour fonder cette rente. »

En beaucoup de pays l'acte n'existait pas.

En plusieurs, par exemple dans les pays bretons de domaine congéable, le seigneur avait le dessous, la terre; le paysan, le dessus, la maison. Et le seigneur, en lui payant cette maison, pouvait l'expulser de la terre.

Le paysan ne s'en croyait pas moins l'homme même de la terre, né avec elle, l'ayant occupée dès Adam, son vrai propriétaire. Ce qui est sûr, c'est qu'il l'avait faite, cette terre, l'avait créée; sans lui, elle n'existait pas; c'était la lande aride, le roc et le caillou.

Les antiquaires étaient embarrassés. La Révolution ne le fut pas. Elle ne dénoua pas le nœud, mais le trancha. Elle donna la terre à l'homme congéable et donna congé au seigneur

La décision était-elle légale? On peut en disputer. Mais elle était chrétienne. Voilà bientôt deux mille ans que le christianisme nous dit que le pauvre est membre vivant de Jésus-Christ. Comment peser le droit du pauvre dans une telle doctrine? Dès qu'on l'essaye, Christ lui-même se met dans la balance et l'emporte du ciel à l'abîme.

La Révolution ne dit pas seulement, elle fit.

Et elle le fit dans une mesure admirable.

Elle consacra la propriété (sous peine de mort, en mars 1793), la propriété, c'est-à-dire le foyer, la fixité des habitudes morales, la féconde accumulation, — réglée, bien entendu, par la loi de l'État, pour l'avantage de l'État et de tous.

Mais, en tout cas douteux, en tout litige entre la propriété et le travail, *elle décida pour le travail* (base originaire de la propriété, propriété la plus sacrée de toutes).

Tandis que l'Angleterre féodale, en Écosse et partout, a décidé pour le fief contre l'homme, la Révolution, en Bretagne et partout, a décidé pour l'homme contre le fief.

Sainte décision, humaine, charitable autant que raisonnable, selon Dieu et selon l'esprit.

Que le monde se taise et admire. Qu'il tâche à profiter. Qu'il reconnaisse le caractère vraiment religieux de la Révolution.

La Vendée ne lui fit la guerre que par un malentendu monstrueux, par un phénomène incroyable d'ingratitude, d'injustice et d'absurdité. La Révolution, attaquée comme impie, était ultra-chrétienne; elle faisait les actes qu'aurait dû faire le christianisme. Et le prêtre, que faisait-il? Il faisait, par le paysan, la guerre ultra-païenne, qui aurait rétabli la féodalité, la domination de la terre sur l'homme et de la matière sur l'esprit.

Cruel malentendu! ces Vendéens étaient sincères dans leurs erreurs. Ils sont morts dans une foi loyale. L'un d'eux, blessé à mort, gisait au pied d'un arbre. Un républicain lui dit : « Rends-moi tes armes! » — L'autre lui dit : « Rends-moi mon Dieu! »

Ton Dieu? pauvre homme!... Eh! n'est-ce pas le nôtre? Il n'y en a pas deux. Il n'y a qu'un Dieu, celui de l'égalité et de l'équité, celui qui vient, au bout de mille ans, te faire réparation, celui qui a jugé pour toi, le 25 août, le jour même, insensé, où tu as levé le bras contre lui.

Même Dieu et même foi! Les méconnaîtra-t-on, sous la différence du langage, dans ce mot du soldat patriote, qui, justement comme le Vendéen, avait déjà le fer au cœur : « Plantez-moi là l'arbre de liberté! »

Le maire républicain de Rennes, Leperdit[1], un tailleur, qui sauva cette ville et de la Terreur et de la Vendée, est assailli un jour d'une populace furieuse, qui, sous prétexte de famine, veut lapider ses magistrats. Il descend, intrépide, de l'Hôtel de Ville, au milieu d'une grêle de pierres ; blessé au front, il essuie son sang en souriant et dit : « Je ne puis pas changer les pierres en pain... Mais si mon sang peut vous nourrir, il est à vous jusqu'à la dernière goutte. » Ils tombèrent à genoux... Ils voyaient quelque chose par delà l'Évangile.

On a reproché à la Révolution de n'être pas chrétienne ; elle fut davantage. Le mot de Leperdit, elle l'a réalisé. De quoi le monde a-t-il vécu, sinon du sang de la France? Si elle est blême et pâle, ne vous étonnez pas. — Qui peut douter aussi qu'elle n'ait changé les pierres en pain? Elle se dit en 1789 : « Je ne peux pas nourrir vingt-quatre millions d'hommes... Eh bien, j'en nourrirai trente-cinq. » Elle a tenu parole.

---

1. Je donnerai ailleurs la vie de ce grand citoyen, et je la donnerai dans les propres paroles de celui qui me l'a transmise, le jeune M. Lejean, le futur historien de la Bretagne; nul n'a droit plus que lui de conter la vie des héros, il a leur âme en lui.

CHAPITRE II

LE PRÊTRE, LA FEMME ET LA VENDÉE (AOUT-SEPTEMBRE 1792).

La femme fut l'agent de la Vendée. — La femme en général devint contre-révolutionnaire. — La femme empêche le mari d'acheter les biens nationaux. — L'Ouest était-il soumis au prêtre, au noble, avant 1789? — Relations du prêtre et de la femme, surtout dans l'Ouest. — Le prêtre était influencé moins par sa gouvernante que par sa pénitente. — Attachement passionné des femmes de l'Ouest pour le prêtre. — Désespoir des femmes lorsque la loi éloigne le prêtre. — Les couvents foyers de conspiration. — Les prêtres annoncent la guerre civile, 9 février 1792. — Comment ils la fomentent. — Apparitions, miracles, etc. — Premiers massacres, juin 1792. — La noblesse se contente de donner de l'argent. — Association noble de La Rouërie. — Une lettre du roi est l'occasion de la guerre civile en Bretagne, juillet 1792. — Vaste soulèvement de la Vendée et premier combat à Châtillon et Bressuire, 24-25 août 1792. — Nantes et le Finistère pour la Révolution. — La Vendée peu contagieuse pour la France. — Le paysan achète partout les biens nationaux. — Ce qui rassurait sa conscience. — Nullité des actes féodaux.

La Révolution, c'est la lumière elle-même. Les solennels débats de la Convention commencent sous les yeux de l'Europe. Les portes s'ouvrent toutes grandes. Amis, ennemis, tous peuvent venir, regarder et écouter. L'épreuve de la Révolution, son premier Jugement de Dieu, la bataille de Jemmapes, est joyeusement emportée par la jeune armée de France, au chant de la *Marseillaise*, sous le soleil, à midi.

Et en même temps commence, dans les bois et les brouillards de l'Ouest, la vaste guerre des ténèbres. Aux landes du Morbihan, le long des îles brumeuses, aux sombres fourrés du Maine, dans l'humide labyrinthe du Bocage vendéen, apparaissent, sous formes douteuses, les premiers essais de la guerre civile. Une maison a été brûlée, un patriote assassiné, et là-bas un autre encore. Par qui? Nul n'osera le dire. La guerre, qui, dans un an, amènera une grande armée sous les murs de Nantes, s'essaye encore timidement, au crépuscule ou la nuit.

Ce sifflement, cette plainte, sont-ils la voix du hibou ou de la chouette? Vous diriez l'oiseau de mort... Oui, et de la haie voisine brille et part un coup de feu.

C'est une guerre de fantômes, d'insaisissables esprits. Tout est obscur, incertain. Les rapports les plus contradictoires circulent dans le public. Les enquêtes n'apprennent rien. Après quelque fait tragique, les commissaires envoyés arrivent, inattendus, dans la paroisse, et tout est paisible; le paysan est au travail, la femme est sur sa porte, au milieu de ses enfants, assise et qui file; au col son grand chapelet. Le seigneur? On le trouve à table; il invite les commissaires; ceux-ci se retirent charmés. Les meurtres et les incendies recommencent le lendemain.

Où donc pouvons-nous saisir le fuyant génie de la guerre civile?

Regardons. Je ne vois rien, sinon là-bas, sur la

lande, une sœur qui trotte humblement et tête basse[1].

Je ne vois rien. Seulement j'entrevois entre deux bois une dame à cheval, qui, suivie d'un domestique, va rapide, sautant les fossés, quitte la route et prend la traverse. Elle se soucie peu, sans doute, d'être rencontrée.

Sur la route même chemine, le panier au bras, portant ou des œufs ou des fruits, une honnête paysanne. Elle va vite et veut arriver à la ville avant la nuit.

Mais la sœur, mais la dame, mais la paysanne, enfin, où vont-elles? Elles vont par trois chemins, elles arrivent au même lieu. Elles vont, toutes les trois, frapper à la porte d'un couvent. Pourquoi pas? La dame a là sa petite fille qu'on élève; la paysanne y vient vendre; la bonne sœur y demande abri pour une seule nuit.

Voulez-vous dire qu'elles y viennent prendre les ordres du prêtre? Il n'y est pas aujourd'hui. — Oui, mais il y fut hier. Il fallait bien qu'il vînt, le samedi, confesser les religieuses. Confesseur et directeur, il ne les dirige pas seules, mais par elles bien d'autres encore; il confie à ces cœurs passionnés, à ces langues infatigables, tel secret qu'on veut faire savoir, tel faux bruit qu'on veut répandre, tel signal qu'on veut faire courir. Immobile dans sa retraite, par ces nonnes immobiles, il remue toute la contrée.

---

1. Tout ceci n'est nullement un tableau d'imagination. On le verra plus tard.

Femme et prêtre, c'est là tout, la Vendée, la guerre civile.

Notez bien que, sans la femme, le prêtre n'aurait rien pu.

« *Ah! brigandes,* disait un soir un commandant républicain, arrivant dans un village où les femmes seules restaient, lorsque cette guerre effroyable avait fait périr tant d'hommes, *ce sont les femmes,* disait-il, *qui sont cause de nos malheurs; sans les femmes, la République serait établie, et nous serions chez nous tranquilles...* Allez, vous périrez toutes, nous vous fusillerons demain. Et après-demain, les brigands viendront eux-mêmes nous tuer. » (*Mémoires* de Mme de Sapinaud.)

Il ne tua pas les femmes. Mais il avait dit, en réalité, le vrai mot de la guerre civile. Il le savait mieux que tout autre. Cet officier républicain était un prêtre qui avait jeté la soutane; il savait parfaitement que toute l'œuvre des ténèbres s'était accomplie par l'intime et profonde entente de la femme et du prêtre.

La femme, c'est la maison; mais c'est tout autant l'église et le confessionnal. Cette sombre armoire de chêne, où la femme, à genoux, parmi les larmes et les prières, reçoit, renvoie, plus ardente, l'étincelle fanatique, est le vrai foyer de la guerre civile.

La femme, qu'est-ce encore? Le lit, l'influence toute-puissante des habitudes conjugales, la force invincible des soupirs et des pleurs sur l'oreiller... Le mari dort, fatigué. Mais elle, elle ne dort pas.

Elle se tourne, se retourne; elle parvient à l'éveiller. Chaque fois, profond soupir, parfois un sanglot. « Mais qu'as-tu donc cette nuit? — Hélas! le pauvre roi au Temple!... Hélas! ils l'ont soufflété, comme Notre-Seigneur Jésus-Christ! » — Et si l'homme s'endort un moment : « On dit qu'on va vendre l'église! l'église et le presbytère!... Ah! malheur, malheur à celui qui achètera!... »

Ainsi dans chaque famille, dans chaque maison, la contre-révolution avait un prédicateur ardent, zélé, infatigable, nullement suspect, sincère, naïvement passionné, qui pleurait, souffrait, ne disait pas une parole qui ne fût ou ne parût un éclat du cœur brisé... Force immense, vraiment invincible. A mesure que la Révolution, provoquée par les résistances, était obligée de frapper un coup, elle en recevait un autre : la réaction des pleurs, le soupir, le sanglot, le cri de la femme, plus perçant que les poignards.

Peu à peu, ce malheur immense commença à se révéler, ce cruel divorce : la femme, généralement[1], devenait l'obstacle et la contradiction du progrès révolutionnaire, que demandait le mari.

Ce fait, le plus grave et le plus terrible de l'époque, a été trop peu remarqué.

Le fer trancha la vie de bien des hommes. Mais voici qui est bien plus : un invisible fer tranche le

---

[1]. Le mot *généralement* en dit peut-être trop. Des millions de femmes furent républicaines et le furent héroïquement. Néanmoins il n'est que trop vrai, la majorité devint contre-révolutionnaire.

nœud de la famille, met l'homme d'un côté, la femme de l'autre.

Cette chose tragique et douloureuse apparut vers 1792. Soit amour du passé, force des habitudes, soit faiblesse de cœur et pitié trop naturelle pour les victimes de la Révolution, soit enfin dévotion et dépendance des prêtres, la femme généralement (la grande majorité des femmes) devenait l'avocat de la contre-révolution.

C'était sur le terrain matériel de l'acquisition des biens nationaux que se posait généralement la dispute morale entre l'homme et la femme.

Question *matérielle?* On peut dire oui et non.

D'abord c'était la question de vie et de mort pour la Révolution. L'impôt ne rentrant pas, elle n'avait de ressource que dans la vente des biens nationaux. Si elle ne réalisait cette vente, elle était désarmée, livrée à l'invasion. Le salut de la révolution morale, la victoire des principes tenait à la révolution financière.

Acheter, c'était un acte civique qui servait très directement le salut du pays. Acte de foi et d'espérance. C'était dire qu'on s'embarquait décidément sur le vaisseau de l'État en péril, qu'avec lui on voulait aborder ou périr. Le bon citoyen achetait, le mauvais citoyen empêchait d'acheter.

Empêcher, d'une part, la rentrée de l'impôt, de l'autre, la vente des biens nationaux, couper les vivres à la Révolution, la faire mourir de faim : voilà le plan très simple, très bien conçu du parti ecclésiastique.

Le noble amenait l'étranger, et le prêtre empêchait qu'on ne pût se défendre. L'un poignardait la France, l'autre la désarmait.

Par quoi le prêtre arrêtait-il le mouvement de la Révolution? En la mettant dans la famille, en opposant la femme au mari, en fermant par elle la bourse de chaque ménage aux besoins de l'État.

Quarante mille chaires, cent mille confessionnaux, travaillaient en ce sens. Machine immense, d'incalculable force, qui lutta sans difficulté contre la machine révolutionnaire de la presse et des clubs, et contraignit ceux-ci, s'ils voulaient vaincre, à organiser la Terreur.

Mais déjà, en 1789, 1790, 1791, 1792 encore, la Terreur ecclésiastique sévissait dans les sermons, dans la confession. La femme n'en revenait chez elle que la tête basse, courbée d'effroi, brisée. Elle ne voyait de toutes parts qu'enfer et flammes éternelles. On ne pouvait plus rien faire sans se damner. On n'obéissait plus aux lois qu'en se damnant. On ne payait l'impôt qu'en se damnant. Mais le fond de l'abîme, l'horreur des tourments sans remède, la griffe la plus aiguë du diable, étaient pour l'acquéreur des biens nationaux... Comment eût-elle osé continuer de manger avec lui? Son pain n'était que cendre. Comment coucher avec un réprouvé? Être sa femme, sa moitié, même chair, n'était-ce pas brûler déjà, entrer vivante dans la damnation?

Qui peut dire de combien de sortes le mari était poursuivi, assailli, tourmenté pour qu'il n'achetât point? Jamais un général habile, un rusé capitaine, tournant et retournant sous les murs d'une place où il voudrait entrer, n'employa moyens plus divers. Ces biens ne rapportaient rien; c'étaient des biens maudits, on l'avait déjà vu par le sort de tel acquéreur. Jean, qui a acheté, n'a-t-il pas été grêlé tout d'abord, Jacques inondé? Pierre, c'est encore pis, il est tombé du toit. Paul, c'est son enfant qui est mort. M. le curé l'a très bien dit : « Ainsi périrent les premiers-nés d'Égypte... »

Généralement le mari ne répondait rien, tournait le dos, faisait semblant de dormir. Il n'avait pas de quoi répondre à ce flot de paroles. La femme l'embarrassait par la vivacité du sentiment, par l'éloquence naïve et pathétique, au moins par les pleurs. Il ne répondait point ou ne répondait qu'un mot que nous dirons tout à l'heure. Il n'était nullement rendu cependant. Il ne lui était pas facile de devenir l'ennemi de la Révolution, sa bienfaitrice, sa mère, qui prenait son parti, jugeait pour lui, l'affranchissait, le faisait homme, le tirait du néant. N'y eût-il rien gagné, pouvait-il aisément ne pas se réjouir de l'affranchissement général? Pouvait-il méconnaître ce triomphe de la Justice, fermer les yeux au spectacle sublime de cette création immense : tout un monde naissant à la vie? — Il résistait donc en lui-même. « Non, disait-il en lui-même, non, tout est juste, quoi qu'ils disent; et je ne serais pas l'homme qui y profite que je le croirais juste encore. »

Voilà comment les choses se passèrent dans presque toute la France. Le mari résista, l'homme resta fidèle à la Révolution.

Dans la Vendée, dans une grande partie de l'Anjou, du Maine et de la Bretagne, la femme l'emporta, la femme et le prêtre, étroitement unis.

Rien ne l'eût fait prévoir. Les paysans de l'Ouest n'avaient pas été aussi insensibles qu'on le croit au premier, au sublime éclair de la Révolution. On avait vu, en 1790, à la fédération du Mans, ces mêmes paysans, qui plus tard devinrent les chouans, rendre hommage à la Liberté et, pleins d'émotion, baiser l'autel du dieu inconnu.

Laissons les pastorales[1] qu'on nous a faites sur la vie patriarcale des contrées de l'Ouest avant la Révolution. Les seigneurs endettés, dans la Vendée tout comme ailleurs, n'étaient, ne pouvaient être les patrons débonnaires qu'on nous a peints. Qu'ils le voulussent ou non, ils livraient leurs fermiers aux hommes d'affaires auxquels ils engageaient leurs biens. Il y parut en 1789, où les gens de Maulévrier prirent les armes contre ces corbeaux qui venaient les dévorer. La rancune du paysan contre

---

1. Les romans vendéens (de Mme de La Rochejaquelein et autres) ont trouvé des réfutations et des contradictions très graves dans plusieurs historiens royalistes, dans Lebouvier-Desmortiers, Vauban, etc. Enfin sont venues les *Publications de pièces et d'actes* qui ont prouvé que dans ces romans pas un fait, pas une date n'étaient exacts; ils se sont écroulés, et il n'en reste rien. — Voir le recueil intitulé : *Guerres des Vendéens*, par un officier de la République, 1824, six volumes. Il donne, outre les actes, les notes et rapports de Kléber et autres généraux, dont la véracité loyale n'a jamais été mise en doute.

le procureur remontait aux seigneurs, aux nobles en général. Des quatre bœufs qu'il attelait à la charrue, le plus mauvais, celui sur qui il frappait le plus, il l'appelait *nobliet*, c'est-à-dire fainéant.

Toutefois, il faut remarquer que le paysan vendéen, généralement éleveur de bestiaux et réalisant ses ventes en argent qu'il ne savait pas trop où placer, le confiait souvent au noble et se trouvait intéressé dans la fortune de son maître. Avec quel désespoir il voyait ce maître émigrer, cette fortune atteinte par les lois de la Révolution, on le devine sans peine.

Le paysan, dans tout l'Ouest, tenait aussi au prêtre, et pour une raison bien naturelle. C'est que le prêtre, c'était le paysan même, son fils, son frère ou son cousin. Le bas clergé tout entier sortait des campagnes. Ce prêtre avait influence par la chose même qui faisait la passion du paysan; il le tenait par *la terre*, je veux dire par la puissance que le prêtre et le sorcier ont de bénir ou de maudire, de jeter un bon ou mauvais sort sur la terre et sur les bestiaux.

La dîme néanmoins était un impôt si lourd, si odieux, spécialement par la surveillance vexatoire que le curé exerçait au temps de la moisson, qu'avant 1789 les procès étaient communs dans l'Ouest comme ailleurs, entre les curés et leurs paroissiens. La Révolution, en supprimant la dîme, les réconcilia; elle supprima justement ce qui neutralisait l'influence du clergé, elle rendit au prêtre une puissance morale qu'il n'avait nullement avant 1789[1]. Le paysan pouvait consulter deux personnes : le procureur, le prêtre ; du moment que celui-ci ne leva plus la dîme, il fut seul consulté. Ses conseils, appuyés, répétés, inculqués jour et nuit par la femme, devinrent irrésistibles.

Et pourquoi ces conseils du prêtre furent-ils si violemment hostiles pour la Révolution ?

Faut-il en chercher la cause dans l'opposition (très réelle) des principes révolutionnaires aux doctrines du christianisme ? Non, cette opposition, que nous avons marquée ailleurs (voir notre Introduction),

---

[1]. Nulle époque ne fut plus morte, comme sentiments religieux, que celle qui précéda immédiatement la Révolution. Mon père m'a souvent raconté que dans sa ville natale, Laon, et dans bien d'autres villes, comme Laon, peuplées de prêtres, l'opinion générale leur était, non pas indifférente seulement, mais plutôt hostile. Il devenait difficile de recruter le corps ecclésiastique, surtout de trouver des moines. Au couvent de Saint-Vandrille, construit pour mille moines, il n'y en avait plus que quatre. Les couvents employaient mille caresses, mille flatteries pour attirer une recrue. Près de Laon, il y avait un vaste monastère de chartreux (au val Saint-Pierre), énormément riche, qui, disait-on dans le pays, occupait dix-neuf villages, faisait travailler quatre-vingt-dix-neuf charrues. Ces moines n'étaient plus que douze, et ces douze s'éteignaient, sans trouver à se remplacer. Ils tâchaient d'attirer mon père, fort jeune alors, l'invitaient et le cajolaient, s'efforçaient de l'amuser. Ils ne pouvaient lui cacher cependant qu'ils mouraient d'ennui ; toute leur ressource était de se créer quelque amusement futile ; l'un d'eux élevait des serins, un autre jardinait un peu, un troisième taillait des jouets. Le seul qui fût un homme sérieux disait toujours aux étrangers : « Ne vous faites jamais chartreux. » Et pour ce crime ses chefs l'envoyaient souvent à la discipline. Un jour par semaine, les chartreux traitaient magnifiquement, en maigre, selon la règle de l'ordre. Force parasites venaient, surtout de la pauvre noblesse. Les deux ou trois dignitaires principaux de la maison allaient et venaient, sous prétexte d'affaires, menaient grand train, belles voitures, dînaient hors de la maison, faisaient de petits voyages, souvent avec de belles dames, qui couchaient dans les bâtiments extérieurs du couvent ; personne ne s'en scandalisait. — Mon père voyait trop bien cet intérieur pour être tenté de se faire chartreux. Les couvents de femmes, qu'il connaissait très bien aussi, lui

n'influa néanmoins que d'une manière très secondaire. Les doctrines originales du christianisme étaient fort délaissées. La question profonde et vitale qui le fait être ou n'être pas (la question de la Justice et de la Grâce) n'était plus débattue. Chose étrange! Le clergé la jugeait ridicule et se moquait des obstinés qui voulaient l'éclaircir encore.

Que la Révolution, comme doctrine, fût ou ne fût pas contraire aux doctrines du prêtre, elle ne s'était du moins nullement montrée hostile pour lui. Elle s'était inquiétée de lui plus que ses chefs eux-mêmes. En ruinant le haut clergé, les grands sei-

---

révélaient mieux encore les inconvénients de la vie monastique. C'était le triomphe du vide et de la futilité; nulle pensée religieuse, des tracasseries innombrables, une tyrannie féminine, inquiète, cruelle, la mort à coups d'aiguilles. Mon père, tout jeune qu'il était, recevait les confidences de plusieurs religieuses ; elles disaient au jeune homme honnête, discret et sage, ce qu'elles n'osaient dire au prêtre, qui redisait tout à leurs supérieures. Une de ces religieuses, de quarante ans environ, Mme Dangesse, d'un esprit élevé, mais d'un caractère ferme, incapable de s'accommoder au régime de petitesses, de lâches complaisances, de délations mutuelles qu'on imposait aux autres, était le *souffre-douleurs*. La supérieure tantôt la mettait à genoux au milieu du chœur; tantôt, dans le réfectoire, elle lui faisait manger son pain sec, à terre, comme le mangent les chiens. Ces punitions fantasques, infligées à la seule personne qui eût du mérite, faisaient l'amusement des favorites de l'abbesse et charmaient leur oisiveté. Le plaisir barbare que les enfants malheureux et méchants prennent à torturer un pauvre animal, elles le prenaient à voir souffrir leur infortunée compagne, et leurs risées étaient un moyen de flatter leur tyran commun. — Mon père était bien déterminé à ne jamais être moine; sa famille insistait pour qu'au moins il se fît prêtre, comptant qu'ayant fait de bonnes études, il aurait peu de peine à obtenir un bénéfice. On le présenta à l'abbé de Bourbon, fils de Louis XV et de Mlle de Romans, qui avait en bénéfices un demi-million de rentes. Ce jeune prince de vingt ans, joli homme, aimable et mondain, reçut mon père à merveille, causa un moment avec lui, le trouva homme du monde, sans aucune vocation ecclésiastique, et lui frappant amicalement sur l'épaule : « Très bien, mon ami, très bien. Tu me plais ; je te fais chanoine. »

Heureusement pour mon père, la Révolution y pourvut.

gneurs ecclésiastiques, elle avait amélioré le sort du clergé inférieur. Si elle lui avait ôté la dîme, ce traitement variable, odieux, qui le mettait en guerre avec le paysan, elle lui donnait, sur les fonds de l'État, un traitement supérieur, fixe et régulier, qui le dédommageait. Quelles étaient donc les causes de l'exaspération des prêtres des campagnes?

L'autorité du pape et des évêques, l'esprit de corps, suffiraient, sans nul doute, pour expliquer la résistance. Habitués à obéir, les prêtres obéirent encore lorsqu'il fallut prendre parti entre leurs tyrans ecclésiastiques et la Révolution qui les affranchissait. Si toutefois la résistance n'eût été qu'imposée d'en haut et par l'autorité, elle eût été passive, inerte, pour ainsi dire, elle n'eût eu nullement le caractère actif, ardent, passionné, qu'elle eut, spécialement dans l'Ouest.

Il y eut à ceci une autre cause, très grave et très profonde, qu'il faut analyser.

Tout l'effort de la femme était d'empêcher son mari d'acheter des biens nationaux. Cette terre tant désirée du paysan, si ardemment convoitée de lui depuis des siècles, au moment où la loi la lui livrait pour ainsi dire, la femme se jetait devant, l'en écartait au nom de Dieu. Et c'eût été en présence de ce désintéressement (aveugle, mais honorable) de la femme que le prêtre aurait profité des avantages matériels que lui offrait la Révolution? Il eût déchu certainement dans l'opinion de ses paroissiennes, se fût fermé leur confiance, eût descendu du haut idéal où leur cœur prévenu aimait à le placer.

On a beaucoup parlé de l'influence des prêtres sur les femmes, mais pas assez de celle des femmes sur les prêtres.

Notre conviction est qu'elles furent et plus sincèrement et plus violemment fanatiques que les prêtres eux-mêmes ; que leur ardente sensibilité, leur pitié douloureuse pour les victimes, coupables ou non, de la Révolution, l'exaltation où les jeta la tragique légende du roi au Temple, de la reine, du petit dauphin, de Mme de Lamballe, en un mot la profonde réaction de la pitié et de la nature au cœur des femmes, fit la force réelle de la contre-révolution. Elles entraînèrent, dominèrent ceux qui paraissaient les conduire, poussèrent leurs confesseurs dans la voie du martyre, leurs maris dans la guerre civile.

Le dix-huitième siècle connaissait peu l'âme du prêtre. Il savait bien que la femme avait influence sur lui; mais il croyait, d'après la vaine tradition des noëls et des fabliaux, d'après les plaisanteries de village, que la femme qui gouverne le prêtre, c'était la gouvernante, celle qui couche sous son toit, la servante-maîtresse, la dame du presbytère. Et en cela il se trompait.

Nul doute que, si la gouvernante eût été la femme du cœur, celle qui influe profondément, le prêtre n'eût reçu, saisi avec bonheur les bienfaits de la

Révolution. Fonctionnaire à traitement fixe et suffisant pour la famille, il eût trouvé bientôt, dans le progrès naturel du nouvel ordre de choses, son affranchissement véritable, la faculté de faire du concubinat un mariage. La gouvernante n'en était pas indigne[1]. Malheureusement, quel que soit son mérite, elle est généralement plus âgée que le prêtre, ou de figure laide et vulgaire. Fût-elle jeune et belle, le cœur du prêtre ne lui resterait pas. Son cœur, qu'on le sache bien, n'est pas au presbytère; il est au confessionnal[2]. La gouvernante est sa vie quotidienne et vulgaire, sa prose. La pénitente est sa poésie; c'est avec elle qu'il a ses rapports de cœur, intimes et profonds.

Et ces rapports ne sont nulle part plus forts que dans l'Ouest.

Sur nos frontières du Nord, dans toutes ces contrées de passage où vont et viennent les troupes, et qui respirent un souffle de guerre, l'idéal de la femme, c'est le militaire, l'officier. L'épaulette est presque invincible.

---

1. Elle était et elle est généralement honnête et économe, elle prend le ménage à cœur, remplit les devoirs d'épouse et au delà. Nous en avons connu qui n'acceptaient aucun salaire, bien plus, qui surveillaient leur maître, l'éloignaient des excès de table et autres, le suivaient jusque dans l'église, et, du pied de l'autel, observaient s'il s'acquittait de son saint ministère.

2. Cette religion née du cœur de la femme (ce fut le charme de son berceau), va, en sa décadence, s'absorbant dans la femme. Ses docteurs sont insatiables dans les recherches sur le mystère du sexe. Cette année même (1849), quelle matière le concile de Paris a-t-il fouillée, approfondie? Une seule, la Conception. — Ne cherchez point le prêtre dans les sciences ou les lettres; il est au confessionnal, et il s'y est perdu. Que voulez-vous que

Dans le Midi et surtout dans l'Ouest, l'idéal de la femme, de la paysanne du moins, c'est le prêtre.

Le prêtre de Bretagne, spécialement, dut plaire et gouverner. Fils de paysan, il est au niveau de la paysanne par la condition, il est avec elle en rapport de langue et de pensée; il est au-dessus d'elle par la culture, mais pas trop au-dessus. S'il était plus lettré, plus distingué qu'il n'est, il aurait moins de prise. Le voisinage, la famille parfois, aident aussi à créer des rapports entre eux. Elle l'a vu enfant, ce curé; elle a joué avec lui; elle l'a vu grandir. C'est comme un jeune frère à qui elle aime à raconter ses peines, la plus grande peine surtout pour la femme : combien le mariage n'est pas toujours un mariage, combien la plus heureuse a besoin de consolation, la plus aimée d'amour.

Si le mariage est l'union des âmes, le vrai mari c'était le confesseur. Ce mariage spirituel était très fort, là surtout où il était pur. Le prêtre était souvent aimé de passion, avec un abandon, un

---

devienne un pauvre homme à qui tous les jours cent femmes viennent raconter leur cœur, leur lit, tous leurs secrets? Les saints mystères de la nature, qui, vus de face, au jour de Dieu, de l'œil austère de la science, agrandiraient l'esprit, l'affaiblissent et l'énervent quand on les surprend ainsi au demi-jour des confidences sensuelles. L'agitation fiévreuse, les jouissances commencées, plus ou moins éludées, recommencées sans cesse, stérilisent l'homme sans retour (je recommande cet important sujet au philosophe et au médecin). Il peut garder les petites facultés d'intrigue et de manège, mais les grandes facultés viriles, surtout l'invention, ne se développent jamais dans cet état maladif; elles veulent l'état sain, naturel, légitime et loyal. Depuis cent cinquante ans surtout, depuis que le *Sacré-Cœur*, sous son voile d'équivoques, a rendu si aisé ce jeu fatal, le prêtre s'y est énervé et n'a plus rien produit; il est resté eunuque dans les sciences.

entraînement, une jalousie qu'on dissimulait peu. Ces sentiments éclatèrent avec une extrême force, en juin 1791, lorsque, le roi étant ramené de Varennes, on crut à l'existence d'une grande conspiration dans l'Ouest, et que plusieurs directoires de départements prirent sur eux d'incarcérer des prêtres. Ils furent relâchés en septembre, lorsque le roi jura la constitution. Mais, en novembre, une mesure générale fut prise contre ceux qui refusaient le serment. L'Assemblée autorisa les directoires à éloigner les prêtres réfractaires de toute commune où il surviendrait des troubles religieux.

Cette mesure fut motivée non seulement par les violences dont les prêtres constitutionnels étaient partout l'objet, mais aussi par une nécessité politique et financière. Le mot d'ordre que tous ces prêtres avaient reçu de leurs supérieurs ecclésiastiques, et qu'ils suivaient fidèlement, c'était, nous l'avons dit, d'affamer la Révolution. Ils rendaient impossible la levée de l'impôt. Elle devenait une chose si dangereuse, en Bretagne, que personne ne voulait s'en charger. Les huissiers, les officiers municipaux, étaient en danger de mort. L'Assemblée fut obligée de lancer ce décret du 27 novembre 1791, qui envoyait au chef-lieu les prêtres réfractaires, les éloignait de leur commune, de leur centre d'activité, du foyer de fanatisme et de rébellion où ils soufflaient le feu. Elle les transportait dans la grande ville, sous l'œil, sous l'inquiète surveillance des sociétés patriotiques.

Il est impossible de dire tout ce que ce décret suscita de clameurs. Les femmes percèrent l'air de leurs cris. La loi avait cru au célibat du prêtre; elle l'avait traité comme un individu isolé, qui peut se déplacer plus aisément qu'un chef de famille. Le prêtre, l'homme de l'esprit, tient-il donc aux lieux, aux personnes? N'est-il pas essentiellement mobile, comme l'esprit, dont il est le ministre? A toutes ces questions, voilà qu'ils répondaient négativement, ils s'accusaient eux-mêmes. Au moment où la loi l'enlevait de terre, ce prêtre, on s'apercevait des racines vivantes qu'il avait dans la terre; elles saignaient, criaient.

« Hélas! mené si loin, traîné au chef-lieu, à douze, à quinze lieues, à vingt lieues du village!... » On pleurait ce lointain exil. Dans l'extrême lenteur des voyages d'alors, lorsqu'on mettait deux jours pour franchir une telle distance [1], elle affligeait bien plus. Le chef-lieu, c'était le bout du monde. Pour faire un tel voyage, on faisait son testament, on mettait ordre à sa conscience.

Qui peut dire les scènes douloureuses de ces départs forcés? Tout le village assemblé, les femmes agenouillées pour recevoir encore la bénédiction, noyées de larmes, suffoquées de sanglots?... Telle pleurait jour et nuit. Si le mari s'en étonnait un peu, ce n'était pas pour l'exil du curé qu'elle pleurait, c'était pour telle église qu'on allait vendre, tel cou-

---

1. Mon père, venant de Laon à Paris, en octobre 1792, fut en route trois jours et fut obligé de coûcher deux fois.

vent qu'on allait fermer... Au printemps de 1792, les nécessités financières de la Révolution firent décider enfin la vente des églises qui n'étaient pas indispensables au culte, celle des couvents d'hommes et de femmes. Une lettre d'un évêque émigré, datée de Salisbury, adressée aux Ursulines de Landerneau, fut interceptée, et constata de manière authentique que le centre et le foyer de toute l'intrigue royaliste étaient dans ces couvents. Les religieuses ne négligèrent rien pour donner à leur expulsion un éclat dramatique; elles s'attachèrent aux grilles, ne voulurent point sortir que les officiers municipaux, forcés eux-mêmes d'obéir à la loi et responsables de son exécution, n'eussent arraché les grilles de leurs mains.

De telles scènes, racontées, répétées, surchargées d'ornements pathétiques, troublaient tous les esprits. Les hommes commençaient à s'émouvoir presque autant que les femmes. Étonnant changement, et bien rapide! Le paysan, en 1788, était en guerre avec l'Église pour la dîme, toujours tenté de disputer contre elle. Qui donc l'avait si bien, si vite réconcilié avec le prêtre? La Révolution elle-même, en abolissant la dîme. Par cette mesure plus généreuse que politique, elle rendit au prêtre son influence sur les campagnes. Si la dîme eût duré, jamais le paysan n'eût cédé à sa femme, n'eût pris les armes contre la Révolution.

Les prêtres réfractaires, réunis au chef-lieu, connaissaient parfaitement cet état des campagnes, la profonde douleur des femmes, la sombre indignation des hommes. Ils en tirèrent un grand espoir et entreprirent de le communiquer au roi. Dans une foule de lettres qu'ils lui écrivent ou lui font écrire au printemps de 1792, ils l'encouragent à tenir ferme, à n'avoir pas peur de la Révolution, à la paralyser par l'obstacle constitutionnel, le veto. On lui prêche la résistance sur tous les tons, par des arguments variés et sous des noms de personnes diverses. Tantôt ce sont des lettres d'évêques, écrites en phrases de Bossuet : « Sire, vous êtes le roi très chrétien... Rappelez-vous vos ancêtres... Qu'aurait fait saint Louis? » etc. Tantôt des lettres écrites par des religieuses ou en leur nom, des lettres gémissantes. Ces plaintives colombes, arrachées de leur nid, demandent au roi la faculté d'y rester, d'y mourir. Autrement dit, elles veulent que le roi arrête l'exécution des lois relatives à la vente des biens ecclésiastiques. Celles de Rennes avouent que la municipalité leur offre une autre maison; mais ce n'est pas la leur, et elles n'en voudront jamais d'autre.

Les lettres les plus hardies, les plus curieuses, sont celles des prêtres : « Sire, vous êtes un homme pieux, nous ne l'ignorons pas. Vous ferez ce que vous pourrez... Mais enfin, sachez-le, le peuple est las de la Révolution. Son esprit est changé, la ferveur lui est revenue; les sacrements sont fréquentés. Aux chansons ont succédé les cantiques... Le peuple est avec nous... »

Une lettre terrible en ce genre, qui dut tromper le

roi[1], l'enhardir, le pousser à sa perte, est celle des prêtres réfractaires réunis à Angers (9 février 1792). Elle peut passer pour l'acte originaire de la Vendée, elle l'annonce, la prédit audacieusement. On y parle haut et ferme, comme ayant sous la main, pour arme disponible, une jacquerie de paysans. Cette page sanglante semble écrite de la main, du poignard de Bernier, un jeune curé d'Angers, qui, plus que nul autre, fomenta la Vendée, la souilla par des crimes, la divisa par son ambition, l'exploita dans son intérêt.

« On dit que nous excitons les populations!... Mais c'est tout le contraire. Que deviendrait le royaume, si nous ne retenions le peuple? Votre trône ne s'appuierait plus que sur un monceau de cadavres et de ruines... — Vous savez, Sire, vous ne savez que trop ce que peut faire un peuple qui se croit patriote. Mais vous ne savez pas de quoi sera capable un peuple qui se voit enlever son culte, ses temples et ses autels. »

Il y a, dans cette lettre hardie, un remarquable aveu. C'est le *va-tout* du prêtre, on le voit, son dernier cri avant la guerre civile. Il n'hésite point à révéler la cause, intime et profonde, de son désespoir, à savoir, la douleur d'être séparé de celles qu'il dirige : « *On ose rompre ces communications*

---

1. Ces lettres (conservées aux Archives nationales, armoire de fer, c. 37, pièces du Procès de Louis XVI) fournissent une grave circonstance atténuante en faveur de l'homme incertain, timoré, dont elles durent torturer l'esprit.

que l'Église non seulement permet, mais autorise », etc.

Ces prophètes de guerre civile étaient sûrs de leur fait, ils risquaient peu de se tromper, en prédisant ce qu'ils faisaient eux-mêmes. Les femmes de prêtres, gouvernantes de curés et autres, éclatèrent les premières, avec une violence plus que conjugale, contre les curés citoyens. A Saint-Servan, près Saint-Malo, il y eut comme une émeute de femmes. En Alsace, ce fut la gouvernante d'un curé qui, la première, sonna le tocsin pour courir sus aux prêtres qui avaient prêté le serment. Les Bretonnes ne sonnaient point, elles frappaient; elles envahissaient l'église, armées de leurs balais, et battaient le prêtre à l'autel. Des coups plus sûrs encore étaient portés par les religieuses. Les Ursulines, dans leurs innocentes écoles de jeunes filles, arrangeaient la guerre des chouans. Les *Filles de la sagesse*, dont la maison mère était à Saint-Laurent, près Montaigu, allaient soufflant le feu; ces bonnes sœurs infirmières, en soignant les malades, inoculaient la rage.

« Laissez-les faire, disaient les philosophes, les amis de la tolérance. Laissez-les pleurer et crier, chanter leurs vieux cantiques. Quel mal à tout cela?... » Oui, mais entrez le soir dans cette église de village, où le peuple se précipite en foule. Entendez-vous ces chants? Ne frémissez-vous pas?... Les litanies, les hymnes, sur les vieilles paroles, deviennent par l'accent une autre *Marseillaise*. Et ce *Dies iræ*, hurlé avec fureur, est-ce rien autre chose qu'une prière de meurtre, un appel aux feux éternels?

« Laissez faire, disait-on, ils chantent, n'agissent pas. » Cependant, on voyait déjà s'ébranler de grandes foules. En Alsace, huit mille paysans s'assemblèrent pour empêcher de mettre les scellés sur un bien ecclésiastique. Ces bonnes gens, à la vérité, disait-on, n'avaient d'armes que leur chapelet. Mais le soir ils en avaient d'autres, quand le curé constitutionnel, rentré chez lui, recevait des pierres dans ses vitres, et que parfois la balle perçait ses contrevents.

Ce n'était pas par de petits ressorts d'intrigues timidement ménagés, indirects, qu'on poussait les masses à la guerre civile. On employait hardiment les plus grossiers moyens pour leur brouiller l'esprit, les enivrer de fanatisme; on leur versait l'erreur et le meurtre à pleins bords. La bonne vierge Marie apparaissait et voulait qu'on tuât. A Apt, en 1792, comme en 1790 à Avignon, elle se remua, fit des miracles, déclara qu'elle ne voulait plus rester dans les mains des constitutionnels, et les réfractaires l'enlevèrent, au prix d'un violent combat. Mais il y a trop de soleil en Provence; la Vierge aimait bien mieux apparaître en Vendée, dans les brumes, les épais fourrés, les haies impénétrables. Elle profita des vieilles superstitions locales, elle se montra dans trois lieux différents, et toujours près d'un vieux chêne druidique. Son lieu chéri était ce Saint-Laurent d'où les *Filles de la sagesse* colportaient les miracles, l'appel au sang. Les mendiants les secondaient ; c'étaient d'excellents propagateurs de nouvelles, de très bons agents de révolte. Ils étaient fort nombreux, la plupart actifs et robustes. Sur trois cent mille âmes que comptait la Vendée, cinquante mille vivaient d'aumônes, sans rien faire, spécialement d'aumônes du clergé ; ils vivaient de lui, seraient morts pour lui, plutôt que de travailler.

On connaît maintenant les moyens, les agents de cette guerre impie. Le côté politique, le roi et la noblesse y furent très secondaires. Le prêtre y fut à peu près tout. Le Vendéen, si vous lui demandiez ce qu'enfin il voulait, ne répondait rien autre chose, sinon qu'on lui rendît son prêtre, qu'on laissât son curé revenir au village. Il faut entendre là-dessus, dans un récit très authentique, un de ces paysans, qui gardait des prisonniers républicains qu'on allait tuer, et qui, voulant sauver au moins leur âme, les priait de se confesser. Il disait à l'un d'eux, magistrat estimé : « Monsieur, je vous aimons bien ; vous nous avez fait le plus de bien que vous avez pu. Je sommes bien fâché de vous voir ici. Je ne nous soucions point de nobles, je ne demandons point de roi. Mais *je voulons nos bons prêtres*, et vous ne les aimez point... Confessez-vous, je vous en prions ; confessez-vous ; car, tenez, j'avons pitié de votre âme, et il faudra pourtant bien que je vous tuions... »

Ce mot est assez clair : « Nous voulons nos bons prêtres. » Il fut dit en 1793. Revenons en 1792, en juin, et voyons le procès-verbal d'un des premiers actes de cette triste guerre d'assassinats. Cent autres, tout semblables, furent dressés sans nul doute. Celui-ci l'est par deux commissaires de la Loire-Inférieure, envoyés, le 6 juin, de Nantes dans le district de Savenay. Les prêtres réfractaires paraissent avoir eu le projet d'y créer un centre d'insurrection dans la basse Loire, position en effet centrale entre les deux guerres imminentes de Bretagne et de Vendée. Ils avaient déjà réussi à armer une paroisse, ils l'entraînèrent, se portèrent dans sept autres, qu'ils croyaient enlever aussi. Ils y trouvèrent de la résistance, brûlèrent plusieurs maisons, tuèrent des hommes, entre autres deux dragons. Ces dragons rouges de Bretagne étaient des volontaires patriotes, qui montraient un zèle admirable et beaucoup d'intrépidité.

« A trois heures du matin, nous avons fait descente, avec la force armée, dans les Iles des Brières; les maisons étaient vides, les habitants se précipitaient à travers les bourbiers. Une femme cependant, d'une cinquantaine d'années, s'est offerte à nos regards près de l'église; elle avait un crucifix sur la poitrine et un chapelet à la main. Nous l'avons interrogée sur la cause des meurtres commis dans la nuit du dimanche 3 juin. Elle nous a dit « qu'elle n'en avait aucune « connaissance, qu'elle était disposée à sacrifier sa « vie pour la cause de Dieu. »

« Nous avons continué vers le village où deux

dragons ont été tués, trois maisons brûlées. D'autres maisons étaient abandonnées, et les meubles brisés. Le nommé Guy Vinsse nous a été amené; nous l'avons engagé à nous diriger vers le lieu du massacre; l'endroit était couvert de tourbe pulvérisée, et la terre avait été remuée; nous avons cherché en vain la trace du sang. Les réponses équivoques de cet homme, une plaie récente que nous lui remarquâmes à la tête, au-dessus de l'oreille, nous décidèrent à le faire arrêter. Nous passâmes de là au village des Iles où deux maisons brûlées fumaient encore... »

Quel appui la noblesse voudrait-elle apporter à ces soulèvements populaires, commencés par les prêtres? C'était une grande question. Les nobles de province, sacrifiés si longtemps, sous l'Ancien-Régime, à la noblesse de cour, craignaient fort, en se mettant en campagne, de n'opérer rien autre chose que le triomphe de leurs anciens ennemis. Ils n'aimaient pas Coblentz, ils connaissaient l'émigration... Plusieurs avaient été la voir et étaient revenus. Qu'ils tirassent l'épée, attirassent sur eux les forces de la Révolution, selon toute apparence ils auraient réussi seulement à faire rentrer les émigrés avec les armées ennemies; les courtisans, la bande de la reine et du comte d'Artois, les chevaliers de l'Œil-de-Bœuf, revenaient à Versailles, demandaient, exigeaient, emportaient tout; permis aux nobles de campagne de retourner chez eux, de revoir leurs terres ruinées, de reprendre leur vie monotone, pauvre, obscure, ennuyeuse; la messe, la chasse, pour tout amusement.

Rien n'était plus judicieux que ces réflexions, rien de plus difficile que de tirer de là les gentilshommes de campagne. Les intrigants qui menaient l'émigration, qui comptaient bien exploiter la victoire, n'omettaient rien pour troubler le bon sens de ces nobles; ils prêchaient, chantaient la croisade sur tous les airs; ils attestaient l'honneur de la chevalerie. On écrivait des lettres anonymes aux retardataires, on leur envoyait des quenouilles. Un de ces agents royalistes, Tuffin de La Rouërie, tête très mal rangée, personnage équivoque, qui avait joué cent rôles, officier, trappiste, volontaire d'Amérique, révolutionnaire, puis ennemi de la Révolution, avait été s'offrir à Coblentz, offrant d'entraîner, disait-il, toute la Bretagne. Il fallait seulement que, dans l'insurrection, on observât les formes mêmes des anciens États de la province, que les comités d'insurrection, puisés dans les trois ordres, fussent des États en miniature. On ne demanderait d'abord nul acte, nul effort, de l'argent seulement. Ce dernier point plut à Calonne, emporta son suffrage. Il fit agréer le plan au comte d'Artois. Le 5 décembre 1791, les frères du roi autorisèrent La Rouërie.

Dans la réalité, le plan était habile. Les gentilshommes qui n'émigraient point, obsédés, insultés pour leur inaction, troublés aussi dans leur conscience royaliste par leurs propres scrupules, obtenaient trêve *en donnant à l'association une année de leur revenu*. A ce prix, ils avaient un sauf-conduit pour eux, pour leurs propriétés, ils étaient garantis des pillages royalistes. Et, de l'autre côté l'association les garantissait aussi, en leur permettant, leur ordonnant de s'unir, *de se marier* avec les autorités constituées, jusqu'à ce qu'on pût les trahir.

Un nombre considérable de nobles trouvèrent cet arrangement commode, souscrivirent, donnèrent leur nom et de l'argent. Ils se trouvaient ainsi tout doucement compromis, engagés sans s'en apercevoir, lancés dans la guerre même qu'ils voulaient éviter. Il était évident que le jour où l'association serait découverte, les associés les plus pacifiques seraient bien obligés d'armer pour leur défense, s'ils ne voulaient être arrêtés.

Ce qui précipitait La Rouërie et pouvait l'obliger de brusquer les choses, c'est qu'il avait comme un rival dans Botherel, ex-procureur-syndic des États de Bretagne, qui dirigeait les émigrés de Jersey et Guernesey, sous la protection de l'Angleterre, les flattant de l'espoir d'une flotte anglaise qui les débarquerait. La Rouërie lui opposait Coblentz, les princes, frères du roi. Il obtint en effet des princes une commission (2 mars 1792), qui lui donnait tous les pouvoirs et le nommait *chef des royalistes de l'Ouest*, ordonnait de lui obéir.

Il y avait si peu d'entente entre les royalistes que La Rouërie voulait attendre, pour grossir l'association, un signal fortuit de guerre civile parti des Tuileries. Dans les premiers jours de juillet, les prêtres qui menaient le roi, tirèrent de lui une lettre au directoire du Finistère, pour demander qu'on élargît les prêtres réfractaires emprisonnés à Brest. Le roi, à ce moment, croyait être très fort ; on lui persuadait que l'affront du 20 juin, son palais envahi, sa famille insultée, le bonnet rouge sur la tête royale, avaient provoqué en sa faveur une réaction immense de l'opinion publique, et qu'il en fallait profiter. Toutes les chaires, en effet, les confessionnaux, les conciliabules dévots, avaient tiré un parti incroyable de ce fait pathétique, tout propre à la légende ; le roi, dans la pensée des femmes et d'une grande partie des hommes des campagnes, avait reçu comme une consécration nouvelle d'un affront qui rappelait la Passion de Notre-Seigneur. Beaucoup pleuraient à cette image touchante de l'*Ecce homo* de la royauté.

La démarche du roi en faveur des prêtres de Brest était peu et beaucoup. On pouvait dire que ce n'était qu'un acte charitable, humain, qui ne compromettait nullement son auteur, qu'on ne pouvait lui reprocher. Et c'était, dans la circonstance (on le vit par l'événement), c'était, dans l'état terriblement combustible où la Bretagne se trouvait, un signal d'incendie, une étincelle sur la poudre. A Fouesnant, près de Quimper, un paysan qui était juge de paix, Allain Nedellec, agent du marquis de Cheffontaine, dont il régissait les possessions, se met, après la messe (9 juillet), à prêcher les paysans devant l'église ; cinq cents prennent les armes. Les agents de Nedellec courent la campagne, menacent de brûler les maisons de ceux qui ne viendront pas pour Dieu et le roi ; le roi le veut, il a lui-même écrit qu'il ordonnait la liberté des prêtres, leur rétablissement.

Le lendemain 10 juillet, à trois heures de nuit, cent cinquante gardes nationaux de Quimper, avec quelques gendarmes et un canon, marchant rapidement à travers les campagnes dont ils ne connaissaient pas trop les secrètes dispositions, partirent pour Fouesnant. Les magistrats étaient en tête avec le drapeau rouge. Accueillis par une décharge meurtrière que trois cents paysans leur firent à bout portant, ils enfoncèrent cette bande, prirent le bourg, s'y établirent, passèrent la nuit dans l'église avec leurs morts et leurs blessés. Le lendemain, ils rentrèrent dans Quimper, et toute la ville vint au-devant d'eux.

Cette vigueur étonna la révolte et la fit réfléchir. L'absence des gentilshommes, en tout ceci, avertissait assez que les choses n'étaient pas mûres. La Rouërie voulait attendre ; il avait raison en Bretagne. A Paris, néanmoins, les choses se précipitaient, les événements semblaient avoir les ailes de la foudre. Elle frappe au 10 août...

Le contre-coup eut lieu, non dans la Bretagne d'abord, livrée à mille influences contraires, mais dans un pays dont on attendait moins un prompt soulèvement. La Vendée éclata.

Elle éclata avec un élan, un esprit d'ensemble

remarquable, et qui contrasta fort avec celui de résistance individuelle et solitaire, qui fut celui des Bretons, des chouans. Quarante paroisses à la fois, huit mille hommes des campagnes, autour de Châtillon, armèrent le même jour (24 août). Ce furent, comme partout, les magistrats perfides de la Révolution qui se tournèrent contre elle. Delouche, maire de Bressuire, fut le vrai chef de la révolte. Un commandant de la garde nationale, un gentilhomme de la Châtaigneraie, se fit enlever de son château par les paysans pour en être le général. Ils fondirent sur Châtillon d'abord, le dévastèrent, brûlèrent les papiers du district. De là, ils attaquèrent Bressuire. Ralentis par un orage qui les dispersa quelque temps, ils perdirent l'instant favorable. Le tocsin révolutionnaire, qui répondit au tocsin royaliste, assembla en une nuit les gardes nationaux des environs. Il y eut un empressement extraordinaire. Ceux des villes lointaines, d'Angers à La Rochelle, se mirent en mouvement. Les premiers arrivés, peu nombreux, défendirent Bressuire. Un combat eut lieu sous les murs, où cent paysans environ perdirent la vie. Cinq cents furent pris, et les vainqueurs qui coururent les campagnes exercèrent, dit-on, de sévères représailles pour les hommes qu'ils avaient perdus. Ce qui est sûr, c'est que les prisonniers furent traités cependant avec humanité. On se contenta de les mener au tribunal criminel de Niort. Cette ville était un foyer d'ardent patriotisme. Le tribunal crut devoir être indulgent envers ces hommes égarés; il les renvoya, supposant magnanimement qu'il n'y avait de coupables que les morts.

La Vendée resta muette sous le coup. Mais on put deviner, par ce sinistre événement, ce qui couvait en elle. On put, d'après 1792, prévoir 1793. Il n'était que trop sûr que les villes, petites et faiblement peuplées dans ce pays, ne pourraient, quelle que fût leur énergie, contenir les campagnes, que celles-ci emporteraient tout, qu'un jour ou l'autre la Vendée tout entière se lèverait comme un seul homme, qu'elle marcherait d'ensemble, prêtres en tête, disciplinée d'avance, sous les drapeaux de ses paroisses.

Mais on pouvait prévoir aussi que ce grand et terrible effort (tout grand qu'il fût, la Vendée étant secondée par une partie des trois départements voisins) ne serait pas cependant contagieux pour la France, qu'il serait de bonne heure circonscrit, enfermé dans une zone limitée, que bientôt, et de plus en plus, la question serait ainsi posée : la Vendée d'un côté, et la France de l'autre.

Ce qui rendait d'abord le succès de la Vendée improbable, impossible, c'est qu'elle n'agissait nullement d'accord avec la Bretagne. Ces deux pays différaient profondément. Et la Bretagne, prise à part, n'était point d'accord avec elle-même. Les prêtres mêmes y étaient divisés. Le prêtre noble, qu'on appelait exclusivement *Monsieur l'abbé*, méprisait et tyrannisait le prêtre paysan, celui qui eût le plus agi sur le peuple. Dans les nobles, il y avait aussi très peu de bonne entente ; on a vu les directions diverses de La Rouërie et de Botherel. Au contraire, les révolutionnaires bretons, tout au moins ceux du Finistère, trouvèrent un principe d'accord dans les belles lois d'août 1792 ; ces lois, favorables au paysan, le rallièrent à l'opinion des villes, à la Révolution. Elles eurent un effet immense et sauvèrent la France peut-être, en assurant à la Révolution la moitié de la Bretagne, la redoutable pointe qui fait l'arrière-garde de l'Ouest. L'autre Bretagne, l'Anjou, le Maine et la Vendée, dans tous leurs mouvements, sentirent qu'ayant Paris et la Révolution en face, ils avaient dans le dos Brest et le Finistère, qui étaient encore la Révolution.

La Vendée, quoi qu'on ait pu dire, était un fait artificiel (du moins en grande partie), un fait savamment préparé par un travail habile. Dans ce coin de terre, obscur, retiré et sans routes, le prêtre avait trouvé un admirable élément de résistance, un peuple naturellement opposé à toute influence centrale. Là, bien aidé des femmes, il avait pu longuement, à loisir, créer une œuvre d'art, étrange et singulière : une révolution contre la Révolution, une république contre la République.

Mais ce fait très artificiel se trouvait en opposition avec le grand fait naturel dont la France offrait le spectacle, fait nécessaire, amené légitimement du fond des siècles, qui venait, invincible, comme l'Océan vient à son heure, et, comme l'Océan, pouvait absorber tout.

Le Vendéen, enfermé, aveuglé dans son fourré sauvage, ne voyait nullement le mouvement qui se passait autour de lui. S'il l'eût vu un moment, il eût été découragé et n'eût pas combattu. Il eût fallu qu'on le menât bien haut, au haut d'une montagne, et que là, donnant à sa vue une portée lointaine, on lui fît voir ce spectacle prodigieux. Il se fût signé, se fût cru au Jugement dernier, il eût dit : « Ceci est de Dieu. »

Ce spectacle, que la France eût offert à ses yeux, c'était comme un tourbillonnement immense, une circulation rapide, violente, des hommes et des biens, des choses et des personnes. Les douanes entre les provinces, les octrois aux portes des villes, les péages innombrables des ponts, des passages de fleuves, toutes ces barrières de l'Ancien-Régime avaient disparu tout d'un coup. Les clôtures s'abaissaient, les murs tombaient, les vieux manoirs s'ouvraient. Les choses, comme les hommes, avaient retrouvé le mouvement. Une formule puissante, qu'on entendait partout, les évoquait, semblait les animer : *Au nom de la Loi!* Réveillés à ce mot, les immeubles prenaient des ailes. Déjà deux milliards des biens du clergé volaient en feuilles légères, sous forme d'assignats. Les domaines, coupés, divisés, se prêtaient aux besoins nouveaux d'un peuple immense, immensément multiplié. Partout des ventes et des achats; on achetait volontiers, on donnait l'assignat plus vite qu'on n'eût donné l'argent. Partout des mariages (ils furent innombrables, du moins dans les premières années de la Révolution), et la nation faisait la dot. Elle donnait des biens nationaux, souvent pour le produit de la première année; une maison, on la payait rien qu'avec le plomb des gouttières; un bois, on le payait avec la première coupe. Il tombait, ce vieux bois, et la clairière, ensemencée, sur l'heure, allait donner le blé à la couvée joyeuse née de la terre et du soleil de la Révolution.

Jamais grand mouvement ne fut accompli d'une âme plus paisible, avec moins de scrupule, dans une grande sécurité de conscience. Jamais la violence et la force ne se sentirent mieux appuyées du droit. La réclamation de la femme n'eut sur l'homme aucune influence. Il disputa peu avec elle. A toutes ses paroles il n'opposa guère que deux mots.

Mots vainqueurs, qui, pour lui, tranchaient la question.

Le premier lui servit pour les biens ecclésiastiques, biens de prélats, de chanoines et de moines. Ce mot fut : *Fainéants!*

Le second lui servit pour les rentes et droits dus aux seigneurs, plus tard pour les biens d'émigrés. Ce mot fut : *Féodal!*

« C'est du bien féodal », disait-il. Ce mot tout-puissant rassurait sa conscience.

Les biens mêmes d'Église lui semblaient, non sans cause, entachés de féodalité. Comment en juger autrement, quand on voyait, au palais de l'évêque, de l'abbé, comme aux châteaux laïques, le four banal, le pressoir obligé, le perron du jugement, le carcan seigneurial, la potence, tout l'appareil des vieilles justices? S'ils ne conservaient pas en nature les droits féodaux, ils les percevaient en argent.

Féodal, ce mot était sans cesse dans la bouche et la pensée du paysan. Il n'en avait pas la science ni l'histoire, mais bien le sens et l'intelligence instinctive. Les vingt ou trente générations qui moururent à la peine, sans monument, sans tradition, avaient pourtant laissé un même testament à leur fils, pour testament un mot qui, bien gardé, devait être pour lui un infaillible gage de la réparation. Le libre laboureur des temps antiques, dépouillé de la liberté par la force ou la ruse, n'ayant ni bien ni titre, ayant perdu sa terre, son corps, hélas! et sa personne, — que dis-je? l'âme et le souvenir, — vivait tout entier dans un mot...

Ce mot, répété huit cents ans à voix basse, pour empêcher la prescription, ce mot qui, en 1789, éclata plus haut que la foudre, ce mot qui, en français, signifie violence, tyrannie, injustice, c'est le mot : *Féodal*.

A tout ce que vous auriez objecté au paysan, à tout ce que vous lui auriez apporté de titres et d'actes, il remuait la tête, il disait : *Féodal*.

La Constituante, en supprimant les droits féodaux, fit effort pour établir une distinction subtile. Il y a deux féodalités, disait-on au paysan : la féodalité *dominante*, imposée par force à vos ancêtres, et celle-là nous l'abolissons; mais il y a aussi la féodalité *contractante*, celle qui résulte d'*un libre accord* entre le seigneur et le paysan ; vous ne pouvez secouer le joug de cette féodalité consentie qu'en indemnisant le seigneur. — Le paysan a la tête dure ; il s'obstina à ne pas comprendre, ne dit mot, alla son chemin. Un contrat entre le fort et le faible, entre celui qui était tout et celui qui n'était rien ! un accord consenti librement par un homme non libre, par un homme qui n'avait pas même son corps, qui n'était pas une personne, qui légalement n'existait pas ! c'étaient choses bonnes à plaider entre légistes, mais difficiles à soutenir entre hommes de bon sens. La peine infligée au système féodal et l'expiation de sa tyrannie, c'est qu'au jour du jugement, tout acte de lui parut tyrannique, et s'il avait parfois respecté la liberté, demandé consentement, contracté librement, il ne se trouva personne pour le croire. A tout acte qu'il alléguait, libre ou non, on riait, on disait : *Féodal*, et tout était dit.

L'Assemblée constituante et ses légistes avaient tranché légèrement une question très grave d'antiquité et de droit. Ils avaient supposé que le seigneur possédait originairement toute terre, et que, pour tel service, pour telle redevance, il avait daigné faire part de sa terre à celui-ci, à celui-là. Ils voyaient l'origine de toute propriété dans les concessions de fiefs. Ils niaient les origines libres de la propriété, ignoraient les aïeux. Qui ne sait que les choses se passèrent, non moins souvent, en sens inverse ? que ce fut au contraire le propriétaire libre, le faible, le petit et le pauvre, qui fut forcé, par mille vexations, de *se recommander*, comme on disait, à son puissant voisin, de prendre à cens sa propre terre, de donner au seigneur la propriété pour conserver au moins l'usage?

« Tu es libre, bonhomme, la terre aussi, et ta famille aussi, nous ne te prenons rien. Seulement songes-y! La terre libre, au milieu des fiefs, a cette propriété singulière qu'elle ne produit plus. Nous ne te prenons rien. Seulement tes voisins, en bons voisins, la visiteront, cette terre; les chevaux, les chiens du seigneur, la courront à plaisir; c'est plus court pour aller aux bois. Les pages du seigneur sont gais; ils mettront le feu à la queue de tes vaches, sans malice, pour rire seulement. Ta fille aux champs, ils la prendront, non pour lui faire du mal, mais seulement pour rire; ils la rendront le lendemain... » Quand tout cela lui était arrivé, quand il avait épuisé les maux du serf, alors cet homme libre s'en venait librement et, non sans quelques larmes, mettait ses mains dans les mains du seigneur... « Monseigneur, je vous donne ma foi, ma terre, tout ce que j'avais, je le perds, je vous l'offre et le donne. Désormais il est vôtre, et je le tiens de vous... » Voilà un contrat libre du bon temps féodal.

L'horreur de ce contrat, c'est que cette terre ainsi donnée et asservie, loin d'alléger le sort du propriétaire, l'asservissait lui-même, et, pour avoir donné sa terre, il se trouvait avoir donné *son corps*, celui des siens! Tous serfs!... Ceci n'est pas une figure, quoi qu'on ait dit. Nous ne le voyons que trop, dans les pays encore serfs aujourd'hui[1] : la femme et la fille du serf payent littéralement *de leurs corps*, rarement au seigneur, mais plus souvent à l'intendant, mais aux agents de l'intendant, mais aux valets de ces agents ; une série de hontes sans fin.

Une chose m'arrête ici. Comment serai-je juste envers la Révolution, comment la ferai-je comprendre, si préalablement je ne fais connaître le Moyen-âge, cette Terreur de mille ans !... Et pourtant je ne le puis. On ne résume pas le Moyen-âge. Ce qu'il a d'essentiel, c'est sa longueur terrible, et l'abréger, c'est n'en rien dire du tout. Il faudrait pouvoir reproduire, dans leur lenteur impitoyable, les mille ans que l'humanité passa sous cette pluie de douleurs qui tombait goutte à goutte, et chaque goutte perçait jusqu'aux os.

Et quand j'abrégerais, pour le faire, il faudrait encore un grand livre. Comment le mettre ici, intro-

---

1. Le servage, qu'on le sache bien, est un communisme effroyable, le viol en habitude, en droit. La famille y est impossible. Le serf blanc est plus malheureux en ceci que l'esclave nègre. Celui-ci distingue très bien, à la peau, les enfants qui sont du maître. En Russie et autres pays semblables, nul signe qui accuse la différence ; le père infortuné ne sait jamais qui sont les siens.

Un ministre protestant m'a assuré avoir vu, vers 1800, sur la côte allemande de la Baltique, une jeune fille enchaînée par une chaîne de fer dans une loge à chien, pour n'avoir pas voulu payer le droit du seigneur à l'intendant qui régissait la terre. — Nos seigneurs français du dix-huitième siècle usaient plus largement de ces privilèges que ne firent jamais leurs aïeux ; leurs fils, par libertinage ou par insolence, couraient tout le village, et qui n'eût pas fermé les yeux aurait été persécuté. L'homme d'affaires aussi, alors comme aujourd'hui, mettait souvent aux délais qu'il accordait pour les payements de honteuses conditions, etc. La femme payait tout. Elle eût dû être, en vérité, plus révolutionnaire que l'homme.

duire le grand dans le petit? Ce dernier ne le contiendrait pas; il éclaterait, disloqué et brisé. — Donc je serais injuste; donc je ne dirais pas ce qu'il faudrait savoir; nos adversaires pourront dire à leur aise que la Révolution fut un accident, un caprice, qu'elle fut la réparation de maux imaginaires, de souffrances qui n'existaient pas.

N'ayant pas expliqué comment, au Moyen-âge, l'asservissement de la terre asservit la personne, je ne pourrai faire comprendre comment l'affranchissement de la personne, à la Révolution, entraîna l'affranchissement de la terre. Car elle fut affranchie en 1789, elle aussi, qu'on le sache bien. Elle sortit alors des mains du seigneur, de celui qui se disait *l'homme d'épée*, le fils de la conquête, de celui qui voyait dans la terre une dépouille, une chose, pour user, abuser. Et elle passa dans les mains de *l'homme de la terre*, de celui qui ne sait rien de lui sinon qu'il est né d'elle, qu'il fut *attaché toujours à la terre;* — et si bien attaché, en vérité, d'un tel attachement, qu'il l'aime mieux que sa famille, qu'il lui est marié (trois fois plus qu'à sa femme), et si vous en doutiez, en creusant cette terre, vous trouveriez au fond le cœur du paysan.

Ce mariage de la terre et de l'homme qui cultivait la terre fut le fait capital de la Révolution. Les histoires, journaux et mémoires n'en disent presque rien. Et ce fait était tout.

Danton le dit, mais faiblement encore : *Antée avait touché la terre*, et il y puisait des forces. — *Toucher,* c'est bien peu dire. Il y était entré d'âme et de cœur, et ils étaient même personne. L'identité de l'homme et de la terre, ce mystère redoutable, s'accomplissant en France, faisait de cette terre une terre sacrée, inattaquable ; qui l'aurait violée était sûr d'en mourir. La question de la guerre était tranchée d'avance. La France était trop forte pour le monde.

CHAPITRE III

LA CONVENTION. — LA GIRONDE ET LA MONTAGNE
(SEPTEMBRE-OCTOBRE 1792).

Divisions de la Convention. — Elles sont le plus grand danger de la France. — Accusations mutuelles des deux partis, également injustes. — Défiances mutuelles de Paris et des départements. — Ouverture de la Convention, 21 septembre 1792. — La Convention, en général, appuie d'abord la droite, septembre-octobre 1792. — Danton et Robespierre veulent rassurer la Convention, 21 septembre 1792. — Danton demande qu'on garantisse la propriété. — Abolition de la royauté. — Première opposition de Danton et de la Gironde, sur la capacité du peuple, 22 septembre 1792. — Accusations mutuelles de désorganisation et de démembrement, 23 septembre. — Apologie de Danton, ses conseils pacifiques, 25 septembre 1792. — Apologie de Robespierre. — Apologie de Marat. — Apologie de la Commune, qui désavoue les hommes de septembre.

La France, répétons-le, était trop forte pour le monde. Mais, si la France s'attaquait elle-même, le serait-elle assez ? C'était la question.

Certes, la nation, qui faisait tout d'un coup un million de propriétaires, qui armait trois millions de gardes nationaux, qui combattait avec un capital de dix milliards, pouvait se moquer de l'Europe.

Le danger capital n'était pas l'invasion.

Ce n'était plus le roi, du moins en ce moment.

Il s'était déclaré lui-même et reconnu menteur, dès 1791, par sa propre déclaration de Varennes, dégradé de son sacre : « Un roi ne ment jamais. » La France, en 1792, le croyait traître, complice de l'invasion. Elle était, en grande majorité, sinon républicaine, du moins anti-royaliste, de colère et d'indignation. Déchu et méprisé, le roi restait par terre, à moins que la Révolution elle-même ne le relevât par l'échafaud.

La France n'avait qu'un danger réel, c'était le schisme. Schisme religieux dans l'Ouest, la guerre des prêtres qui armait le peuple contre le peuple.

Schisme politique au sein de la Convention, entre les républicains et les républicains. Ce concile, convoqué pour assurer l'unité de la France, en écrivant son nouveau dogme, fut tout d'abord violemment déchiré par la discorde et l'hérésie.

Où était le cœur de la France, sinon dans la Convention ? Et qu'adviendrait-il de la vie, dans chaque être, si au cœur même, au centre de l'unité vitale, d'un être il allait s'en faire deux?... Nul mal plus voisin de la mort.

Même avant d'être, elle était divisée. Elle n'ouvrit qu'au 21 septembre, et les jours précédents, pendant que les représentants arrivaient à Paris, les noms de *royalistes* et *d'hommes de septembre* commencèrent à s'échanger entre eux. Du futur côté gauche au futur côté droit volaient déjà ces appellations meurtrières. On pouvait voir déjà en esprit l'infranchissable ruisseau de sang qui coulerait dans la Convention pour séparer les deux côtés. En vain, plus d'une fois, de la Montagne à la Gironde, Danton tendit sa grande main au nom de la patrie. Les Girondins forcèrent Danton de les perdre, de les livrer à Robespierre, qui emporta Danton et en fut emporté, et la république avec eux.

Tous ces événements terribles vont tomber l'un sur l'autre avec la pesanteur et la rapidité fatale d'une pierre qui descend à l'abîme. A peine un intervalle de quatre mois sépare chacune de ces révolutions, qui, au cours ordinaire des choses, auraient fait des âges du monde. Chaque intervalle, ici, c'est plus d'un siècle... Que dis-je? J'oubliais le caractère étrange de ce rêve sanglant. Il n'y avait plus ni siècle, ni année, ni mois, ni jour, ni heure... Le temps n'existait plus, le temps avait péri. La Révolution, pour mieux se mettre à l'aise, semblait avoir commencé par exterminer le temps. Libre du temps, elle allait sans compter.

Ce qui crève le cœur, quand on repasse ces destinées tragiques, ce qui est aujourd'hui si clair et si certain, c'est qu'ils se frappèrent sans se connaître; ils s'ignorèrent profondément.

Ils le savent maintenant, combien leurs accusations mutuelles furent injustes, et, sans doute, ils se sont réconciliés. Il me serait trop dur de croire que ces grands citoyens, morts si jeunes, et quoi qu'ils aient fait, morts enfin pour nous faire cette patrie, n'aient pas eu, par delà la mort, du temps pour se reconnaître, pour entrer dans la lumière de justice et de vérité, et s'embrasser les uns les autres.

Non, ces accusations ne furent point méritées. Tous furent, nous le jurons, d'excellents citoyens, d'ardents amis de la patrie. Ce fut généralement l'amour jaloux, terrible, qu'ils avaient pour la république qui les jeta dans ces voies d'accusations injustes et d'extermination. Ils haïrent parce qu'ils aimaient trop.

Le temps est venu, qui a révélé, expliqué, — et l'histoire mieux connue, — et le grand juge, la Mort!

Il n'y a pas eu un traître dans toute la Convention. La république n'y eut pas un ennemi.

Il n'y eut jamais une Assemblée plus désintéressée, plus sincère. La peur, la haine, eurent action sur beaucoup de ses membres, l'intérêt sur aucun. Sauf deux ou trois voleurs, connus, punis, tous sont morts purs et pauvres.

Quoi que la violence, la fureur, l'entraînement d'une situation unique, aient pu leur faire commettre, il reste à chacun d'eux, pour dernier jugement de l'histoire, le mot que, dans les guerres des Suisses, disait sur Zwingle mort un de ceux qui l'avaient tué : « Ah! tu fus un homme sincère, tu aimas la patrie. »

Contenons-nous ici, mettons un sceau sur notre cœur et défendons-lui de parler. Nous devons ce respect à tant d'hommes héroïques de ne point déplorer leur sort, de leur donner une histoire virile et digne d'eux. S'ils ont été fermes à mourir, soyons ferme à les raconter.

Répétons-le, les deux accusations furent fausses également :

Les Girondins n'étaient point royalistes. Fondateurs de la République, ils l'avaient dans le cœur. C'était leur foi, leur espoir et leur dieu. Elle ne leur a pas manqué, la république, dans leur suprême épreuve; elle les a soutenus au dernier jour, et elle fut avec eux sur la fatale charrette, entre la Conciergerie et la place de la Révolution. Et leur dernière pensée, sous le couteau, fut non pas pour eux, mais pour elle.

Les Montagnards n'avaient pas fait septembre. Sauf Marat et deux ou trois autres, nul homme du côté gauche n'y eut part.

Ce côté, où siégeaient tous les plus violents patriotes, n'en contint pas moins les meilleurs amis de l'humanité. Les Carnot, les Cambon, les Merlin (de Thionville), les Prieur et tant d'autres ne furent point des hommes de sang. La grande majorité du côté gauche désapprouva septembre, mais jugea que la punition en était dangereuse, impossible. Ceux qui, comme Danton, savaient sur quel volcan de conspirations la France était assise, sans parler de l'invasion, jugèrent qu'elle avait besoin d'elle-même tout entière, qu'elle ne pouvait s'épurer, se juger, se punir, en un tel moment, sans se perdre; opinion d'autant plus raisonnable que, par une déplorable erreur, les provinces accusaient Paris tout entier :

qui les eût crues aurait jugé Paris. Danton et la Montagne prirent le crime à leur compte, ils dirent audacieusement au côté droit : « N'en parlez plus; c'est nous qui l'avons fait. »

Les nouveaux représentants apportaient de leurs départements la terreur de septembre. Les récits du funèbre événement, surchargés d'incidents atroces, avaient été colportés par les ennemis de la Révolution, avidement saisis par les provinciaux. Leur envie pour Paris les rend toujours crédules. Ils crurent sans difficulté aux douze mille morts que les royalistes mettaient dans leurs romans. Tous ceux qui arrivaient étaient conduits par d'officieux guides de prison en prison; on leur montrait à l'Abbaye (on le montra à mon père comme à d'autres provinciaux) une trace de sang à douze pieds de haut; le sang avait monté, disait-on, au premier étage. Même exagération sur le nombre des meurtriers. Les uns disaient dix mille, d'autres cent mille, etc. La capitale tout entière avait coopéré au massacre. Ce n'était pas sans effroi que les conventionnels arrivaient à Paris, entraient dans la ville sanglante; tout leur paraissait sombre, tous les murs couverts de crêpe et de deuil.

L'immense majorité de ces nouveaux représentants arrivaient l'esprit inquiet, flottant, saisissable aux premières impressions. La Convention avait été élue sous le coup de la nouvelle de septembre, sous l'émotion qu'en eut la France. Elle sortit tout entière de la bourgeoisie. Il y eut même quelques choix aristocratiques, ce qui tint à ce que, dans une pensée démocratique, on appela les domestiques au vote. A cela près, les conventionnels étaient de petits bourgeois, médecins, avocats, professeurs, gens de lettres, marchands, etc. Il n'y avait qu'un ouvrier de Reims, un cardeur de laine. Ces bourgeois étaient de bons citoyens, amis du bien, amis de l'humanité et des intérêts populaires, bien moins violents qu'on ne l'a dit.

Sur sept cent quarante-cinq membres que comptait la Convention, cinq cents n'étaient ni Girondins ni Montagnards; la Gironde leur inspirait de l'envie, la Montagne de l'horreur. Il était évident que la majorité, la force, seraient à ceux qui sauraient entraîner cette masse flottante de cinq cents représentants, qui, à considérer le nombre, n'étaient guère moins que la Convention elle-même. Leur modération naturelle et la terreur de septembre les faisaient incliner à droite; mais une terreur plus grande pouvait les faire voter à gauche.

Leurs préjugés contre Paris ne furent pas diminués par les premières impressions qu'ils recueillirent dans la foule, le jour même où, réunis, ils traversèrent les rues en corps. Ils entendaient dire sur leur passage cette parole étrange et naïve[1] : « Pourquoi donc faire venir tant de gens pour gouverner la France? N'y en a-t-il pas assez à Paris! » Ce mot, échappé au hasard de quelques bouches imbé-

---

1. M. Daunou m'a dit l'avoir entendu lui-même.

ciles, n'en courut pas moins dans la Convention, et confirma beaucoup de ses membres dans l'idée que Paris prétendait à la royauté et voulait être roi de France.

Et cette idée, fausse, injuste, irritante pour les Parisiens, fit accueillir de ceux-ci une accusation non moins injuste contre la Gironde et le côté droit, à savoir qu'ils voulaient réduire la République à une simple fédération analogue à celle des États-Unis, la diviser en républiques de Marseille, de Bordeaux, du Calvados, etc., détruire notre belle centralisation à peine établie, briser l'unité de la France, ce qui revenait à l'anéantir.

Il y eut des deux côtés la même crédulité. Les vingt députés de Paris qui gouvernaient la Montagne, les vingt ou vingt-cinq Girondins qui menaient la droite, crurent ces choses et les firent croire à tous. Ils s'emparèrent violemment de l'arène dès le premier jour, entraînèrent la Convention, la consumèrent, l'usèrent dans ce fatal débat. Tant de harangues, tant d'efforts, tant de jours terribles et de sombres nuits, cette lutte effroyable qui enveloppa la France tout entière, tout revient à une courte formule, un simple dialogue :

La Gironde à la Montagne, à la députation de Paris, à Danton et Robespierre : « *Vous voulez la désorganisation sociale*, pour que l'excès du désordre fasse désirer la dictature. »

La Montagne à la Gironde, à Brissot, Vergniaud, Roland : « *Vous voulez le démembrement de la France* en plusieurs républiques fédérées, pour que la guerre civile oblige de rétablir la royauté. »

Erreur des deux côtés, erreur, injustice profonde. Si les Montagnards ne voulaient point d'obstacle à l'élan révolutionnaire qui seul pouvait sauver la France, ils n'étaient pas pour cela anarchistes; ils voulaient un gouvernement fort, une république vigoureuse et des lois obéies. Les Girondins, non plus, qui plus tard cherchèrent un point d'appui dans leurs départements pour défendre le droit de leurs commettants, celui de la Convention, violé en leurs personnes, n'y songeaient nullement alors. Ni alors ni plus tard, aucun d'eux ne fut assez fou pour songer à démembrer la France. Les uns, les autres, étaient d'excellents citoyens, qui seraient morts cent fois pour l'unité de la patrie.

Voilà donc l'Assemblée qui va tout à l'heure s'entasser dans la petite salle des Tuileries qui avait été celle du théâtre. Ce petit théâtre de cour va contenir un monde, le monde des orages infernaux, le Pandémonium de la Convention.

Et plus l'arène est resserrée, plus les combats seront furieux, implacablement acharnés. Tous, dès le premier jour, dès le premier coup d'œil, souffrirent de se voir si près. Le petit intervalle qui séparait ces ennemis mortels ne permettait à nulle parole, à nul regard hostile de s'amortir en route. Les uns, les autres, dans leurs vives attaques, se foudroyaient à bout portant. Même aux moments de trêve, l'air malsain de la haine régnait dans cette salle; un pesant magnétisme de tous sur tous planait, serrant chaque poitrine, troublant les têtes, remplissant les yeux d'illusions.

Cette Assemblée, d'avance si profondément divisée, avait pourtant un principe d'union, celui même dont elle était née, le principe du 10 août. Elle apportait cette pensée : Que la France était définitivement majeure ; que sa vieille tutrice, la royauté, était à jamais déchue, comme complice de l'ennemi ; que tout roi était impossible, qu'il n'y avait de roi que le peuple.

Il n'y avait pas à disserter, à raisonner là-dessus. La Convention avait conscience du terrible mouvement dont elle sortait, du volcan de colère qui l'avait lancée à Paris. Quelques pouvoirs qu'elle eût reçus, elle ne tomba pas dans l'idée dangereuse de se déclarer souveraine; elle annonça modestement qu'elle n'imposait pas une constitution au peuple, mais la lui proposait.

Tout ce qui, de près ou de loin, pouvait ressembler à la royauté, eût violemment soulevé le sentiment national. La Convention écarta avec mépris l'ineptie de Manuel qui proposait de donner au président de l'Assemblée des honneurs quasi royaux. Elle applaudit ces paroles d'un de ses membres : « La France a déjà fait connaître sa volonté en envoyant ici deux cents membres de l'Assemblée législative qui ont fait serment de combattre les rois et la royauté... Non, il n'y aura pas de président de la France! »

Le président choisi par l'Assemblée fut Pétion. Les secrétaires furent deux constituants, Camus et Rabaut-Saint-Étienne, les Girondins Brissot, Vergniaud, Lasource, et Condorcet, ami de la Gironde.

Pas un homme de la gauche. L'Assemblée avait tout pris à droite. Ces choix avaient été dictés visiblement par l'horreur de septembre, l'aversion pour tous ceux qui toléraient les hommes de septembre. Ce sentiment, honorable sans doute, eût dû pourtant (dans la crise suprême où se trouvait la France, lorsqu'on n'avait pas même encore la nouvelle de Valmy), eût dû être subordonné à l'intérêt plus grave encore du salut national. Le salut était-il possible sans l'énergique légion de la Montagne (de cent représentants)? L'était-il sans l'appui des deux chefs de la Montagne, Robespierre et Danton? Robespierre, la grande autorité morale des innombrables sociétés jacobines; Danton, la grande force, le génie politique, qui tenait à la fois, dans ses habiles mains, les fils de la diplomatie et ceux de la police, négociant d'une part la retraite des Prussiens, de l'autre saisissant les complots royalistes du Midi et de la Bretagne.

La grande masse de la Convention ne voyait point ceci. Elle était dominée, et par le souvenir du funèbre événement, et par l'estime qu'inspirait la Gironde, et par sa jalousie contre Paris et la députation de Paris, et par l'aversion, le frissonnement nerveux que la Montagne lui donnait. Par un mouvement instinctif et sans se rendre compte, le centre appuyait vers la droite. De là, insatiablement et comme fasciné, il regardait cette terrible Montagne, n'en pouvait détacher les yeux. Il voyait sur ces bancs la fameuse Commune dans ses membres les plus violents, son comité de surveillance, de souvenir néfaste. Les chefs de la Montagne n'étaient pas faits pour rassurer. L'inquisitoriale figure de Robespierre, souffreteux, clignotant, cachant ses yeux ternes sous ses lunettes, était d'un sphynx étrange, qu'on regardait sans cesse malgré soi et qu'on souffrait à regarder. Danton, la bouche torse, demi-homme et demi-taureau, dans sa laideur royale, troublait les cœurs de son masque tragique; quoi qu'il pût dire ou faire, sa voix, son attitude, semblaient d'un tyran. Ce groupe sombre, où toute passion violente était représentée, portait à son sommet un couronnement bizarre, une vision terrible et ridicule, la tête de Marat. Échappé de sa cave, sans rapport avec la lumière, ce personnage étrange, au visage cuivré, ne semblait pas de ce monde-ci. Il voyait bien l'étonnement des simples et il en jouissait. Le nez au vent, retroussé, vaniteux, aspirant tous les souffles de popularité, les lèvres fades et comme vomissantes[1], prêtes, en

---

1. Ces lèvres expriment à merveille la facilité triviale, l'abondance d'eaux fades et sales qui lui venaient par torrents. L'admirable portrait de Boze (collection Saint-Albin) donne ce trait essentiel du journaliste intarissable. On ne le retrouve plus dans la grande gravure au burin (du reste excellente) qui a été faite d'après le portrait de Boze.

Quant au désaccord singulier qu'on voit dans les traits de Marat, comme dans ses idées, il tient non pas seulement à son excentricité personnelle, mais peut-être aussi au bizarre mélange de races, absolument inconciliables, qui se

effet, à vomir au hasard l'injure et les fausses nouvelles, il dégoûtait, indignait, faisait rire. Mais sur cet ensemble bizarre, on croyait lire *septembre*, et l'on ne riait plus.

Robespierre et Danton sentaient parfaitement qu'il fallait au plus tôt rassurer la masse incertaine de la Convention, repousser ces accusations de tyrannie et de dictature qui circulaient contre eux. Rien n'avait plus contribué à fortifier ces bruits que les paroles de Marat, qui demandait sans cesse un dictateur. Plusieurs des Montagnards étaient portés à croire qu'en effet la France ne serait sauvée que par l'unité du pouvoir placé un instant dans la même main. Parler contre la dictature, le tribunat, le triumvirat, c'était parler contre Marat, le désavouer, se séparer de lui. Désavouer sur une question l'*homme de septembre*, c'était chose politique en ce moment, et qui pouvait rapprocher de la Montagne une partie de la Convention.

Robespierre le fit avec une extrême prudence, un ménagement extrême pour les maratistes. Il ne parla

---

trouvait en lui. Il était Suisse d'un côté, Sarde de l'autre. Son vrai nom de famille est Mara. — Extrait des registres de la paroisse de Baudry, principauté de Neuchâtel : « Jean-Paul, fils de M. Jean-Paul *Mara*, prosélyte, *de Cagliari en Sardaigne*, et de Mme Louise Cabrol de Genève, est né le 24 may 1743, a été bâtisé le 8 juin. N'ayant point de parain, et ayant pour maraine Mme Cabrol grand'mère de l'enfant. » (Copié par M. Quinche, ministre à Baudry, 25 janvier 1848, et communiqué par l'obligeance de M. Carteron.) Je regrette de n'avoir pas eu ce renseignement, quand j'ai écrit, au tome II, mon chapitre de Marat. — La race sarde est la même que celle de Malte et de l'ancienne Étrurie; le type en est bizarre, et l'on s'étonne peu de voir tant de figures monstrueuses dans les monuments de ce dernier peuple; les premières figures de Polichinelle ont été trouvées dans les tombeaux étrusques.

pas lui-même, mais par l'intermédiaire de son jeune ami, son disciple, le paralytique Couthon, qui siégeait à côté de lui et qui recevait, au vu de tous, son inspiration. Couthon proposa de jurer haine à la royauté, *haine à la dictature,* à toute puissance individuelle.

Danton parla lui-même et se démit du ministère de la justice.

« Avant d'exprimer mon opinion sur le premier acte que doit faire l'Assemblée nationale, qu'il me soit permis de résigner dans son sein les fonctions qui m'avaient été déléguées par l'Assemblée législative. Je les ai reçues au bruit du canon. Maintenant la jonction des armées est faite, la jonction des représentants opérée, je ne suis plus qu'un mandataire du peuple, et c'est en cette qualité que je vais parler... *Il ne peut exister de constitution que celle qui sera textuellement, nominativement acceptée par la majorité des assemblées primaires.* Ces vains fantômes de dictature dont on voudrait effrayer le peuple, dissipons-les. Déclarons qu'il n'y a de constitution que celle qui a été acceptée de lui. Jusqu'ici on l'a agité, il fallait l'éveiller contre les tyrans. Maintenant que les lois soient aussi terribles contre ceux qui les violeraient que le peuple l'a été en foudroyant la tyrannie; qu'elles punissent tous les coupables... Abjurons toute exagération, déclarons *que toute propriété* territoriale et industrielle *sera éternellement maintenue.* »

Grande parole, habile dans la position de Danton,

mais qui répondait merveilleusement à la situation générale, aux secrètes pensées de la France.

La France était inquiète, et l'inquiétude, après les massacres de septembre, n'était pas, comme on pourrait croire, d'être massacré. La violence contre les personnes n'eût menacé qu'un petit nombre. La crainte générale était moins pour la sûreté personnelle que pour la propriété.

Paris craignait. Les boutiquiers parisiens avaient vu certainement avec peine le massacre des aristocrates, mais les vols en plein jour commis sur le boulevard les impressionnaient bien plus. L'épicier n'étalait qu'en tremblant.

La France craignait. Dans ce mouvement immense des propriétés, autorisé, commandé par la loi, mille accidents arrivaient que la loi ne commandait point. L'inviolabilité du domaine féodal étant une fois rompue, les vieux murs s'étant écroulés et les haies ouvertes, beaucoup perdaient le respect des clôtures, la religion des limites; le fossé n'arrêtait plus, la borne et le poteau étaient moins compris du passant.

Et ce n'était pas seulement l'ancien propriétaire qui craignait, le nouveau craignait déjà. Le paysan, acquéreur d'hier, qui, n'ayant pas payé encore, était propriétaire à peine, était déjà un ardent conservateur de la propriété, son défenseur inquiet. On le voyait déjà, matin et soir, sur son champ, faire le tour avec son fusil.

Il ne fallait pas s'y tromper, une parole de Danton

contre la propriété, un bavardage imprudent (comme avait été celui d'un maratiste aux Jacobins, voir plus loin, page 464) pouvait créer en un moment des millions d'ennemis à la Révolution.

Tous voulaient la propriété et la voulaient sacrée, ceux même qui ne l'avaient pas encore. Ils comptaient l'avoir demain.

Telle était la pensée de la Révolution : *Que tous fussent* propriétaires, — *facilement*, en payant peu, — *justement et solidement*, en payant de leur travail et de leur épargne. La propriété qui nous vient gratis, comme en songe, s'en va comme en songe. Donc, la Révolution ne donnait pas, elle vendait. Elle demandait à l'homme de prouver par l'effort, par l'activité, qu'il était homme et digne de la propriété. Acquise ainsi, la propriété est sacrée, durable comme la volonté et le travail dont elle est un fruit légitime.

La Constituante et la Législative avaient commencé la Liberté. Mais la Liberté n'est sûre qu'autant qu'elle a son abri naturel, la Propriété. Telle devait être (telle eût été, sans nos affreuses discordes) l'œuvre de la Convention : fonder la Propriété pour tous, fonder le foyer du pauvre, son foyer solide, le nid pour la famille.

Les deux propositions de Danton avaient une grande portée. Elles mesuraient d'avance la carrière que devait parcourir la Révolution. C'était elle-même qui, dans l'ébranlement terrible où se trouvaient toutes choses, posait son principe, marquait sa limite; *son principe*, le droit de l'homme à se gouverner librement lui-même; *sa limite*, le droit de l'homme à garder les fruits de sa libre activité.

Entre la liberté et la propriété nulle contradiction sérieuse, la propriété n'étant rien que la consécration des fruits de l'activité libre. Et toutefois l'apparente opposition de ces idées faisait le danger de la France, créait deux partis. Tel craignait pour la liberté, tel pour la propriété. Ces deux pensées divisaient, par un malentendu funeste, et la France, et la Convention, image de la France. Tous, aveugles autant que sincères, allaient lutter, lorsqu'ils étaient d'accord. Danton, au premier jour, proposait de décréter cet accord, consacrant à la fois les deux principes dans une simple formule qui contenait la paix.

Et cette formule de paix, offerte aux partis acharnés, tirait une force particulière de la bouche qui la prononçait. C'était l'homme qu'on regardait comme l'orage même et le génie des tempêtes, qui venait, au moment où le vaisseau était relancé à la mer, jeter, fixer dans le granit les deux ancres invincibles auxquelles s'est tenue la France

Les partis se caractérisèrent à l'instant même. Deux réclamations s'élevèrent en sens inverse.

Au côté gauche, le dictateur financier de la Révolution, Cambon, dit qu'il eût mieux aimé que Danton se bornât à sa première proposition, qu'il établît seulement le droit du peuple à voter sa constitution.

Cambon, qui n'était nullement un ennemi systématique de la propriété, voulait sans doute, dans le danger public, que le peuple eût toujours le droit de la régler pour le salut commun. Qu'importerait en effet que la propriété subsistât, si la personne périssait? Il se rappelait le mot si juste de Danton : « Quand la patrie est en danger, tout appartient à la patrie. »

Au côté droit, du groupe qu'on nomma la Gironde, surgit le principe contraire. Le Girondin Lasource soutint que Danton, en demandant qu'on consacrât la propriété, la compromettait. Y toucher, même pour l'affermir, selon lui, c'était l'ébranler. La propriété, dit-il, est antérieure à toute loi.

La Convention décréta les deux propositions de Danton, mais sous la forme suivante (sans s'expliquer dans la seconde sur le droit de propriété) : 1° Il ne peut y avoir de constitution que lorsqu'elle est acceptée du peuple; 2° la sûreté des personnes et des propriétés est sous la sauvegarde de la nation.

« Ce n'est pas tout, dit Manuel, vous avez consacré la souveraineté du *vrai souverain*, le peuple. Il faut le débarrasser de son rival, le *faux souverain*, le roi. »

Un député objectant que le peuple seul devait en juger, Grégoire, d'un grand élan de cœur : « Certes personne ne proposera jamais de conserver en France la race funeste des rois. Nous savons trop bien que toutes les dynasties n'ont jamais été que des races dévorantes qui vivaient de chair humaine. Mais il faut pleinement rassurer les amis de la liberté. Il faut détruire ce talisman dont la force magique serait propre à stupéfier encore bien des hommes. Je demande donc que, par une loi solennelle, vous consacriez l'abolition de la royauté. »

Le Montagnard Bazire voulait qu'on ne précipitât rien, qu'on attendît le vœu du peuple. Il fournit à Grégoire une belle occasion de fouiller à fond sa propre pensée. La grandeur de la passion lui arracha du cœur ce que son esprit n'eût trouvé jamais, la formule originale qui tranchait la question : « Le roi est dans l'ordre moral ce qu'au physique est le monstre. »

L'être bizarre, en effet, qui trône à la place d'un peuple, qui croit contenir un peuple, qui se croit un infini, qui s'imagine concentrer en soi la raison de tous, comment le classera-t-on? Est-un fol? un monstre? un dieu? A coup sûr, ce n'est pas un homme.

La royauté fut abolie. Ceux qui, les premiers, entrant dans la Convention, en eurent l'heureuse nouvelle, furent de jeunes volontaires qui partaient le lendemain. Ils tombèrent dans le délire de l'enthousiasme, remercièrent la Convention et, tout hors d'eux-mêmes, s'élancèrent pour répandre la nouvelle dans le peuple. Tout le monde sentait si bien que le roi c'était l'obstacle, le danger de la situation, qu'une foule d'hommes, du reste favorables à la royauté, partagèrent la joie commune. Le crédit se releva, la banque, par la hausse des fonds, témoigna qu'elle jugeait que la situation s'était affermie par la franche déclaration de ce qui était un fait autant qu'un principe. La France, en effet, depuis plus d'un an, se gouvernait elle-même.

L'abolition expresse de la royauté avait cela d'heureux encore qu'elle ne frappait pas seulement le roi détrôné, mais le roi possible. Le duc d'Orléans était-il ce roi? Nommé membre de la Convention, il y vint siéger à point pour voter avec les autres l'abolition de la royauté. Les intrigants néanmoins, Dumouriez et autres, ne se rebutèrent pas encore. Au défaut du père, ils montrèrent le fils, le firent valoir à Valmy, à Jemmapes, n'oublièrent rien pour le mettre en évidence.

Dans la seconde séance, où l'on décida que tous les corps administratifs, municipaux et judiciaires, seraient renouvelés, une discussion lumineuse eut lieu entre la Gironde et Danton, pour savoir *si le juge devait être* nécessairement, exclusivement *choisi parmi les légistes.* Les Girondins, tous avocats, se classèrent eux-mêmes ici; ils prouvèrent que, malgré leurs dons brillants, le profond génie de la Révolution n'était point en eux.

Si la Révolution signifie quelque chose, c'est qu'en face du droit incontesté de *la science* et de la réflexion, *l'instinct*, l'inspiration naturelle, le bon sens du peuple, ont leurs droits aussi. Au savant, au prêtre, au légiste, la Révolution a opposé l'homme, l'a mis de niveau avec eux. Cet homme qu'ils avaient dédaigné, que le christianisme lui-même leur avait mis sous les pieds comme une créature gâtée, impuissante, obscurcie en sa raison par le péché originel, mineure à jamais sous le prêtre; cet homme dont le prêtre en lois, le légiste, se fit ensuite tuteur, la Révolution proclama sa majorité.

Danton, avec son bon sens robuste, remit la question sur son vrai terrain. « Les gens de lois *étaient comme les prêtres*, dit-il, et, comme eux, trompaient le peuple. »

Il fut appuyé par un de ses adversaires mêmes, qui avoua : « Qu'on devait désirer qu'il y eût dans chaque tribunal *un prud'homme* qui ne connût pas les lois et qui imposât la simplicité du bon sens naturel à l'habitude des praticiens. »

Thuriot aurait voulu que, dans chaque tribunal, le président seul fût légiste, tous les membres des prud'hommes.

Le député Osselin dit cette remarquable parole : « On voulait aussi écarter l'établissement des juges de paix. L'événement a prouvé combien il était salutaire. Il en a été de même des juridictions consulaires. Éclairés par ces exemples, nous devons porter le dernier coup à la robinocratie. »

Danton avait élevé très haut la question, et il la retint sur le terrain de la sagesse pratique, reconnaissant le droit de la science et se gardant bien de le contester, déclarant qu'il ne voulait pas écarter les jurisconsultes, mais les procureurs, les artisans de chicane ; qu'il fallait que le peuple pût, *au défaut d'hommes de loi patriotes*, élire d'autres citoyens.

Après une telle explication, tout le monde devait s'entendre, et il n'y avait plus de débat. Les Girondins s'obstinèrent; Vergniaud parla encore, sans but, et obtint que la proposition, acceptée en principe, serait, pour les moyens d'exécution, examinée en commission.

La lutte, commencée ainsi sur le terrain spéculatif, éclata en même temps dans la grande question politique. Du premier coup, ce fut moins un débat qu'un duel.

Brissot en donna le signal, dans son journal, dès le 23, en disant qu'il y avait *un parti désorganisateur* dans la Convention.

Le parti accusé récrimina, d'abord aux Jacobins. Chabot assura que les Girondins voulaient établir en France un gouvernement fédératif, réduire la République à *une simple fédération qui en eût été le démembrement*. — Cette accusation, de peu d'importance dans la bouche de Chabot, prit beaucoup de poids lorsqu'elle fut reproduite le surlendemain par Robespierre au sein de la Convention.

La maladresse des Girondins fut insigne. En réponse à ces attaques de la députation de Paris, ils attaquèrent Paris, qui vraiment n'était pas en cause.

Le 24 septembre, Kersaint, Buzot, Vergniaud, saisissant l'occasion de nouvelles scènes sanglantes qui avaient eu lieu à Châlons, obtinrent de la Convention qu'on nommerait des commissaires pour préparer un projet de loi contre les provocateurs au meurtre, et *sur une garde départementale qu'on donnerait à la Convention.* Déjà Roland, dans un rapport, avait insisté sur la nécessité de faire garder la Convention et de l'entourer *de soldats.*

Rien n'était plus impolitique qu'une telle défiance pour Paris. Qu'est-ce que Paris, sinon la France, une population mixte de tout département? Cette population était-elle coupable pour septembre? Nullement, on l'a vu. Si la Commune avait provoqué ou toléré le massacre, si la garde nationale n'avait pu rien faire, qui fallait-il accuser? L'Assemblée. A elle, à elle seule, d'organiser et la Commune et la garde nationale, de manière à garantir l'ordre public.

Au défaut de la Législative, la Convention devait le faire. C'était sur cette question, non sur la question irritante d'une garde départementale, qu'on devait placer le débat. Mettre en suspicion Paris, la tête et le cœur de la France, c'était chose injuste, insensée. Il fallait, au contraire, en appeler à Paris même, lui montrer confiance, mettre le vrai Paris en voie de parler et d'agir, contenir la Commune si elle était tyrannique, la replacer sous la main de la Convention, rétablir ainsi l'unité.

La Convention ne courait aucun risque à cette époque. Il y avait autour de la jeune Assemblée un espoir immense. On appelait à elle de tous les maux, on se fiait à elle, on croyait en elle. Que craignait-elle, lorsque le grand agitateur, le terrible tribun du peuple, le futur dictateur, Danton, venait, dès la première séance, se remettre entre ses mains, déposer le pouvoir, *abjurer l'exagération?* Pour mieux rassurer, le 25, il demanda la mort pour tout homme qui voudrait un dictateur.

Cette séance fut une bataille rangée. La Gironde attaqua violemment, pêle-mêle, avec beaucoup de passion, peu d'habileté, trois hommes bien différents qu'on affectait de confondre. Danton, Robespierre, Marat. On les associait comme un triumvirat possible, tel que Marat l'avait demandé en septembre et tant de fois. La Gironde échoua dans cette attaque, surtout parce qu'elle y mêla Paris. On crut voir que, dans ces accusations violentes, elle avait surtout en vue d'emporter la grande mesure d'une garde départementale qui protégerait la Convention contre les mouvements de Paris.

Danton répondit de haut, avec beaucoup de grandeur, et en même temps son discours fut infiniment habile. Il désavoua Marat et le mit à part, rappelant leur altercation et la lettre menaçante que Marat lui avait écrite. Il replaça les choses sur le terrain du bon sens, traitant peu sérieusement le trop fameux Ami du peuple, l'assimilant à un pamphlétaire royaliste, ridicule par sa violence, disant que Marat était « le Royou de la République », et faisant entendre que ses persécutions, sa cave, avaient pu lui troubler l'esprit.

Son discours, en général, fut moins une apologie qu'une profession de foi où il posait les principes. On peut le résumer ainsi : *Mort à la mauvaise unité!*

la dictature. *Mort à la mauvaise liberté!* l'esprit local et départemental, l'esprit de division et de démembrement. — En ce dernier point, il récriminait (sans aigreur) contre la Gironde et faisait craindre aux accusateurs de devenir accusés.

« C'est un beau jour pour la nation, un beau jour pour la République, que celui qui amène entre nous une explication fraternelle. S'il existe un homme pervers qui veuille dominer despotiquement les représentants du peuple, sa tête tombera aussitôt qu'il sera démasqué. On parle de dictature, de triumvirat. Cette imputation ne doit pas rester vague ; celui qui l'a faite doit la signer ; je le ferais, moi... Ce n'est pas la députation de Paris collectivement qu'il faut inculper. Je ne chercherai pas non plus à justifier aucun de ses membres ; je ne réponds que pour moi... Moi, je n'appartiens pas à Paris ; je suis d'un département vers lequel je tourne toujours mes regards avec un sentiment de plaisir ; aucun de nous n'appartient à tel département : il appartient à la France entière. Que cette discussion profite à la France. — Portons la peine de *mort contre quiconque se déclarerait pour la dictature ou le triumvirat...* — On prétend qu'il est parmi nous des hommes qui ont l'opinion de vouloir morceler la France ; faisons disparaître ces idées absurdes en prononçant la peine de mort contre leurs auteurs. La France doit être un tout indivisible. Elle doit avoir unité de représentation. Les citoyens de Marseille veulent donner la main aux citoyens de Dunkerque. Je demande donc la peine de mort contre quiconque voudrait détruire l'unité en France, et je propose de décréter que la Convention nationale pose pour base du gouvernement qu'elle va établir : *l'unité de représentation et d'exécution.* — Ce ne sera pas sans frémir que les Autrichiens apprendront cette sainte harmonie. Alors, je vous le jure, nos ennemis sont morts. »

Robespierre parla dans le même sens, racontant, comme à l'ordinaire, les services qu'il avait si longtemps rendus à la liberté ; il assura que jamais, dans les assemblées électorales, on n'avait parlé d'attenter à la propriété. Il articula fortement le soupçon qu'un parti voulait réduire la République « à n'être qu'un amas de républiques fédératives ». Enfin, s'apercevant que son discours était froidement accueilli par l'Assemblée, il s'adressa ailleurs, au peuple des tribunes, se prosterna, pour ainsi dire, devant la foule, et, tout en déclinant le titre de flatteur du peuple, il prétendit que, quoi qu'on dît, on ne flattait jamais le peuple, « pas plus que la Divinité ».

Tout cela mal reçu. Mais Robespierre fut relevé par l'incroyable maladresse d'un des Girondins qui suivit.

Barbaroux s'offrit de signer l'accusation de dictature, il rappela qu'on l'avait pressenti sur la question de faire Robespierre dictateur. Il attaqua la Commune, déclarant que, pour Paris même, il n'avait aucune défiance. Pourtant il conseillait de réunir dans une ville les suppléants de la Convention, *pour que l'As-*

semblée subsistât si les représentants périssaient à Paris.
Il annonçait de plus que Marseille envoyait deux cents cavaliers, huit cents fantassins, *tous jeunes gens aisés, à chacun desquels leurs pères avaient donné, outre les chevaux et les armes, un assignat de cinq cents livres.* Quoi de plus dangereux qu'une double Assemblée! Quelle occasion de guerre civile! D'autre part, rien de plus irritant pour Paris que l'annonce d'un tel corps aristocratique, envoyé par Marseille pour contenir les Parisiens.

Dès l'ouverture de la séance, le Girondin Lasource avait dit durement qu'il fallait *réduire Paris à l'état d'un département, à n'avoir que son quatre-vingt-troisième d'influence.*

Visiblement ces représentants du Midi ignoraient tous le véritable organisme de la France, le rôle que joue le principal organe dans notre physiologie nationale. La grande ville est le point électrique où tous viennent sans cesse reprendre l'étincelle, s'électriser et s'aimanter. La France doit passer là, y repasser sans cesse ; et chaque fois qu'elle sort de cet heureux contact, loin de changer, elle devient elle-même de plus en plus, entre dans la vérité complète de sa nature, devient plus France encore.

Un seul député du Midi se tint sur une ligne fixe et ferme, libre des deux partis, ce fut Cambon. Il déclara, au nom des Méridionaux, que tous voulaient l'unité de la République ; que si l'esprit de fédéralisme, d'isolement, d'égoïsme, se trouvait quelque part, c'était dans la tyrannie de la Commune de

Paris. Il n'attaqua point Paris, mais seulement la Commune.

Vergniaud de même évita cet écueil commun des Girondins. Il ménagea Paris. Il n'attaqua pas la Commune en masse, ni la députation de Paris indistinctement; il reconnut qu'elle contenait de bons citoyens, le vénérable Dussaulx, le grand artiste David et d'autres encore. Il frappa droit sur Robespierre, rappela que, dans l'affreuse nuit du 2 au 3 septembre, il avait supposé un grand complot, affirmé que Brissot, Vergniaud, Guadet, Condorcet, livraient la France à Brunswick... Quelqu'un démentant Vergniaud, il ajouta avec une modération qui n'était que plus accablante : « Je n'ai jamais proféré, au sujet de Robespierre, que des paroles d'estime... Aujourd'hui encore, je parle sans amertume ; je me féliciterai d'une dénégation qui me prouvera que Robespierre aussi a pu être calomnié... » Et il attendit.

Le moment était venu pour Robespierre de s'expliquer sur son discours du 2 septembre et de s'en laver à jamais. Son adversaire déclarait qu'il l'en croirait sur sa parole. C'est alors qu'il devait nier, devant la Convention, devant la France et l'histoire, et non comme il fit tardivement, hors du débat, dans un de ses longs discours. Il ne répondit rien à Vergniaud, accepta l'accusation et garda la tache ; il la garde pour l'avenir.

Vergniaud rappela aussi, lut l'effroyable circulaire, signée Marat, Sergent, Panis, au nom de la Commune, et envoyée par toute la France pour étendre à toutes les villes le massacre de Paris. Un frémissement d'indignation parcourut l'Assemblée; mais les murmures devinrent des cris, des clameurs de réprobation, lorsqu'un député tira de sa poche un article de Marat, daté du 21 septembre et publié le 22. Il y déclarait qu'il n'y avait rien à espérer de la Convention, qu'il fallait encore une insurrection; qu'autrement on devait s'attendre à cinquante ans d'anarchie et qu'on n'en sortirait que par la dictature. Il finissait par ces mots cruellement significatifs, au lendemain de septembre : « Oh! peuple babillard, si tu savais agir! »

Pris ainsi dans ce cri de meurtre et comme la main dans le sang, Marat devait être atterré. Il en fut tout autrement. Lui qui toujours s'était caché, il parut heureux de se montrer au grand jour; il accepta hardiment la lumière et le défi. La créature de ténèbres vint s'étaler au soleil, souriant de sa vaste bouche, ayant l'air de dire à ceux qui (comme Madame Roland) doutaient si Marat était un être réel : « Vous en doutiez? Le voici. »

Sa seule présence à la tribune souleva tout le monde; elle en paraissait souillée. Cette figure large et basse qui dépassait à peine de la tête et de la poitrine et s'étalait en largeur, ces mains grasses, épaisses, qu'il plaquait sur la tribune, ces yeux proéminents, ne donnaient point l'idée de l'homme, mais bien plutôt du crapaud... « A bas! à bas! » criait-on. Lui, sans se déconcerter : « J'ai dans cette Assemblée un grand nombre d'ennemis... » — « Tous! tous! » s'écrie l'Assemblée, en se levant presque entière. Cela même ne l'émut pas. Lançant outrage pour outrage : « Je vous rappelle à la pudeur... »

Marat était audacieux, mais nullement brave. Ce qui l'enhardissait ici, c'est qu'il savait parfaitement qu'il parlait sous les yeux des siens. La bataille était prévue; quelques paroles imprudentes de Barbaroux aux Jacobins l'avaient annoncée la veille. Les maratistes, avertis, avaient rempli les tribunes; ils sentaient bien que c'était le procès de septembre qui se faisait, et le leur. Tout ce qu'il y avait d'hommes compromis étaient venus voir si la Convention oserait entrer, par la punition de Marat, dans les voies de la justice. Lui frappé, ils pensaient bien qu'on irait à eux. On les connaissait en grand nombre, par noms, professions, adresses. Ces gens-là devaient périr avec lui ou triompher avec lui. Sa destinée était la leur. Qu'on juge s'ils furent exacts à occuper les tribunes! Dès la nuit, ils étaient aux portes, faisaient queue, se reconnaissaient, triaient la foule, en quelque sorte, maltraitaient et supplantaient tout homme d'un autre parti; s'ils laissaient passer quelqu'un qui n'était pas de leur bande, c'était quelque ouvrier des métiers inférieurs, quelque simple, qu'ils faisaient bientôt des leurs. Le costume bizarre de Marat, son collet gras, son cou débraillé, faisaient bon effet sur ces gens. Ils ne jugeaient pas aisément de tout ce qu'il y avait là d'ambitieux dans la négligence et d'ostentation dans la saleté.

Marat fut bien plus habile qu'on ne l'aurait attendu; ses paroles furent parfaitement calculées pour les tribunes. Il glorifia septembre : « Me ferez-vous un crime d'avoir provoqué sur la tête des traîtres la hache vengeresse du peuple? Non; si vous l'imputiez à crime, le peuple vous démentirait, car, obéissant à ma voix, il a senti que le moyen que je lui proposais était le seul pour sauver la patrie, et, devenu dictateur lui-même, il a su se débarrasser des traîtres. »

Ce fut une grande surprise pour l'Assemblée, un effet cruel de remarquer que ces paroles exécrables étaient accueillies d'en haut par les assistants avec un murmure flatteur; elle vit avec horreur que Marat n'était pas seulement à la tribune, mais qu'il était sur sa tête, qu'elle siégeait entre Marat et Marat.

Un des Girondins, plein d'indignation, n'y tint pas et voulut sortir. L'officier de garde lui dit : « Ne sortez pas, je vous prie, ne vous montrez pas, Monsieur. Tous ces gens-là sont pour lui; s'il est décrété d'accusation, le massacre recommencera ce soir. »

Marat, de plus en plus fier, se prélasse à la tribune : « La dictature! dit-il, mais Danton, Robespierre, les autres, en ont toujours improuvé l'idée. Elle est mienne; on a tort d'accuser la députation de Paris; *l'inculpation n'a nulle couleur, si ce n'est parce que j'en suis membre.....* Oui, moi-même j'ai frémi des mouvements désordonnés du peuple; j'ai demandé qu'il nommât un bon citoyen, juste et ferme, mais qu'on lui mît en quelque sorte un boulet aux pieds, qu'il n'eût d'autorité que pour abattre des têtes... (*Murmures*.) Si vous n'êtes pas encore à la hauteur de m'entendre, tant pis pour vous... »

Puis, après avoir ainsi naïvement fait comprendre, dans sa vanité incroyable, qu'il voulait un dictateur et pour dictateur Marat, l'étrange candidat, se recommandant à l'admiration des tribunes, montra sa casquette crasseuse, ouvrit ses sales vêtements : « M'accuserez-vous d'ambition? Voyez-moi et jugez-moi... »

Remarquant pourtant l'horreur de la Convention et craignant le vote, il soutint que le numéro paru le 22 avait été écrit dix jours auparavant, avait paru en affiche, et que c'était par erreur qu'on l'avait réimprimé. « Lisez, dit-il, mon premier numéro du *Républicain*, vous y verrez l'hommage que je rends à la Convention pour ses premiers travaux, vous y trouverez la preuve que je veux marcher avec vous, avec les amis de la patrie. »

Ce numéro, dont on fit lecture, ne contenait rien de tel. Marat y accusait cruellement, en promettant de ne plus accuser... Il y avait, entre autres choses : « J'étoufferai mon indignation, en voyant les menées des traîtres... j'entendrai sans fureur le récit des vieillards et des enfants, égorgés par de lâches assassins », etc. Cette déclamation sanglante commençait ridiculement par une apostrophe copiée de la *Marseillaise* : *Amour sacré de la patrie!* avec un développement sentimental dans le style de la *Nouvelle Héloïse*.

La lecture de cette pièce, nullement justificative, fut suivie d'une comédie pitoyable que la Convention dut endurer encore par égard pour les tribunes, qui la prirent au sérieux. Marat parut s'attendrir : « Voilà donc le fruit de trois années de cachots et de tourments ! le fruit de mes veilles et de mes souffrances !... Quoi donc ! si ma justification n'eût paru, vous m'auriez voué au glaive des tyrans ? Cette fureur est indigne d'hommes libres ; mais je ne crains rien sous le soleil... (Là, il tira un pistolet de sa poche, se l'appliqua au front.) Je déclare que, si le décret d'accusation eût passé, je me brûlais la cervelle au pied de la tribune. » Beaucoup rirent, beaucoup s'indignèrent ; le charlatan venait d'imiter à froid le mouvement bien connu des deux jeunes Marseillais qui, la veille du 10 août, à l'Hôtel de Ville, se mirent le pistolet au front, menaçant de se tuer, si on ne leur donnait des cartouches.

Les tribunes admirèrent, mais dans la Convention le dégoût arriva au comble ; plusieurs ou se détournèrent ou montrèrent le poing, criant : « A la guillotine ! » Lui, impudemment : « Eh bien, je resterai parmi vous pour braver vos fureurs... »

L'Assemblée était fatiguée. Le centre craignait les tribunes ; il passa tout entier à gauche. Un homme de septembre, Tallien, demanda « qu'on fît trêve à ces scandaleuses discussions, qu'on laissât les individus ». Il obtint l'ordre du jour.

On décréta la seconde proposition de Danton : *La République française est une et indivisible.*

Sa première proposition (*Peine de mort pour quiconque proposerait la dictature*) ne fut point décrétée. L'ordre du jour fut demandé par Chabot, obtenu. Beaucoup croyaient apparemment qu'en une crise si violente, une dictature temporaire serait peut-être après tout le seul remède efficace.

Les Girondins avaient échoué dans toutes leurs attaques. Marat même avait échappé. Cette séance violente eut pourtant un grand résultat. Paris fut ému. Le jugement sur septembre, pour n'avoir pas été formulé par la Convention, n'en fut peut-être que plus fortement porté dans les cœurs. Les adversaires de septembre avaient échoué dans la salle, sous la pression des tribunes maratistes, et par la faiblesse, peut-être par l'envie du centre. Il en fut autrement dans la grande foule du peuple, dans les masses indépendantes, dans la libre opinion. Là, la Gironde eut sa couronne, la victoire de l'humanité.

Le soir même, une députation de la Commune vint à la barre de la Convention faire amende honorable, désavouant les commissaires maratistes envoyés sous son nom dans les départements et soutenant qu'ils n'étaient chargés *que de propager l'union fraternelle.* La Commune allait jusqu'à dire : « Nous vous dénonçons le comité de surveillance de la Ville. Il a agi à notre insu. Nous avons révoqué une partie de ses membres, nous vous abandonnons le reste. C'est à vous de les punir. »

L'humanité était vengée, septembre nié et dénoncé par la Commune du 10 août.

Le 10 août et le 2 septembre, la honte et la gloire, ne pouvaient plus se confondre ; la conscience publique était raffermie sur la base invariable de la morale éternelle.

CHAPITRE IV

LA GIRONDE CONTRE DANTON (SEPTEMBRE-OCTOBRE 1792).

La Gironde croit voir Danton toucher à la tyrannie. — La Gironde, jusque-là démocratique, s'appuie sur la bourgeoisie contre la dictature. — Les Jacobins prennent le poste qu'occupait la Gironde, l'avant-garde du mouvement vers l'égalité. — L'incapacité pratique des Girondins avait obligé Danton à prendre le pouvoir. — Les Girondins poursuivent Danton comme complice de septembre. — Ils poursuivent Danton et la Commune pour infidélité dans le maniement des deniers publics. — Danton ne peut rendre compte de ses dépenses secrètes. — Comment Danton avait saisi, arrêté la grande conspiration de l'Ouest. — Comment Danton avait négocié l'évacuation du territoire. — Dumouriez à Paris, 12-16 octobre 1792. — Danton et Dumouriez veulent se concilier la Gironde. — Dernières avances de Danton aux Girondins, fin d'octobre. — La Convention, en réalité, n'était point divisée sur les questions alors actuelles.

Le dernier vote de la Convention était propre à faire songer. Elle avait prononcé l'ordre du jour sur la proposition de porter la *peine de mort contre quiconque parlerait de créer une dictature.* Quoique la proposition eût été faite et appuyée par les chefs de la Montagne, les Montagnards en général avaient voté l'ordre du jour. Chabot avait prétexté le respect pour la souveraineté du peuple, soutenu *que la Convention n'avait pas le droit de prescrire au peuple souverain une forme de gouvernement.* Un tel argument allait loin. Il n'allait pas à moins, si l'on voulait, qu'à défaire ce qu'avait fait le 10 août, à rendre illusoire, au bout de trois jours, le décret du 21 septembre, l'abolition de la royauté.

Les Girondins se confirmèrent dans leurs soupçons sur la Montagne, dans l'idée que par l'anarchie elle allait à la tyrannie, que le seul Marat avait exprimé sincèrement la pensée de tous.

« Mais Marat même a-t-il tout dit?... Rappelez-vous qu'au 21, lorsque l'Assemblée votait d'enthousiasme l'abolition de la royauté, un seul homme réclama, dit : « Qu'il serait d'un exemple effrayant de voir « l'Assemblée décider dans un moment d'enthou- « siasme. » Cet homme si prudent était un des plus violents Montagnards, Bazire, ami de Danton. »

On avait vu paraître, en pleine lumière, dans la grande bataille du 25, les trois hommes qu'on appelait les triumvirs de septembre. Mais on ne les confondait plus. Marat décidément semblait impossible. L'ancien charlatan de place, le vendeur d'orviétan avait si bien reparu dans son premier rôle, que le dégoût, la risée, avaient dominé l'horreur. Robespierre n'avait pas brillé ; ses flatteries aux tribunes, son principe « que jamais on ne peut flatter le peuple », avaient été froidement accueillis de ceux même auxquels il les adressait. On n'ignorait pas son ascendant sur les sociétés jacobines ; mais ces sociétés elles-mêmes, malgré l'avis de Robespierre et ses vaines prédictions, devenaient favorables à la guerre. Vaincu sur cette question éminemment nationale, l'adversaire de la guerre, réfuté par la victoire, semblait impossible, au moins pour longtemps.

Danton avait paru bien autrement habile dans la fameuse séance. Son apologie adroite, d'une bonhomie apparente, n'en avait pas moins eu ce caractère d'audace et de grandeur qui marquait toutes ses paroles. Redoutable politique qui, tout en restant à l'avant-garde de la gauche et le chef des violents, prenait ascendant sur les modérés. C'est là ce qui faisait rêver les Girondins et les remplissait de crainte. Ils croyaient voir Danton toucher à la tyrannie. « Ne l'avez-vous pas vu, disaient-ils, saisir dès le premier jour (lui Danton! lui ami des plus hardis spoliateurs!) l'initiative de *réclamer des garanties pour la propriété*, devançant ainsi la droite et nous enlevant le mérite d'exprimer les premiers la pensée publique? Ce jour aussi, au moment où il quitta le pouvoir, abdiqua, d'une si royale attitude, n'avons-nous pas senti tous qu'il le gardait, ce pouvoir, et ne pouvait plus descendre? »

Telles étaient les terreurs des Girondins, telle la base des romans incroyables qu'à force d'imagination, de passion, de rêves et de peur, ils se faisaient sur Danton.

C'était au reste un caractère commun des deux côtés de l'Assemblée. L'excès de la passion avait produit le même effet. Tous étaient devenus prodigieusement imaginatifs, soupçonneux, crédules, saisis des moindres lueurs, et, saisis une fois, ils ne retrouvaient plus, dans leur raison ébranlée, assez de force pour en revenir. Beaucoup, dans ce violent état d'esprit, étaient véritablement malades de corps. Le type de ces malades, Rebespierre, était à la gauche; mais plusieurs, à droite, ne souffraient pas moins. Plusieurs, qui ne parlaient pas, passaient de longues séances, les yeux fixés sur leurs adversaires, maigrissant à les regarder, blêmissant et s'épuisant à les deviner, croyant pénétrer leurs pensées, et sur un mot, sur un geste, se créant les plus terribles systèmes.

La double énigme sur laquelle ces malheureux Œdipes tendaient toutes leurs facultés divinatrices, c'était Robespierre et Danton. Sur le premier, ils étaient arrivés à l'idée juste qu'il était absolument incapable, comme action; mais ils en tiraient l'idée fausse qu'il ne serait qu'un instrument dans la main de son puissant rival. Plusieurs étaient d'avis, pour cela même, de briser cet instrument, d'attaquer d'abord Robespierre. D'autres, croyant voir Danton si près de la tyrannie, ne voulaient pas perdre un moment pour le démasquer. Tous, à force d'y songer, ils s'étaient fait de l'avenir un roman étrange, qui montre combien les esprits les plus raisonneurs, une fois dans la passion et mettant le raisonnement à son service, peuvent aller loin dans l'absurde. Sans doute aussi, la terreur du 2 septembre, les ombres de ces nuits sanglantes où chacun fut mort du cœur, ne contribuèrent pas peu à obscurcir les esprits, à les tenir faibles et troubles, à l'état de rêve.

Il semble que la Montagne et les hommes de

septembre se soient mêlés, dans ces imaginations malades, avec la fameuse histoire du Vieux de la Montagne et des Assassins. Selon eux, dès 1789, un vaste système de crimes avait été conçu au profit de la Maison d'Orléans. Par qui? Le profond inventeur était, selon eux, Laclos (le futile auteur des *Liaisons dangereuses*). La Fayette et Mirabeau, unis entre eux intimement(!), avaient été les agents du complot; ils avaient envoyé Orléans en Angleterre pour arranger tout avec Pitt. « Danton, Marat, les Cordeliers, qui dressent au meurtre l'armée des septembriseurs, égorgeront un matin le côté droit tout entier, feront roi le duc d'York. Orléans assassinera cet Anglais, mais sera assassiné par Marat, Danton, Robespierre. Lequel restera des trois? Le plus habile, qui tuera les deux autres, sera roi... Ce sera Danton. »

Ce terrible échafaudage de folies n'étonnait personne. On le jugeait vraisemblable, et chacun, en y rêvant, trouvait bien quelque fait à l'appui qui le rendait tout à fait sûr. Si quelqu'un des Girondins contestait, c'était pour établir un autre roman, non moins absurde. Le seul qui gardât sa tête froide et fît des objections, était Condorcet; mais on ne l'écoutait guère.

Ce qui était vrai et positif, c'est que Danton, en lâchant le ministère, n'avait rien lâché; il ne gardait aucun titre, mais tout ce qu'il y avait de force dans la grande dissolution s'était instinctivement concentré autour de lui. Il conservait les fils de la diplomatie et de la police; il semblait tenir Paris et tenir l'armée. Il avait paru diriger Dumouriez dans la campagne, et il semblait aussi diriger les Prussiens dans la retraite, négocier, les armes à la main, l'évacuation du territoire. A l'intérieur, une foule d'hommes compromis croyaient trouver leur sûreté sous le patronage de Danton ; il les avait défendus, en se disant leur complice. Ils lui appartenaient, ces hommes ; on ne le rencontrait guère sans les voir autour de lui, recueillant avidement sa parole, attendant son signe. Ils lui faisaient une cour, sans compter le peuple curieux, qui toujours venait derrière, le suivait, l'aimait, l'admirait. A le voir ainsi entouré, on pouvait croire que le dictateur n'était plus à trouver, qu'il existait déjà, ce roi de l'anarchie.

Les Girondins se croyaient les fondateurs de la République ; ils la défendaient contre la dictature, non seulement avec patriotisme, mais avec un amour-propre d'auteur. Quoique Camille Desmoulins, dès 1789, en ait eu dans la presse la brillante initiative, quoique, selon quelques-uns (voir *Mém.* de Garat), Danton, le maître de Camille, en ait eu la première et profonde conception, cependant c'étaient les écrivains girondins qui, au moment décisif, en 1791, avaient importé dans l'opinion l'abolition prochaine de la royauté. Leurs mystiques, Fauchet et Bonneville, dans *la Bouche de fer*, leurs raisonneurs, Brissot, Condorcet, Thomas Payne, y avaient converti le public et jeté, en réalité, la première pierre de la République. Les Jacobins, Robespierre, s'étaient tus sur la question. Les Cordeliers se déclarèrent républicains, mais non tous les Cordeliers, non pas les plus influents; Marat, Danton, dans leurs vagues et violentes paroles, ne prirent point nettement parti.

La Gironde, en la république, croyait défendre son œuvre contre la dictature et la royauté qui revenait par l'anarchie;

Contre la royauté de Danton, de Paris et de sa Commune, de la populace;

Contre la royauté de Robespierre et des sociétés jacobines, sociétés jusque-là bourgeoises, nous l'avons vu, mais qui alors s'élargissaient et ne repoussaient plus le peuple.

Les Girondins avaient eu jusque-là, pour les classes inférieures, pour la totalité du peuple, une confiance admirable. Bourgeois la plupart, mais avant tout philosophes, imbus de la philosophie généreuse du dix-huitième siècle, ils avaient d'abord appliqué d'une manière absolue, sans réserve, la pensée de l'égalité qu'ils portaient au cœur. On le vit, en 1790, d'une manière éclatante dans les villes où ils régnaient, à Bordeaux et à Marseille. On organisait partout la garde nationale, à l'instar de Paris, à la La Fayette; on recommandait l'uniforme. Ces nobles cités, alors sous l'inspiration du futur parti girondin, déclarèrent cette distinction odieuse, propre à créer des rivalités, des haines; point d'uniforme; un ruban suffisait, un simple ruban tricolore pour se reconnaître, signe peu coûteux que les riches et les pauvres pouvaient porter également.

La Gironde, toute-puissante dans l'hiver de 1791, au printemps de 1792, était fidèle à ces doctrines ; c'est elle qui, de gré ou de force, malgré la résistance des Jacobins, mit sur toute tête, en France, le bonnet de l'Égalité, le simple bonnet de laine rouge, que portait généralement le paysan avant 1789, et qui, le 20 juin 1792, fut mis sur la tête des rois.

Et la Gironde ne s'en tint pas au signe ; elle réalisa l'égalité autant qu'il fut en elle, l'égalité de la force, en donnant à tous des armes ; elle seconda le grand élan national de la guerre ; au défaut de fusils, elle autorisa tout le monde à forger des piques. Elle comprit la guerre, sous ses deux aspects les plus saints (par lesquels la guerre est la vraie mère de la paix), comme une généreuse croisade de la liberté pour affranchir toute la terre, et comme l'épreuve légitime de la France nouvelle, l'initiation universelle du peuple à l'égalité, l'anéantissement de l'ancienne aristocratie. La vraie manière de détruire la noblesse, c'était de la donner à tout le monde, de ceindre à tous l'épée. En cela la Gironde avait vraiment saisi la pensée de la France. Personne, presque personne, n'imaginait l'égalité des biens ; peu comprenaient l'égalité des lois ; tous voulaient, désiraient l'égalité sous le drapeau.

Voilà les précédents de la Gironde ; il lui suffisait d'y rester fidèle. Par quel étrange et subit revirement la voyons-nous, après septembre, s'éloigner peu à peu du grand poste qu'elle a occupé jusqu'ici dans la Révolution, l'avant-garde de l'égalité ?

Fatal rapprochement. Marseille, en 1790, va jusqu'à repousser l'uniforme de la garde nationale comme insigne d'aristocratie. Marseille, en 1792, prononce à la Convention la menace aristocratique d'un corps de huit cents jeunes gens riches, qu'elle envoie pour mettre Paris à la raison.

Mais c'était le contraire exactement qu'il eût fallu. Pour garder la Convention, empêcher les massacres, prévenir les pillages, pourquoi appeler des riches? Il fallait des Français quelconques; ou, si l'on voulait absolument choisir, il fallait choisir des pauvres et faire appel à l'honneur.

Nous analyserons plus tard l'élément aristocratique qui se trouvait dans la Gironde, et l'élément légiste, et l'élément municipal, le patriciat nobiliaire ou mercantile des villes du Midi. Notons ici seulement l'erreur qui lui troubla la vue, la fit incliner peu à peu en ce sens : elle crut voir la propriété en péril. Malgré de grands désordres accidentels, il n'y avait rien à craindre; au contraire, la propriété, communiquée à tous, prenait une base plus ferme (parce qu'elle était plus large) qu'elle ne l'eut jamais. Sous l'influence de cette erreur, la Gironde appela au secours contre la dictature, contre les lois agraires que le dictateur aurait pu porter, les riches et les gens aisés; elle se fia aux intérêts mobiles et variables qui, le lendemain, pouvaient trouver leur compte à ramener le roi; en sorte que, pour repousser la royauté révolutionnaire, elle s'appuyait sur une classe qui, d'une pente infaillible, inclinait à la royauté.

Barbaroux, dans son étourderie provençale, mettait tout ceci en lumière. Il dit contre les siens, le 25 septembre, plus que n'auraient espéré leurs plus cruels ennemis. Il avait montré à ceux-ci la place vulnérable où ils pouvaient le mieux frapper.

Il semble avoir dicté à Robespierre le programme du nouveau journal que celui-ci fit paraître peu de jours après (*Lettres à ses commettants, à tous les Français*). Il y disait : « Ce n'est point assez d'avoir renversé le trône ; ce qui nous importe, c'est d'élever sur ses debris la sainte égalité... Le règne de l'égalité commence. » Pensée juste, vraie, qu'il développait avec noblesse et grandeur. Il était moins heureux quant aux moyens d'établir cette égalité : « Comment l'obtenir ? En protégeant le faible contre le fort. Or, ce qu'il y a de plus fort dans l'État, c'est le gouvernement... » Il en concluait que le grand objet des lois constitutives est de lutter contre le gouvernement ; conclusion triviale et qui n'en est pas moins fausse, qui ferait de l'État un simple combat, une chose exclusivement polémique et négative, sans positif et sans substance, sans féconde vitalité.

Ce serait revenir par un autre chemin aux pauvretés de la politique anglaise, qui réduit tout à une certaine idée d'opposition et de garantie.

C'est ainsi que la Gironde, après avoir été, spécialement au printemps de 1792, le vrai parti national, le parti de l'égalité, abandonna ce rôle, le laissa prendre à ses ennemis, à la Montagne, aux Jacobins.

L'incapacité de ce parti se révélait tous les jours par le singulier contraste de sa position dominante et de sa complète impuissance. Il avait la majorité au ministère et dans la Convention; il venait d'en nommer le président, les secrétaires. Dans l'administration, il donnait toutes les places. Il dominait la presse, tenait la plupart des journaux. Il semblait avoir ainsi les deux armes les plus fortes; l'autorité, la publicité. Il avait tout et il n'avait rien. Il n'avait nulle prise sérieuse; il avait la main sur le pouvoir et ne pouvait le serrer. Il devenait nul dans les clubs; pourquoi? Des clubs girondins auraient été insuffisants contre la conspiration ecclésiastique et royaliste qui éclatait dans l'Ouest et qui menaçait partout. Le même parti, toujours dissertant et délibérant, lié par la légalité, s'était trouvé inhabile à saisir le fil de la grande police politique. Danton le leur mit dans les mains, comme on va voir tout à l'heure, et, les trouvant incapables, fut obligé de le prendre, de s'entourer d'hommes quelconques et d'agir à part.

Ils n'avaient pas su prendre le pouvoir et ils ne pardonnaient pas à Danton de l'avoir et de le garder. Ils s'acharnèrent à lui, s'attaquèrent imprudemment à l'homme qui représentait éminemment le génie révolutionnaire, le génie de l'action, celui du salut public, essayèrent de le perdre. Cette entreprise difficile, impossible, était-elle désintéressée, inspirée d'un pur et irréprochable zèle de justice? On pourrait en douter. Danton était leur vrai rival d'éloquence comme d'influence. Seul, dans la grande crise, il semblait n'avoir point désespéré du salut de la patrie. M. et Madame Roland, justement en proportion de leur grand courage, étaient mortifiés de n'avoir pas égalé l'audace de Danton au jour du péril, d'avoir été neutralisés, de n'avoir pu rien faire. C'était un malheur pour eux, pour la Gironde, il fallait s'en consoler. Et il fallait savoir aussi que sur l'homme qui fut plus heureux, qui resta debout dans l'abattement universel, il resterait toujours un sceau de gloire, de génie, de courage, que rien n'effacerait jamais. La France, quoi qu'il arrivât, n'abandonnerait pas l'héroïque gardien de sa fortune en péril, dans son plus terrible jour.

Danton avait dit le 21 septembre : « Dépouillons l'exagération... Consacrons la propriété. » Et le 25 il avait expressément désavoué Marat.

Il ne pouvait aller plus loin sans perdre la grande position où il pouvait le mieux servir, sauver la République, sa position d'avant-garde, son rôle de chef des violents. Il était trop heureux qu'il se trouvât un homme d'un si grand esprit pour remplir ce rôle, un homme qui, sous la violence des paroles et la gesticulation menaçante, gardât une tête politique prête à accueillir toute chose raisonnable. Il n'était nullement ennemi des Girondins et ne voulait point la guerre avec eux. Dès son premier discours, on l'a vu, il essaya de les ramener. C'était une occasion précieuse d'éloigner Danton de Robespierre. Un parti hors des partis se serait créé dans la Convention, non le parti des faibles et des impuissants, comme était le centre, mais celui des forts, celui du génie, en tête les deux hommes qui restèrent indépendants des leurs mêmes, Danton et Vergniaud. Joignez-y Cambon, Carnot et autres hommes spéciaux qui, par eux-mêmes, étaient des forces, qui ne voulaient point s'enrégimenter, qui n'allaient point aux Jacobins. Condorcet, Barère, bien d'autres, auraient pu s'en rapprocher, beaucoup d'hommes impartiaux, qui n'aimaient ni la Gironde ni la Montagne, qui les suivirent malgré eux, mais qui auraient voulu ne suivre de parti que la France, la Révolution, dégagée de ses mauvais alliages. J'entends par ce dernier mot l'esprit formaliste et disputeur des uns, le pharisaïsme des autres ou leur aveugle furie, les haines envenimées de tous.

Il fallait, à tout prix, accepter, adopter Danton. Il avançait d'un pas, il fallait en faire deux vers lui. Il désavouait Marat, cela suffisait. Pour tout le reste, qu'il lui convînt ou non de couvrir de son grand nom la Commune de Paris, il fallait fermer les yeux. Se proclamât-il coupable, il fallait ne pas l'en croire, passer outre, le laisser être ou paraître ce que sa nature et sa politique demandaient qu'il fût, le violent des violents; ne pas exiger follement qu'il cessât d'être Danton, mais demander qu'il le fût tout à fait, qu'il mêlât sa générosité d'homme et sa magnanimité à sa violence de parti.

Les Girondins n'eurent point cette pénétration, ni ces ménagements justes et politiques. Il eut beau avancer vers eux, ils se défièrent de lui. Pour se faire croire, il eût fallu qu'il se compromît, se perdît du côté de la Montagne, désarmât, devînt inutile.

Longtemps après, un jeune représentant de la gauche insistant auprès de lui, lui disant qu'il y aurait moyen de ramener le côté droit, Danton lui dit d'un air sombre : « Ils n'ont pas de confiance. » — Et le jeune homme, insistant, n'en tira pas autre chose : « Non, répéta Danton, ils n'ont pas de confiance. »

Tragique réponse et trop vraie!... Elle contient à elle seule l'histoire de la Convention, sa funèbre destinée, et celle-ci à son tour contient en puissance la triste iliade de tous nos malheurs, la liberté compromise, et pour longtemps, tant d'arguments terribles que la Révolution a fournis contre elle-même. Tout fut dans ce fatal divorce : « Ils n'ont pas de confiance. » Je n'ai pu tracer ces sombres paroles, sans que tous les maux de la patrie ne revinssent à mon souvenir et ne me rentrassent au cœur, amassés d'un même flot...

Accueilli dans la Convention de regards hostiles et de mots amers, harcelé par les journaux, Danton fit la guerre malgré lui. Chassé, poussé, acculé, le sanglier riposta par d'obliques coups de défense qui donnaient la mort. Le premier coup qu'il rendit, ce fut au 29 septembre, lorsque Roland, nommé député, se démettait du ministère et qu'on proposait de l'inviter à rester ministre. Danton lança un coup de dent. Il dit avec une jovialité violente et grossière qui n'avait que plus d'effet : « Personne ne rend plus justice que moi à Roland; mais je vous dirai, si vous lui faites une invitation, faites-la donc aussi à Madame Roland; car tout le monde sait que Roland n'était pas seul dans son ministère. Moi, j'étais seul dans le mien... (*Murmures.*) Puisqu'il s'agit de dire hautement sa pensée, je rappellerai, moi, qu'il fut un moment où la confiance fut tellement abattue qu'il n'y avait plus de ministres, et que Roland lui-même eut l'idée de sortir de Paris. »

Danton ne pouvait porter aux Girondins un coup plus sensible. Il avait, tout en riant ou faisant semblant de rire, mis la main sur le saint des saints, touché à Madame Roland! C'était la singularité du parti d'avoir pour chef une femme! Il était dur, mais habile, de le constater nettement.

A ce parti qui lui disait : « Vous êtes un homme de sang », — il répliquait : « Qu'êtes-vous? Vous êtes une femme... et vous avez voulu fuir. »

Les Girondins, dans ce puritanisme honorable, jaloux de l'honneur de la France, n'étaient pas très conséquents. C'étaient eux qui, la même année, le 19 mars 1792, avaient obtenu de l'Assemblée législative l'amnistie de la terrible affaire d'Avignon, qu'on a justement appelée le 2 septembre du Midi. Leurs amis de Marseille, Barbaroux, Rebecqui, étaient les protecteurs de Duprat et de Mainvielle. Rebecqui les ramena triomphants dans Avignon, et, dans leur reconnaissance, ils firent nommer Barbaroux membre de la Convention. Jean Duprat, élu aussi, Mainvielle, nommé suppléant, siégèrent au sein de la Gironde. Il n'était nullement sûr que Danton eût fait septembre; mais il était certain que Mainvielle, autant et plus que personne, avait fait la Glacière. Pourquoi les Girondins avaient-ils amnistié les hommes de la Glacière? Parce que les royalistes auraient tiré trop d'avantages de cette lutte intérieure des amis de la Révolution. Le même motif devait les obliger, dans une crise bien plus dangereuse, à ajourner les poursuites de septembre, à limiter et circonscrire ces poursuites, à n'y pas comprendre surtout un homme qui était leur rival d'éloquence et d'influence, un homme en qui était au plus haut degré le génie de l'action, et qu'on ne pouvait perdre sans compromettre les destinées de la Révolution et risquer de perdre la France.

Le mot de Danton sur Roland et Madame Roland porta au comble l'aigreur de ses ennemis. Les Girondins n'avaient pas insisté près de l'Assemblée pour qu'elle invitât Roland à rester au ministère; et, dans la réalité, il y avait pour lui avantage à n'y pas rester en titre, à y mettre quelqu'un du parti, par qui il aurait administré de même, sans être aussi exposé aux coups de la presse. Le mot de Danton changea tout; les Roland, mis en demeure sur l'article du courage, décidèrent de rester, quoi qu'il arrivât. A cette Assemblée, qui ne lui demandait plus de garder le ministère, Roland écrivit : « Je reste. »

Cette pièce, écrite par Madame Roland et de sa plus vive plume, était sur le ton courageux, mais trop ému de celui qui se décide par l'irritation du défi. Le débat de la Convention et ses intentions manifestes, disait Roland, ne permettaient pas d'hésiter... « Elle m'ouvre la carrière, je m'y lance avec fierté... Je reste parce qu'il y a des dangers... Je renonce au repos que j'ai pu mériter et qui serait doux à ma vieillesse; j'achève le sacrifice, je me consacre tout entier et me dévoue jusqu'à la mort. »

Roland niait qu'on eût jamais voulu fuir, avouant qu'on avait seulement avisé « si, l'ennemi approchant, *la sortie* de l'Assemblée, du Trésor, du roi, *du pouvoir exécutif,* ne serait pas une mesure de salut. » Mais le pouvoir exécutif, le ministère, c'était Roland même; cette *sortie* avait bien quelque rapport à *la fuite.*

Il décrivait ensuite, dans un langage admirable, l'aveugle violence du parti de la Terreur, faisait le portrait de son chef, « d'un individu supérieur, par sa force et ses talents, à cette horde insensée, qui la faisait servir à ses desseins ambitieux... Telle fut la marche des usurpateurs, de Sylla, de Rienzi... » Il n'ajoutait pas ce que chacun pouvait suppléer sans peine : la marche aussi de Danton.

Un petit mot, mais aigre, se remarquait vers la fin de la lettre : « Je me défie du civisme de quiconque *manque de moralité.* » C'était annoncer assez le terrain nouveau sur lequel la Gironde allait poursuivre celui qu'elle haïssait. Elle voulait une chose impolitique, impossible, non seulement perdre Danton, mais l'avilir. On n'avilit pas aisément une grande force; si on la montre criminelle, sans avoir contre elle de preuve accablante, on risque (telle est la partialité du genre humain pour la force) de n'avoir rien fait autre chose que réhabiliter le crime.

L'effort des Girondins était d'envelopper Danton dans le triste procès d'argent que l'on faisait à la Commune, d'exiger de lui, comme d'elle, des comptes réguliers de tout ce qui s'était fait et dépensé dans le trouble de la grande crise. Pendant les mois de septembre et d'octobre, tous les jours sans interruption, les hommes de la Commune étaient sommés de donner leurs comptes, et ils ne pouvaient le faire. Il y avait eu, très probablement, des sommes mal employées ou soustraites. Mais, n'y eût-il eu aucun vol, dans les temps d'agitation excessive et de désordre qui s'étaient écoulés, la comptabilité avait été difficile ou impossible. Ce n'étaient pas seulement les ennemis politiques de la Commune qui la poursuivaient ainsi. L'âpre et austère Cambon, inflexible défenseur de la fortune publique, dénonçait chaque jour ces délais suspects. Cette Commune du 10 août, qui avait perdu des membres et s'en était refait d'autres, corps variable, monstrueux, tyrannique, semblait décidée à deux choses : refuser ses comptes, refuser qu'on la renouvelât elle-même par des élections régulières.

L'odieux de cette conduite s'étendait aux amis de la Commune, à son défenseur Danton. Lui aussi ne voulait pas ou ne pouvait rendre ses comptes. Il était convenu entre les ministres que, pour les dépenses secrètes, ils se les expliqueraient les uns aux autres et se rendraient compte mutuellement. C'est ce que Danton allégua, dans la Convention, quand on le pressa sur ce point. Mais Roland, impitoyable dans ce moment décisif, déclara que non seulement nul compte de ce genre ne lui était connu, mais qu'il en avait inutilement cherché les traces sur les registres du conseil.

Danton donna une explication fort spécieuse. Il avoua qu'il n'avait point de quittances régulières, mais qu'au moment du péril l'Assemblée lui avait dit : « Allez, n'épargnez rien, prodiguez l'argent. — Il est telle dépense, dit-il encore, qu'on ne peut trop expliquer, telle mission révolutionnaire qui demande de grands sacrifices, tel émissaire qu'il serait injuste et impolitique de faire connaître... »

Cette réponse parut à la Gironde une défaite, et pourtant elle était sérieuse. Ce qui était mystère alors est dans la lumière aujourd'hui. Danton, en réalité, tenait dans la main toutes les grandes affaires secrètes qui intéressaient le salut de la France, ces affaires de diplomatie et de police où un homme politique est obligé de jeter l'argent et ne peut compter.

Et pourquoi étaient-elles dans la main, dans la tête du seul Danton? Parce que la Gironde, après comme avant le 10 août, s'était trouvée absolument impropre à ces choses. Elle était propre à la presse, aux discours, et rien de plus. Au moment difficile, unique, où il fallait agir ou périr, où une minute pouvait perdre tout, elle tergiversa et délibéra. Danton prit le gouvernail.

La première affaire où Danton fut, sans nul doute, forcé de prodiguer l'argent, ce fut l'immense conspiration royaliste de Bretagne et du Midi. Un hasard heureux la lui révéla avant le 10 août

Il était aimé de beaucoup d'individus de toutes sortes, comme bon enfant, bon vivant, facile et pourtant très sûr, quand on se confiait à lui. En juillet, un jeune médecin de Bretagne, nommé Latouche, vient le trouver et le prie de recevoir un grand secret qui lui pèse. Un certain La Rouërie, qu'il avait guéri d'une maladie, lui a fait passer à Paris une masse de faux assignats pour les convertir en or, et, pour rapporter cet or, a envoyé son neveu. Ce neveu, un étourdi, a cru Latouche affilié à la grande conspiration, lui en a dit tous les détails, lui en a révélé l'immense étendue. Le médecin n'est pas un traître, mais enfin il voit un abîme qui se creuse sous la France; il n'a pu ni taire cet affreux secret, ni le dénoncer. Danton, sans perdre une minute, court au comité de sûreté générale : c'était en juillet, c'était sous la Législative; ce comité était composé de Girondins. Ils sont effrayés, mais que faire? La légalité les arrête. Comment sur un *on dit* arrêter tant de personnes? Ils ne peuvent rien et ne feront rien.

Danton, sans se décourager, va retrouver le médecin, lui montre, lui prouve qu'il a dans les mains le salut de la patrie, qu'il doit creuser le complot, le mieux connaître, obtenir des preuves. Pour cela, que faire? Aller en Bretagne, retrouver La Rouërie qui le croit son ami, qui a confiance en lui, tirer ces preuves de lui, le trahir, le perdre... et, le perdant, sauver la France!

Ceci après le 10 août. On attendait l'invasion prussienne et l'on pensait qu'en même temps une flotte anglaise, amenant à Saint-Malo les émigrés de Jersey, donnerait aux associés bretons de La Rouërie une force morale incalculable. Ceux-ci se croyaient si sûrs de leur affaire qu'ils avaient fixé le jour où ils entreraient dans Paris, en même temps que les Prussiens. Les Bretons, c'était leur compte, entraient par les Champs-Élysées, les Prussiens par les portes Saint-Martin et Saint-Denis.

Quels arguments Danton employa-t-il près du médecin? L'argent? L'éloquence? Probablement l'un et l'autre. Danton était alors ministre de la justice. Il parla de l'affaire aux autres ministres; mais bientôt, voyant leur lenteur, leur indécision, il ne dit plus rien, passa outre, prenant en ceci, comme en tout, l'initiative des mesures de salut qu'imposait la nécessité.

La honteuse et périlleuse commission qu'il donna

au médecin, ce fut d'aller dire à son ami, à son malade, La Rouërie, que Danton était royaliste; que, las des excès de la populace, il voulait le rétablissement de l'Ancien-Régime; que lui, Latouche, avait reçu de Danton l'autorisation d'éloigner les troupes de la Bretagne. Et, en effet, dans l'attente de l'invasion prussienne, on les faisait filer vers l'Est. La Rouërie y fut trompé, il crut Latouche, attendit, et un matin il reçut le coup de foudre de Valmy. Plus d'espoir, la grande armée prussienne était en pleine retraite. Désolé, découragé, il voulait tout laisser là et passer en Angleterre. Un conseil secret des chefs de l'association fut tenu dans un château de Bretagne. L'un des chefs était une de ces belles amazones, intrépides et romanesques, qui ont fait le charme fatal de la guerre civile, qui, d'aventure en aventure, se donnant pour prix aux plus fous, allaient enflammant la flamme, mais qui, en revanche, par leur étourderie, ont souvent à leur insu bien servi la République. Celle-ci, Thérèse de Moelen, fit honte à La Rouërie de son découragement, le décida à persister; il fut réglé, d'après ses sages conseils, qu'il n'irait point en Angleterre, mais qu'on chargerait d'y aller justement cet homme suspect, ce Latouche, qui arrivait de Paris et qui s'avouait l'ami de Danton. La conspiration royaliste prit pour son agent auprès de Calonne, auprès des Anglais, l'agent de la République, et par lui la bonne fortune de la France mit entre les mains de Danton tous les projets des princes, les indications des plus dangereuses relations qu'ils avaient ici.

Un autre Latouche, un aventurier royaliste, Laligant-Morillon, livrait à ce même moment les secrets de Coblentz, les rapports des émigrés avec les royalistes du Midi. On l'y envoya lui-même; il surprit, saisit, mit dans la main du gouvernement une association immense dont les ramifications s'étendaient sur quatre-vingts lieues de pays. Déjà on avait nommé pour les princes un gouverneur du Languedoc et des Cévennes, qui s'était établi dans le château de Jalès. Il y fut surpris, massacré.

Ces actes secrets de salut public furent directement accomplis par Danton, comme ministre, ou sous sa puissante influence, lorsqu'il fit déléguer le ministère à un autre. Lui seul, des hommes du temps, avait les qualités requises pour ces choses, la dextérité et la brûlante énergie; lui seul, qu'on l'en loue, qu'on l'en blâme, eut la force de séduction rapide, infaillible, pour créer des intelligences dans le parti ennemi, pour amener à la trahison des hommes qui autrement n'auraient point trahi. Ni Latouche ni Morillon n'étaient de la classe ordinaire des traîtres et des espions; Latouche était patriote, Morillon était humain. Il fallait pour les entraîner le tourbillon magnétique dans lequel ce génie puissant (la Révolution incarnée) emportait alors tout le monde, les amis, les ennemis. Il donnait sans marchander, il comblait les hommes et les étouffait dans l'or; mais c'était là encore sa moindre séduction, il prodiguait surtout son éloquence invincible, sa parole magnanime, disant à l'un : « Sauve la France ! » à l'autre : « Abrège la lutte, tranche le nœud de la guerre civile. » Et les plus rebelles à l'or, aux paroles, il mettait sa main dans la leur, et ils ne résistaient plus ; une force inconnue les arrachait à eux-mêmes ; leur passé, leur avenir, leur honneur et leurs scrupules, tout disparaissait en présence de l'amitié de Danton.

Ce grand et terrible serviteur de la Révolution, qui se chargeait de la sauver, n'importe comment, qui faisait partout ses œuvres secrètes, n'avait ni le goût ni le temps de choisir des hommes purs pour de telles commissions. Il prenait les plus ardents, il prenait les moins scrupuleux, les gens d'exécution rapide, qui marchaient les yeux fermés. Tels se livraient d'autant plus qu'étant déjà plus souillés par septembre ou autrement, ils n'avaient d'espoir de salut que dans la victoire de la liberté. Il se donnait à Danton beaucoup de ces gens-là, que la nature n'avait pas faits pour le crime, et qui, un moment, avaient suivi l'affreux vertige du sang, avaient un besoin secret de se réhabiliter par le dévouement et le sacrifice. Pourvu qu'on ne leur parlât jamais de ces jours néfastes, qu'on ne leur montrât pas sans cesse la tache qui leur restait aux mains, ils n'auraient pas mieux demandé que de mourir pour la France. Danton les accueillait sans difficultés, s'en servait et les lançait. Des hommes moins compromis auraient hésité davantage. Enfin, que ceux-ci fussent bons ou mauvais, le plus sûr, c'est que Danton bien souvent n'en avait pas d'autres. Un jour, quelqu'un lui reprochant d'envoyer de pareils agents : « Eh! que voulez-vous que j'envoie? répliqua-t-il violemment, serait-ce des demoiselles? »

C'est par des moyens analogues et de tels agents que Danton négocia la grande et délicate affaire de l'évacuation du territoire. Rien n'indique qu'il ait acheté la retraite des Prussiens. Il est pourtant très probable que les agents inférieurs qui se mêlèrent de l'affaire ne le firent point gratuitement. Ceux que Danton employa, Westermann, Fabre d'Églantine, dont nous parlerons plus tard, étaient des hommes de plaisir, de dépense, et qui, par là, étaient portés à se faire part en toute affaire où l'argent jouait un rôle.

L'association bretonne avait été paralysée par l'idée que Danton était pour elle, par l'espoir qu'il agirait pour elle. Et, de même, les Prussiens se plurent à croire qu'ayant en tête deux hommes douteux et prêts à tourner, Dumouriez, Danton, ils n'avaient que faire d'insister dans cette dangereuse lutte contre tout un peuple en armes.

Mais autant l'affaire de Bretagne était obscure et secrète, autant celle de Champagne était observée de tous. La difficulté, le danger était extrême, à communiquer avec l'ennemi, pour le faire partir sans combat. La ruse était antipathique à l'orgueil national, porté au comble par le succès inespéré de Valmy. La France voulait se battre. La presse était toute guerrière; Paris, revenu brusquement de l'effroyable panique qui causa le 2 septembre, avait passé, sans transition, à l'état contraire. Les clubs ne respiraient plus que guerre et combat ; ils se demandaient pourquoi le roi de Prusse n'était pas encore ici, lié, garrotté. « Il y a quelque chose là-dessous... Dumouriez trahit », etc.

Dans la réalité, les Prussiens n'avaient rien perdu, n'étaient nullement entamés, ne se retiraient même point. Ils restèrent immobiles pendant douze jours après la bataille. Ils avaient reçu des vivres et n'éprouvaient aucun besoin de partir. L'honneur engagé du roi de Prusse, son orgueil cruellement mortifié, l'attachaient et l'enracinaient, ce semble, dans la terre de France. Deux généraux illustres de notre ancienne monarchie, les ducs de Broglie et de Castries, ne bougeaient de son conseil, persistaient à affirmer la facilité de l'expédition, la supériorité réelle de son armée, la probabilité infinie de vaincre, lorsqu'à de simples milices on opposait des soldats.

Le roi de Prusse était fort troublé, fort partagé. Dans son camp, dans sa tente, il y avait une guerre; elle existait dans son cœur même.

L'affaire de l'invasion y était fort secondaire, en comparaison d'une autre qui le tourmentait beaucoup, une intrigue de cour, un changement de favoris. Ceux-ci étaient de deux sortes, les uns partisans de la guerre, poussés, payés peut-être par la Russie et l'Autriche, qui avaient lancé le roi dans sa croisade étourdie. Les pacifiques se disaient le vrai parti prussien; ils étaient d'intelligence avec la maîtresse du roi, la comtesse de Lichtenau; ils lui apportaient ses lettres, des lettres trempées de larmes. Elle s'était avancée jusqu'aux eaux de Spa, et là, plaintive, dolente, elle rappelait son royal amant; elle craignait les boulets français, elle craignait non moins les Françaises; le cœur du roi était mobile, il y avait à parier que, s'il avançait en France, le conquérant serait conquis.

Le mauvais succès de Valmy fut un triomphe pour les conseillers pacifiques du roi de Prusse. Brunswick se joignit à eux. Ils rappelèrent au roi qu'ils l'avaient toujours averti de la difficulté des choses, lui prouvèrent respectueusement qu'il faisait un métier de dupe, en travaillant pour l'Autriche, qui, dans une telle affaire, toute personnelle pour elle, l'assistait si peu, si mal. Les émigrés l'avaient trompé; il leur devait peu d'égards. — « Oui, mais la cause des rois, la liberté de Louis XVI? N'était-ce pas là une affaire d'honneur, que le roi, sans la dernière honte, ne pouvait abandonner? »

Le roi de Prusse avait près de lui deux Français, Lombard, son secrétaire, et le général Heymann, qui tout récemment venait d'émigrer et de se faire Prussien. Ils ne furent point embarrassés de l'objection; ils se firent fort de sauver l'honneur du roi, en obtenant que Louis XVI recouvrât et sa liberté et sa royauté constitutionnelle. Lombard demanda seulement au roi la permission de se faire prender par les Français, pour négocier avec eux. Dumouriez, à qui il se fit conduire, lui dit que, si c'était le salut de Louis XVI qui intéressait le roi, il ferait sagement de se retirer ; il ne pouvait avancer sans faire massacrer Louis XVI. Pour mieux convaincre les Prussiens, il leur envoya, avec Lombard, l'homme de Danton, Westermann, qui devait traiter directement avec l'émigré, le Franco-Prussien Heymann, sous prétexte de conclure un échange de prisonniers.

Brunswick apprit dans ces pourparlers que l'Assemblée législative s'était violemment déclarée, dès le 4 septembre, contre toute idée d'un roi étranger ; qu'un député ayant dit qu'on voulait faire roi Brunswick ou le duc d'York, l'Assemblée avait juré qu'il n'y aurait plus de roi ; que les Jacobins, pour perdre Brissot, lui reprochaient, comme un crime digne de mort, d'appeler Brunswick. Celui-ci fut bien étonné. Il n'y avait pas six mois que quelques-uns de nos Feuillants avaient eu l'idée bizarre de lui donner la royauté. Il avait sagement refusé. Toutefois il conservait de l'étrange proposition un regret, un rêve. Ce prince, comme tant d'Allemands, était client de l'Angleterre autant que de la Prusse ; il avait épousé une sœur de la reine d'Angleterre ; il était Anglo-Allemand. L'Angleterre aurait eu grandement intérêt à favoriser la candidature de son protégé. Une des raisons les plus fortes qu'avait celui-ci de ne point se battre, c'est qu'il attendait la réponse que ferait l'Angleterre à la Prusse ; il voulait avoir avant tout le mot d'ordre des Anglais : si ceux-ci consentaient à se liguer avec la Prusse, Brunswick voulait bien se battre, mais nullement contre le vœu des Anglais ses maîtres. Donc il attendait.

Cependant Dumouriez avait envoyé en hâte Westermann à Paris pour avoir le mot de Danton, du conseil exécutif, pour disposer l'opinion, avertir la presse, empêcher que cette grande et délicate affaire ne fût gâtée, troublée par la pétulance des journalistes et des clubs. Rien n'était plus difficile. Il fallait, au plus vif essor de l'enthousiasme, en plein fanatisme, faire accepter cette chose froide et sage, froidement pratique : Qu'on ne devait point tenter la fortune, qu'on avait assez réussi, qu'il fallait s'arrêter là, qu'il y aurait grande victoire à ne pas combattre, à amuser, éconduire l'ennemi, à le montrer à l'Europe abandonnant Louis XVI et l'émigration, et l'abandonnant sans y être forcé par une défaite, l'abandonnant librement, volontairement, donnant au monde l'exemple de traiter avec la jeune République, avec un gouvernement qui, à parler sérieusement, était à peine né encore.

C'est ce que Danton dit au conseil des ministres ; ceux-ci le virent, avec surprise, ôter le masque du violent, du furieux, du déclamateur, et montrer le politique. Le difficile n'était pas de convaincre les ministres, mais bien plus de contenir l'opinion républicaine, d'en faire taire du moins, d'en adoucir les meneurs. C'était là le tour de force. Et Danton l'exécuta.

Dumouriez reçut deux lettres à la fois, une du

conseil des ministres, ostensible et fière : La République ne traite point tant que l'ennemi n'a pas évacué le territoire. — L'autre était du seul Danton ; il interprétait la première, ne repoussait nullement l'idée de négociation et avertissait Dumouriez que trois commissaires de la Convention, Prieur de la Marne (un Jacobin), Carra, Sillery (deux Girondins), partaient pour s'entendre avec lui sur la convention préalable qu'on pourrait conclure.

On put craindre que ce message pacifique ne servît à rien. La nouvelle de l'abolition de la royauté avait fait retomber le roi de Prusse dans le plus sombre accès d'humeur noire et de colère. Il voulait combattre, et, malgré Brunswick, il en donna l'ordre pour le 29 septembre. Brunswick le dit aux émigrés, qui sautèrent de joie. Le 28, pour soulager un peu la passion du roi, il lança un manifeste plein d'injures et de menaces. Dumouriez rompit l'armistice, exprimant pourtant le regret de ne pouvoir user de l'autorisation qu'il recevait de traiter... Le 29, la colère du roi, évaporée en paroles, éprouva moins le besoin des actes. Pour bataille, il y eut un conseil, et Brunswick produisit les lettres de l'Angleterre et de la Hollande, qui refusaient d'entrer dans la coalition et de se joindre à la Prusse. Ce qui n'influait guère moins, c'est qu'un lieutenant de Dumouriez avait révélé, très confidentiellement, à l'un des généraux prussiens, que Custine marchait sur le Rhin. Il allait trouver toute la frontière de Prusse dégarnie ; il n'aurait pas rencontré un soldat entre Mayence et

Coblentz. Qui l'empêchait de prendre cette importante forteresse? Le retour du roi de Prusse eût été fort compromis.

Ce prince, fort en colère et ne pouvant faire tomber sa colère sur l'ennemi, la tourna vers ses amis. Il tomba sur les émigrés, leur dit les choses les plus dures; il fit plus, il ne stipula rien en leur faveur, pas même pour couvrir leur retraite; il se contenta de traiter pour lui, les abandonna. Ils eurent bien de la peine à se tirer d'affaire, firent des pertes graves, suivant, comme ils pouvaient, les flancs de la grande armée prussienne, qui ne les protégeait plus.

Le roi de Prusse s'inquiéta encore moins des Autrichiens. Brunswick le fit entendre assez. Dans une entrevue avec Kellermann, où celui-ci le priait de s'expliquer sur les conditions mutuelles de l'arrangement : « Rien de plus simple, dit Brunswick, nous nous en retournerons chacun chez nous, *comme les gens de la noce.* — D'accord, répliqua le Français; mais les frais, qui les payera? En vérité, l'empereur, qui a attaqué le premier, nous doit bien les Pays-Bas pour indemniser la France? » — A quoi Brunswick répondit froidement : « Qu'on n'avait qu'à envoyer des plénipotentiaires; que les Prussiens voulaient la paix, et qu'en attendant ils se tiendraient à Luxembourg ou peut-être aux Pays-Bas. » Il faisait très bien entendre qu'il ne les défendrait point.

Le roi, laissant là ses amis, ne s'inquiéta que du roi, du seul Louis XVI, et encore de sa personne seulement, de l'homme, et non du monarque. Il demanda comment il était traité au Temple. Danton recueillit avec soin, fit porter par Westermann tous les arrêtés de la Commune qui pouvaient faire croire que le captif était entouré de quelques bons traitements. Si l'on en croit les Prussiens, intéressés, il est vrai, à couvrir un peu l'honneur de leur roi, il ne se serait retiré que sur la parole que lui auraient donnée Danton et Dumouriez de sauver à tout prix la tête de Louis XVI.

Le 29 septembre, l'armée prussienne commença à rétrograder et fit une lieue ; une lieue encore le 30, et autant les jours suivants. Plusieurs fois, les nôtres, mal instruits de l'arrangement, inquiétaient les Prussiens ou les devançaient. Les commissaires de la Convention les rappelaient en arrière. Ils reçurent paisiblement Verdun, puis Longwy. L'ennemi repassa la frontière et doubla le pas vers Coblentz, au bruit des pas de Custine.

Déjà une partie de l'armée française avait tourné de l'Est au Nord et, malgré la saison, s'acheminait vers la Belgique. Le 12 octobre, Dumouriez, libre enfin, court à Paris, sous prétexte de préparer l'invasion, de faire accepter ses plans, en réalité pour voir de près la situation, tâter les partis et savoir d'où vient le vent. Il y trouva tout le monde plus attentif à ses projets, plus éclairé peut-être sur ses intentions qu'il ne l'eût voulu lui-même. Il alla voir Madame Roland dans ce même hôtel du ministère de l'intérieur dont il avait, peu de mois auparavant, fait sortir Roland, destitué par Louis XVI. Il lui présenta un joli bouquet pour obtenir grâce : et elle le reçut bien, le complimenta ; mais elle lui dit en même temps, avec une franchise toute romaine, *qu'on le jugeait royaliste ;* que plus il avait de talent, plus il était dangereux ; que la République se garderait bien de lui subordonner les autres généraux, que tous seraient indépendants. Cette défiance était naturelle. Dumouriez, présenté à la Convention, avait éludé dans son discours ce qu'on attendait curieusement de lui, le serment de fidélité à la République. Il avait dit avec une légèreté hardie qui n'imposa à personne : « *Je ne vous ferai point de nouveaux serments ;* je me montrerai digne de commander aux enfants de la liberté et de soutenir les lois que le peuple souverain va se faire par votre organe. »

Le soir, il fut reçu aux Jacobins avec une extrême froideur. Dans un discours spirituel, Collot d'Herbois lui reprocha « *d'avoir reconduit* le roi de Prusse avec trop de politesse ». Danton même, qui semblait ne faire qu'un avec Dumouriez et qui tout autant que lui *avait reconduit* le roi de Prusse, fut obligé de suivre l'opinion de la société, qu'il avait voulu présider ce jour-là. Il lui dit : « Console-nous par des victoires sur l'Autriche de ne pas voir ici le despote de la Prusse. »

Quelque défiance qu'inspirât la pensée intérieure de Dumouriez, il eût été insensé, impossible d'éloigner, sur des soupçons, un général qui venait de rendre un si grand service. On ne marchande pas avec la victoire ; lui seul l'avait commencée et pouvait la continuer. Le péril n'était point passé ; la France n'était pas sauvée tant qu'elle n'avait pas pris une brillante offensive, vaincu l'ennemi chez lui, sur son territoire. Un seul homme avait réussi et semblait *avoir une étoile*, semblait *heureux*, cette première et dernière qualité qu'on demande aux généraux. Il fallait bien se fier à lui, faire croire à la plus intime union entre la Convention et le pouvoir exécutif, entre celui-ci et l'exécuteur des mesures militaires, effrayer l'Europe de cette unité en trois forces : le bras, la tête et l'épée.

Les défiances excessives contre l'ambition militaire, fort raisonnables sans doute pour une vieille révolution, lassée et blasée, le sont bien moins pour une révolution jeune, enthousiaste, qui prend son essor. Les hommes alors ne sont rien, les idées sont tout. On l'avait vu par La Fayette, qui avait, et dans l'armée, et dans la garde nationale, des racines qu'on eût crues bien fortes ; au jour où il voulut gourmander la Révolution, il se trouva seul. Dumouriez était tout neuf, comme général en chef ; si quelques régiments de ligne, quelques corps de cavalerie, lui tenaient personnellement, la masse immense de l'armée, renouvelée, augmentée chaque jour, ces torrents de volontaires qui de toutes parts venaient s'y jeter, ne connaissaient point Dumouriez ; leur dieu c'était la République, et ils n'en voulaient pas d'autre. Quel homme, à ce premier moment, aurait eu l'audace insensée de mettre sa personnalité misé-

rable à côté de la Patrie, de monter sur l'autel?...
C'eût été à coups de fouet qu'on eût fait descendre
un tel dieu.

Le danger contraire était plus à craindre. Avec
l'universelle défiance qui régnait, ces continuelles
paniques, ces cris de trahison lancés au hasard, on
pouvait ôter toute force morale à l'homme qu'on
employait, l'envoyer impuissant, désarmé, devant
l'ennemi. Danton avait eu déjà bien de la peine
à le soutenir. Par deux fois, Dumouriez, sans lui,
périssait dans l'opinion; d'abord quand il fut tourné
aux fameuses Thermopyles dont il s'était dit le Léonidas, puis quand il négocia la retraite des Prussiens,
causant, mangeant avec eux, envoyant des présents
de café au roi de Prusse. Danton le couvrit dans ces
deux moments; toute la presse le ménagea, sauf
Marat, qui, aboyant toujours avec ou sans cause,
faisait moins d'impression.

Dès que Dumouriez fut ici, Danton ne le quitta
plus, il le mena, l'entoura, l'enveloppa, se montra
partout avec lui, aux Jacobins, aux théâtres, dans les
fêtes de reconnaissance et d'amitié qu'on donna au
général. Ces fêtes, la joie de tous pour la délivrance
commune, les conquêtes inespérées de la Révolution
à Nice, en Savoie, sur le Rhin, l'élan national pour
l'invasion de la Belgique, l'attente émue de la victoire, semblaient transporter les cœurs dans la
région supérieure où expirent les haines. C'était le
moment ou jamais de se rapprocher. La Gironde
fêtait Dumouriez, mais pouvait-elle le séparer de

celui qui avait si énergiquement aidé, assuré son succès, le séparer de Danton? Elle devait non pas amnistier, mais fêter non moins celui-ci.

Les deux hommes vraiment supérieurs, Danton, Dumouriez, comprenaient parfaitement que le salut de la France ne tenait pas seulement à une guerre heureuse au dehors, mais à la cessation des guerres intérieures, à la réconciliation de Danton et de la Gironde. Ils n'épargnèrent rien pour atteindre ce grand résultat. Danton connaissait très bien le caractère difficile des Girondins, leur amour-propre inquiet, la sévérité chagrine de Roland, la susceptibilité de Madame Roland, le vertueux et délicat orgueil qu'elle plaçait sur son mari, ne pardonnant pas à Danton le mot brutal qu'il avait dit pour rendre Roland ridicule. Danton, dans sa bonhomie audacieuse, voulut, sans négociation ni explication, briser tout d'abord la glace. Menant Dumouriez au théâtre, il entra non dans la même loge, mais dans celle d'à côté, d'où il parlait au général. Cette loge était celle même du ministre de l'intérieur, de Roland. Danton, comme ancien collègue, s'y établit familièrement avec deux femmes, très probablement sa mère et sa femme (qu'il aimait de passion). Si nous ne nous trompons dans cette conjecture, une telle démarche, faite en famille, était un gage de paix. On savait que personne n'avait été plus cruellement atteint que Mme Danton dans les fatales journées de septembre; elle devint malade et mourut bientôt.

Il y avait à parier que les dames se rapprocheraient; Madame Roland, si elle fût entrée dans la loge, se fût liée malgré elle, et elle eût été touchée. Au reste, que les Roland prissent bien ou mal la chose, elle pouvait avoir politiquement d'admirables résultats. Tous les journaux allaient dire qu'on avait vu, réunies dans une loge de six pieds carrés, la Montagne et la Gironde, qu'il n'y avait plus de partis, que toute discorde expirait. Cette seule apparence d'union aurait mieux servi la France que le gain d'une bataille.

Madame Roland vint, en effet, et elle fut indisposée tout d'abord; on la retint à la porte, lui disant que la loge était occupée; elle se la fit ouvrir et vit Danton à la place qu'elle eût prise, près du héros de la fête. Elle aimait peu Dumouriez, mais elle ne voulait pas moins, tout porte à le croire, le favoriser ce soir-là de son gracieux voisinage, le couronner de cette marque solennelle d'une sympathie austère; elle se croyait digne de le remercier ainsi tacitement au nom de la France.

Elle avait pris pour venir le bras de Vergniaud, voulant siéger entre le grand orateur et le général, apparaissant comme alliance du génie et de la victoire et prenant hardiment sa part dans celle-ci pour le parti girondin.

Danton dérangea tout cela. Madame Roland ne se soucia pas de l'avoir près d'elle, entre elle et Dumouriez. En quoi elle fut injuste. Après Dumouriez, Danton était l'homme qui avait le plus contribué au succès. La Gironde y avait fait peu. Son ministre de la guerre, Servan, voulait, même après Valmy, qu'on se retirât vers Châlons, plan absolument contraire à celui qui réussit.

Quoi qu'il en soit, Madame Roland prit pour prétexte les femmes. Elle vit, dit-elle, « deux femmes de mauvaise tournure ». Et sans examiner si, malgré cette tournure, elles n'étaient point respectables, elle referma la loge sans entrer, et se retira.

Vergniaud ne partageait pas l'aigreur des Girondins pour Danton. Celle qu'il aimait et qu'il inspirait, la belle et bonne Mlle Candeille, fit une tentative touchante pour rapprocher les partis. L'occasion fut une fête qu'elle donna à Dumouriez. Danton et Vergniaud s'y trouvaient. Les artistes et les gens de lettres, mêlés aux hommes politiques de toute nuance, aidaient à les concilier, à leur faire oublier leurs haines, à les replacer un moment hors des factions sur le terrain de la paix, des sentiments affectueux et doux. C'était la France civilisée, en quelque sorte, qui, la veille de la Terreur, demandait grâce à la France politique, grâce pour celle-ci même qui allait s'exterminer. La plupart de ceux qui étaient là avaient bien peu encore à vivre, Vergniaud un an, Danton dix-huit mois à peine ; et le héros de la fête, Dumouriez, bien plus malheureux, allait (tombé tout à l'heure de la gloire dans l'infamie) perdre à jamais la France qu'il avait sauvée, rester spectateur lointain de nos plus glorieuses victoires et traîner trente ans d'exil.

Un voile heureux leur couvrait à tous leur destin.

Tous, ignorants, imprévoyants, jouissaient de cette fête, puisant un doux rayon de paix dans les yeux de la jeune muse. La Gironde et la Montagne étaient confondues. Un événement troubla tout. Santerre, qui était de la fête, se trouvant un moment dans un salon près de la porte, rentre triste et tout changé. « Qu'avez-vous ? — Marat est là, qui demande le général... » Ce fut un coup de théâtre. Plusieurs disparurent et passèrent dans d'autres pièces. Plusieurs qui restaient pâlirent.

Il y avait plusieurs jours que Marat cherchait Dumouriez. Il s'était fait charger par les Jacobins de lui demander raison pour le châtiment que l'armée avait tiré d'un crime commis par des volontaires, disciples trop fidèles des doctrines de Marat. Nous expliquerons cette affaire dans le chapitre suivant.

La jaune figure entra, large et basse, entre deux longs Jacobins, plus hauts de toute la tête. Marat s'était arrangé pour produire un grand effet, prétendant faire subir une sorte d'interrogatoire au général vainqueur, devant ce cercle tremblant. Dumouriez ne lui donna pas cette satisfaction. Au premier mot, il le toisa avec mépris : « Ah! c'est vous qui êtes Marat, dit-il; je n'ai rien à vous dire. » Et il lui tourna le dos. Il s'expliqua ensuite tranquillement avec les deux Jacobins.

Le sang-froid de Dumouriez en rendit aux autres. Les militaires parlèrent durement au journaliste. Marat alla se plaindre et crier aux Jacobins. Il fut surtout irrité de la légèreté dérisoire avec laquelle la scène fut représentée dans les journaux de ses adversaires. « Nous pouvons leur pardonner d'avoir ri, ajoute-t-il méchamment, *car nous les ferons pleurer.* »

Marat parti, on essaya de continuer la fête. Mais les femmes restaient effrayées. Les hommes s'efforçaient de sourire pour les rassurer. Chacun trouvait cependant que son voisin était pâle et que tous étaient changés. Pourquoi? L'événement était petit, en effet, pour donner tant d'émotion. La ridicule apparition n'était pas pour effrayer tous ces hommes, en qui réellement était la force de la France, aussi bien que sa lumière. Les menaces, les prédictions sinistres du sanguinaire astrologue, la mort même, quand elle eût été annoncée avec certitude, n'auraient pas troublé leur cœur. Ce qui les troublait, non sans cause, c'est qu'avec Marat ils avaient cru voir entrer dans cette salle l'irrémédiable discorde, le génie des factions qu'ils portaient en eux et qui un moment s'était éclipsé. Ils restèrent tristes, silencieux, et ils s'isolèrent. Le mélange amical cessa; chacun, instinctivement, se rangea auprès des siens. Avant même de sortir, on retrouva les partis.

Dumouriez ne voulait point quitter Paris sans faire un dernier effort pour la conciliation. Il réunit, dit-on, à sa table Danton et les Girondins. Il mena Danton chez eux, et, les forçant ainsi à rompre le pain ensemble, il crut les avoir rapprochés, et il se trompa. La Gironde resta fermée. Si elle donnait la main, c'était la main sans le cœur, l'inerte et froide main des morts.

Après le départ de Dumouriez, Danton saisit, dans la Convention même, deux occasions raisonnables de voter avec la Gironde, de montrer qu'il n'avait pour elle ni colère ni haine, aucun envenimement.

Le 23 octobre, dans la discussion sur les lois à faire contre les émigrés, il se rangea à l'avis de Buzot, qui avait dit : « L'émigration par elle-même ne mérite pas la mort. Bannissons les émigrés à perpétuité, et qu'ils soient punis de mort s'ils remettent le pied en France. » Danton dit qu'en effet le bannissement suffisait.

Mais l'occasion la plus remarquable où il se trouva d'accord avec la Gironde fut celle du 16 octobre. Un représentant avait fait la proposition malencontreuse de soumettre à la sanction du peuple l'abolition de la royauté et l'établissement de la République. Buzot réfuta avec force cette proposition, et Danton appuya Buzot par ces grandes et fortes paroles : « La République est déjà sanctionnée par le peuple, par l'armée, par le génie de la liberté, qui réprouve tous les rois. Si donc il n'est pas permis de mettre en doute que la France veut être et sera éternellement République, ne nous occupons plus que de faire une constitution qui soit la conséquence de ce principe; et quand vous l'aurez décrétée, quand, par la solennité de vos discussions, vous aurez, pour ainsi dire, décrété l'opinion publique, vous aurez une acceptation rapide, et la concordance de toutes les parties de votre gouvernement en garantira la stabilité. »

Grande question d'initiative. Les républicains, qui étaient une minorité, avaient-ils le droit d'imposer la République à la majorité? Oui, parce que la majorité elle-même, si elle ne comprenait pas la République, l'avait en instinct, était alors anti-royaliste, sentait que la royauté, complice de l'invasion, était devenue impossible. La minorité républicaine ne faisait rien autre chose qu'*expliquer et formuler* ce que la majorité *sentait*, sans pouvoir se rendre bien compte.

Sur cette question solennelle, qui n'est pas moins que le problème éternel du droit de l'autorité, le génie révolutionnaire qui siégeait à la Montagne se trouve précisément d'accord avec l'esprit légiste et philosophe, qui fut celui de la Gironde.

Sur toute question essentielle du moment, il en était ainsi. A travers les violentes disputes, on aperçoit avec admiration l'unité très réelle qui existait dans cette noble Assemblée.

Avec admiration; ajoutons : avec douleur! Hélas! pourquoi donc leur faudra-t-il s'égorger?

Quel spectacle de voir ces hommes de talent immense et de cœur encore plus grand, qui, d'accord sur toute chose de salut public, vont s'acharner dans la lutte où personne, tout à l'heure, ne restera plus en vie! de les voir serrés ici, dans cette petite salle de mort, sur cette arène de quelques pieds carrés, qui boira leur sang!

A quoi leur servait tant de lumières, de talent, de génie même? Ils allaient, aveugles, sans voir ce que tout le monde voyait. Ces grands citoyens, ces amants de la patrie, dans l'excès de leur passion, auraient voulu mourir pour elle, et ils allaient la tuer.

C'est ce que vinrent leur dire un jour, pleins de crainte et de douleur, avec l'énergie du bon sens, les pauvres gens du faubourg Saint-Antoine, qui voyaient plus clair cent fois que la Convention. Nulle scène plus pathétique. C'était ici vraiment le peuple souverain (souverain par la raison) qui venait gourmander les sages, les bien-disants, les savants, et, les larmes aux yeux, les priait d'être des simples, de laisser là leurs fatales subtilités, de voir la réalité. En vérité, ils ne différaient que sur des choses alors accessoires, sur des choses d'avenir et qui, n'étant pas d'urgence et de salut public, devaient s'ajourner. Sur toute chose vraiment actuelle, ils étaient unis; ils avaient leur unité en la France, en la patrie, qu'ils portaient tous dans le cœur[1].

Ces honnêtes travailleurs justifièrent d'abord la

---

[1]. La pétition fut lue par le bonhomme Gonchon, l'orateur ordinaire du faubourg, que les agents de la Gironde travaillaient fort et faisaient boire (comme on le sut plus tard); elle ne repousse nullement les fédérés que la Gironde appelait à Paris. Et, avec cela, elle n'est point girondine, elle accuse nettement le tort grave de la Convention, spécialement de la Gironde, l'esprit de défiance et de haine aveugle, l'acharnement à perdre ses ennemis. L'accusation tombait d'aplomb sur ce parti, qui alors même repoussait les dernières avances de Danton et se déclarait implacable. C'est à ce signe que la pétition nous a paru spontanée, indépendante des partis, un vrai cri du bon sens du peuple, qui, dans la discorde de ses représentants, se sentait périr.

ville de Paris, dirent qu'on la calomniait, qu'elle n'avait aucun besoin qu'on appelât des soldats. Mais ils ne repoussaient nullement les fédérés des départements : « Qu'ils viennent, non pas six, sept, huit, vingt-quatre mille, mais qu'un million de Français accourent dans ces murs... Nos bras sont ouverts pour les recevoir. Ils trouveront les mêmes foyers qu'ils visitèrent à l'époque de la Fédération. »

Les hommes du faubourg Saint-Antoine, faisant ainsi cette noble profession de fraternité, se demandaient hardiment comment la Convention elle-même n'en donnait pas l'exemple : « C'est avec douleur que nous voyons des hommes, faits pour se chérir et s'estimer, se haïr et se craindre autant et plus qu'ils ne détestent les tyrans... Eh! n'êtes-vous pas, comme nous, les zélateurs de la République, les fléaux des rois et les amis de la justice? N'avez-vous pas les mêmes devoirs à remplir, autant de périls à éviter, les mêmes ennemis à combattre et vingt-cinq millions d'hommes à rendre heureux?..... Ah! croyez-en des citoyens étrangers à l'intrigue. On s'attribue mutuellement des torts imaginaires; si des êtres aguerris aux cabales sont à la tête des partis, la masse est bonne et trompée. Soyez persuadés que les hommes ne sont pas aussi méchants qu'on le croit. Qu'on impose silence à l'amour-propre, et il ne faudra qu'un moment pour éteindre le flambeau des divisions intestines..... Les opinions différentes engendrent facilement des soupçons, et il n'est pas de soupçon que la prévention et la jalousie ne changent en certitude... Ah! que le jour de l'égalité luise enfin sur notre malheureuse patrie; que les citoyens ne soient pas constamment occupés à se surprendre, à se tendre des pièges, à nourrir des défiances. C'est à vous, législateurs, à préparer les esprits. Craignez plus la haine et les reproches de la postérité que le poignard des factieux et le glaive des étrangers. »

A ces légitimes accusations du peuple sur les divisions de ses représentants, la Convention a pourtant laissé un mot en réponse, qui est comme son testament pour l'avenir, son excuse au tribunal des siècles. C'est la parole d'Isnard, à la fin de la belle adresse du 23 février 1793, pour la levée des trois cent mille hommes. Quoiqu'il soit trop tôt encore, nous ne pouvons nous empêcher de la citer ici :

« Soldats! matelots! qu'une émulation salutaire vous anime, que les mêmes succès vous couronnent! Si vous mourez au champ d'honneur, rien n'égalera votre gloire; vos noms resteront gravés au fronton du grand édifice de la liberté du monde. Les générations diront en les lisant : « Les voilà ces héros « qui brisèrent les fers de l'espèce humaine et se « dévouèrent pour nous lorsque nous n'existions « pas!... » — (Puis de l'armée revenant à la Convention, des soldats aux législateurs.) Nous aussi, fermes à notre poste, nous donnerons l'exemple du courage et du dévouement; nous attendrons, s'il le faut, la mort sur nos chaises curules... *On vous dit que nous sommes divisés, gardez-vous de le croire.* Si nos opinions diffèrent, nos sentiments sont les mêmes; en variant sur les moyens, nous tendons tous au même but. Nos délibérations sont bruyantes; eh! comment ne pas s'animer sur de si grands intérêts? C'est la passion du bien qui nous agite à ce point; mais, une fois le décret rendu, le bruit finit et la loi reste. »

Noble parole en elle-même et sublime dans la situation. Isnard l'écrivit au moment où son parti allait périr, et c'est comme une voix de la tombe. Ici ce sont ceux qui meurent qui justifient ceux qui vivent, la Convention tout entière, sans distinction de partis, sans excepter ceux même qui les envoient à la mort. Par une noble pudeur civique, ils défendent à l'armée d'apercevoir les discordes qui vont leur coûter la vie, et disent en tombant, victimes des divisions : *On vous dit que nous sommes divisés, gardez-vous de le croire!*

Et cette parole sublime, héroïquement désintéressée, fut en même temps juste et profonde. Ces discordes, toutes violentes et sanglantes qu'elles aient pu être, ne touchaient en rien au salut public. Elles portaient sur des questions d'avenir, vraiment prématurées alors. Celle de la bourgeoisie et du prolétariat ne devait guère inquiéter une Assemblée qui avait dix milliards de propriétés à distribuer au peuple. Les disputes de la Convention portaient encore sur des thèses de haute philosophie politique, sur des nuances délicates de l'orthodoxie révolutionnaire. Cette Assemblée, nous l'avons nommée de son vrai nom, ce concile, abrégeait, tranchait les affaires la nuit dans ses comités, et elle consacrait ses jours, son attention, ses efforts, à discuter insatiablement le symbole de la loi nouvelle. Tout le plus fort de son combat s'est passé dans la pensée pure, dans la région des esprits.

C'est le spectacle étrange, mais vraiment noble, qu'elle a offert au monde. Sur toute chose d'intérêt réel, actuel, elle est aisément d'accord. Fille de la philosophie du dix-huitième siècle, elle n'attachait vraiment d'importance qu'aux idées, elle en vivait, elle en mourait. Les membres qu'elle retrancha si cruellement de son sein ne conspiraient pas, ne menaçaient en rien le salut de la Révolution. Ils moururent, comme hérétiques.

La France entrait, d'une si grande passion, dans sa vie d'unité que les moindres diversités y tranchaient plus fortement et faisaient horreur. Des nuances souvent légères semblaient des anomalies monstrueuses et dignes de mort. Au contraire, les autres nations, dans l'état vraiment discordant où chacune d'elles restait, n'ayant encore nulle harmonie d'éléments ni de principes, n'avaient garde de s'apercevoir de leurs plus fortes dissonances. Barbares et ne sachant pas même combien elles étaient barbares, elles acceptaient bien mieux la diversité misérable d'éléments non conciliés qu'elles portaient dans leur sein. Elles triomphaient de leur chaos indigeste qui n'en était pas même à désirer l'unité.

Telle la France, telle la Convention. Quiconque saura distinguer l'identité des principes fondamentaux qui unissait en réalité cette Assemblée, discordante en apparence, dira comme Isnard et rendra ce témoignage à la Convention : « Non, Assemblée glorieuse, non, vous ne fûtes point divisée. »

CHAPITRE V

JEMMAPES (6 NOVEMBRE 1792).

Importance de la bataille de Jemmapes. — Chances que l'armée de Jemmapes avait contre elle. — La guerre d'ensemble et par masses est sortie de l'instinct français et de la fraternité. — Ce que furent nos grandes armées. — Ce que fut l'armée de Jemmapes. — Exaltation philanthropique de cette armée. — Probité ferme et modeste de nos officiers plébéiens. — Sévérité de l'armée pour les excès sanguinaires. — L'armée n'est nullement abattue d'un premier échec, 4 novembre 1792. — Formidable position des Autrichiens à Jemmapes, 5 novembre 1792. — La bataille ouverte par la *Marseillaise*, 6 novembre 1792. — Vaillance de nos volontaires à la droite de l'armée. — La bataille de Jemmapes, décidée par la *Marseillaise*, a elle-même inspiré le *Chant du départ*.

La France seule était une et le monde était divisé.

Elle ne savait pas son unité, mais la prouvait par la victoire. Elle gagna, le 6 novembre, la bataille de Jemmapes.

Et il n'y avait pas à dire cette fois, comme on disait de Valmy, que ce n'était qu'une canonnade, une bataille gagnée l'arme au bras. Ce fut une mêlée, et très sanglante, où chaque homme de l'armée française combattit de près et à l'arme blanche, où nos recrues, n'ayant reçu encore ni

souliers ni habillements d'hiver, n'ayant ni pain ni
eau-de-vie, encore à jeun à midi, après une nuit
glaciale dans une plaine marécageuse, s'élancèrent
de ce marais et, gravissant la montagne, forcèrent
les triples redoutes que défendaient, couverts de
trois étages de feux, les grenadiers de Hongrie.

O jeunesse! ô espérance! force infinie de la
conscience et du sentiment du droit!... qui pourrait
y résister?... Nos volontaires eurent bien un moment
d'hésitation, quand, sur ce rude escarpement, ils
rencontrèrent face à face les furieuses bouches de
bronze, la mitraille à bout portant. Ils se ramassèrent
sur eux-mêmes et trouvèrent quelque chose en eux
qui leur fit une âme de fer... Quelle? Le droit du
genre humain, et cette voix tonnante de la France :
« Le droit ne peut reculer. »

Le Droit marcha aux redoutes et les emporta. Il
entra avec les nôtres dans les rangs des vaincus.
La Liberté, en les frappant, les émancipa, elle en
fit des hommes libres. La France sembla avoir
frappé moins sur eux que sur leurs fers. Les Belges
furent affranchis d'un coup. Les Allemands firent
leurs premiers pas dans une carrière nouvelle; leur
défaite de Jemmapes fut l'ère de leurs libertés. Il
fallut bien, dès lors, que leurs princes les trai-
tassent en hommes, puisqu'ils leur demandaient
sans cesse ce qui est le plus haut signe de l'homme,
le dévouement et le sacrifice[1].

---

1. Les Hongrois, spécialement, prirent d'un grand cœur la Révolution française. Dès 1794, elle eut parmi eux des martyrs. Fait précieux, inestimable,

Tellement Dieu était en la France! telle la vertu miraculeuse qu'elle avait alors! L'épée dont elle frappait, au lieu de blesser, guérissait les peuples. Touchés du fer, ils s'éveillaient, remerciaient le coup salutaire qui rompait leur fatal sommeil, brisait l'enchantement déplorable où, pendant plus de mille années, ils languirent à l'état de bêtes à brouter l'herbe des champs.

Cette première victoire de la République, cette victoire de la foi, a eu contre elle tous les raisonneurs. Les Jacobins d'abord prédirent qu'on ne vaincrait pas. Les tacticiens ensuite (ou allemands ou bonapartistes) ont savamment travaillé à prouver que la victoire n'était rien, ou que du moins on n'avait pas vaincu dans les règles.

Oui, la victoire fut absurde, comme est tout miracle, et l'on n'aurait pas dû vaincre, à consulter

qui nous a été révélé dans ces derniers temps par un de nos compatriotes. Une larme m'est venue en écrivant ceci. Nous venons de le perdre, ce jeune homme. Le hasard ou la Providence avait mis en lui la triple alliance des peuples nouveaux : Auguste de Gerando-Barberi-Téléki, Français de père, Roumain de mère, Hongrois par son mariage; ses enfants sont Hongrois. — Malade, mourant de la poitrine, il n'en a pas moins servi activement sa seconde patrie, au jour suprême, et il semble qu'ils soient morts ensemble, ensemble ensevelis. — Ensevelis, non pas morts! Le drapeau enfoui à Raab en sortira un matin; la France, l'Italie, se relèveront ensemble. Et alors, mon jeune ami, alors vous ressusciterez. — Que cette pierre d'alliance reste au moins ici scellée de nos larmes! Qu'elle reste en témoignage! Qu'elle vous serve du tombeau que vous n'avez pas encore! Vous y dormirez paisible, dans la foi où vous fûtes ferme, dans l'attente des trois nations. Nous, vous nous avez laissé de quoi peu dormir. Vous avoir connu, vous avoir perdu, jeune cœur héroïque, âme excellente et magnanime, c'est une amertume durable qui nous reviendra dans nos nuits.

Lecteur, lis pieusement les livres que ce jeune homme a laissés, et puisses-tu y gagner quelque chose de son cœur! *La Transylvanie*, 1845; *de l'Esprit public en Hongrie, depuis la Révolution française*, 1848.

la raison. L'armée de Jemmapes était ridicule, pour tout militaire ordinaire, mal instruite, mal équipée, misérablement vêtue, discordante surtout, présentant je ne sais combien de bandes de volontaires, ou encore sans uniforme, ou sous l'uniforme varié des Fédérations de 1790. Tel bataillon (celui du Loiret, je crois) était encore en sarraux de toile, en bonnets de paysans. Ce n'est pas tout, il existait des corps sous toute espèce de noms (chasseurs nationaux, chasseurs braconniers, etc.). Chaque corps se formait selon les villes ou villages, les quartiers, les amitiés, se baptisait à sa guise. Ce n'était pas une armée, c'était le peuple à vrai dire, c'était la France arrivant au champ de bataille, toute jeune et toute naïve, dans la confusion du premier élan.

Robespierre avait parfaitement prouvé depuis plus d'un an que la guerre était absurde. Et il avait fait écrire par Camille Desmoulins que la Gironde avait trahi, puisqu'elle voulait la guerre. Et cette opinion était tellement celle des Jacobins qu'au 25 juillet 1793, c'était encore une des raisons principales que faisait valoir Billaud-Varennes pour envoyer les Girondins à la mort.

Oui, la guerre était absurde. Et il fallait être fou pour aller chercher l'ennemi sur son territoire, au moment même où la France changeait de gouvernement. C'est alors précisément que le pouvoir passait des Girondins aux Jacobins. Le ministère de la guerre particulièrement, celui dont l'action était décisive en un tel moment, passa du Girondin Servan au Jacobin

Pache, qui changea à l'instant tous les employés, désorganisa les services.

La guerre était absurde encore parce que les généraux de la République étaient royalistes. Dumouriez, Dillon, Custine, l'étaient et ne s'en cachaient pas trop. On a vu comment Dumouriez, paraissant à la barre de la Convention, éluda le serment de fidélité à la République. Employé cinquante ans sous la monarchie, et dans tels ou tels emplois équivoques, il ne pouvait pas ne pas avoir *le tempérament royaliste;* il aimait le plaisir, l'argent, il lui fallait les abus de l'ancien gouvernement, sa facilité, *un bon maître.* Il dit partout dans ses *Mémoires* que le fruit qu'il attendait de ses victoires républicaines, c'était le rétablissement du roi. A tout hasard, au cas que le roi fût impossible à relever, il s'en préparait un autre, le jeune duc de Chartres.

Des généraux royalistes, agissant au nom de la République, devaient, par le seul effet de cette duplicité, avoir dans les mouvements quelque chose de gauche et de faux. Ils avaient besoin de l'enthousiasme républicain, et ils craignaient de l'exciter ; il leur arrivait à chaque instant, si la flamme voulait monter, d'y jeter la glace. Quand, par exemple, les républicains allemands, enivrés de l'idée nouvelle, consultaient Custine et lui demandaient ce que deviendrait la France, il répondait : « Monarchie. — Et qui régnera ? — Le dauphin. »

Les sentiments de Dumouriez se trahissaient visiblement dans les rôles qu'il distribuait aux généraux subordonnés. Au général Valence, orléaniste décidé, ami du duc de Chartres, Dumouriez donna le rôle actif et brillant d'occuper la Meuse, d'arrêter les Autrichiens qui amenaient des secours. Au Jacobin La Bourdonnais qui avait son aile du Nord, il donna le rôle obscur et sans gloire de le côtoyer de loin, à sa gauche, et de le rejoindre seulement quand toute la campagne serait décidée.

Ni Valence ni La Bourdonnais ne purent agir utilement. Ces deux ailes, énormément éloignées de l'armée du centre, ne pouvaient coopérer avec ensemble. Valence, n'ayant ni chevaux ni charrois, ne put bouger, laissa passer l'Autrichien. La Bourdonnais, sacrifié, irrité, fit le moins qu'il put, et mal. Le grand avantage de nombre que devait avoir Dumouriez fut ainsi perdu. En réunissant ses forces, il eût eu près de cent mille hommes; il les dispersa, et son armée du centre, isolée, n'en compta que quarante-cinq mille. L'Autrichien pouvait en avoir autant, mais supérieurs en discipline, quarante-cinq mille vieux soldats; s'il eût su les réunir, il eût écrasé Dumouriez.

Celui-ci le reconnaît lui-même, il n'a pas connu la guerre nouvelle, *la guerre d'ensemble et par masses*[1],

---

[1]. Dumouriez en fait honneur à Carnot, pour en ôter la gloire à Napoléon. La gloire en est à la France. Le grand organisateur des armées de 1793, le sublime calculateur d'Austerlitz, n'auraient rien pu, si la France ne leur eût donné l'infaillible épée morale que nous venons de décrire! — Pour leur maître, Frédéric, son maître fut la nécessité. Cet habile homme, dans la Guerre de Sept-Ans, pressé de tant d'ennemis, mais non entouré, n'ayant à repousser que de courtes attaques du côté des Russes, put faire face à tout,

celle qui donna une si terrible unité de mouvements aux armées de la liberté. Il ne se douta nullement de l'instrument qu'il employait. Ces armées, qui étaient des peuples, disons mieux, la patrie même, en ce qu'elle eut de plus ardent, demandaient d'aller ensemble et de combattre par masses, *les amis avec les amis,* comme disait le soldat. Amis et amis, parents et parents, voisins et voisins, Français et Français, partis en se donnant la main, la difficulté n'était pas de les retenir ensemble, mais bien de les séparer. Les isoler, c'était leur ôter la meilleure partie de leurs forces. Ces grandes légions populaires étaient comme des corps vivants ; ne pas les faire agir par masses, c'eût été les démembrer. Et ces masses n'étaient pas des foules confuses ; plus on les laissait nombreuses, plus elles allaient en bon ordre. *Plus on est d'amis, mieux ça marche,* c'est encore un mot populaire. L'audace vint aux généraux, dès qu'ils eurent remarqué ceci. Ils virent qu'avec ces populations éminemment sociables, où tous s'électrisent par tous, et en proportion du nombre, il fallait agir par grands corps. Le monde eut ce nouveau spectacle de voir des hommes, par cent mille, qui marchaient mus

en agissant par masses, en portant ici et là des masses rapides. *Nécessité l'ingénieuse* forma ce génie mécanique. — Le général incomparable, qui voulut être membre de l'Institut pour la section de mécanique, imita et surpassa d'autant plus Frédéric qu'il eut dans les mains ce qui n'était nullement mécanique, ces armées admirables, qui, par une singularité unique, agissaient d'autant plus facilement d'ensemble qu'elles étaient plus nombreuses ; ajoutez, ce qui est bien plus, la tradition vivante de ces armées républicaines, tradition tellement forte qu'usées, détruites, exterminées, elles se renouvelèrent plusieurs fois.

d'un même souffle, d'un même élan, d'un même cœur.

Voilà l'origine réelle de la guerre moderne. Il n'y eut là d'abord ni art ni système. Elle sortit du cœur de la France, de sa sociabilité. Les tacticiens n'auraient jamais trouvé la tactique. Ceci n'était point du calcul. Des calculateurs inspirés le virent et en profitèrent; leur gloire, c'est de l'avoir vu; ils ne l'auraient pas vu sans doute s'ils n'avaient eu eux-mêmes l'étincelle de ces grandes foules. Ils l'eurent, parce qu'ils en sortaient. Les généraux monarchiques n'auraient jamais pu comprendre le sublime et profond mystère de la solidarité moderne, des vastes guerres d'amitié.

Les fédérations de 1790 avaient fait pressentir ceci. Quand on vit tout un canton, parfois tout un département en armes, autour de l'autel, il ne fut pas difficile de prévoir les immortelles demi-brigades de la République. Et, quand on vit les fédérations immenses qui réunirent plusieurs départements ensemble, et ces grands corps de fédérés, qui, grossissant toujours, s'augmentant, se donnant la main, formaient à travers la France les chœurs et les farandoles de la nouvelle amitié, on pouvait voir en esprit que ces hommes, en 1792, fidèles au serment de 1790, constitueraient nos grandes fédérations militaires, la *républicaine* armée de Sambre-et-Meuse, la *pacificatrice* armée de l'Ouest, la *ferme et invincible* armée du Rhin, victorieuse jusqu'en ses retraites, la *rapide* et foudroyante armée d'Italie.

Des armées? Non, des personnes. Chacune d'elles eut une personnalité distincte et originale. Tel fut le touchant esprit de dévouement, de sacrifice, qui anima ces hommes au départ. Ils se perdirent et s'absorbèrent dans ces glorieuses légions, dont chacune fut pour eux une France sur la terre étrangère. Ces admirables soldats, partis pour tant d'années de guerre, et qui, la plupart, ne devaient pas revenir, avaient emporté la patrie et le foyer dans les grandes sociétés héroïques qu'on appelait des armées. Où qu'ils fussent, c'était la France. Et c'est la France encore aujourd'hui et à jamais, partout où ces amis fidèles ont ensemble laissé leurs os.

Étrangers qui regardez avec respect et terreur ces collines d'ossements qu'ont laissés chez vous nos grandes légions, sachez qu'elles ne furent pas seulement terribles, mais vénérables. Ce qui leur donna la victoire, cette redoutable unité dans le combat, ce fut l'unité des cœurs et la confraternité. Gardez-vous de faire honneur de ces choses à tel ou tel homme. Des monuments seront élevés (quand la France se réveillera) à ces glorieuses armées, à elles, non à leurs généraux. Les calculateurs habiles ne garderont pas pour eux la gloire d'un peuple de héros. C'est assez, et c'est beaucoup, que les noms ou les images de ces heureux capitaines soient inscrits à leur vraie place, au pied même du monument.

Regardons-les attentivement, ces glorieuses armées, dans leur primitif élan de 1792, dans la naïveté du berceau.

A les considérer froidement et se préservant de l'enthousiasme, elles présentaient un spectacle étrange, extraordinaire : celui d'un grand peuple, qui, sans ménagement ni réserve, sans souci de la vie ou de l'intérêt, sans la moindre attention au passé, à l'histoire, à la vieille diplomatie, aux traités, au droit écrit, portait au monde la philosophie du dix-huitième siècle au bout de ses baïonnettes. Ces principes, avec lesquels les philosophes semblèrent trop souvent jouer eux-mêmes, étaient pris au sérieux par leurs disciples armés, appliqués avec une sincérité violente que rien n'arrêtait. Les transports philanthropiques de Raynal et de Diderot étaient là, non en papier, en déclamations, mais en actes, réalisés bien ou mal dans les effusions aveugles d'une sensibilité terrible qui ne mesurait, ne calculait rien.

Toute cette philosophie leur flottait, comme on peut penser, un peu vague dans l'esprit. Et leur cœur n'en était peut-être que plus violemment possédé. C'était un caractère singulier, embarrassant, de la Révolution si jeune, de n'avoir encore aucun symbole précis, point d'élément traditionnel, point de monument littéraire, où la pensée pût se prendre. Et cela même est une cause des furieux accès où cette sensibilité, vague, aveugle, nullement régularisée, s'emportait parfois. Une seule chose représentait pour eux le *credo* révolutionnaire, une chanson, la *Marseillaise*. Ils la savaient, la chantaient, la répétaient, jusqu'à extinction de voix et de forces. C'était tout leur évangile. Ils l'appliquaient à la lettre, souvent en bien, parfois en mal. Le sang coula pour tel couplet, tel autre fit faire des actes d'une générosité inouïe.

Nous l'avons dit. Quand ils virent passer par charrettes les Prussiens malades, pâles de faim et de fièvre, brisés par la dysenterie, ils s'arrêtèrent court, les laissèrent passer. Ceux qu'ils prirent, ce fut pour les soigner dans les hôpitaux français. A Strasbourg, soldats et bourgeois traitèrent les prisonniers comme des frères; on partagea avec eux le pain, la viande, la soupe; on leur remplit les poches de journaux patriotiques, et quand ils partirent pour l'intérieur de la France, on leur acheta du tabac par une contribution générale. La dépense n'était pas petite, ils étaient trois mille. Glorieuse prodigalité, et dans un moment si pauvre, lorsque les nôtres n'avaient pas seulement de chaussures aux pieds! Les résultats furent admirables. Les prisonniers voulurent avoir du papier, de l'encre, et écrivirent en Allemagne que le Rhin n'existait plus, qu'il n'y avait ni France ni Allemagne, mais que tous étaient des frères, et qu'il ne fallait plus qu'une seule nation au monde.

La sensibilité est mobile, l'exaltation peu durable. Mais déjà dans cette armée se prononçait un élément très résistant et très ferme. « Nos sous-officiers de l'Ancien-Régime, dit M. de La Fayette, étaient supérieurs à ceux de toutes les armées de l'Europe. » Devenus officiers par les lois de la Révolution, ils ont commencé cette classe d'hommes, braves, honnêtes, irréprochables, dont parle le général Foy dans une page de ses *Guerres de la péninsule*, page précieuse, témoignage inestimable de la vérité la plus vraie, qui reste un titre pour la France :

« Nos officiers d'infanterie, dit-il, étaient l'honneur même, la vertu modeste, la résignation. L'idéal de ces braves gens, voués au devoir sans ambition, et qui n'ont dû leur avancement qu'au temps, à la mort, fut l'excellent La Tour d'Auvergne, *premier grenadier de la République*, instructeur de l'armée d'Espagne. Ces officiers, comme on sait, si peu rétribués, quelques-uns mariés, suivis souvent à distance par leurs courageuses épouses qui ne voulaient pas les quitter, n'en ont pas moins montré un désintéressement, une délicatesse admirables, contenant par leurs exemples les tentations du soldat, et, sans murmure, versant leur sang dans plus d'une affaire meurtrière, qui souvent n'avait d'effet que d'enrichir les généraux de l'Empire. »

Ces honnêtes gens, à qui la Révolution venait d'ouvrir la carrière, lui étaient très attachés. Moins expansifs que le soldat, ils avaient pour la patrie un amour muet, austère, qui n'en était que plus profond. Gardiens jaloux de l'honneur de la France, ils s'efforçaient d'imprimer aux bandes jeunes, indisciplinées, qui leur arrivaient tous les jours, l'amour de l'ordre et du devoir. Ils réprimaient les excès, moins par leur autorité que par une censure grave et le froid mépris, quelquefois seulement par leurs tristes regards. L'autorité, le respect, qui les leur aurait refusés, quand on les voyait s'ôter le pain pour le donner aux soldats, quand les plus braves, marchant à l'ennemi, les voyaient toujours vingt pas devant eux?

On put juger déjà entre les batailles de Valmy et de Jemmapes, au fort du désordre, lorsque le péril de la France, l'excès de l'enthousiasme, le délire patriotique, inspiraient aux volontaires les actes les plus violents, qu'il y aurait pourtant dans l'armée, sous l'heureuse influence de ses officiers plébéiens, un caractère très ferme d'honnêteté, qu'elle ne souffrirait pas patiemment de tache sur l'habit militaire. On vit cette jeune armée, qui était à peine une armée encore, se purger elle-même inflexiblement, rejeter et punir le crime.

Une très affligeante affaire avait eu lieu à Rethel. Deux bataillons de volontaires parisiens (le *Républicain* et le *Mauconseil*) venaient d'arriver, pleins de fanatiques. Leur coup d'essai fut de massacrer, malgré le général Chazot, quatre pauvres soldats, domestiques d'émigrés, qui étaient rentrés et voulaient servir dans l'armée. La loi, il est vrai, contre l'émigré rentré n'était autre que la mort. La Convention, suivant le mouvement de l'indignation nationale, venait d'ordonner qu'on brûlât par la main du bourreau un drapeau de l'émigration, pris après Valmy. N'importe, il n'en était pas moins indigne et honteux de massacrer ces pauvres diables, gens du peuple, entraînés par leurs maîtres, qui voulaient revenir au peuple et servir la nation. Ce crime était impolitique autant que barbare; il empêchait à jamais qu'il ne nous vînt des transfuges; il mettait un mur d'airain entre nous et l'ennemi.

Il faut dire qu'heureusement le crime n'était pas celui du corps tout entier. Sur douze cents hommes, une quarantaine environ y avaient trempé; et ils ne l'avaient commis que poussés, excités par les déclamations féroces de leur lieutenant-colonel, *le patriote* Palloy, un artiste ridicule, un architecte intrigant, qui s'était enrichi à vendre les pierres de la Bastille. Ce spéculateur, en violence furieuse, en paroles meurtrières, passait les plus fanatiques, et il y trouvait son compte; ruine et meurtre, tout lui profitait. Il imaginait sans doute que si l'armée était entraînée, le général massacré, il se mettrait à sa place. La chose tourna autrement. L'armée fut saisie d'horreur. Palloy n'eut qu'à se sauver. On cerna les deux bataillons, on les désarma, on leur ôta leurs drapeaux, on les envoya bivouaquer dans les fossés de Mézières. Le général Beurnonville vint les trouver là et leur dit qu'ils étaient perdus s'ils ne livraient les coupables. Ces enfants de Paris, mobiles et sensibles, quelle que fût leur violence, fondirent tous en larmes; leurs bataillons épurés devinrent le modèle de toute l'armée, pour la bonne conduite autant que pour la bravoure.

Avec une telle armée, animée d'un si pur enthousiasme, le succès semblait certain. La France y apparaissait dans un de ces rares moments où l'homme au-dessus de lui-même, héroïque sans effort, ne rencontre rien d'impossible. A regarder cette armée, on pouvait dire d'avance : « Les Pays-Bas sont conquis. » Dumouriez en jugeait ainsi. Il écrivait à la Convention : « Je serai le 15 à Bruxelles et le 30 à Liège. » Il se trompa, car il fut à Bruxelles le 14, à Liège le 28.

Cette jeune armée eut d'abord à supporter une épreuve que les vieilles armées les plus aguerries ne supportent pas toujours. Elle débuta par un revers. Nos réfugiés belges n'arrivèrent pas plutôt à la frontière qu'impatients de reprendre possession de la terre natale, sans rien attendre, ils attaquèrent. Ne pouvant les retenir, on leur donna des hussards pour les appuyer. Ils s'emparèrent d'un avant-poste; puis, par un emportement de jeunesse et de bravoure, ils se jettent des hauteurs en plaine, et la cavalerie impériale y vient les envelopper. Ils périssaient sans nos hussards. Beurnonville était d'avis de se replier, de raffermir nos soldats. Dumouriez jugea bien mieux qu'il fallait à tout prix garder l'offensive, avancer. Les Impériaux, malgré leurs avantages, reculaient et cédaient même une très bonne position. Ils voulaient nous attirer jusqu'à celle de Jemmapes qu'ils jugeaient inexpugnable, par la force naturelle et par les travaux d'art qu'ils y avaient ajoutés. C'était l'avis de l'Autrichien Clairfayt, et il entraîna le général en chef, le duc de Saxe-Teschen, qui, depuis sa honteuse affaire de Lille, eût bien voulu se laver par une belle bataille.

Un de ses subordonnés, le général belge Beaulieu, lui conseillait de ne pas l'accepter; cette bataille, mais de la donner lui-même, de marcher la nuit aux Français, de tomber sur eux, d'écraser ou disperser cette cohue de soldats novices. Les vingt-huit mille vieux soldats qu'il avait, suffisaient, et au delà, pour cette attaque audacieuse ; l'avantage, en de telles surprises, est pour les troupes disciplinées, aguerries, qui gardent tout leur sang-froid. Le duc hésita à tenter ce coup, qui convenait mieux à un chef de partisans. Prince d'Empire, lieutenant de l'Empereur, gouverneur des Pays-Bas, roi lui-même en réalité, il ne pouvait se compromettre dans une attaque hasardeuse ; il lui allait mieux d'attendre l'armée française dans la majesté de la position dominante de Jemmapes, de l'y voir s'y heurter en vain, de l'écraser à ses pieds.

Notre armée se trouva le soir du 5 novembre à portée d'admirer cette œuvre de l'art et de la nature. La position est non seulement forte et formidable, mais imposante, solennelle; elle parle à l'imagination, et quand on ne saurait pas que ce lieu s'appelle Jemmapes, on s'y arrêterait de soi-même. C'est une ligne de coteaux en avant de Mons, un amphithéâtre qui s'abaisse aux deux bouts sur deux villages, Cuesmes à droite, à gauche Jemmapes (pour le spectateur d'en bas). Jemmapes monte à la montagne et en couvre un flanc. Cuesmes aide moins à la défense; on y suppléa par plusieurs rangs de redoutes étagées l'une sur l'autre, et dans ces redoutes étaient les grenadiers de Hongrie. Ces redoutes et les deux villages formaient à droite et à gauche comme autant de citadelles qu'il fallait d'abord emporter. Les pentes du centre, occupées par un bois, étaient coupées, palissadées d'abatis. Si nos soldats emportaient les abatis, les villages et les redoutes, ils trouvaient encore derrière dix-neuf mille excellents soldats ; c'était peu comme armée, sans doute, mais beaucoup comme garnison de cette grande forteresse naturelle. Elle paraissait si sûre que les quelques mille soldats que le duc de Saxe avait de plus furent laissés pour garder Mons. La grande supériorité de nombre qu'avait Dumouriez lui servait fort peu, parce qu'on ne pouvait approcher des lignes autrichiennes que par des passages étroits qui ne permettaient pas de se déployer. On ne pouvait généralement attaquer que par colonnes. La vaillance des têtes de colonnes devait seule décider l'affaire. L'attaque des maisons crénelées, l'escalade des retranchements, l'enlèvement des batteries, exigeaient une exécution terrible, d'homme à homme et de main à main.

La position n'était pas sans analogie avec celle de Waterloo : comme l'Anglais à Waterloo, l'Autrichien avait à Jemmapes une grande ville derrière lui, d'où il tirait ce qu'il voulait. Mais combien le rude escarpement de Jemmapes, franchi par l'armée de la République, offrait plus de difficultés naturelles, artificielles, que le petit raidillon où vint se briser l'Empire !

Une ressemblance encore qu'ont les deux batailles, c'est qu'à l'une, comme à l'autre, l'armée française fut tenue, toute une nuit, au fond d'une plaine humide, et que le matin, affaiblie et détrempée, on la mena au combat. Une telle nuit, passée, l'arme au bras, par des troupes si mal habillées pour la saison, dans ces marécages, par des troupes jeunes, nullement habituées ni endurcies, eût amené un triste jour, si cette armée singulière n'eût été réchauffée d'enthousiasme, cuirassée de fanatisme, vêtue de sa foi.

Car enfin ils étaient pieds nus ou peu s'en fallait, dans l'eau et dans le brouillard que le marécage élève la nuit; eau dessous et eau dessus. La plaine était coupée de canaux, de flaques d'eau croupissante, et là où l'on se réfugiait, croyant gagner la terre ferme, le sol tremblait sous les pieds. Nul pays n'a été plus changé par l'industrie ; l'exploitation des houillères a donné douze mille âmes au village de Jemmapes; on a bâti, coupé les bois, séché des marais. Et avec tout cela, aujourd'hui même, le pays au-dessous des pentes est resté généralement une prairie très humide.

Du fond de cette prairie, nos soldats, grelottants au froid du matin, purent voir, au couronnement des redoutes, aux maisons crénelées du village qui semblaient descendre à eux, leurs redoutables ennemis. Les hussards impériaux dans leurs belles fourrures, les grenadiers hongrois dans la richesse barbare de leur costume étranger, les dragons autrichiens majestueusement drapés dans leurs manteaux blancs.

Ce que les nôtres leur enviaient encore davantage, c'était d'avoir déjeuné. Les Autrichiens attendaient, restaurés parfaitement; Mons était derrière et fournissait tout. Pour les Français, on leur dit que la bataille ne serait pas longue et qu'il valait mieux déjeuner vainqueurs.

Un Belge, vieillard vénérable du village de Jemmapes, qui, seul de tout le pays, tout le monde étant en fuite, resta et vit la bataille des hauteurs voisines, nous a dit l'ineffaçable impression qu'il a conservée. Au moment où nos colonnes se mirent en mouvement, où le brouillard de novembre, commençant à se lever, découvrit l'armée française, un grand concert d'instruments se fit entendre, une musique grave, imposante, remplit la vallée, monta aux collines, une harmonie majestueuse semblait marcher devant la France. Les musiques de nos brigades, partant toutes au même signal, ouvraient la bataille par la *Marseillaise*; elles la jouèrent plusieurs fois, et dans les moments d'intervalle, où les rafales effroyables du bruit des canons faisaient quelque trêve, on entendait l'hymne sacré. La rage de l'artillerie ne pouvait étouffer entièrement l'air sublime des guerres fraternelles. Le cœur du jeune homme, saisi de cette douceur inattendue, faillit lui manquer. L'artillerie ne lui faisait rien; la musique le vainquit. C'était, comment le méconnaître? c'était l'armée de la Justice, venant rendre au monde ses droits oubliés, la Fraternité elle-même venant délivrer ses ennemis, et, pour leurs boulets, leur offrant les bienfaits de la liberté.

L'effort du combat devait être à la gauche pour emporter le village de Jemmapes et monter sur la hauteur, et plus encore à la droite, où la pente était couverte de formidables redoutes. Le vieux général Ferrand commandait à gauche; à droite, le brave Beurnonville. Ce dernier poste était le poste d'honneur, et l'on y avait mis nos volontaires parisiens; rude épreuve pour ces jeunes gens, arrivés d'hier et n'ayant jamais vu le feu. Dumouriez avait près de lui, au centre, le duc de Chartres, pour le lancer au moment où le succès d'une des ailes commencerait la victoire; le candidat à la royauté, s'associant au mouvement de l'aile victorieuse, eût alors attaqué de face, décidé l'affaire, emporté l'honneur.

Les difficultés de droite et de gauche étaient grandes, en vérité; moindres à gauche, vers Jemmapes, et cependant le général Ferrand ne faisait pas grand progrès; l'attaque traîna de huit à onze. C'était pourtant par la gauche qu'il fallait réussir d'abord; Beurnonville avait à droite des obstacles presque insurmontables. A onze heures, Dumouriez envoya à la gauche son second, un autre lui-même, le brave et intelligent Thouvenot, qui prit le commandement, emporta le village de Jemmapes. Et cependant Dumouriez, de sa personne, alla voir si réellement on pouvait forcer à droite la terrible position qui arrêtait Beurnonville. Jamais général n'arriva plus à propos; nos volontaires parisiens, menés par Dampierre[1], sous un feu terrible, avaient déjà fait un pas, emporté l'étage inférieur des triples redoutes; Dampierre, marchant seul devant eux, les entraîna avec le régiment de Flandre. Portés ainsi en avant, ils étaient en plus grand péril, et ils ne reculaient pas. Ils étaient là, sous les yeux des soldats de ligne, des troupes de Dumouriez, fort attachés au général, qui n'aimaient pas ces volontaires et regardaient froidement s'ils resteraient fermes. Sur eux justement plongeait le feu des redoutes d'en haut, et de loin encore, un de nos généraux, ne les reconnaissant pas, leur envoyait des boulets. Ils ne bougeaient; au moindre mouvement, un magnifique corps de dragons impériaux était prêt à les sabrer. Enfin Dumouriez arrive. Il trouve nos Parisiens fort émus, fort sombres. Les bataillons jacobins se croyaient amenés là pour être hachés en pièces. Cependant là aussi se trouvait en ligne le bataillon des *Lombards*, d'opinion girondine. L'émulation des deux partis, continuée sur le champ de bataille, ne contribuait pas peu à les rendre fermes. Il n'en était pas de même de la cavalerie, qui flottait un peu. Dumouriez y court; mais, pen-

---

1. Dumouriez dit hardiment que Dampierre n'y était pas. Mais je le trouve si souvent en flagrant délit de mensonge que je n'y fais aucune attention. Par exemple, c'est Kellermann, selon lui, qui a laissé échapper les Prussiens.

Autre mensonge : Dumouriez a fait en octobre un plan pour conquérir la Savoie, et elle était déjà conquise en septembre. — Il prétend que les Girondins (auteurs et conseillers principaux de la guerre) désiraient que la guerre tournât mal! etc.

dant ce temps, voici venir les dragons impériaux, qui s'ébranlent à la fin, vont, de leurs chevaux lancés, heurter l'infanterie parisienne. Nos volontaires montrèrent ici un admirable sang-froid ; avec l'heureux instinct qui caractérise cette population intelligente entre toutes, ils laissèrent venir la masse effrayante presque au bout de leurs fusils, firent une décharge à bout portant, qui, du premier coup, leur fit un rempart de cent chevaux abattus. La superbe cavalerie, poursuivie par Dumouriez et ses hussards, s'enfuit jusqu'à Mons.

Il revient alors vers l'infanterie : « A vous, mes enfants! » Et il se met de toutes ses forces à chanter la *Marseillaise*. Ce fut un entraînement. Un *Ça ira!* des plus sauvages continua, et les redoutes, en un moment, furent emportées, les canonniers tués sur leurs pièces. Les grenadiers hongrois, ces splendides colosses, qui ne pouvaient rien comprendre à cette furie, furent en un moment envahis, dominés, sabrés.

Dumouriez dit que l'exécution se fit par deux brigades de ses vieilles troupes et par trois vieux régiments de chasseurs à cheval et de hussards (Berchiny et Chamborand). Quelle part y eut l'infanterie parisienne, il ne le dit pas. Il semble pourtant que ces pentes et ce genre d'obstacles aient plutôt nécessité l'emploi de l'infanterie. Sa malveillance, du reste, est telle pour nos Parisiens, qu'après avoir avoué dans son rapport que la cavalerie impériale fut arrêtée par le premier bataillon de Paris, il change dans ses *Mémoires* et en donne l'honneur à ses vieilles troupes. Entre Dumouriez et Dumouriez, nous nous décidons par un troisième document, une lettre de Dumouriez lui-même, qui écrit immédiatement à la section des Lombards que son bataillon a eu le poste d'honneur et fait la première ligne à la droite de l'armée.

Vainqueur à droite et à gauche, le général avait moins d'inquiétude sur le centre. Il ne l'avait quitté d'ailleurs qu'après avoir su d'une manière certaine que Thouvenot avait, à sa gauche, emporté Jemmapes, et qu'appuyant vers le centre, il allait s'en rapprocher. Les choses, en effet, se passèrent ainsi. Le centre, s'ébranlant pour passer la plaine, doubla le pas et n'eut pas le temps de perdre beaucoup de monde. Deux brigades cependant eurent un peu d'hésitation. L'une, voyant venir à elle des cavaliers impériaux, s'écarta, se jeta derrière une maison. L'autre, sous un feu très vif, fit halte un moment et n'avança plus. Un jeune homme, sans aucun grade, et qui n'était autre chose que le valet de chambre de Dumouriez, alla de son mouvement rallier l'une des brigades, et, la rapprochant d'un corps de cavalerie française, mena le tout au combat. Le duc de Chartres n'eut pas moins de succès auprès de l'autre brigade, il la raffermit avec plus de sang-froid qu'on n'eût attendu d'un si jeune homme. Tout le centre ainsi rallié, fort de la victoire de la gauche, qui déjà, sous Thouvenot, ayant dépassé Jemmapes, attaquait les plus hauts sommets, força les redoutes qui lui étaient opposées[1].

Dumouriez avait désiré donner le principal honneur au centre, dans l'intérêt du jeune duc de Chartres, qui y commandait. Il eût trop découvert son jeu en l'envoyant à Paris. Il prit un autre moyen. L'aide de camp qui porta la nouvelle à la Convention lui présenta ce jeune domestique du général, qui, au centre, avait rallié une brigade avec tant de présence d'esprit. L'attention était ainsi portée sur le centre, et l'on devait croire que là avait eu lieu l'effort décisif du combat.

Les gens de Mons en jugèrent autrement. Lorsque Dumouriez et l'armée y entrèrent le lendemain, les *Amis de la constitution* de Mons, en offrant une couronne au général, en donnèrent une à Dampierre, qui, sous Beurnonville, avait le premier, à la tête de nos volontaires, heurté cette terrible position de la droite, lorsqu'elle n'était pas encore ébranlée par l'effet de notre victoire de gauche, par la prise de Jemmapes. Là avait été, sans nul doute, l'extrême péril, l'obstination héroïque, et peut-être était-il plus glorieux de s'être maintenu entre ce volcan épouvantable des redoutes et la cavalerie impériale, en recevant même les boulets français, que d'emporter

---

[1]. Nous avons soigneusement examiné le terrain. S'il n'a pas changé de niveau au centre de l'amphithéâtre, cette partie offrait les pentes les plus rapides, le plus rude escarpement. Aussi l'avait-on moins fortifié par les moyens de l'art. C'est ce qui explique pourquoi Dumouriez a pu dire que c'était l'endroit difficile, tandis que les narrateurs allemands disent que c'était le plus facile. (Voir *Mémoires d'un homme d'État.*)

les retranchements supérieurs déjà démoralisés, et d'achever la victoire.

Le champ de cette victoire, nous l'avons visité, plein de respect et de religion, au mois d'août 1849.

Plein de tristesse aussi, voyant ce champ nu et désert. Nul monument de la bataille, nulle tombe élevée aux morts, pas une pierre, pas le moindre signe.

La France, qui près de là restaurait le tombeau du vieux tyran des Pays-Bas, de Charles-le-Téméraire, n'a pas eu une pierre pour les morts de la liberté.

Les Belges, affranchis par Jemmapes, qui leur rouvrit l'Escaut, la mer et l'avenir, et qui, pour nous, commença la guerre de l'Angleterre, — les Belges n'ont pas eu une pierre pour les morts de Jemmapes.

Est-ce à dire que l'événement eût trop peu d'importance ?

Il y a eu de plus grandes batailles, sans doute, plus sanglantes ou plus calculées; nulle plus grande, comme phénomène moral.

Celle-ci, dans la foule de nos victoires, ne peut pas se confondre; elle est la victoire même qui enfanta les autres, qui engendra la Victoire au cœur de nos soldats.

Celle-ci fut le jugement de Dieu sur la Révolution, sa solennelle épreuve, qui l'affermit elle-même dans la conviction de son droit.

Celle-ci est la victoire du peuple, non de l'armée.

Il y eut une armée après la bataille ; il n'y en avait pas avant.

Grande révolution. L'infanterie française prit, ce jour-là, possession des champs de bataille et l'allemande s'éclipsa. Ce que la bataille de Rocroy, la défaite des bandes espagnoles fit au dix-septième siècle, Jemmapes le fit au dix-huitième. Chaque fois qu'une infanterie nouvelle s'empare ainsi du terrain, ce n'est pas seulement une révolution militaire, c'est un âge politique qui commence, une phase nouvelle de la vie du peuple.

Ce sont là de trop grands événements pour qu'aucun monument soit digne de les rappeler.

Point de monument. Et c'est bien. Le lieu suffit, il témoigne et raconte. Le solennel amphithéâtre, avec son rude escarpement, est là pour dire toujours que nul obstacle n'arrêta l'élan de la France.

Nul signe matériel, travaillé de main d'homme, n'avait droit de figurer la victoire de l'esprit.

L'esprit seul et la foi gagnèrent cette bataille. Tout le reste était contre nous. Ce fut, rappelons-le, ce fut, tout nus, à jeun, au matin d'une nuit de novembre passée en plein marais, que ces jeunes soldats s'élancèrent. « A cette époque, dit lui-même le général républicain avec un noble orgueil, on n'enivrait pas encore le soldat pour le mener à l'ennemi. »

Il fut ivre autrement, — ivre de la puissante harmonie, fraternelle et guerrière, que les instruments firent entendre d'abord, — ivre de la Patrie, qui lui emplit le cœur.

Et, au moment suprême, quand la droite hésita et qu'il s'agit de l'enlever, la Patrie leur versa l'ivresse à pleins bords... l'ivresse de leurs chants. La *Marseillaise*, entonnée par eux-mêmes, leur gagna la bataille ; le *Ça ira!* emporta les redoutes.

A deux heures, épuisés, ils s'assirent sur la hauteur parmi les morts, mangèrent enfin, rompirent le pain si bien gagné, joyeux et sérieux, regardant Mons au loin, les longues plaines conquises, sans obstacle, infinies... C'est alors (ou jamais) qu'une parole nouvelle s'élança du cœur de la France, parole simple et forte, d'espérance héroïque. Ce mot devint un chant, et ce fut assez pour vingt-cinq années de batailles :

> La victoire, en chantant, nous ouvre la barrière!...

Un âge nouveau s'ouvre par ce chant de clairon, aigu, âpre, sublime. Il partit de l'armée[1] ; le peuple y fit écho.

Et maintenant voilà bien des choses changées... Une heure de la vie du monde vient de sonner, pour quelles destinées ? Dieu le sait.

> Et, du nord au midi, la trompette guerrière
> A sonné l'heure des combats !

---

[1]. La première strophe, selon moi, est de 1792 ; elle n'est rien autre chose que le mot qui se trouva alors dans toutes les bouches, l'historique exact de la bataille, gagnée *en chantant*. — Qui fait ces grandes choses populaires? Tout le monde et personne. Chénier et Méhul ont écrit sous la dictée de la France. Les strophes suivantes, belles, mais laborieuses, appartiennent en propre au grand poète ; elles sont un effort spartiate de 1793. Nous y reviendrons.

CHAPITRE VI

INVASION DE LA BELGIQUE. — LUTTE DE CAMBON ET DE DUMOURIEZ (NOVEMBRE 1792).

L'Angleterre se joint à la coalition. — Joie des populations maritimes des Pays-Bas. — Terreur de l'Angleterre. — L'Angleterre travaille contre nous. — La vraie et la fausse Belgique. — La France anathématisée par ceux qu'elle délivre. — Duplicité de Dumouriez. — Il prend sur lui de garantir le clergé belge. — Les Belges refusent la liberté au nom de la liberté. — Les Pays-Bas seront-ils réunis à la France? — Cambon contre Dumouriez. — Dictature financière de Cambon. — Foi financière de l'Angleterre et de la France.

La bataille de Jemmapes fut gagnée le 6 novembre, et l'Angleterre entra le 25 dans la coalition contre la France.

Ce qu'elle avait refusé à la Prusse le 25 septembre, elle l'offrait le 25 novembre. Elle alla demander à Vienne que l'Autriche la réconciliât avec la ligue du Nord, que la Prusse envoyât un corps auxiliaire pour couvrir la Hollande.

L'Angleterre n'avait rien vu ni rien prévu; jamais on ne put mieux apprécier combien la grande mère et maîtresse des forces mécaniques ignore les forces morales.

Elle n'avait deviné en rien les succès de la Révolution. Elle avait compté que nos milices fuiraient au premier feu. Pitt craignait : veut-on savoir quoi?... Que la Prusse n'absorbât la France. Voilà ce que les Pitt et les Grenville avaient compris de la Révolution.

Ce colossal événement, le victorieux avènement de la République, le triomphe des trois couleurs, qu'on leur montrait de loin, qu'on les priait de voir, ils le virent quand il fut à deux pas, sous leurs yeux, sous leurs dunes. Les politiques myopes ne virent pas, ils sentirent, — quand cette jeune nation qui se croyait aimée de *la vieille Angleterre*, sans le vouloir, la toucha rudement

Ce fut une grande peur, chez cette nation, *fière entre toutes*, de voir la France qui inondait l'Europe. Elle se frottait les yeux et ne le croyait pas. « La France au Rhin! la France aux Alpes! cela n'est pas possible... Mais quoi! la France en face! à Ostende, à Anvers!... Quoi! toucher mon Escaut! ma Hollande!... Grand Dieu! ne sont-ils pas dans Londres? »

Toute la côte de Belgique avait illuminé. Toute la population maritime de ces contrées infortunées, sacrifiées pendant deux siècles, avait salué dans l'arrivée des Français plus que la liberté des Pays-Bas, la liberté des mers! Un capitaine américain au service de la France (Moultson), qui entra à Ostende, trouva ce pauvre peuple dans un si étrange délire « qu'il crut, dit-il, que tous étaient devenus fous ». C'était tout le contraire. Le monde devint fou, tous les rois devinrent fous, le jour où, pour faire la fortune des Hollandais et des Anglais, ils firent cet outrage à la nature de fermer les plus belles contrées, de boucher le grand fleuve qui regarde la Tamise en face. Boucher l'Escaut! c'était crever l'œil de l'Europe, s'interdire de voir sur les mers le despotisme impie de Londres, le monopole du plus libre élément que Dieu mit en commun, qu'il fit pour l'usage de tous.

Les paniques anglaises ont un caractère particulier, qu'il est amusant d'observer. Justement parce que ce pays est si bien clos et fermé de l'Océan, justement parce qu'il a la sécurité habituelle que donne un tel rempart, il est, plus qu'aucun autre, troublé de l'idée d'invasion. Cette nation naturellement brave, mais peu aguerrie, peu exercée aux armes, devient, au moindre péril, étonnamment troublée.

On put se donner ce spectacle, en 1792, quand la France déborda de toutes parts, planta sur tant de villes le drapeau de la liberté, sans se douter le moins du monde qu'il fît peur aux Anglais, et sans songer, grand Dieu! à faire le moindre mal à *la chère sœur aînée*.

La peur était moins vaine en 1805. Cependant, à voir la mer cachée sous les flottes anglaises, à voir de tous côtés les Nelson et les Collingwood aller, venir, suer, couvrir la tremblante Angleterre de leurs vaisseaux et de leurs corps, il semble que vraiment elle aurait pu se rassurer.

Une autre panique, mais pour un danger intérieur, s'est vue en 1842, lorsque la pétition chartiste de trois millions de signatures fut apportée au Parlement, et que la propriété crut toucher à son dernier jour. Jamais moutons, un jour d'orage, ne se sont plus serrés, à s'étouffer les uns les autres. Le berger, quel qu'il soit, qu'il s'appelle Pitt ou Robert Peel, est bien fort dans ces jours d'effroi.

Cette peur naïve se trahit par l'exagération des éloges qu'on ne manque guère de donner au sauveur, par la dévotion qu'on a pour lui. On lui met dans les mains tout élément de succès, tout homme, tout argent, toute loi ou liberté; ils n'en tiennent guère compte dans ces moments. Et quand ils ont fait en cet individu cette énorme et monstrueuse concentration de forces, alors ils s'en étonnent, ils admirent leur œuvre, ils s'engouent du dieu qu'ils ont fait, de ce Messie, de ce sauveur. Et le sauveur, souvent, n'est qu'un commis.

Ceci pour M. Pitt, le furieux commis, qui, menant de front deux excellents coursiers, deux passions nationales, la peur, la haine, s'en est allé droit à la gloire.

L'ouverture du Parlement anglais fut une grande scène. Plus de Whigs et plus de Tories, un seul troupeau tremblant autour de Pitt. Ce n'était point de la docilité, de la déférence politique, une conversion raisonnée; c'était une dévotion aveugle, bornée, étroitement bigote, l'application du conseil du fameux janséniste : « Abêtissez-vous! » Tous disaient leur *mea culpa* d'avoir jamais cru à la liberté, d'avoir eu ces rêves coupables de réforme parlementaire; ils gémissaient, se battaient la poitrine. Fox, qui, ayant moins peur, était moins converti, hasarda de leur demander pourquoi, si peu émus des progrès effrayants des rois, les voyant froidement partager la Pologne, ils se montraient si terriblement inquiets des progrès de la liberté. Il les adjura, en ce moment solennel où il s'agissait de commencer une guerre immense, infinie, dont personne ne verrait la fin, d'examiner encore, d'envoyer à Paris, de savoir si vraiment les griefs étaient tels entre les deux nations que, pour les laver, il fallût qu'on exterminât l'une ou l'autre.

Il n'y avait rien à gagner avec des gens qui n'étaient plus à eux, qui voyaient l'enfer tout ouvert de l'autre côté du détroit, l'enfer des Jacobins, comme on disait : *les sabbats jacobites*, qui croyaient, à chaque marée, voir débarquer enfer, diables et sabbats. Bien plus, ils se tâtaient eux-mêmes, se faisaient une horrible peur de la contagion des petits clubs à la française qui se formaient dans Londres. Ils tremblaient de se sentir pris par l'épidémie, et volontiers auraient pratiqué sur eux des exorcismes et des fumigations, comme plus tard faisait Souwarow pour chasser le diable du corps de ses prisonniers jacobins.

Un mot surtout, un mot les avait saisis de terreur, fait sortir de toutes leurs hypocrisies libérales, fait jaillir d'eux leur vraie nature et le fond de leur être (*l'aristocratie*). C'est le mot que Grégoire, comme président de la Convention, avait adressé en réponse aux félicitations d'une société anglaise : « Estimables républicains, la royauté se meurt sur les décombres féodaux; un feu dévorant va les faire disparaître; ce feu, c'est *la Déclaration des droits de l'homme!* »

Ce mot : *les Droits de l'homme*, faisait évanouir la vieille Angleterre, avec ses belles fictions, les fameux romans des Blackstone, le vieux masque. Et la vieille restait devant l'Europe, sous sa face : *l'aristocratie*.

Un seul homme, Sieyès, avait compris ceci, l'avait dit en 1789 : « Nulle ressemblance entre la France et l'Angleterre; rien à attendre d'elle. »

On ne tint aucun compte de ces mots du profond penseur, ni de ses développements admirables. La France fit *à sa sœur aînée en liberté* les plus tendres avances, imprudentes, insensées. Des journalistes, à moitié fous, allaient jusqu'à vouloir faire roi de France un Anglais! le duc d'York! d'autres, un demi-Anglais, le duc de Brunswick! La sage et politique Madame de Staël aurait, dit-on, penché pour celui-ci. Le ministère Staël-Narbonne avait envoyé près de Pitt *un homme sûr*, Talleyrand, qui, tout d'abord, mena trois intrigues de front; outre la négociation patente, il en fit une souterraine, révolutionnaire, avec les Whigs anglais; et en même temps, pour garder une porte de derrière, il espionnait pour Louis XVI.

Talleyrand admis près de Pitt, le renard près du dogue, pour ses gracieux tours de flatteries, n'en avait rien tiré, ni l'alliance *défensive* qu'il demanda d'abord, ni la *médiation* qu'il sollicita (avril 1792), lorsque la guerre fut déclarée. L'Angleterre craignait tant de donner avantage à la Russie et à la Prusse que d'abord elle *se dit neutre*, refusa son aide à la Prusse, comme on a vu, la laissa là embourbée en Champagne, sans lui donner la main (septembre 1792). Et quand la Prusse eut fait volte-face vers l'Orient, envahi la Pologne, ce fut alors l'Angleterre tremblante et repentante, sous le coup de Jemmapes, qui pria l'Autriche et la Prusse de ne pas laisser sans défense sa chère Hollande, qui était elle-même, les ports de la Hollande et la mer de Belgique, ce court chemin d'Anvers à Londres.

L'Angleterre, « ce champion, ce chevalier des libertés du monde », pour dire comme Madame de Staël, appuyée sur ses flottes et sur ses ballots de coton, regardait sur le continent avec quoi elle combattrait, où elle trouverait l'épée et le poignard. L'épée, ce fut l'Allemagne, pauvre et militaire, tendant toujours la main à l'or anglais. Le poignard fut le vieux catholicisme, prêtres et moines, arme rouillée, mais excellente pour frapper par derrière. Les Anglais, pour s'en préserver, ont fait plusieurs révolutions; ils les pendaient chez eux et les voulaient chez nous.

Les îles anglaises de Jersey et Guernesey, placées comme une épine au fond des baies françaises, étaient peuplées de prêtres bretons, angevins, vendéens; c'était tout à la fois un concile et un quartier général; les Anglais avaient sous la main le vrai centre de la conspiration royaliste. De là ils amusaient, animaient la crédulité des Bretons. De là ceux-ci attendaient toujours la flotte anglaise; elle ne partait pas, mais « elle allait partir ».

La Belgique, au moment même où nous la délivrâmes, au moment où pour elle nous rompîmes avec l'Angleterre, devint, contre nous, un foyer d'intrigues fanatiques, une seconde Vendée, moins guerrière, mais tracassière et disputeuse, alléguant contre la liberté les droits de la liberté même.

Distinguons toutefois; n'accusons pas en masse ce peuple frère, où la France eut tant de vrais amis.

Quels étaient les vrais Belges? Ceux qui voulaient la vie de la Belgique, qu'elle respirât librement, par l'Escaut, par Ostende et la mer. C'est là la pierre de touche entre la vraie et la fausse Belgique. Ceux qui voulaient maintenir le pays étouffé et captif n'étaient pas les fils du pays.

Quels étaient les vrais Belges? Ceux qui voulaient la vie de la Belgique, la tirer des mains fainéantes des moines et la restituer aux mains industrieuses, artistes, qui firent sa gloire et la feraient encore.

Quels étaient les vrais Belges? Ceux qui abjuraient sincèrement, de cœur, le vieux péché des Pays-Bas, la tyrannie des villes, ceux qui voulaient la liberté aussi pour les campagnes, ceux qui ne mettaient pas la patrie dans la confrérie et la corporation.

Ce sont ceux-là qui appelaient la France.

Mais il se trouvait que ceux-là, justement parce qu'ils ne faisaient pas corps, n'étaient pas enrégimentés dans les confréries et les clientèles, étaient de beaucoup les plus faibles. Aux deux bouts du pays, à Liège et à Ostende, ils étaient tout le peuple ; dans toute province maritime, ils étaient en majorité. Mais, dans l'intérieur du pays, dans le Brabant surtout, ils n'étaient qu'une minorité très faible.

Nos Français entraient avec l'idée que les Belges, qui avaient déjà fait une révolution contre l'Autriche, étaient tous pour la liberté. Ils furent bien étonnés de tomber en plein Moyen-âge, de retrouver les moines, les capucins et autres telles espèces déjà presque oubliées en France, de voir les vieilles confréries sous leurs drapeaux gothiques, les vieilles bourgeoisies, ignorantes, bornées, ne connaissant que le clocher, encroûtées dans leurs préjugés et leurs habitudes, dans leurs estaminets, leur bière et leur sommeil ; une seule force dans tout le pays, un clergé ignorant et grossier, et néanmoins très intrigant. Ce clergé, dirigé en 1790 par son Van Eupen, employant assez adroitement un Van der Noot, bavard de carrefour, avait armé le peuple contre Joseph II, qui menaçait de supprimer les moines aux Pays-Bas, comme il faisait chez lui. Joseph s'était montré meilleur Belge que tous ses prédécesseurs ; il s'efforçait d'ouvrir l'Escaut. L'Europe entière fut contre lui. Il se rabattit alors d'Anvers sur Ostende, dont il voulait faire un grand port. Les provinces intérieures, le Brabant, Malines et Bruxelles, ne lui surent nul gré de cela. Ses essais de centralisation leur furent insupportables ;

divisés de tout temps, ils voulurent rester divisés. Ils suivirent donc leurs prêtres; ceux-ci, par un mensonge hardi, écrivirent *liberté* sur le drapeau du privilège.

Mais quand la liberté entra vraiment avec l'armée française, ils changèrent de style. Le premier de leurs journalistes, le Jésuite Feller, l'un des héros de leur révolution, démentant tout à coup ses mensonges, enseigna, imprima, sur le serment que demandait la France : « Mille morts, plutôt que de prêter ce serment exécrable! *Égalité!* réprouvée de Dieu, contraire à l'autorité légitime qu'il a établie. *Liberté!* autrement licence, libertinage, un monstre de désordre! *Souveraineté du peuple!* invention séduisante du prince des ténèbres! » Ce *credo* des Jésuites, colporté par les prêtres, adopté à l'aveugle de toute femme et presque de tout homme, fut si bien reçu à Bruxelles et autour que, dès novembre, une pétition à la Convention pour le maintien des privilèges fut signée de trente mille personnes. Le sens était ceci : « Nous eûmes toujours l'inégalité; nous la voulons toujours. »

Les élections furent dans ce sens. Les représentants provisoires de Bruxelles, à la vue d'un tel résultat, désespérèrent de leur pays : « Malheur à vous! dirent-ils dans leur adresse. Malheur à ceux qui vous trompèrent! Les cris de leurs arrière-petits-enfants maudiront un jour leur mémoire. »

Rien n'avait plus encouragé l'audace du parti rétrograde que la conduite douteuse de Dumouriez;

douteuse alors, mais aujourd'hui, sur son aveu, on peut la dire perfide. Ce chef de l'admirable armée qui venait de gagner la victoire de la foi et de l'enthousiasme, rêvait de la corrompre, de se l'approprier, d'en faire un instrument de ruse. Il la conduisait en Belgique, mais pour faire à la hâte une armée belge, qu'il eût associée, mêlée à la nôtre, pour neutraliser dans celle-ci l'élan républicain. Que ferait-il après? Il ne le savait trop lui-même. Tournerait-il cette armée combinée contre la France et la Révolution qui la lui avait mise en main? L'emploierait-il à fonder, à son profit, une domination indépendante? Ou bien, au lieu de trahir la France, serait-ce la Belgique qu'il tromperait, la rendant à l'Autriche pour acheter la paix? Cela était incertain encore. Tout ce qui était sûr, c'est que Dumouriez trahissait.

Il avait envoyé en avant deux agents, un révolutionnaire, un autre rétrograde. Le premier, l'aboyeur célèbre Saint-Huruge, le marquis *Fort-des-Halles*, qui avait brillé au 20 juin et ailleurs, devait plaire à un peuple qui avait tant goûté les aboiements de Van der Noot. Le second avait la mission secrète d'aller trouver l'Autrichien Metternich, de lui dire que le général ne conquérait que pour traiter, ne prenait que pour rendre, qu'il le priait de laisser quelqu'un à Bruxelles avec qui l'on pût négocier.

Il arrive à Bruxelles, on lui offre les clés : « Gardez-les vous-mêmes, dit-il. *Ne souffrez plus d'étrangers chez vous...* » Ainsi, la question de savoir si ce pays hétérogène[1], qui ne put jamais s'unir ni se défendre, pouvait former un peuple, subsister par lui-même, le général français la tranchait contre sa patrie. Question trop claire et, de longue date, résolue par l'expérience. Si ce pays n'est France, c'est la porte pour entrer en France, la porte que l'ennemi tient ouverte, et le chemin de ses armées.

Les Belges s'aperçurent bien vite que cet ambitieux, sans nulle racine ici, ennemi de la Révolution, cherchait un point d'appui chez eux, qu'il avait besoin d'eux. Du premier coup, pour subsister, au lieu de demander des secours et des vivres à la reconnaissance du pays affranchi, il s'adresse aux capitalistes belges, aux fournisseurs belges, demande un emprunt au clergé belge. Par cet emprunt, il tranchait encore avec un audacieux machiavélisme la question capitale de la Révolution. Elle ne pouvait s'établir en Belgique qu'en se conciliant le peuple par des suppressions d'impôts. Mais ces suppressions, elles étaient dérisoires, impossibles, si on ne les rendait possibles

---

1. La Belgique est une invention anglaise. Il n'y a jamais eu de Belgique et il n'y en aura jamais. Il y a eu et il y aura toujours des *Pays-Bas*. Et ces pays resteront toujours au pluriel. En vain on a créé un peuple de fonctionnaires, pour crier de minute en minute : *Notre nationalité!* — L'Alsace, une petite bande de terre, est devenue grande, héroïque, moralement féconde, depuis qu'elle est unie à la France. La France lui a fait large part, et plus large part qu'à ses premiers enfants. La Belgique, incomparablement plus grande et plus importante, est et sera stérile tant qu'elle ne sera pas avec nous.

Je ne suis pas suspect. J'aime ces pays, d'amour; la cordialité de ce peuple va à mon cœur. J'y ai été dix fois et veux toujours y retourner. Ma mère était de la Meuse, de l'extrême frontière. J'ai consacré à leur histoire bien des années de ma vie.

par la vente des biens ecclésiastiques. Traiter avec le clergé, c'était le reconnaître et le garantir comme propriétaire ; c'était lui promettre implicitement qu'on ne toucherait point aux abus, c'était couper d'avance la racine même de la Révolution, au moment où on la plantait.

Dumouriez eut beau faire, il n'obtint pas la confiance en Belgique, et il la perdit en France.

Il pria la Belgique de devenir un peuple. Mais ce monstre à cent têtes ne put même comprendre ; les cent têtes entendirent tout diversement et tout de travers. Le monstre resta et voulut rester monstre.

Dumouriez les pria de lever une armée nationale pour balancer la nôtre. Chaque ville eut sa troupe ; il n'y eut point d'armée.

Il leur fallait aussi, pour obtenir quelque unité, une organisation judiciaire analogue, harmonique. Chaque ville garda ses tribunaux, sans relations et sans hiérarchie.

Dumouriez les pressait de faire une Convention belge, contre la Convention française. Bruxelles, en attendant, et dans les cas d'urgence, donnait les décisions de ses représentants pour celles du pays. Toutes les villes furent contre Bruxelles. On indiqua pour centre de réunion Alost, et les élections commencèrent, toutes détestables et rétrogrades. Le premier usage qu'ils faisaient de la liberté reconquise était de tuer la liberté.

Il n'y eut jamais exemple d'un tel aveuglement. Ce peuple, à qui la France apportait pour premier bienfait l'exemption absolue d'impôt pour les classes pauvres, désira rester pauvre et que son clergé fût riche, rester maigre pour engraisser ses prêtres. Il vota contre sa liberté, contre sa subsistance et son pain, que la France lui mettait à la bouche.

La population fanatique, qui, en octobre, priait à Sainte-Gudule et faisait à genoux le chemin du Saint-Sacrement « pour l'anéantissement de la maison d'Autriche », dès la fin de novembre, elle priait contre la France, hurlait autour du club et menaçait de mort les patriotes belges. Dumouriez s'épuisait à tâcher de leur faire comprendre leur intérêt réel. Il y eut, le 27, une première tentative de soulèvement contre lui. On sentait bien qu'il hésiterait à employer la force. Il essaya les remontrances paternelles et fut indignement sifflé.

Les fourbes qui menaient ces populations aveugles et ne voulaient rien autre chose que les ramener au joug ne manquaient pas, dans leurs pamphlets, d'attester la souveraineté du peuple. « *Le peuple belge* n'est-il pas souverain, un souverain indépendant et libre?» — Ils réclamaient pour lui la liberté du suicide.

Le Peuple? Mais à quoi reconnaître qu'il y eût un peuple, lorsque ces confus assemblages de villes, qui n'ont même jamais pu sérieusement se grouper en province, n'en venaient pas à donner le moindre signe d'union, au moins fédérative? La trahison du général français était pour eux une occasion unique, inespérée, de se coaliser, et ils n'en pouvaient profiter.

Les vieilles haines, l'esprit d'isolement, aussi fort en 1792 qu'ils furent aux quinzième et seizième siècles, les ramenaient sous l'Autriche, comme ils les mirent alors sous la maison de Bourgogne, puis sous les Espagnols.

Comment tout cela était-il envisagé de la France ? Avait-elle impatience de profiter de cette impuissance radicale de la Belgique ? Rien de plus curieux à observer. Rien n'honore plus la France, la mémoire de nos pères, leur désintéressement, leur attachement aux principes, l'innocence, disons-le, la pureté de la Révolution.

Suivons attentivement la variation de nos hommes d'État, leurs scrupules. Il est évident qu'ils n'avaient rien de prémédité, rien de systématique.

Au premier moment, le cœur leur bat, on le voit bien. Ils voient la France déborder sur l'Europe et s'enivrent de sa grandeur. Au moment de Jemmapes, au moment de la réunion volontaire de la Savoie, Brissot écrit à Dumouriez ces paroles émues : « Ah ! mon cher, qu'est-ce que Richelieu, qu'est-ce qu'Albéroni, leurs projets tant vantés, comparés à ces soulèvements du globe que nous sommes appelés à faire !... Ne nous occupons plus d'alliance avec l'Angleterre ou la Prusse : *Novus rerum nascitur ordo*. Que rien ne nous arrête... Ce fantôme de l'illuminisme (la Prusse) ne sera pas pour vous le *Sta, sol*... La Révolution de Hollande n'en sera pas arrêtée. Une opinion se répand ici : « La République ne doit « avoir de bornes que le Rhin. »

Cette opinion n'était nullement générale. Le premier mouvement fut de joie désintéressée. Plus tard même, plusieurs des Girondins, soit par crainte d'alarmer l'Europe, soit par respect du principe de la souveraineté des peuples, appuyant les plaintes des Belges, celles de Dumouriez, travaillent maladroitement à soutenir contre la France ce fantôme de peuple, dangereux instrument de la coalition et de la tyrannie sous le masque de la liberté.

Deux hommes ne s'y trompèrent pas et montrèrent dans cette grande affaire une remarquable fermeté de caractère et de bon sens; contre l'avis de leurs amis, ils travaillèrent à la réunion de la Belgique.

Danton, qui semblait jusque-là intimement lié à Dumouriez, s'en sépara sur cette question, se fit envoyer en Belgique, essaya de le convertir à l'idée de réunion et y travailla malgré lui.

Cambon, qui à ce moment semblait se rapprocher des Girondins, ne ménagea pas, comme eux, Dumouriez; il fit casser ses marchés, annuler ses emprunts; il déjoua ses dangereux projets.

Dumouriez, comme le cardinal de Retz, avait appris dans la vie de César que rien n'est plus utile au politique *que de devoir beaucoup,* d'avoir nombre de créanciers liés à sa fortune. Et il avait vigoureusement appliqué l'axiome, prenant pour créanciers non seulement les banquiers belges, mais le grand propriétaire du pays, le clergé. Il en tirait, sans garantie de la Convention, sur la seule garantie du nom de Dumouriez, la somme énorme de cent millions de francs. Qu'on juge si ce corps était engagé à le soutenir, n'ayant de gage que sa parole, de sûreté que la continuation de son autorité en Belgique. Dumouriez en était déjà à traiter de haut avec la France; il lui offrait l'aumône de deux ou trois millions, pourvu qu'on lui laissât le reste, pourvu qu'on respectât ses respectables créanciers, le clergé et la banque, la féodalité, tous les abus de la Belgique.

Avec tout son esprit, il ne connaissait nullement l'âpre génie de la Révolution. Il vint se briser contre. Il n'en savait pas le mystère moral et financier.

Quand Dumouriez partit pour la Belgique, il écrivit un mot qui séduisit à la grande entreprise Cambon et tout esprit sincèrement révolutionnaire : « Je me charge de faire passer vos assignats. »

Ce mot disait beaucoup. La révolution des idées était, en même temps et essentiellement, une révolution d'intérêts, une grande mutation de la propriété, dont l'assignat était le signe. Signe nullement vain, à cette époque, puisque l'on pouvait à l'instant échanger ce papier contre du bon bien très solide, que vendait la nation.

Quiconque recevait un assignat faisait acte de foi; c'était comme s'il eût dit : « Je crois à la Révolution. » Et quiconque achetait du bien national disait en quelque sorte : « Je la crois durable, éternelle. »

La vieille religion de la terre, la dévotion sincère

qu'eut toujours pour elle le paysan de France se confondait ici avec la foi révolutionnaire. L'assignat en était l'hostie.

Le centre de cette religion était en face de la place Vendôme, dans l'ancien jardin des Capucines, précisément où fut plus tard le Timbre, rue de la Paix. Deux canons chargés à mitraille, qui gardaient la porte du couvent, avertissaient les passants du sérieux mystère qu'on faisait au dedans, et qui n'était pas moins que le salut public. Une vaste et forte armoire de fer, d'une serrure savante, indéchiffrable, inouvrable aux profanes, enfermait le trésor, la châsse et les reliques, je veux dire d'abord la constitution sacro-sainte, les minutes des lois, — de plus les vénérables matrices des planches aux assignats, — le précieux papier enfin qui avait la merveilleuse vertu de se faire or. Tout cela, non pas dirigé, mais surveillé de près, jour par jour, par Cambon. C'était l'inflexible et sauvage pontife du symbole national.

D'autant plus âpre et plus sauvage que personne plus que lui n'en prit la responsabilité. Cambon crut à la vente et crut au signe de la vente, et que ce signe équivaudrait à l'or, et que la France se trouverait, de ce signe, plus riche que le monde, qu'elle vaincrait le monde à force d'assignats. Nul plus que lui ne contribua à décider la guerre, le 20 avril 1792, quand il répondit à celui qui faisait craindre des embarras : « L'argent, Monsieur, nous en avons plus que tous les rois de l'Europe! »

Nous en avons! Foi vraiment admirable. Nous en ferons, aurait été mieux dit.

Chose étrange! presque au même moment, M. Pitt disait au Parlement : « Plus on doit et plus on est riche. » Et il accumulait, en preuve, des chiffres absurdes et qui ne prouvaient rien. Le Parlement, plein de foi, parut dire, comme saint Augustin, *Credo, quia absurdum*.

La France et l'Angleterre, à leur entrée au grand duel, s'y lancent par un acte de foi.

Cambon, pour gage du papier, montrait, il est vrai, de la terre. Mais cette immensité de terre pouvait-elle être sur-le-champ achetée?

Pitt, pour gage, ne montrait rien du tout. Le gage, qui n'était pas encore, c'était la force énorme de production industrielle et de richesse que deux hommes allaient découvrir, Arkwright et Watt. Tout se trouvait hypothéqué sur l'avenir et l'invisible, sur l'air et la vapeur. Elle allait donner un corps aux absurdités de Pitt.

Cambon croyait fortement, il en avait besoin. Sa foi robuste était mise à l'épreuve, de moment en en moment, par les vides, les creux, les abîmes qui se faisaient sous lui. Il les comblait, de toute chose, toujours pour un moment; l'implacable abîme restait béant et demandait toujours.

On en mesurait difficilement la profondeur dès 1792. Et lorsqu'il fallut sérieusement organiser une armée, non pas sur le papier comme avait fait Narbonne, mais en réalité, ce fut comme un nouveau gouffre. Bien plus, une autre armée, tout autrement nombreuse, surgit du sol, qu'il fallait payer, la foule innombrable des gardes nationaux qui, de toutes parts, marchaient à la frontière. La nation ne leur donnait que quinze sols par jour; à eux de se nourrir ainsi qu'ils l'entendaient. Quinze sols! le paysan trouvait la journée assez belle, quand il ne s'agissait que de marcher, chanter, rire et se battre. Ils venaient par cent mille; les payeurs aux abois auraient voulu trouver des moyens pour les arrêter. Mais plus on en payait, et plus il en venait. Phénomène terrible! Ces agents, effrayés, voyaient chaque matin le vide de leurs caisses qui s'approfondissait, et en même temps une légion nouvelle, la nuit, avait poussé de terre, gaie, vaillante, affamée, qui arrivait, riant de ses dents blanches, demandant l'ennemi et le pain de la République.

Ces caissiers du néant, assiégés dans leurs bureaux par des foules militaires, menacés, serrés à la gorge, criaient tous à Paris. L'embarras, les clameurs de ces désespérés, tout venait retentir au même point. Ce mouvement immense, plein de vertige, cette terrible abondance d'hommes, cette terrible pénurie d'argent, cette tempête d'armes, d'assignats et de chiffres, le tout d'un tourbillon, venait frapper ici.

Les anciens commis des finances, gens de capacité pour des temps ordinaires, étaient insuffisants pour une telle crise. Ils restaient muets et tremblants.

Les financiers, banquiers, etc., bande très bien dressée (et bien d'accord pour des oiseaux de proie), se tenaient de côté, dans l'espoir que, le chaos s'embrouillant de plus en plus, ils pourraient avancer pour mordre.

Un homme seul, Cambon, eut courage dans cette situation. Président du comité des finances et son invariable directeur, il s'y établit, s'empara du chaos, en débrouilla les éléments dans la lutte la plus obstinée et en tira l'ordre nouveau. Intrépide maçon, prenant de toutes parts des ruines et des débris, il en a bâti le *Grand-Livre*.

Si l'on est curieux de connaître quelle fut la forte et rude tête où se passa toute la révolution des chiffres, où le *Doit et Avoir* se livrèrent tant de guerres, il faut voir le portrait de David.

Le redoutable personnage, en qui fut l'âme de Colbert sous les formes de la Terreur, ne paraît nullement, comme Colbert dans ses portraits, sombre, affaissé et triste. Tout à l'envers du ministre de Louis XIV, qui disait en mourant : « On ne peut plus aller », le visage de Cambon semble porter écrit un vigoureux entrain, un invincible *Ça ira!*

Trente et quelques années, fortement coloré, amer, pur et sauvage, tel est l'homme. L'air avisé, mais franc, est d'un rude marchand de province, de forte race de paysan. La tradition sévère du Languedoc, dont les États enseignèrent à la France la comptabilité, semble visible ici. On sent parfaitement que les fournisseurs de la République devaient être mal à l'aise sous un pareil regard, et sentir devant un tel homme que leur tête tenait faiblement.

La force, la vie chaude de la France nouvelle est dans ce teint puissamment animé; et en même temps il est d'une transparence, d'une pureté, on peut dire, redoutables : on sent trop que celui-là ne pardonnera guère, qui n'a rien à se pardonner.

Cet homme fut rapace, avide, avare, il faut l'avouer, mais pour la République. J'ai dans les mains le compte exact de sa fortune avant et après la Révolution, son budget vénérable. Dans cet acte, fait par lui en sortant des affaires, il constate qu'il y est entré avec six mille francs de rentes et qu'il en sort avec trois mille. Rentré chez lui, près Montpellier, il administra ses finances aussi sévèrement qu'il avait fait pour celles de la France. Par une économie très stricte et très serrée, sans autre moyen qu'une petite ferme dont il faisait vendre le lait, il parvint en vingt ans à refaire les six mille francs de rentes qu'il tenait de son père. Ce qui surprit le plus, c'est qu'en 1815, exilé à Bruxelles avec tant d'autres conventionnels, Cambon mit en commun son petit revenu, nourrit tel et tel de ses compagnons d'infortune. On sut alors que cet homme, économe entre tous, n'en était pas moins magnanime.

« Je lui ai dû cent fois la vie », dit M. le duc de Gaëte, alors commis des finances. Il en sauva bien d'autres; quarante en une fois, les quarante receveurs généraux, qui, par une méprise, allaient périr sans lui.

Au moment où nous sommes parvenus, en 1792,

en présence des embarras infinis de la circonstance, Cambon, obligé d'y faire face par des ventes rapides, semble le grand huissier de la Révolution. Il vend, reçoit, absorbe, occupé jour et nuit de garder et d'emplir l'armoire de fer, qui ne s'emplit jamais. Couché dessus, le dogue manifeste, par de sourds grondements, la faim, la soif du fisc. La Convention, de moment en moment, lui jette à ronger un décret. Dans la terreur universelle, en plein 1793, tout comme auparavant, il est lui-même un objet de terreur. Rarement on ose lui lancer quelque attaque oblique et timide, jamais impunément. Il mord une fois Brissot, l'autre fois Robespierre. Qui est mordu en meurt. Lui, on ne peut l'atteindre; il représente la chose que tous craignent et qui ne craint rien; quelle? La nécessité.

Les quinze cents millions de biens vendus en 1791 semblèrent n'avoir fait qu'augmenter cette faim. Cinq cents millions furent arrachés de plus dans les premiers mois de 1792, et Cambon avait toujours faim. Il insista alors pour qu'on vendît la partie des biens ecclésiastiques réservés jusque-là, les édifices mêmes, les églises et couvents. Proposition audacieuse; nous en verrons les résultats.

La difficulté était plus grande encore d'amener nos assemblées à vendre les biens des émigrés. La Législative avait témoigné une horreur véritable pour la confiscation. La Convention ferait-elle de même?... Au moment de l'invasion, les émigrés entrant en armes, Cambon ne manqua pas son coup. Une députation d'un village des Ardennes vint à la barre pleurer la dévastation de ses champs, ses maisons saccagées, ses granges incendiées. La Convention décréta un petit secours de cinquante mille francs à prendre sur les biens des émigrés. Quoi de plus juste que d'indemniser les victimes de la guerre aux dépens de l'ennemi?... C'est ce qu'attendait Cambon. Il entra par ce petit trou dans la riche et immense proie des biens de l'émigration, valant quatre milliards. Le jour même, il fit décréter que, dans les vingt-quatre heures, les banquiers, notaires et autres dépositaires de fonds d'émigrés déclareraient ces fonds, et vingt-quatre heures après les verseraient aux caisses des districts.

Sur ce point et sur d'autres, Cambon rencontrait pour obstacles les scrupules d'une partie du côté droit, du centre. On a vu, en octobre 1791, l'hésitation de la Législative sur la question des biens des émigrés. Les prendre, c'était violer la Constitution, qui supprimait la confiscation. Les respecter, c'était laisser aux ennemis armés, à ceux qui amenaient les armées étrangères, toute la force morale qui s'attache aux grandes fortunes. Beaucoup d'émigrés, quoi qu'on fît, trouvaient moyen d'en tirer encore des ressources; les intendants et gens d'affaires, dans la prévision de leur retour, continuaient de leur envoyer les fruits de bien des choses qui n'étaient pas sous le séquestre. Rien n'était gagné contre l'émigration, tant que ses biens n'étaient pas vendus, et surtout vendus par parcelles, divisés entre une foule d'acquéreurs et sous-acquéreurs, mis en poudre impalpable, défigurés ainsi et dénaturés à ne les reconnaître jamais, passés au grand creuset de la Révolution, infusés, sous forme nouvelle, à la vie générale.

La Gironde, en grande partie (et Condorcet en tête), hésitait ici, reculait. Ils voulaient la Révolution, moins la Révolution. Ils voulaient la guerre, moins les moyens de la guerre.

Cambon était contre eux.

Et, d'autre part, Cambon avait mis contre lui une bonne partie de la Montagne, par son inflexible dureté à exiger les comptes de la Commune de Paris.

Robespierre spécialement le haïssait, mais pour d'autres motifs. Il le haïssait comme tout ce qui avait autorité dans la Convention, et aussi par antipathie de nature. L'homme de paroles et de discours, incapable d'affaires (hors la tactique des clubs), enviait, détestait le grand homme d'affaires. Il n'osait l'attaquer, mais, indirectement, il le minait dans ses journaux. Vers la fin de novembre il osa davantage : il lança contre lui, comme on verra, une force révolutionnaire toute neuve, le violent Saint-Just, qui débuta ainsi dans la Convention.

Entre l'indécision de la Gironde, qui ne l'appuyait point, et la malveillance d'une si importante partie de la Montagne, Cambon alla droit son chemin, sans faire semblant de voir.

Il alla, les yeux toujours fixés au but, suivant, sans

dévier, la question dominante de la Révolution : *la vente des biens nationaux* (qui, distribuant la terre à tous, rendait la Révolution solide, irrévocable), et la mobilisation et *circulation de ces biens sous forme d'assignats*.

Nul ami pour Cambon que ceux qui veulent la vente et l'assignat.

L'invasion de la Belgique, du pays essentiellement aristocrate et prêtre, avait éveillé en lui un espoir infini. Cambon aimait l'argent en général, mais combien plus l'argent de prêtre! Ce qu'il haïssait le plus en ce monde, avec les fournisseurs, c'étaient les prêtres, les moines. Nul n'eut plus vive au cœur la vieille haine gauloise pour la gent des pieux fainéants. Tout cela irrité encore par une circonstance personnelle. Cambon, de Montpellier, avait émigré à Cholet, à la porte de la Vendée; il avait établi une fabrique dans cette ville florissante alors, dont l'affreuse guerre des prêtres fit bientôt un monceau de cendres. Là il avait vu de près l'intrigue de ceux-ci dans les campagnes contre la ville industrielle et révolutionnaire. Il leur gardait rancune. La Belgique lui venait à point pour payer la Vendée. C'était une fête pour lui de s'asseoir en esprit à ce gras banquet ecclésiastique, de manger à sa faim du bien de moines et de chanoines. Il aiguisait ses dents. Le tout vendu et circulant en monnaie d'assignats eût engagé à jamais la Belgique dans la cause révolutionnaire. Elle eût aidé la France, comme elle devait, dans la grande guerre de la liberté commune, et cependant se fût enrichie elle-même, les Belges achetant à bon compte et mettant en valeur ces biens inertes dans les mains du clergé.

Quand il apprit que Dumouriez, par un traité précipité avec le clergé belge, sans consulter personne, lui retirait sa proie, il entra dans la plus violente fureur. Il refusa les traites que l'audacieux général tirait sur le Trésor, fit casser ses marchés avec les fournisseurs, les fit arrêter, amener à la barre de la Convention, balayant, renversant tous les projets de Dumouriez, et brisant dans la main du traître la royauté financière qu'il prenait, en attendant l'autre.

Briser l'épée d'un général vainqueur, c'était une chose grave. Et cependant il le fallait. La rupture avec l'Angleterre allait rendre Dumouriez infiniment plus dangereux.

Où s'appuierait Cambon pour frapper ces coups vigoureux? Sur quels bancs de la Convention allait-il décidément s'asseoir? Sur ceux, évidemment, où il trouverait des ennemis de Dumouriez.

Les Girondins tardèrent, hésitèrent et furent peu d'accord.

Ils se montrèrent à l'égard de Cambon légers, ingrats; on le verra au livre suivant. Aidés par lui dans un cas décisif, ils ne le soutinrent ni dans sa guerre contre Dumouriez, ni contre les attaques de Robespierre et de Saint-Just. Ce fut une des causes de leur perte. Ils fixèrent Cambon à la gauche; et avec lui votèrent nombre d'hommes flottants, qui, sans intérêt de parti, ne voulaient rien que la Révolution et la voyaient embarquée tout entière dans la grosse question des biens nationaux, dans la lourde voiture que tirait l'homme aux assignats.

CHAPITRE VII

GRANDEUR ET DÉCADENCE DE LA GIRONDE
(OCTOBRE-NOVEMBRE 1792).

La Gironde très forte en octobre. — Pétion obtient l'unanimité de Paris, 15 octobre. — Danger de la Révolution, si elle enraye. — Les violents poussent au procès du roi. — La Commune lance une adresse contre la Convention, 19 octobre. — La violence de la Commune compromet la Montagne et la société des Jacobins. — Irritation muette de Sieyès et du centre. — La Convention frappe Danton et la Commune. — Division du parti girondin. — Une fraction de la Gironde (la fraction Roland) attaque Robespierre par Louvet, 29 octobre. — Les meneurs de la Commune, menacés, font amende honorable, 31 octobre. — Apologie de Robespierre aux Jacobins et à la Convention, 5 novembre. — Barère la sauve en l'insultant. — La Gironde perd son influence sur Paris. Elle ouvre le procès du roi, 7 novembre. — Danger de ce procès pour la France.

Une chose précipita la bataille intérieure de la Convention et de la Commune, qui devint celle de la France. Paris, que la Commune prétendait avoir pour elle, se déclara contre, de la manière la plus manifeste, la plus authentique. Le premier usage libre que Paris put faire de sa volonté, ce fut de démentir par un choix significatif tout ce qu'on disait en son nom. Les violents, ainsi démasqués et voyant avec terreur leur petit nombre révélé par le résultat du scrutin, n'eurent de salut que dans l'audace, dans l'accélération du mouvement révolutionnaire.

L'événement qui changeait ainsi la face des choses fut l'élection de Pétion (qui quittait la présidence de la Convention) à la mairie de Paris (15 octobre). Il eut l'unanimité, on peut le dire sans se tromper de beaucoup. Sur quinze mille votants, il en eut quatorze mille. Et sur le millier de voix qui restaient, les candidats de la Commune, tous ensemble, n'eurent pas cinq cents votes.

Paris s'était ainsi justifié devant la France et l'Europe. Il avait manifesté son horreur pour septembre, son estime pour la modération et la probité.

Si pourtant la Révolution devait désormais s'appuyer sur la probité inerte et la modération impuissante, il était vraiment à craindre qu'elle ne gagnât l'espèce de paralysie dont semblait atteinte cette idole populaire. Pétion, infiniment propre à remplir un fauteuil quelconque, le siège de président de l'Assemblée ou le trône de l'Hôtel de Ville, *le roi Pétion*, comme on l'appelait, était doué de cette qualité, qu'on recherche surtout dans un roi constitutionnel, l'incapacité absolue d'agir, d'avoir un mouvement propre. Pour les fonctions végétatives que la constitution anglaise demande à son roi, ou Sieyès à son *grand électeur*, Pétion était précieux. Il suffisait comme symbole, comme drapeau, comme fiction. Mais le temps impitoyable proscrivait la fiction. Il fallait des réalités, il fallait un homme d'action, d'actes rapides, dans la terrible crise où la France était engagée.

En ce sens, le choix de Pétion (bon, honorable en lui-même) devenait alarmant. C'était en quelque sorte une déclaration d'inertie. La grande majorité non seulement des bourgeois, mais du peuple, se composait d'honnêtes gens, déjà extrêmement fatigués de la Révolution et qui ne voulaient plus rien faire, ni pour avancer ni pour reculer. Nommant Pétion, ils comptaient qu'entre des mains si pacifiques elle ne remuerait plus guère.

Dans ce calcul, ils se trompaient. N'avançant plus, elle aurait infailliblement reculé. Elle eût retombé en arrière, rétrogradé promptement de Pétion à Bailly, aux hommes de 1789, qui n'auraient pas un moment arrêté la réaction. Celle-ci, dans sa pente effroyable, nous eût fait rouler au gouffre de l'Ancien-Régime, au triomphe des émigrés, au triomphe des étrangers, aux misères de l'invasion. Car ce n'était pas à 1788 seulement qu'on eût retombé, mais, de plus, à 1815, — un 1815, moins la Révolution et l'Empire, moins la gloire, moins l'universalité des idées françaises en Europe, moins le respect des vainqueurs.

La Révolution existait, quoi qu'on fît, et c'était un être. Il fallait qu'il vécût, cet être, agît, combattît, avançât. Mille chances périlleuses étaient en avant. Mais un gouffre, visible, était en arrière. Reculer devant les dangers, c'était bien plus qu'un danger : c'était la ruine, la chute certaine, c'était s'asseoir dans l'abîme.

La Révolution devant vivre, il fallait qu'elle marchât, selon sa nature, agît en soi et hors de soi, par un même mouvement. Quelle nature? Nous l'avons dit : *la magnanimité dans la justice.* Quel mouvement? Une grande et immense dilatation de cœur, qui poussât l'humanité dans les voies du désintéressement héroïque, du dévouement sans bornes et du sacrifice infini.

Il fallait que ceux auxquels la Révolution demandait d'abord justice, les heureux du monde, ceux qui jusque-là, volontairement ou non, avaient profité des abus, répondissent : « Vous ne voulez que justice? Ce n'est pas assez. Nous, nous ferons davantage. » C'est la glorieuse réponse que firent plusieurs patriotes auxquels appartenaient telles des grandes fortunes de France. Il y eut des hommes admirables. Mais il n'y en eut pas assez. La plupart des riches, en 1793, firent leurs efforts pour descendre, ambitionnèrent l'égalité. Il fallait le faire en 1792, non pas suivre, mais devancer les vœux de la Révolution. Il ne s'agissait pas de prendre des sabots, de se faire grossier, de flatter lâchement le peuple, mais d'être de cœur plus peuple que lui, de marcher loin devant la loi, de sorte qu'elle eût eu beau avancer, s'efforcer et s'élargir, elle trouvât des cœurs plus vastes encore.

Et, la France adoptant la France, il fallait que de cette surabondance de sentiments généreux, il y en eût pour tous les hommes. La France devait largement se donner et se prodiguer. Malheur à elle si elle eût voulu n'être libre et juste que pour elle-même! Les dons de Dieu ne sont plus tels, si on les garde pour soi. Elle devait conquérir les peuples par cette tactique nouvelle, faire comme nos Français firent à Strasbourg pour les Allemands, comme ils firent encore jadis pour une place assiégée où l'on se mourait de faim; ils entrèrent l'épée à la main, le pain au bout de l'épée. Ainsi l'épée de la France devait offrir et donner le pain à toute la terre.

Voilà comment la Révolution devait avancer, au dedans et au dehors, par un mouvement rapide, mais vital et régulier. Son génie n'était nullement contemplatif. Lui mettre en tête l'inertie de Pétion ou la faconde sans actes des avocats girondins, c'était l'obliger de tomber dans la maladie contraire, la furie des mouvements désordonnés que trop souvent la Montagne prit pour l'action réelle et le progrès de la vie.

Ce mot profond du Moyen-âge, si vrai en morale, l'est en politique : « Le cœur de l'homme est une meule qui tourne toujours; si vous n'y mettez rien à moudre, il risque de se moudre lui-même. »

Il n'y avait pas un moment à perdre entre Valmy et Jemmapes; il fallait donner à la Révolution quelque chose à moudre, la faire travailler selon sa nature et dans son vrai sens.

La roue s'accrocha, le progrès tarda. Et alors la

Révolution se mit à se moudre elle-même. On y mit un pauvre aliment d'abord, la tête d'un roi, qui n'arrêta pas un moment; la roue alla se frottant et grinçant sur soi, broyant ses propres débris.

Cette fatale impulsion fut donnée avant la bataille de Jemmapes, avant les grandes lois révolutionnaires de la Convention, qui tranquillisèrent les peuples et leur garantirent pour toujours la victoire de l'égalité. Si la Révolution eût fait tout d'abord dans la voie sacrée ces pas sûrs et fermes, on ne l'aurait pas détournée aisément vers la dangereuse sottise de tuer un homme qui n'était plus roi, encore moins vers le crime impie d'employer la Convention à se tuer elle-même

La bataille fut gagnée le 6 novembre, et le 6 même eut lieu le premier rapport contre Louis XVI. Si elle eût été gagnée plus tôt, la pensée publique eût pris un tout autre cours. Ou le procès fût resté là ou il eût eu une issue moins sanglante. Ce fut avant la bataille, et très probablement dans les premiers jours d'octobre, que les sociétés jacobines des départements durent recevoir de Paris le mot d'ordre de la Montagne et de la Commune : « Nous sommes en minorité ; il faut agir et faire peur; mettre la Gironde en demeure de se perdre en sauvant le roi, ou de s'avilir en le condamnant, contre son sentiment connu... Demandons la mort du roi. »

La colère nationale, terrible en juin 1791, terrible en août 1792, s'était alanguie. Le mépris était venu. La nation ne demandait nullement la tête de Louis XVI. Un excellent observateur et très attentif, Dumouriez, qui se trouvait à Paris au milieu d'octobre, dit qu'à cette époque rien n'indiquait que le roi fût en péril. Il fallait beaucoup d'adresse et d'entente pour réveiller la passion. Les sociétés jacobines y furent admirables; elles fonctionnèrent avec une docilité, une vigueur qui eût excité l'envie des vieilles corporations sacerdotales et politiques du Moyen-âge.

Toutefois la chose n'eût point réussi, si l'on n'eût trouvé dans le peuple des éléments d'irritation. D'abord l'inquiétude extrême qu'il éprouvait naturellement, dans cette grande crise, dont Valmy n'avait donné qu'un répit momentané. La Révolution pouvait périr encore, périr au profit du roi : « Frappons-le d'abord lui-même; vengeons notre mort d'avance, et qu'il n'en profite pas. » Voilà ce qu'on disait au peuple. On le trouvait bien sombre; bien souffrant, bien irritable, à cette rude entrée d'hiver. Encore un hiver sans travail, un hiver de faim; hélas! c'était le quatrième depuis 1789, et, par un progrès naturel, effroyablement plus dur; car enfin les ressources s'épuisent, les secours disparaissent à la longue, la charité va tarissant; les riches eux-mêmes se croient pauvres... « Quelle cause première de tant de maux? dites-nous? N'est-ce pas le roi? »

Pendant l'élection du maire, et vers le 10 octobre, un prétendu blessé du 10 août vient, le bras en écharpe et l'emplâtre sur l'œil, demander *que la Convention lui fasse justice* de son meurtrier. Un comité est chargé de faire un rapport sur l'affaire du roi.

Pétion fut élu maire le 15 octobre. Et le 16 une pétition des Jacobins d'Auxerre demanda, non le procès, mais nettement *la mort*. Cette pétition fut appuyée avec une extrême violence par un homme très sincère et d'aveugle élan, homme d'avant-garde, s'il en fut (il le montra dans la Vendée), le Montagnard Bourbotte, qui, vraisemblablement, était poussé sans le savoir. La commission chargée de l'examen des pièces dit qu'il fallait du temps encore.

Le 19, nouvelle machine. Une foudroyante adresse de la Commune est présentée à la Convention contre la Convention, contre les nouveaux rois qui demandent une garde.

Ainsi le parti violent masqua sa défaite électorale par un acte inattendu d'audace, commençant en quelque sorte le procès d'une assemblée souveraine, investie par la France des pouvoirs les plus absolus, d'une assemblée qui arrivait et qui n'avait rien fait encore.

Et, pour la perdre, on la plaçait tout d'abord non seulement sur le terrain de la garde départementale, mais sur le terrain plus scabreux de l'affaire du roi. Le débat allait se poser sur la tête de Louis XVI. Les hommes que la Convention accusait d'avoir versé le sang la sommaient d'en répandre et lui en faisaient un devoir. Cette assemblée, leur juge, ils la faisaient responsable elle-même, déjà presque accusée. Ils lui déféraient l'épreuve du sang, disaient : « Qui ne tue pas, trahit. »

Ce qu'il y avait d'énorme et vraiment étonnant dans l'adresse de la Commune sur la garde départementale, c'est que, parlant de haut à la Convention et se disant *le Souverain* (le Peuple), la Commune contestait à l'Assemblée le droit de faire des lois.

La Convention, investie de pouvoirs illimités, avait promis pourtant, dans sa modestie généreuse, de soumettre la Constitution à la sanction des assemblées primaires. Eh bien, cette générosité, on la tournait contre elle. On lui soutenait que ce décret de police et de sûreté *était un décret constitutionnel,* qui devait, comme tout le reste de la Constitution, attendre la sanction du peuple. La Commune ne reconnaissait pas à la Convention le droit de faire des lois, même provisoires, de simples décrets d'urgence. En suivant ce principe, jusqu'à l'époque lointaine d'une sanction générale de la constitution, la France serait restée sans loi.

Si l'adresse n'était pas un acte de démence, c'était un appel à l'insurrection contre la nouvelle assemblée, sortie à peine de l'élection et qui arrivait avec la force de la France. C'était un défi qui lui était porté, non par Paris, mais par quelques centaines d'hommes que Paris, d'un vote unanime, venait de repousser. Ces hommes, dans treize sections, avaient, contre un décret précis de la Convention, exigé qu'on votât à haute voix, et ils n'en avaient pas moins été repoussés. Une seule section, sur quarante-huit, les avait suivis jusqu'au bout, et décidé que, si la Convention exigeait le scrutin secret, *elle marcherait en armes sur la Convention.*

Ces folles démarches, on peut le croire, n'avaient été nullement conseillées par les chefs politiques de la Montagne. Ils virent avec chagrin, sans nul doute, que l'imprudente adresse du 19 avait produit contre eux l'unanimité de l'Assemblée.

Les petits jeunes gens qui menaient la Commune (Tallien, Chaumette, Hébert, etc.) entraînaient la Montagne et ses chefs sur une pente rapide qui aurait annulé ceux-ci dans la Convention, ne leur aurait laissé de force que l'émeute, d'autre champ que la rue, de sorte que Robespierre et Danton seraient devenus les seconds et les subalternes d'Hébert et de Chaumette.

Robespierre était sur une ligne fort difficile. On lui attribuait tout ce qui se faisait à l'Hôtel de Ville, et il n'osait dire non. Les meneurs de la Commune le mettaient toujours devant eux, le poussaient comme drapeau. Ils le connaissaient à merveille et savaient que, pour conserver cette position de haute autorité morale et de chef apparent, il louerait leurs actes les plus insensés. Leur folle adresse du 19, que ni Robespierre ni personne n'avait osé appuyer d'un seul mot dans la Convention, ils décidèrent le soir, à la Commune, qu'on en enverrait un exemplaire à toutes les municipalités. La Convention casse leur décision. Et alors ils obtiennent de Robespierre qu'il vienne à leur secours, non dans la Convention, il n'eût osé; non même aux Jacobins, il n'eût osé; mais dans une assemblée obscure de son quartier, la section des Piques.

On le menait ainsi de proche en proche. On eût voulu obtenir de lui l'éloge de Marat. Il le fit, mais de manière à pouvoir le désavouer; il le fit par son frère, Robespierre jeune, aux Jacobins. On obtint davantage de Chabot; on obtint qu'il vînt dire que septembre était l'œuvre de Paris tout entier, que poursuivre septembre c'était faire le procès à la population parisienne. — Et alors, le chemin étant comme frayé, on fit apparaître à la tribune des Jacobins un quidam, se disant fédéré, prêt à partir pour la frontière, lequel dit avec impudence : « Moi, j'ai *travaillé* au 2 septembre; j'en puis parler... Soyez tranquilles, nous n'avons massacré que des conspirateurs, des faiseurs de faux assignats. »

Là, on avait passé le but, et c'était trop. On avait voulu diminuer l'horreur, on l'augmentait. L'effronté scélérat ne fut pas bien reçu. La société des Jacobins s'était piquée toujours d'une certaine décence; elle changeait alors, et néanmoins le cynisme du septembriseur étonna, produisit une sorte de stupeur. Un coup, on le sentait, venait d'être porté à la société. Elle se voyait entrer, qu'elle le voulût ou non, dans des voies de violence où les sociétés de province pourraient bien ne pas la suivre. Marseille avait déjà rompu avec elle; Bordeaux l'imita, comme on devait s'y attendre; d'autres villes suivirent, Lorient, Saint-Étienne, Agen, Montauban, Bayonne, Perpignan, Riom, Châlons, Valognes, etc., et ce qui était plus fort, Nantes et le Mans, nos avant-gardes républicaines contre la Bretagne et la Vendée.

Au sein de l'Assemblée, même débâcle. La Montagne, quoiqu'elle n'eût point appuyé la folle adresse de la Commune, se trouva avoir contre elle, dès ce moment, non plus les trente Girondins, non plus les cent du côté droit, mais plus de six cents membres, c'est-à-dire la Convention.

L'Assemblée, généralement inerte, envieuse de la Gironde, était lente à lui accorder des mesures énergiques. Elle comptait beaucoup de membres de la Constituante, de la Législative, devenus muets, d'autant plus aigris, qui se croyaient majeurs et trop âgés pour prendre pour tuteurs des avocats de vingt-cinq ans. Au fond même du centre (du ventre, comme on disait) se tenait, bien enveloppé d'ombre, de peur et de silence, dans ces masses compactes, le sournois, le tremblant Sieyès. Il résumait toute la timidité, l'envie haineuse de cette partie de l'Assemblée. Depuis qu'il était descendu de son grand piédestal de la Constituante, il fuyait la lumière, allait sous terre, de nuit. On l'appelait très bien *la taupe de la Révolution*. Jamais Sieyès ne dit un mot sans y être forcé. Il détestait les Girondins comme des étourdis qui se moquaient de ses systèmes. Toutefois, au commencement, les croyant forts, il eût été ravi d'écraser par eux la Montagne. Sieyès était très violent. Le bon abbé, lorsque les jeunes gens le pressaient, lui demandaient des recettes pratiques, répondait : « Le canon, la mort. » Voyant les Girondins scrupuleux, incertains, il les laissa là, applaudit ou vota la leur.

Au temps où nous parlons, Sieyès ne désespérait pas encore de la Gironde. Il allait vers le soir visiter les Roland, en était écouté. C'est lui peut-être qui les guida alors, leur prêta les lumières de sa haine de prêtre, de son expérience, et les fit agir plus adroitement qu'ils n'auraient fait. L'endroit faible fut marqué avec précision, pris à point, frappé juste, et de façon à blesser pour longtemps. On écarta le côté politique, on prit le côté financier, la responsabilité pécuniaire, la question d'argent.

La Convention tout entière (moins quelques obstinés de la Montagne) frappa la Commune, en décrétant qu'elle rendrait ses comptes *sous trois jours.*

Et elle frappa la Montagne elle-même, en ordonnant que le pouvoir exécutif (ceci touchait Danton) justifierait *dans vingt-quatre heures* de la manière dont il arrêtait ses comptes pour dépenses secrètes.

A frapper ce coup sur Danton, le serrer à la gorge pour un compte impossible, et faire descendre cette royale figure du génie de la République aux misères d'un débiteur sous la contrainte par corps, il y avait sans doute de l'adresse, — de l'habileté? Nullement.

Danton, compromis pour toujours, amoindri et neutralisé, à qui profitait-il, sinon à Robespierre?

La Montagne, la faction des violents, si naturellement forte en ce moment de violence, était faible en ceci, qu'elle était double et qu'elle avait deux chefs, entre lesquels elle se partageait. Pour la rendre forte, il fallait annuler l'un des deux. C'est le service que les Roland rendirent à leurs ennemis.

Danton une fois immobilisé, réduit à la défensive, ne portant plus le drapeau, mais s'abritant dessous, Robespierre le portait. Le chef moral des Jacobins devenait le chef politique de la Montagne aussi bien que de la Commune, et la Révolution dès lors allait, froide et terrible, derrière un raisonneur qui n'en représentait nullement les instincts magnanimes.

Robespierre, à vrai dire, avait avancé à force de ne rien faire. Ses adversaires ou ses rivaux, s'immolant les uns les autres, travaillaient pour lui et l'exhaussaient toujours. Pour lui, en 1791, les Lameth tuèrent Mirabeau. Pour lui, en 1792, les Girondins, aidés du centre, commencèrent à briser Danton.

Les Girondins pourtant n'étaient pas unanimes sur la tactique à suivre contre Danton et Robespierre. Leur homme de génie, Vergniaud, voulait qu'on respectât le génie de la Montagne, qu'on ménageât Danton. Brissot, tout ardent qu'il pût être à frapper moralement Robespierre, n'était nullement d'avis qu'on l'attaquât juridiquement, qu'on lui fît un procès en règle, dans lequel on échouerait. Rabaut-Saint-Étienne, l'illustre pasteur protestant (le fils du martyr des Cévennes), initié à la vie politique par la longue tradition des partis religieux, voyait aussi très bien qu'on n'attaque pas un ennemi si l'on n'est sûr de le perdre, ou si on l'attaque on se perd soi-même. Brissot, Rabaut, dans leurs journaux, désavouent assez clairement ces attaques imprudentes que les Roland firent malgré eux sans doute, et peut-être sans les consulter.

Madame Roland, il faut le dire, était arrivée, dans sa haine contre Danton et Robespierre, à un degré d'irritation qu'on s'étonne de trouver dans une âme si forte. Elle n'avait guère de vices que ceux de la vertu ; j'appelle surtout de ce nom la tendance qu'ont les âmes austères non seulement à condamner ceux qu'elles croient mauvais, mais à les haïr ; de plus, à diviser le monde exactement en deux, à croire tout le mal d'un côté et tout le bien de l'autre, à excommunier sans remède tout ce qui s'écarte de la précise ligne droite qu'elles se flattent de suivre seules. C'est ce qu'on avait vu au dix-septième siècle dans le très pur, très austère, très haineux parti janséniste. C'est ce qu'on voyait dans la vertueuse coterie de M. et Madame Roland. Celle-ci devenait d'autant plus âpre que, tenue par son sexe loin des assemblées, n'agissant qu'indirectement, ne pouvant selon son courage entrer dans la mêlée, elle ne calmait pas sa passion par le mouvement et la lassitude de la vie publique. Enfermée dans son temple, parmi ses amis à genoux, cette divinité, adorée par eux comme la vertu et la liberté même, dut contracter aussi quelque chose de leur vive et excessive sensibilité pour les brutalités de la presse. Dans une telle adoration, les injures semblaient des blasphèmes.

C'était la guerre des dieux. Il y en avait trois. Madame Roland était pour tout ce qui l'entourait l'objet d'un culte. Robespierre avait ses dévots, surtout ses dévotes. Danton était violemment aimé de ceux qui l'aimaient, avidement regardé, écouté et suivi, comme on fait pour une maîtresse ; c'était comme une religion de terreur et d'amour.

L'enthousiasme public, qui ne séparait pas Danton de Dumouriez dans l'heureuse délivrance du territoire, avait plu médiocrement à Madame Roland, déjà fort indignée du mot que le brutal avait lancé contre elle à la tribune. Combien plus irritée fut-elle de la fête que Julie Talma donna à Dumouriez, et où l'on vit Danton à côté de Vergniaud ! Elle ne fut pas loin d'excommunier celui-ci, de le rayer à jamais du nombre des élus. Le jour même ou le lendemain, le 14 octobre, elle écrit à Bancal, son très intime ami, ces aigres et dures paroles : « Ne craignez pas de dire à Vergniaud qu'il a beaucoup à faire pour se rétablir dans l'opinion, si tant est qu'il y tienne encore en honnête homme, ce dont je doute. »

Quant à Robespierre, elle le haïssait, mais nullement par antipathie naturelle. Deux fois elle avait essayé d'agir sur lui; deux fois, dans l'intérêt de la patrie (non autrement), elle lui avait fait des avances. Robespierre s'était toujours reculé, et très loin. Elle ignorait la prise si forte que les dames Duplay avaient sur lui. Robespierre, avec un sens parfait, qui, plus qu'aucune chose, prouve sa supériorité, avait évité les salons, craint la femme de lettres, la Julie pure et courageuse où toute la société bourgeoise reconnaissait l'idéal de Rousseau. Lui aussi, imitateur de Rousseau, son disciple servile littérairement et politiquement, il le suivit dans la vie privée avec intelligence et dans le vrai sens de son rôle ; il aima dans le peuple. S'il ne se fit pas menuisier, comme l'Émile de Rousseau, il aima la fille du menuisier. Ainsi sa vie fut une, et, tandis que bien d'autres accordaient difficilement leur cœur et leurs principes, lui il n'en fit aucune différence, n'enseigna pas seulement l'égalité par des paroles, mais la prêcha d'exemple. Nous reviendrons sur ce point important.

Madame Roland avait cru, non sans raison, que Robespierre avait le cœur sensible aux femmes, qu'il était susceptible d'un sentiment délicat, élevé, que la parole d'une femme, belle et vertueuse entre toutes, aurait force sur lui. Elle lui écrivit en 1791 d'une manière très prévenante. Il fut poli et froid. Nouvelle lettre en août 1792 : celle-ci ferme et sévère, où elle espère encore qu'il sera digne de lui, elle eût voulu, avant septembre, l'arracher de la fatale Commune. Nul effet, nulle réponse. Dès lors, ce fut la guerre.

On a vu sa faible apologie au 25 septembre ; depuis il se tenait tranquille et ne s'était pas relevé. En octobre, l'aveugle, l'imprudente attaque des

Roland le remit en évidence, le replaça en quelque sorte sur le piédestal. Et il n'en est plus descendu.

Les rôles furent divisés et le jour fixé au 29 octobre. Roland devait d'abord attaquer la Commune en général. Puis un ami des Roland, un jeune homme, plein d'élan, de feu, devait attaquer Robespierre et le prendre corps à corps.

Roland, dans un très beau rapport, fit un tableau pathétique et trop vrai de l'anarchie parisienne. Il signalait les abus d'autorité que se permettait la Commune. Tous les désordres inséparables de la situation, il les lui attribuait. L'homme le plus autorisé de la Commune, celui qui avait préconisé le plus haut son adresse menaçante contre la Convention, était Robespierre. Roland ne le nommait pas, mais c'était sur lui d'aplomb que tombait ce violent rapport.

Robespierre voulut parler. Mais l'Assemblée, très émue, s'obstina à ne pas l'entendre.

Alors monta à la tribune un jeune homme de petite taille, délicat et blond, qui déjà pourtant commençait à être chauve, les yeux bleus, la voix douce. Louvet (c'était lui, le célèbre romancier), avec cet extérieur féminin, n'en était pas moins ardent, courageux. Il l'avait prouvé à la section des Lombards, où il se mit en avant et montra beaucoup d'énergie dans les plus terribles jours.

Fils d'un bonnetier, commis de librairie, il avait dû à sa figure de jolie fille, qui favorisait l'équivoque, de faciles succès de libertinage près des femmes à la mode. Son roman, *Faublas,* sorti tout entier de la donnée du Chérubin de *Figaro*, n'était autre, disait-on, que l'histoire même de Louvet et la confidence de ses aventures qu'il avait faite au public. Quoi qu'il en fût, il s'était fort relevé par l'amour, par un amour pur, exalté; il avait oublié Faublas près de sa Lodoïska; il éprouvait le besoin d'être un homme, un citoyen; il s'était remis aux mains pures et sévères de Madame Roland qui lui faisait écrire, pour son mari, le journal *la Sentinelle.*

Malgré sa métamorphose, l'ardent et brillant écrivain n'en était pas moins resté léger, romanesque. Rien de plus loin de la gravité. Fût-il vraiment devenu grave, personne ne l'aurait cru. Sa voix, son ton, y répugnaient. Son jeune visage était de ceux qui ne peuvent pas vieillir; on le connaissait trop aussi; la fatale célébrité de son roman le poursuivait à la tribune; il lui semblait interdit de parler sérieusement. Un murmure s'élevait dès qu'il paraissait, un sourire, du côté de ses amis mêmes, et le petit mot : « C'est Faublas! »

Voilà l'homme à qui les Roland eurent l'incroyable imprudence de permettre le rôle d'accusateur de Robespierre.

En face de ce pâle visage, qui respirait l'autorité, où le plus sérieux effort, la concentration la plus soutenue, étaient exprimés, placer le blondin Louvet, le romancier, le conteur, l'homme aux paroles légères, homme? ou fille? On n'en savait rien... Un tel choix, véritablement, devait être celui d'une femme. En effet, Louvet appartenait aux Roland.

Rome, dont Madame Roland avait tant lu l'histoire, eût dû lui apprendre, à elle et à ses amis, l'importance de l'accusation, comme acte public. Les Romains savaient très bien qu'en ces choses l'effet décisif dépendait moins de l'éloquence que du caractère, de l'autorité de l'accusateur. Il fallait qu'avant de parler, lorsqu'il se présentait aux juges, sa gravité connue, visible en toute sa personne, en ses muets regards, accablât déjà l'accusé, que celui-ci, en présence du vénéré personnage qui le déférait à la justice, tînt pour un coup plus grave que tout arrêt des juges d'être accusé par la voix de Caton.

Ici, ce n'était pas Caton, c'était Louvet! Et l'adresse ne suppléa pas au défaut de la personne. Louvet fut vif et violent, éloquent parfois, toujours vague. Le grand complot qu'il accusait, il dit que les preuves en étaient dans les mains des comités; il ne les apporta pas. Tout ce qu'il articula nettement, c'est ce qu'on savait dès longtemps qu'au fatal jour du 2 septembre, quand les mots n'étaient plus des mots, mais des actes terribles, quand une parole faisait plus qu'un poignard, Robespierre avait, au sein de la Commune, désigné ses ennemis, les avait, autant qu'il était en lui, poignardés de sa parole.

Les avait-il nommés ou vaguement désignés, c'était toute la question. Le procès-verbal de la Commune (que nous avons sous les yeux) est bref ici, comme partout, il dit le discours en trois lignes; la Convention ne pouvait pas y trouver plus de lumière que nous n'en trouvons aujourd'hui. A en juger par tout ce que nous savons de Robespierre et de ses habitudes de calomnies vagues, il est infiniment probable qu'il ne nomma pas, et dès lors son discours ne fut autre peut-être que celui qu'on avait entendu cent fois : « Il y a un grand complot, on voudrait livrer la France », etc. Seulement ce bavardage, qui, dans les jours ordinaires, n'avait pas grande portée, pouvait, dans un pareil jour, en avoir une, et terrible.

Louvet n'avait rien appris à la Convention, rien donné que des allégations. Il ne recueillit rien que des applaudissements. Pas un homme important de la Gironde ne se leva pour l'appuyer. Si Brissot, Rabaut-Saint-Étienne, furent à la séance tels que je les vois le lendemain dans leurs journaux, leur froideur fut extrême, et la Convention put lire sur leur mine glacée la discorde intérieure du parti, le désaveu muet dont ils frappaient, dans cet enfant perdu, l'imprudence de ses graves conseillers, l'étourderie des sages.

La Commune, décidément rassurée, voyant que la Gironde, le côté droit, ne faisaient rien, la Convention rien, ne se contint plus. Ses meneurs insolents, les Hébert, les Chaumette, crurent pouvoir traiter la Convention comme des enfants traitent un vieillard radoteur, un Cassandre imbécile, le tirant, l'excédant, jusqu'à ce que le bonhomme leur allonge un coup de bâton. Leur adresse outrageuse du 19, ils n'hésitent plus à la lancer; ils la jettent à la poste, pour les départements. Roland l'arrête et la dénonce à la Convention. Celle-ci paraît enfin sensible à la piqûre; elle commence à sentir un peu à l'épiderme, quand le fer lui va jusqu'aux os. Si, dans un tel moment, la Gironde eût proposé simplement de casser la Commune, elle l'était. Barbaroux la sauva en dépassant le but, demandant trop contre elle. Il voulait non seulement qu'on appelât les fédérés à Paris, mais : *que la Convention se constituât en cour de justice;* — mais : *qu'on déclarât qu'une ville où la représentation nationale serait avilie perdrait le droit de posséder le corps législatif.* Demande insensée, qui semblait vouloir faire la guerre à la ville de Paris, au moment même où cette ville, par son unanimité en faveur de Pétion, venait de se montrer contraire à la Commune et favorable à l'Assemblée. Dans la Commune même, il fallait distinguer. Frapper indistinctement la Commune du 10 août, c'était combler les vœux des royalistes; une assemblée républicaine devait, dans la Commune, respecter le 10 août, qui était la République, isoler, frapper les meneurs. Cambon le proposa en vain : Faites-vous apporter les registres, dit-il avec bon sens, vous verrez si le délit est celui du corps tout entier ou de quelques individus. »

La Convention, pouvant avoir des faits, aima mieux des paroles. Elle manda dix membres de la Commune, *pour dire* ce que vraiment la Commune avait ordonné. Les meneurs, heureux d'être quittes pour des mots, des mensonges, dépassèrent, en ce sens, tout ce qu'on pouvait désirer. Chaumette vint à plat ventre, se roula dans la bassesse d'une hypocrite humilité, déclama contre les anarchistes (c'est-à-dire contre lui-même), appuyant la déclamation d'aveux et de gémissements : « Ah! il n'est que trop vrai, il y a eu des prévaricateurs dans la Commune ; les hommes purs les mettront sous la hache de la loi... Ah! ne confondez pas les innocents et les coupables!... Si on altère la confiance des citoyens en nous, comment veut-on que nous arrêtions les provocateurs au meurtre?... » etc. C'était assez pour en vomir. Les Girondins eux-mêmes demandèrent l'ordre du jour.

Les jours suivants offrirent une série d'amendes honorables. Tallien fit vite une brochure où il pleurait sur septembre, assurant « que, pour lui, il n'y avait eu nulle part que de sauver quelques personnes ».

Robespierre devait paraître à la tribune de la Convention, pour se justifier aussi, le lundi 5 novembre. Il prépara cette séance par un discours fort travaillé : « Sur le pouvoir de la *Calomnie* », qu'il débita aux Jacobins. L'histoire de la calomnie, tracée par un maître en ce genre, était reprise du commencement de la Révolution, habilement suivie, de manière à faire de Brissot et de la Gironde les continuateurs de l'abbé Maury; tout aboutissait à l'accusation calomnieuse de vouloir écraser Paris. Le tout appuyé d'un appel à l'envie, à la cupidité : il montrait les Girondins donnant toutes les places aux leurs, excluant les Jacobins. Lui, Robespierre, il était seul, sans parti, sans influence, n'ayant ni place ni trésor. Et avec cela on osait l'accuser de viser à la dictature. « Malheur aux patriotes sans appui! ils seront encore accablés... » Qu'on juge de l'effet de ces paroles lamentables sur des tribunes pleines de femmes, qu'on juge des sanglots et des pleurs !

Il arriva enfin, ce 5 novembre, et Robespierre prononça, devant la Convention, une humble, habile apologie. A une accusation vague comme celle de Louvet suffisait une réponse vague. Et Robespierre en fit une précise sur un point. Il dit, ce qui était vrai, qu'il avait eu une seule entrevue avec Marat, et que Marat l'avait quitté, « ne lui trouvant pas l'audace ni les vues d'un homme d'État ». Il ne loua pas septembre; il le déplora, pour cette raison singulière : « On assure qu'*un innocent* a péri... C'est trop sans doute, beaucoup trop. »

Robespierre fit une chose hasardeuse dans ce discours, une chose qui eût perdu un homme moins appuyé du parti jacobin, ce parti machiavélique dans son fanatisme, qui, tout comme le parti prêtre, passait la fourbe aux siens et ne les estimait que plus. Il mentit hardiment sur deux points où l'on pouvait, à l'instant même, le convaincre de mensonge par d'irrécusables preuves.

1° Il dit *qu'il n'avait jamais eu la moindre relation avec le comité de surveillance de la Commune.* Il n'y allait pas, il est vrai, mais le membre le plus influent de ce comité, l'homme qui y avait fourré Marat au 2 septembre, Panis, ne bougeait de chez

Robespierre; cent témoins le voyaient chaque matin venir prendre le mot d'ordre à la maison Duplay, rue Saint-Honoré.

2° Le second mensonge, plus effronté encore, et qu'on pouvait réfuter à l'heure même par preuve écrite et par acte authentique, par le *Procès-verbal de la Commune* (que nous avons sous les yeux), était celui-ci : « On a insinué que j'avais compromis la sûreté de quelques députés en les dénonçant à la Commune *durant* les exécutions. J'ai répondu à cette infamie en rappelant que *j'avais cessé* d'aller à la Commune *avant* ces exécutions..... » — Le procès-verbal constate que le 1ᵉʳ septembre et le 2, *durant* les exécutions, Robespierre était à la Commune et qu'il y dénonçait. Que signifie le mot *avant* et qu'importe-t-il ? Il ne s'agit pas de savoir s'il y vint *avant* (le 31 août, par exemple), mais bien si, la veille, le 1ᵉʳ septembre, le jour des préparatifs, si le 2, le jour des exécutions, *durant* les exécutions, il vint, dénonça et, de la langue, égorgea ses ennemis.

Louvet, Barbaroux, qui demandaient la parole, allaient sans doute dire ceci ; la Gironde allait triompher. La masse de la Convention ne le permit pas. Un homme d'infiniment d'esprit, né pour aider toujours la force, vit qu'elle était ici dans cette masse envieuse de la Convention, dans les cinq cents députés neutres, et il flatta le centre. C'était le Béarnais Barère. Avec la prestesse et l'agilité d'un leste danseur béarnais, il lança à Robespierre un humiliant coup de pied qui le sauva néanmoins et le mit d'aplomb : « Ne faisons pas, dit-il, des piédestaux à des pygmées; ne donnons pas d'importance à des hommes que l'opinion saura remettre à leur place. Pour accuser un homme de viser à la dictature, *il faudrait lui supposer un caractère, du génie*, de l'audace, quelques grands succès politiques ou militaires. Qu'un grand général, par exemple, le front ceint de lauriers, revenant à la tête d'une armée victorieuse, vienne ici commander aux législateurs, insulter aux droits du peuple, il faudrait sans doute appeler vos regards et la sévérité des lois sur cette tête coupable. Mais que vous fassiez ce terrible honneur à ceux dont les couronnes civiques *sont mêlées de cyprès*, voilà ce que je ne puis concevoir; ces hommes ont cessé d'être dangereux dans une république. On n'arrive pas ainsi au pouvoir suprême dans un pays qui doit élever à l'humanité le premier temple qu'elle ait eu en ce monde... »

Barère fut applaudi de tous; il plut à la Montagne en sauvant Robespierre; au centre, au côté droit, en l'humiliant; à la Convention généralement, en donnant prétexte de ne rien faire, de se rassurer, de dormir. Deux membres pourtant réclamèrent : Barbaroux, qu'on ne voulut pas entendre, et Robespierre, cruellement mortifié, qui ne voulait nullement être sauvé ainsi. Barère avait proposé de donner à l'ordre du jour un considérant qui n'était point injurieux (Considérant que la Convention ne doit s'occuper que des intérêts publics). Robespierre prétendit que c'était une injure et fit ôter ce mot, voter l'ordre du jour pur et simple, ce qui eut l'effet grave d'effacer dans l'opinion le discours de Barère. Robespierre, qui, au début de la séance, était un accusé sur la sellette, triompha à la fin et se trouva très haut.

Quoiqu'une fraction de la Gironde, la coterie Roland, eût seule attaqué Robespierre, le parti tout entier en restait compromis. Il était trop visible que la Gironde n'était pas soutenue du centre, de la grande masse de la Convention. Paris vit bien que la Gironde elle-même, divisée en fractions, ne vaincrait pas, et, avec un instinct de prudence excessive, il commença à lâcher pied et ne la soutint plus. La Gironde, unie, au 15 octobre, d'accord avec le centre, avait enlevé dans Paris l'unanimité pour Pétion. Divisée, ébranlée par ses fautes, ses discordes et par l'envie du centre, elle vit, du 15 au 30 novembre, Paris flotter, s'éloigner d'elle, s'en rapprocher, mais avec peine, pour peu de temps sans doute. Pendant plusieurs jours que dura l'élection du nouveau maire (Pétion avait refusé), l'homme de Robespierre, Lhuillier, ex-cordonnier de la rue Mauconseil, balança le candidat girondin, le médecin Chambon, qui, de guerre lasse, fut nommé à grand'peine.

Signe grave et sinistre pour la Gironde. Elle allait être entraînée. Elle ne pouvait refuser à la Montagne de la suivre sur le terrain scabreux, sanglant du procès du roi. Et là encore, elle était divisée. Plusieurs des Girondins, ardents, violents, autant que purs, croyaient le roi digne de mort. Plusieurs, en le croyant coupable, avaient horreur de le tuer; ils tenaient compte de la fatalité de la situation[1], des entraînements et de la faiblesse du caractère, du bigotisme même d'un serf des prêtres, des scrupules religieux. Avec cette diversité de points de vue, l'attaque pouvait être vive, mais non pas franche; elle devait se sentir de la discorde intérieure du parti.

Le 6 novembre, le jour même de la bataille de Jemmapes, le Girondin Valazé fit un premier rapport sur la *mise en accusation* du roi, rapport déclamatoire et vague, et pourtant violent, où, dépassant le but actuel et le titre du rapport, il s'enquérait déjà de la peine et posait en principe qu'il en fallait une autre que la déchéance; il n'osait dire : la mort.

La Montagne, dès le lendemain, lança aussi son rapport, celui-ci moins vague, plus sincèrement violent. Le Jacobin Mailhe, au nom du comité de législation, examinait cette question : « Est-il jugeable? et par qui? — Par la Convention seule. » Il mettait à néant la chimère de l'inviolabilité.

L'émulation était visible entre les deux partis. On voyait trop que cet homme vivant n'était là

---

1. Eux-mêmes l'avaient sentie, admise, cette fatalité. Au moment de sa chute, pressés de lui donner conseil, ils donnèrent dans ce piège et eurent l'imprudente générosité d'écrire au roi. Il y eut une lettre effectivement (mais fort honorable) des Girondins. J'y reviendrai.

que comme un corps mort sur lequel on allait se battre, les uns, les autres, se visant à travers, croyant que chaque coup qui transpercerait irait au delà blesser l'ennemi. Rien de plus propre à ramener sur lui l'intérêt, la pitié. Le roi n'existait plus, il avait péri au 10 août; restait un homme, la pitié publique n'y vit rien autre chose. Le procès fut mené si maladroitement qu'on fit pleurer les hommes de septembre ; Hébert versa des larmes. Quand *le tyran* fut produit à la barre et que l'on vit en lui un homme comme tant d'autres, qui semblait un bourgeois, un rentier, un père de famille, l'air simple, un peu myope, d'un teint pâli déjà par la prison et qui sentait la mort, tous furent troublés; on put mesurer déjà le coup profond dont les aveugles auteurs d'un tel procès frappaient la République. La triste défense que les avocats de l'accusé lui dictèrent (lui faisant méconnaître son écriture, nier l'évidence) ne put diminuer l'intérêt. Le coup fut porté, au grand profit des royalistes, avec toutes ses conséquences, les fautes du roi oubliées, la République innocente haïe pour la royauté coupable, et cette coupable enfin canonisée par l'échafaud!

Cette vérité, si simple et si claire aujourd'hui, il ne manquait pas d'hommes pour la voir avant l'événement. Vergniaud la voyait bien de la Gironde, et Danton, non moins nettement de la Montagne. Qui oserait la proclamer d'avance, avertir la France du péril? Il fallait pour cela être fort, pour être fort, s'unir. Les uns et les autres étaient faibles s'ils restaient chacun sur leurs bancs, s'ils n'enjambaient la largeur de la salle, l'étroit espace de la droite à la gauche; — étroit, mais tel qu'on rencontre d'étroites fentes sur la Mer de glace, profondes jusque dans l'infini.

CHAPITRE VIII

RUPTURE DÉFINITIVE DES GIRONDINS ET DE DANTON
(NOVEMBRE 1792).

Danton poursuivi par la Gironde, octobre 1792. — Les trois ennemis de Danton : La Fayette, Roland, Robespierre; leurs accusations sans preuves. — Caractère de Danton, son insouciance. — Danton ne voulait rien qu'être Danton. — En quoi il différa des Girondins et des Jacobins. — Il fut paysan d'origine, non bourgeois. — Il n'eut rien de pharisien. — Les *indulgents* : Danton, Desmoulins, Fabre d'Églantine. — Mot hasardé par Danton en faveur du roi. — Embarras de Danton. — Sa femme malade. — Mérite et fin de Mme Danton. — Inquiétude de Danton. — Il ne pouvait rester à Paris. — Sa dernière entrevue avec les Girondins, novembre ou décembre 1792.

Il était temps, grand temps que la Gironde se rapprochât de Danton, si elle le pouvait. C'était déjà bien tard.

La pente fatale du procès, brusque et précipité par la fureur des uns, la peur des autres, n'était que trop facile à voir. Les Girondins étaient traînés. S'il y avait quelque chance encore, non pour le roi, mais pour eux-mêmes, c'était dans un prompt accord avec l'une des deux forces qui divisaient la Montagne. Y avait-il entre eux et Danton quelque chose d'inexpiable, qui les empêchât à jamais de se rapprocher?

On ne le voit nullement. Ni Danton, ni personne n'avait ordonné septembre. La dictature de Danton, si elle avait été à craindre, ne l'était plus, avec l'ascendant que les fautes des Girondins assuraient à Robespierre. C'est ce que voyaient les plus sages d'entre eux. Ni Vergniaud, ni Condorcet, ni même Brissot, n'étaient éloignés de traiter; Clavières non plus, le ministre des finances. Ce fut lui qui, avec les ministres de la marine et des affaires étrangères, Monge et Tondu-Lebrun, reçut les comptes de Danton. Clavières, ex-banquier genevois, sentait bien, comme homme d'affaires, que de si grandes affaires de police politique (et dans une crise pareille) ne pouvaient se traiter, comme des comptes de ménage, par livres, sous et deniers.

Danton était suffisamment lavé, si son principal accusateur, Roland, eût voulu paraître au conseil et signer avec les autres ministres. Roland s'abstint. Depuis plus d'un mois il n'y venait plus et n'y voulut point venir.

Danton ne fut jamais entièrement relevé dans l'opinion. Les Roland et leurs amis se trouvèrent avoir neutralisé en lui une des grandes forces de la République, celle qui l'avait le plus servie et pouvait la sauver encore. Ils avaient ébranlé pour toujours la confiance qu'il pouvait inspirer; bien plus peut-être, la confiance qu'il avait en lui-même. Dès la première occasion, au 29 octobre, dans l'accusation solennelle de Roland contre la Montagne, nous ne trouvons plus dans les paroles de Danton la précision vigoureuse qui lui était ordinaire. Il se contente de répondre assez vaguement ; il semble marcher sur la glace, il évite, il élude. Il ne récrimine plus contre la Gironde, comme au 25 septembre. La seule chose nette et positive dans son discours, c'est qu'il désavoue Marat plus expressément qu'il n'a fait encore : « Je déclare à la Convention et à la nation entière que je n'aime point l'individu Marat ; je dis avec franchise que j'ai fait l'expérience de son tempérament : non seulement il est volcanique et acariâtre, mais insociable.... »

Au moment fatal où nous voyons faiblir, pâlir la forte tête où la patrie elle-même s'était appuyée un jour, qu'il nous soit permis d'examiner, en deux mots, si vraiment la France était forcée, par la justice et l'honneur, d'être ingrate, de renier celui à qui elle devait tant.

Toutes les accusations contre la probité de Danton reposent sur l'allégation de trois de ses ennemis.

La première seule a quelque vraisemblance. La Fayette affirme que Danton, vendant sa charge d'avocat au conseil, qui valait, dit-il, dix mille livres, (chiffre trop bas, en vérité), la cour lui en fit donner cent mille. De là, l'espoir que la reine, et surtout Madame Élisabeth, auraient eu que Danton défendrait, sinon la couronne, du moins la vie de la famille royale.

La seconde accusation est celle des Roland, relativement aux fonds que Danton aurait dilapidés dans son ministère. Nous avons vu tout à l'heure les nécessités terribles qui commandaient, dans la crise, de donner et jeter l'argent. Ces négociations souterraines qu'exigeait le salut public n'étaient point vraiment de celles qu'on pût toujours expliquer, ramener à un compte net. Dans de tels moments de crise, l'argent coule, fuit, s'envole, on ne sait comment ; c'est le vif-argent qu'on met dans la main. Chaque ministre eut quatre cent mille francs pour dépenses secrètes. Danton seul employa les siens et sauva la patrie. Ce que lui coûta la négociation prussienne, et, d'autre part, le contre-complot de Bretagne, la trahison des traîtres, on ne peut le savoir ; mais quatre cent mille francs semblent peu en pareilles affaires. Les autres ministres ne dépensèrent rien, et aussi ne firent rien. Était-ce là le but ? Et n'étaient-ce pas eux plutôt qui avaient besoin d'amnistie ?

La troisième accusation est celle que Robespierre et ses amis ont infatigablement répétée. Danton, envoyé en Belgique, et saisissant, pour les besoins urgents de l'armée, l'argenterie des églises et beaucoup d'objets précieux, se serait fait large part. — Quelle preuve ? Les accusations des Belges eux-mêmes. Faible preuve, si elle existait ; qui ne sait leur rage contre ceux qui voulaient alors la réunion de la Belgique ? — Mais cette preuve, enfin, existe-t-elle ? — Non, elle a existé. — Où ? — Dans un dossier, chez Lebas, l'intime ami de Robespierre, lequel dossier aura été plus tard brûlé par les dantonistes. — Mais tout cela, qui le prouve ? C'est un cercle vicieux. La parole de Robespierre est appuyée du dossier. Et l'existence du dossier? — Des mots de Robespierre.

Il semble étrange d'accepter, pour unique preuve contre l'honneur d'un homme, la parole de ses ennemis.

Honorables tous trois, dira-t-on. Oui, si l'on veut, mais, sans nul doute, haineux et crédules en proportion de leur haine.

Ce qui a tenu lieu de preuve, c'est la force incalculable que donnèrent aux accusations la parfaite entente, la persévérance avec laquelle les innombrables sociétés jacobines répétaient, reproduisaient toute formule envoyée de Paris, chantant invariablement, sans y manquer, la note exacte que chantait ici le maître du chœur. On avait vu, au dix-septième siècle surtout, dans la guerre des Jésuites contre Port-Royal, la force invincible d'un même mot répété à toute heure, tous les jours, par un chœur de trente mille hommes. Ici, ce n'était pas trente mille, mais deux cent mille et plus. L'oreille, une fois habituée, finit par prendre ce grand bruit pour l'opinion générale, la voix du peuple *est la voix de Dieu*. Toute l'attention qu'il faut avoir, c'est de commencer doucement, bas, très bas, de monter lentement par un *crescendo* ménagé; on va jusqu'au bruit de la foudre, sans qu'on vous ait arrêté. Elle éclate, l'ennemi est étourdi, écrasé...

La fortune de Danton, dont j'ai sous les yeux un détail authentique (dont j'userai au temps de son procès), semble avoir peu varié de 1791 à 1794. Elle consistait en une maison et quelques morceaux de terre qu'il avait à Arcis, qu'il agrandit un peu, et que son honorable famille possède encore aujourd'hui.

Je ne dis pas que Danton et tous les hommes du temps qui manièrent les affaires au milieu de la tempête, n'aient vécu largement, n'aient parfois gâché et perdu, qu'ils n'aient été de très mauvais économes de la fortune publique. Mais, qu'ils aient vraiment volé, qu'au milieu de ces grands périls, sûrs de mourir demain, qu'ils aient eu la basse et sotte prévoyance de garnir leurs poches, pour les vider à l'échafaud, on ne me fera pas croire aisément ceci.

Danton, avec une nature riche en éléments de vices, n'avait guère de vices coûteux. Il n'était point joueur ni buveur; il n'avait aucun luxe et il n'eût pu en avoir; c'était justement l'époque où les hommes de luxe avaient besoin de cacher le leur. Il aimait les femmes, il est vrai, néanmoins surtout la sienne. Les femmes, c'était l'endroit sensible par où les partis l'attaquaient, cherchaient à acquérir quelque prise sur lui. Ainsi le parti d'Orléans essaya de l'ensorceler par la maîtresse du prince, la belle Mme de Buffon. Danton, par imagination, par l'exigence de son tempérament orageux, était fort mobile. Cependant son besoin d'amour réel et d'attachement le ramenait invariablement chaque soir au lit conjugal, à la bonne et chère femme de sa jeunesse, au foyer obscur de l'ancien Danton.

Il n'avait, en réalité, nul goût coûteux qu'une large et imprévoyante hospitalité, une table toujours invitante, où ses amis (et le nombre en était grand) devaient, bon gré mal gré, s'asseoir. Il avait toujours été tel, même au temps de sa pauvreté, ignorant parfaitement ce que c'était que l'argent. Avocat sans cause, ne possédant guère que des dettes, nourri par son beau-père, le limonadier du coin du Pont-Neuf, qui, dit-on, leur donnait quelques louis par mois, il vivait royalement sur le pavé de Paris, sans souci ni inquiétude, gagnant peu, ne désirant rien, jetant partout sur son passage l'or de sa parole. Il était fort ignorant et ne lisait guère. Encore moins écrivait-il; il avait horreur d'une plume, et l'on ne peut pas trouver de son écriture[1]. Quand les vivres manquaient absolument au ménage, on s'en allait pour quelque temps au bois, à Fontenay, près Vincennes, où le beau-père avait une petite maison.

Supposer qu'un tel personnage soit devenu calculateur, c'est faire trop d'honneur à sa prévoyance. Supposer qu'il ait aimé l'argent tout à coup, c'est croire à une métamorphose qu'on voit rarement. Ce qui est bien plus probable, c'est que, n'ayant jamais su compter, il ne l'apprit point, qu'il n'eut pas plus d'ordre au ministère qu'au petit appartement du passage du Commerce. Habitué à vivre au hasard, n'im-

---

1. Il y a une prétendue lettre de lui à sa femme, mais visiblement apocryphe, contraire aux sentiments qu'il avait alors, contraire surtout à ceux qu'il voulait lui montrer.

porte comment, il traita l'argent de la République comme celui de son beau-père, avec cette différence qu'au lieu de la bonne et sage M*me* Danton qui mettait encore un peu d'ordre au petit ménage, il eut, au grand ménage de la République, pour ménagères et économes, ses amis, Lacroix, Fabre, Westermann et autres, qui, pour le jeu ou l'amour, puisaient insatiablement dans sa trop facile amitié.

Les hommes de ce temps-ci, habitués à chercher pour chaque homme et chaque chose un but positif, demanderont : « Que voulait Danton ? A quoi visait-il ?... S'il ne songeait point à l'argent, il voulait donc le pouvoir ? Il aspirait à la dictature ? » — Telle fut la question que se posaient les Girondins, et rien ne peut mieux prouver combien leur esprit fut superficiel, peu capable d'entrer aux profondeurs (simples pourtant et naïves) de la nature bien observée.

Une étude attentive et suivie de ce caractère nous autorise à dire ce qu'au reste ont très bien dit deux contemporains sous une autre forme : *Danton ne voulait rien de plus que d'être Danton*, c'est-à-dire exercer la grande force qui était en lui. Il n'avait aucun désir d'une puissance politique, sentant d'instinct qu'il était une puissance naturelle, un élément, une force, comme la foudre ou la mer. Être roi ? Quelle pauvreté ! Devenir le roi de la révolution en la détruisant ? Mais c'était descendre, pour celui qui se sentait la Révolution elle-même.

Madame Roland ne comprit jamais rien à cela.

Elle ignora profondément celui qu'elle haïssait.

Madame Roland et la Gironde, aussi bien que Robespierre et les Jacobins, appartenaient, nous l'avons dit, au dix-huitième siècle, à Rousseau, à la bourgeoisie philosophe. Ils étaient tous des esprits d'analyse et de logique. Danton était une force organique : différence profonde de nature et de méthode, qui devait les rendre irréconciliables encore plus que leur haine.

Danton, malgré son tact étonnant d'actualité, n'était pas exclusivement homme de son siècle. Il appartenait à un élément très profond des masses qui ne varie pas. C'est comme dans l'Océan ; le changement et le mouvement sont en haut, et vous croiriez que l'Océan remue et change; nullement ; à vingt ou trente pieds, sauf certains courants, il est immobile. De même le vaste fond de la population, l'éternel paysan de France. Tout change, il ne change pas. — Danton, de race agricole, sous l'avocat, le tribun, le grand orateur, avait un rude paysan. On le reconnaissait sans peine à la puissante encolure, aux larges épaules, aux mains fortes. Le visage de cyclope, cruellement labouré de petite vérole, n'en rappelait que mieux les classes des campagnes, où l'enfant n'est guère soigné que par la nature. Le collège n'y avait pas changé grand'-chose, grâce à l'inapplication de l'écolier paresseux. Il était né, il resta, avec quelques modifications d'éducation, de situation, le personnage énergique et très fin qu'on voit souvent parmi les paysans de

Champagne, les rusés compatriotes *du bon* La Fontaine. Les formes, d'une cordialité grossière, souvent violente, y cachent d'autant mieux des esprits déliés, capables, au besoin, du ménagement des affaires et des intérêts.

Ces hommes, qu'on croit simples, n'en sont pas moins très propres à prendre des principes qui ne le sont guère. Ils acceptaient, sans difficulté, en venant aux affaires, la très fausse doctrine qu'il y a deux morales, une publique, une privée, et que la première, au besoin, doit étouffer l'autre. C'était la théorie de tous les politiques du temps. Ils se croyaient fils de Brutus en ceci et l'étaient de Machiavel. Les Jésuites eux-mêmes n'ont point dit autre chose : Tout permis pour le plus grand bien. — Grave principe de corruption pour les hommes révolutionnaires. Mais Danton, entre eux, eut du moins ceci (en quoi il vaut mieux), c'est qu'en lui l'inconséquence des principes opposés éclata nettement, que la violence et l'humanité ne se nuancèrent pas de mélanges bâtards, mais agirent tour à tour. Il ne fut pas toujours sincère, il s'en faut bien ; comme les autres, il rusa, mentit. Il ne mentit point pour paraître bon. Dans tant de paroles improvisées, lancées au cours variable des événements, il n'y a pas un mot pharisien. Son défaut fut contraire. Ce qu'il cacha et qui éclata souvent dans ses actes, parfois dans ses paroles, ce fut ce qu'il avait de bon. Une foule d'hommes sauvés par lui (chaque jour la tradition révèle de nouveaux faits en ce genre) sont venus témoigner successivement, dénoncer l'humanité de Danton.

Ses ennemis ne s'y trompèrent pas. Ils virent ce côté en lui, par où on pouvait l'atteindre dans ce temps impitoyable : c'est qu'il avait un cœur. C'est là qu'il fut percé. Il fut, lui et les siens, poignardé d'un mot : *Indulgents*. Leurs vanteries terroristes ne leur servirent de rien.

Ils ne pouvaient se laver de ce crime. Ce furent eux-mêmes, Danton, Camille Desmoulins, Fabre d'Églantine, qui ouvrirent et fermèrent la Révolution du mot proscrit : *Clémence*. Le dernier, dans son *Philinte*, inscrit à la fin de sa pièce ce mot, ce vœu du vrai cœur de la France : « Rien de grand sans la pitié[1]. »

On a vu, dans nos citations de Camille Desmoulins, comment il essayait d'éluder les terribles exigences de Marat, lui faisant part et lui concédant quelque chose pour sauver beaucoup plus. C'était là leur pensée commune et leur contradiction. Ils crurent à la Terreur comme principe, l'admirent comme nécessité absolue de salut public, crurent qu'en l'organisant on la limiterait. Dans l'attente journalière d'un retour de septembre, ils pensaient, par les tribunaux, couper court aux massacres. Ces tribunaux les condamnèrent eux-mêmes.

---

1. . . . . Qu'il se souvienne bien
Que tous les sentiments, dont la noble alliance
Compose la vertu, l'honneur, la bienfaisance,
L'équité, la candeur, l'amour et l'amitié,
N'existèrent jamais dans un cœur sans pitié.

Il fallait beaucoup de courage, dès la fin de 1792, pour risquer un mot de pitié. Danton, au commencement du procès du roi, se hasarda à tâter si l'on pouvait éveiller, non pas la miséricorde, mais la générosité du vainqueur, l'instinct magnanime qui répugne à achever un ennemi par terre. J'emprunte ceci à un historien très croyable sur un fait qui honore Danton, car, partout ailleurs, il lui est hostile.

La chose n'était pas difficile, si l'on eût parlé à la France. Mais comment? Par les journaux? Danton s'en abstint toujours; rien n'eût été moins sûr. Il s'adressa plutôt aux clubs, sûr que si un mot juste et fort prenait une fois dans la foule, l'effet irait s'étendant, rapidement, à l'infini, comme font les vibrations du jour et de la lumière, qui rayonnent en un moment jusqu'à des millions de lieues. Il crut que, chez ce peuple éminemment électrique, l'étincelle magnanime, si elle frappait une fois, frapperait à la fois partout, transformerait tout. Il se garda bien de faire un tel essai aux Jacobins, au centre de la politique révolutionnaire; il préféra les Cordeliers, le foyer même de la violence et de la fureur, il crut au cœur des furieux. Un jour que des Cordeliers lui reprochaient de ne pas insister sur le procès du roi, de ne pas hâter sa mort, il dit brusquement : « Une nation se sauve, mais elle ne se venge pas... »

Ils admirèrent, se turent, mais le mot ne gagna point. Il y avait, sur cette affaire, une sorte de parti pris, une émulation et comme une gageure entre les violents... C'était un terrain fatal d'honneur et de foi révolutionnaire où chacun eût rougi de reculer d'un pas.

L'embarras de Danton devait être grand. Ne pouvant agir sur les violents, devait-il s'adresser aux modérés, donner la main à la Gironde, regagner par elle le côté droit, et par lui entraîner le centre, donner le surprenant spectacle d'un Danton modéré, affronter le nom de traître qui, d'un coup, lui ôterait tous ses amis de la Montagne, le livrant seul au côté droit, à la pitié de ses nouveaux amis?... Cela ne se pouvait.

Il se fût perdu, sans nul doute, et peut-être eût perdu la France. L'éclat d'une telle défection eût affaibli la Montagne et la Convention tout entière, et le profit en eût été, non pas même à la Gironde, mais bientôt aux royalistes. Non aux royalistes seuls, mais à l'étranger, à l'ennemi.

Il fallait que la Gironde ne l'obligeât pas d'être Girondin, qu'elle le laissât ce qu'il était, qu'il restât Danton, que le combat continuât sur les sujets secondaires, que seulement, sur un point ou deux d'actualité, de salut, où la vie, la mort de la République, étaient engagées, il y eût entente et bon accord.

Danton fit un suprême effort pour l'unité de la patrie. Il demanda (vers le 30 novembre ou bien peu après) une dernière entrevue avec les chefs de la Gironde. Il était vraiment nécessaire, pour lui, de la tenir secrète. Si elle devenait publique, dans un tel moment, il était perdu. L'entrevue eut lieu (le soir ou la nuit), dans une maison de campagne, à quatre lieues de Paris, aux environs de Sceaux. Ce pays de bois était alors plus boisé qu'aujourd'hui et méritait le nom qu'un de ses cantons porte encore, Val-aux-Loups. Comment, si connu de visage, Danton sortait-il de Paris sans qu'on y fit attention? Il est infiniment probable qu'il alla d'abord à Cachan, petit village sur la route, où put le recevoir Camille Desmoulins, chez sa belle-mère, la mère de Lucile, l'amie de Mme Danton.

L'influence de celle-ci, très forte sur Danton, fut pour beaucoup dans la démarche, si nous ne nous trompons. Danton aimait sa femme de passion et la voyait mourir. L'écrasante rapidité d'une telle Révolution lui jetait sur le cœur événement sur événement, brisait la pauvre femme. La réputation terrible de son mari, sa forfanterie épouvantable d'avoir fait septembre l'avait tuée. Elle était entrée tremblante dans ce fatal hôtel du ministère de la justice, et elle en sortit morte, je veux dire frappée à mort. Ce fut une ombre qui revint au petit appartement du passage du Commerce, dans la triste maison qui fait arcade et voûte entre le passage et la rue (triste elle-même) des Cordeliers; c'est aujourd'hui la rue de l'École-de-Médecine.

Le coup était fort pour Danton. Il arrivait au point fatal où l'homme ayant accompli par la concentration de ses puissances l'œuvre principale de sa vie, son unité diminue, sa dualité reparaît. Le ressort de la volonté étant moins tendu, reviennent avec force la nature et le cœur, ce qui fut primitif en l'homme. Cela, dans le cours ordinaire des choses, arrive en deux âges distincts, divisés par le temps. Mais alors, nous l'avons dit, il n'y avait plus de temps ; la Révolution l'avait tué avec bien d'autres choses.

C'était déjà ce moment pour Danton. Son œuvre faite, le salut public en 1792, il eut, contre la volonté un moment détendue, l'insurrection de la nature, qui lui reprit le cœur, le fouilla durement, jusqu'à ce que l'orgueil et la fureur le reprissent à leur tour et le menassent rugissant à la mort.

Les hommes qui jettent la vie au dehors dans une si terrible abondance, qui nourrissent les peuples de leur parole, de leur poitrine brûlante, du sang de leur cœur, ont un grand besoin du foyer. Il faut qu'il se refasse, ce cœur, qu'il se calme, ce sang. Et cela ne se fait jamais que par une femme, et très bonne, comme était Mme Danton. Elle était, si nous en jugeons par le portrait et le buste, forte et calme, autant que belle et douce ; la tradition d'Arcis, où elle alla souvent, ajoute qu'elle était pieuse, naturellement mélancolique, d'un caractère timide.

Elle avait eu le mérite, dans sa situation aisée et calme, de vouloir courir ce hasard, de reconnaître et suivre ce jeune homme, ce génie ignoré, sans réputation ni fortune. Vertueuse, elle l'avait choisi malgré ses vices, visibles en sa face sombre et bouleversée. Elle s'était associée à cette destinée obscure, flottante et qu'on pouvait dire bâtie sur l'orage. Simple femme, mais pleine de cœur, elle avait saisi au passage cet ange de ténèbres et de lumière pour le suivre à travers l'abîme, passer le Pont aigu... Là, elle n'eut plus la force et glissa dans la main de Dieu.

« La femme, c'est la Fortune », a dit l'Orient quelque part. Ce n'était pas seulement la femme qui échappait à Danton, c'était la fortune et son bon destin ; c'était la jeunesse et la grâce, cette faveur dont le sort doue l'homme, en pur don, quand il n'a rien mérité encore. C'était la confiance et la foi, le premier acte de foi qu'on eût fait en lui. Une femme du prophète arabe lui demandant pourquoi toujours il regrettait sa première femme : « C'est, dit-il, qu'elle a cru en moi quand personne n'y croyait. »

Je ne doute aucunement que ce ne soit Mme Danton qui ait fait promettre à son mari, s'il fallait renverser le roi, de lui sauver la vie, du moins de sauver la reine, la pieuse Madame Élisabeth, les deux enfants. Lui aussi, il avait deux enfants : l'un conçu (on le voit par les dates) du moment sacré qui suivit la prise de la Bastille ; l'autre de l'année 1791, du moment où Mirabeau mort et la Constituante éteinte livraient l'avenir à Danton, où l'Assemblée nouvelle allait venir et le nouveau roi de la parole.

Cette mère, entre deux berceaux, gisait malade, soignée par la mère de Danton. Chaque fois qu'il rentrait, froissé, blessé des choses du dehors, qu'il laissait à la porte l'armure de l'homme politique et le masque d'acier, il trouvait cette blessure bien autre, cette plaie terrible et saignante, la certitude que, sous peu, il devait être déchiré de lui-même, coupé en deux, guillotiné du cœur. Il avait toujours aimé cette femme excellente, mais sa légèreté, sa fougue, l'avaient parfois mené ailleurs. Et voilà qu'elle partait, voilà qu'il s'apercevait de la force et profondeur de sa passion pour elle. Et il n'y pouvait rien, elle fondait, fuyait, s'échappait de lui, à mesure que ses bras contractés serraient davantage.

Le plus dur, c'est qu'il ne lui était pas même donné de la voir jusqu'au bout et de recevoir son adieu. Il ne pouvait rester ici; il lui fallait quitter ce lit de mort. Sa situation contradictoire allait éclater; il lui était impossible de mettre d'accord Danton et Danton. La France, le monde, allaient avoir les yeux sur lui, dans ce fatal procès. Il ne pouvait pas parler, il ne pouvait pas se taire. S'il ne trouvait quelque ménagement qui ralliât le côté droit, et, par lui, le centre, la masse de la Convention, il lui fallait s'éloigner, fuir Paris, se faire envoyer en Belgique, sauf à revenir, quand le cours des choses et la destinée auraient délié ou tranché le nœud. Mais alors cette femme malade, si malade, vivrait-elle encore? Trouverait-elle en son amour assez de souffle et de force pour vivre jusque-là, malgré la nature, et garder le dernier soupir pour son mari de retour?... On pouvait prévoir ce qui arriva, qu'il serait trop tard, qu'il ne reviendrait que pour trouver la maison vide, les enfants sans mère, et ce corps, si violemment aimé, au fond du cercueil. Danton ne croyait guère à l'âme, et c'est le corps qu'il poursuivit et voulut revoir, qu'il arracha de la terre, effroyable et défiguré, au bout de sept nuits et sept jours, qu'il disputa aux vers d'un frénétique embrassement.

Un voile couvrait encore ce tragique avenir. Et toutefois (telle est la prescience des grandes douleurs) Danton, sans nul doute, en avait le trouble confus, pendant qu'il allait le soir chercher aux bois de Sceaux l'amnistie de ses ennemis. Il allait, cet homme fier, traîné par la nécessité, bien plus que par l'espoir, sur cette route de décembre, déjà désolée et sombre, aux premiers souffles de l'hiver.

Nous ignorons malheureusement tout le détail de l'entrevue. Le hasard seul a conservé, fait connaître le résultat, si fatal à la France.

Nous ne savons même pas lesquels des Girondins furent appelés au mystérieux rendez-vous. Il paraît que plusieurs (Vergniaud, sans doute, et Pétion, Condorcet, Gensonné, Clavières, peut-être Brissot encore) amnistiaient Danton; les autres ne voulurent point de traité.

Les autres, c'étaient les amis personnels des Roland, Buzot et Barbaroux.

Les autres, c'étaient les trois Girondins proprement dits, avocats de Bordeaux, Guadet, Ducos et Fonfrède. Les deux derniers, dans leur jeune enthousiasme de pureté républicaine, voulaient que la Révolution, leur vierge adorée, portât sa robe sans tache. Guadet, l'athlète ordinaire du côté droit, son ardent et infatigable parleur, s'était trop souvent battu contre Danton pour perdre jamais l'aigreur de la lutte.

Quelles furent les paroles de Danton, ses réponses

et ce qu'il trouva dans son cœur, à ce moment décisif, pour l'unité de la patrie, pour défendre lui et la France (ici c'était même cause)? Personne ne l'a su, personne ne le retrouvera. Que l'histoire ici se taise et n'entreprenne point de l'imaginer. On ne sait que le dernier mot, mot très fort, où Danton alla loin, descendit, fit céder son orgueil : « Guadet, Guadet, tu as tort; *tu ne sais point pardonner...* Tu ne sais pas sacrifier ton ressentiment à la patrie... Tu es opiniâtre et tu périras. »

FIN DU TOME QUATRIÈME.

TABLE DES MATIÈRES

LIVRE VII

Pages

Chap. I. Le 10 août. 1
II. Le 10 août dans l'Assemblée. — Lutte de l'Assemblée et de la Commune (fin d'août). 38
III. L'invasion. Terreur et fureur du peuple (fin d'août). 77
IV. Préludes du massacre (1ᵉʳ septembre 1792). 106
V. Le 2 septembre. 126
VI. (Suite). — Le 3 et le 4 septembre. 163
VII. État de Paris après le massacre. — Fin de la Législative (5-20 septembre 1792) 194
VIII. Bataille de Valmy (20 septembre 1792). 229

LIVRE VIII

Chap. I. Le monde se donne à la France. — La Vendée contre la France (septembre-novembre 1792). 258
II. Le prêtre, la femme et la Vendée (août-septembre 1792). .. 275
III. La Convention. — La Gironde et la Montagne (septembre-octobre 1792). 316
IV. La Gironde contre Danton (septembre-octobre 1792) 351
V. Jemmapes (6 novembre). 399
VI. Invasion de la Belgique. — Lutte de Cambon et de Dumouriez (novembre 1792). 426
VII. Grandeur et décadence de la Gironde (octobre-novembre 1792). 454
VIII. Rupture définitive des Girondins et de Danton (novembre 1792). 484

IMPRIMERIE E. FLAMMARION, 26, RUE RACINE, PARIS.

ŒUVRES COMPLÈTES

DE

J. MICHELET

ÉDITION DÉFINITIVE, REVUE ET CORRIGÉE

DÉTAIL DE L'ŒUVRE COMPLÈTE

Histoire de France. *Moyen âge.*	6 vol.
— *Temps modernes* (Renaissance. — Réforme. — Guerres de religion. — Henri IV. — Richelieu. — Louis XIV et la Révocation de l'Édit de Nantes. — Louis XIV et le duc de Bourgogne. — La Régence. — Louis XV. — Louis XV et Louis XVI).	10 vol.
— *Révolution*.	7 vol.
— *XIXᵉ Siècle*.	3 vol.
Vico.	1 vol.
Histoire romaine	1 vol.
L'Oiseau. — La Mer	1 vol.
Luther (Mémoires).	1 vol.
Le Peuple. — Nos Fils	1 vol.
Le Prêtre. — Les Jésuites.	1 vol.
La Montagne. — L'Insecte	1 vol.
L'Amour. — La Femme	1 vol.
Précis d'histoire moderne. — Introduction à l'Histoire universelle.	1 vol.
La Bible de l'Humanité. — Une année du Collège de France (1848).	1 vol.
Les Origines du Droit. — La Sorcière	1 vol.
Les Légendes du Nord. — La France devant l'Europe.	1 vol.
Les Femmes de la Révolution. — Les Soldats de la Révolution.	1 vol.
Lettres inédites adressées à Mlle Mialaret (Mme Michelet).	1 vol.
TOTAL.	40 vol.

Prix de chaque volume 7 fr. 50.

(Envoi franco contre mandat ou timbres).

IMPRIMERIE E. FLAMMARION, 26, RUE RACINE, PARIS.

www.ingramcontent.com/pod-product-compliance
Lightning Source LLC
Chambersburg PA
CBHW071722230426
43670CB00008B/1093